典藏诵读版

扫一扫
免费赠送3种国学音频！

国家一级出版社 中国纺织出版社 全国百佳图书出版单位

内 容 提 要

《庄子》一书是道家学说的代表作品，也是中华传统文化中的一朵奇葩。《庄子》的作者并非庄子一人，据后世学者考证，其中“内篇”出自庄子之手，而“外篇”和“杂篇”就比较复杂了，多是庄子学说的继承者所作。庄子是奇人，《庄子》是奇书。博大精深的《庄子》，对后世思想史、哲学史和文学史的发展做出了不可估量的贡献。让我们在配乐朗诵中，一起聆听品鉴。

图书在版编目(CIP)数据

庄子全鉴：典藏诵读版／（战国）庄周著；余长保解译．—北京：中国纺织出版社，2019.6（2023.6重印）

ISBN 978-7-5180-6140-2

Ⅰ．①庄…　Ⅱ．①庄…　②余…　Ⅲ．①道家②《庄子》—注释③《庄子》—译文　Ⅳ．①B223.5

中国版本图书馆CIP数据核字（2019）第073025号

策划编辑：陈　芳　　责任校对：楼旭红　　责任印制：储志伟

中国纺织出版社出版发行

地址：北京市朝阳区百子湾东里A407号楼　邮政编码：100124

销售电话：010—67004422　传真：010—87155801

http://www.c-textilep.com

E-mail：faxing@c-textilep.com

中国纺织出版社天猫旗舰店

官方微博 http://weibo.com/2119887771

永清县晔盛亚胶印有限公司印刷　各地新华书店经销

2019年6月第1版　2023年6月第2次印刷

开本：710×1000　1/16　印张：20

字数：267千字　定价：68.00元

前言

在中国哲学史上，有这样一位有着鲜明特色的哲学家，他想象奇特，上穷碧落下黄泉，无所不至；他口才锋利，冷嘲热讽，骂尽忘恩负义、唯利是图的小人，世人无不对他心服口服；他思想尖锐，能言人之所欲言，亦能言人之所不能言，尤其是他那汪洋恣肆、予夺自如的文字，更穿透了漫长岁月的阻隔，在今天依然那么有冲击力。他是道家的第二座高峰，他有着诗人一般的气质。他，就是庄子。庄子（约前369年—前286年），名周，字子休，战国时期宋国蒙（今安徽蒙城县）人，我国先秦时期伟大的思想家、哲学家、文学家，是老子之后道家学派的一个重要代表人物，后世将他与老子并称为“老庄”，他们的哲学思想体系，被学术界尊为“老庄哲学”。

鉴于庄子在我国文学史和思想史上的重要贡献，封建帝王尤为重视，在唐开元二十五年庄子被唐玄宗赐封为“南华真人”，后人即称为“南华真人”，《庄子》一书也被称为《南华真经》。

据《史记》记载，庄子曾做过漆园吏，即管理林场的小官。他的一生从未大富大贵过，并且生活时常处于贫穷困顿之中。庄子鄙弃荣华富贵、名利权势，始终在乱世中保持独立的人格，享受着逍遥自在的精神自由。虽然他一生淡泊名利，主张修身养性、清静无为，但在他的内心深处则充满着对当时世态的悲愤与绝望，从他退隐、不争、率性的表象上，可以看出他是一个对现实世界有着强烈爱恨的人。庄子眼中的“道”是天道，是效法自然的“道”，是超越时空的无限本体，它生于天地万物之中，而又无所不包，无所不在，表现在一切事物之中。然而它又是自然无为的，在本质上是虚无的。庄子在政治上主张无为而治，在人类生存方式上主张返璞归真。他对世俗社会的礼、法、权、势进行了尖锐的批判，提出了“圣人不死，大盗不止”“窃钩者诛，窃国者为诸侯”的精辟见解。他崇尚自然，提倡“天地与我并生，万物与我为一”的精神境界，并且认为，人生的最高境界是逍遥自得，是追求精神自由，而不是物质的享受与虚伪的名誉。庄子的这些思想和主张对后世影响深远，是人类思想史上一笔宝贵的精神财富。

《庄子》一书分“内篇”“外篇”“杂篇”三部分，原有五十二篇，后散失，只剩得三十三篇。虽名为《庄子》，但书中内容并不全是庄子的作品。比较主流的观点是：全书以“内篇”为核心，其中的《逍遥游》《齐物论》和《大宗师》等七篇文章肯定是庄子所写，集中反映了庄子的哲学思想；“外篇”十五篇一般认为是庄子的弟子们所写，或是庄子与弟子们合作完成的，这十五篇反映的仍是庄子的真实思想；“杂篇”十一篇的情形相对复杂，应当是庄子学派或者后来的学者所写，其中有一些篇幅甚至脱离了庄子学派的思想和观点，如《盗跖》《说剑》等。

《庄子》对后世的影响，不仅表现在高深独特的哲学思想上，而且表现在文学造诣上。庄子的文章，想象力很强，文笔变化多端，具有浓厚的浪漫主义色彩，并采用寓言故事形式，富有幽默讽刺意味。其丰富多彩的想象力和变幻莫测的寓言故事，构成了庄子独特的形象世界。

《庄子》的文字精致、滋润、旷达，给人以超凡脱俗与崇高美妙的感受，在中国文学史上独树一帜。与其他传世经典不同，《庄子》的文章体制已脱离语录体形式，标志着先秦散文已经发展到成熟阶段，诚如鲁迅对其的高度评价：“汪洋辟阖，仪态万方，晚周诸子之作，莫能先也。”（《汉文学史纲要》）可以说，《庄子》代表了先秦散文的至高成就。

概而论之，庄子其人是一个传奇，《庄子》其书是一部经典。走近庄子，阅读《庄子》，对于智者来说，绝对是一种至高的享受。

为了让读者更好地领悟到庄子的智慧，便有了这本《庄子全鉴：典藏诵读版》的问世。在这里，我们对《庄子》全书做了详细而全面的注释、翻译和解读，以利于读者全方位感受和理解这部传世名作。

同时，本书将纸质图书和配乐诵读音频完美结合，以二维码的方式在内文和封面等相应位置呈现，读者扫一扫即可欣赏、诵读经典片段。诵读音频由中国国际广播电台、中央人民广播电台专业播音员，以及中国传媒大学等知名高校播音系教师构成的精英团队录制完成，朗读中融进了对传统文化的理解，声音感染力极强，欢迎下载品鉴。

解译者

2019 年 1 月

- 逍遥游第一 / 2
- 齐物论第二 / 11
- 养生主第三 / 27
- 人间世第四 / 31
- 德充符第五 / 44
- 大宗师第六 / 53
- 应帝王第七 / 66

- 骈拇第八 / 72
- 马蹄第九 / 77
- 胠箧第十 / 81
- 在宥第十一 / 87
- 天地第十二 / 98
- 天道第十三 / 112
- 天运第十四 / 122

◎ 刻意第十五 / 134
◎ 缮性第十六 / 138
◎ 秋水第十七 / 142
◎ 至乐第十八 / 155
◎ 达生第十九 / 162
◎ 山木第二十 / 173
◎ 田子方第二十一 / 183
◎ 知北游第二十二 / 192

杂篇

◎ 庚桑楚第二十三 / 204
◎ 徐无鬼第二十四 / 215
◎ 则阳第二十五 / 230
◎ 外物第二十六 / 242
◎ 寓言第二十七 / 249
◎ 让王第二十八 / 254
◎ 盗跖第二十九 / 265
◎ 说剑第三十 / 278
◎ 渔父第三十一 / 282
◎ 列御寇第三十二 / 289
◎ 天下第三十三 / 298

参考文献 / 314

内　篇

逍遥游第一

【原典】

北冥有鱼[①]，其名曰鲲。鲲之大，不知其几千里也。化而为鸟，其名为鹏。鹏之背，不知其几千里也。怒而飞，其翼若垂天之云。是鸟也，海运则将徙于南冥。南冥者，天池也。

《齐谐》者，志怪者也。《谐》之言曰："鹏之徙于南冥也，水击三千里，抟扶摇而上者九万里[②]，去以六月息者也。"野马也，尘埃也，生物之以息相吹也。天之苍苍，其正色邪？其远而无所至极邪？其视下也，亦若是则已矣。

且夫水之积也不厚，则其负大舟也无力。覆杯水于坳堂之上，则芥为之舟，置杯焉则胶，水浅而舟大也。风之积也不厚，则其负大翼也无力。故九万里则风斯在下矣，而后乃今培风；背负青天而莫之夭阏者[③]，而后乃今将图南。

蜩与学鸠笑之曰："我决起而飞，抢榆枋[④]，时则不至，而控于地而已矣；奚以之九万里而南为？"

适莽苍者，三飡而反[⑤]，腹犹果然；适百里者，宿舂粮；适千里者，三月聚粮。之二虫，又何知！

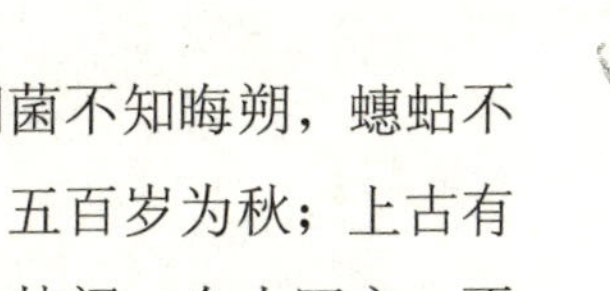

小知不及大知，小年不及大年。奚以知其然也？朝菌不知晦朔，蟪蛄不知春秋，此小年也。楚之南有冥灵者，以五百岁为春，五百岁为秋；上古有大椿者，以八千岁为春，八千岁为秋。而彭祖乃今以久特闻，众人匹之，不亦悲乎？

汤之问棘也是已："穷发之北，有冥海者，天池也。有鱼焉，其广数千里，未有知其修者，其名为鲲。有鸟焉，其名为鹏，背若太山[⑥]，翼若垂天之云，抟扶摇羊角而上者九万里[⑦]，绝云气，负青天，然后图南，且适南冥也。斥鴳笑之曰：'彼且奚适也？我腾跃而上，不过数仞而下，翱翔蓬蒿之间，此亦飞之至也，而彼且奚适也？'"此小大之辩也。

故夫知效一官，行比一乡，德合一君而征一国者，其自视也，亦若此矣。而宋荣子犹然笑之。且举世而誉之而不加劝，举世而非之而不加沮，定乎内外之分，辩乎荣辱之境，斯已矣。彼其于世，未数数然也[⑧]。虽然，犹有未树也。

夫列子御风而行，泠然善也，旬有五日而后反。彼于致福者，未数数然也。此虽免乎行，犹有所待者也。若夫乘天地之正，而御六气之辩，以游无穷者，彼且恶乎待哉！故曰：至人无己，神人无功，圣人无名。

尧让天下于许由，曰："日月出矣，而爝火不息[⑨]，其于光也，不亦难乎！时雨降矣，而犹浸灌，其于泽也，不亦劳乎！夫子立而天下治，而我犹尸之，吾自视缺然。请致天下。"许由曰："子治天下，天下既已治也，而我犹代子，吾将为名乎？名者，实之宾也，吾将为宾乎？鹪鹩巢于深林[⑩]，不过一枝；偃鼠饮河，不过满腹。归休乎君！予无所用天下为。庖人虽不治庖，尸祝不越樽俎而代之矣！"

肩吾问于连叔曰："吾闻言于接舆[⑪]，大而无当，往而不返。吾惊怖其言，犹河汉而无极也，大有径庭，不近人情焉。"连叔曰："其言谓何哉？"曰："'藐姑射之山有神人居焉，肌肤若冰雪，绰约若处子[⑫]；不食五谷，吸风饮露；乘云气，御飞龙，而游乎四海之外。其神凝，使物不疵疠而年谷熟[⑬]。'吾以是狂而不信也。"连叔曰："然。瞽者无以与乎文章之观[⑭]，聋者无以与乎钟鼓之声。岂唯形骸有聋盲哉？夫知亦有之。是其言也，犹时女也。之人也，之德也，将旁礴万物以为一，世蕲乎乱，孰弊弊焉以天下为事！之人也，物莫之伤，大浸稽天而不溺，大旱金石流、土山焦而不热。是其尘垢粃糠，将犹陶铸尧舜者也，孰肯以物为事！”

宋人资章甫而适诸越，越人断发文身，无所用之。尧治天下之民，平海内之政，往见四子藐姑射之山，汾水之阳，窅然丧其天下焉[15]。

惠子谓庄子曰：“魏王贻我大瓠之种，我树之成而实五石。以盛水浆，其坚不能自举也；剖之以为瓢，则瓠落无所容。非不呺然大也[16]，吾为其无用而掊之。”庄子曰：“夫子固拙于用大矣。宋人有善为不龟手之药者，世世以洴澼絖为事[17]。客闻之，请买其方百金。聚族而谋曰：‘我世世为洴澼絖，不过数金；今一朝而鬻技百金[18]，请与之。’客得之，以说吴王。越有难，吴王使之将。冬，与越人水战，大败越人，裂地而封之。能不龟手一也，或以封，或不免于洴澼絖，则所用之异也。今子有五石之瓠，何不虑以为大樽而浮于江湖，而忧其瓠落无所容？则夫子犹有蓬之心也夫！”

惠子谓庄子曰：“吾有大树，人谓之樗[19]。其大本拥肿而不中绳墨，其小枝卷曲而不中规矩。立之途[20]，匠人不顾。今子之言，大而无用，众所同去也。”

庄子曰：“子独不见狸狌乎？卑身而伏，以候敖者；东西跳梁，不辟高下，中于机辟，死于罔罟[21]。今夫斄牛[22]，其大若垂天之云，此能为大矣，而不能执鼠。今子有大树，患其无用，何不树之于无何有之乡，广莫之野，彷徨乎无为其侧，逍遥乎寝卧其下；不夭斤斧，物无害者，无所可用，安所困苦哉！”

【注释】

①北冥：北方的大海。冥，广阔幽远的大海。②抟（tuán）：环绕而上。

③夭阏（è）：又写作“夭遏”，意思是遏阻、阻拦。④榆枋：两种树名。⑤飡（cān）：同餐。⑥太山：大山。还有一种说法是泰山。⑦羊角：旋风，回旋向上如羊角状。⑧数（shuò）数然：急急忙忙的样子。⑨爝（jué）火：炬火，木材上蘸上油脂燃起的火把。⑩鹪鹩（jiāo liáo）：一种善于筑巢的小鸟。⑪接舆：楚国的隐士，姓陆名通，接舆是他的字。⑫绰（chuò）约：柔弱、美好的样子。处子：处女。⑬疵疠（cī lì）：疾病。⑭瞽（gǔ）：盲。文章：花纹、色彩。⑮窅（yǎo）然：怅然若失的样子。丧（sàng）：丧失、忘掉。⑯呺（xiāo）然：庞大而又中空的样子。⑰洴（píng）：漂浮。澼（pì）：漂洗。絖（kuàng）：丝絮。⑱鬻（yù）：卖，出售。⑲樗（chū）：一种高大的落叶乔木，但木质粗劣不可用。⑳塗：通作“途”，道路。㉑罔：网。罟（gǔ）：网的总称。㉒斄（lí）牛：牦牛。

【译文】

在北方的大海里有一条鱼，它的名字叫作鲲。鲲的体形极其庞大，不知道有几千里。鲲可以变化成一种鸟，它的名字叫鹏。鹏的脊背之大，不知道有几千里。它奋起而飞，翅膀就像垂挂在天上的云彩。这只鹏鸟随着海上汹涌的波涛迁徙到南方的大海。南方的大海是个天然的大池。

《齐谐》是一部讲述怪异故事的书，书中记载：“鹏鸟迁徙到南方的大海时，翅膀拍击水面行至三千里远，而后环绕着海面上急骤的狂风盘旋而上直冲九万里高空，乘着六月的大风而飞去。”森林、河泽、原野上到处弥漫着如野马狂奔的雾气，低空里飞扬的尘埃，这都是大自然里各种生物的气息吹拂所致。天空是湛蓝湛蓝的，难道这就是它真正的颜色吗？抑或是高旷辽远没法看到它的尽头呢？鹏鸟在高空往下看，不过也就像这个样子罢了。

水汇积不深，它浮载大船就没有力量。倒杯水在庭堂的低洼处，那么只有小小的芥草可以漂浮起来作船，但是把杯子放在里面就会搁浅，因为水太浅而船太大了。如果风聚积的力量不够强大，那么它就不能够托负起巨大的翅膀。所以，鹏鸟高飞九万里，是因为有九万里的狂风就在它的身下，然后方才可以凭借风力飞行；鹏鸟背负青天毫无阻遏，然后才开始图谋飞到南方去。

蜩与小飞雀讥笑鹏鸟说："我从地面急速起飞，碰着榆树和枋树的树枝就停下来落在地上，为什么要到九万里的高空向南飞呢？"

到不远的郊外去，带上三餐就可以往返，肚子还是饱饱的；到百里之外，却要准备带一宿的干粮；到千里之外去，就要预备三个月的粮食。蜩和飞雀这两个只会在很小的范围内打转的小东西又怎么能明白其中的道理呢？

小聪明不能理解大智慧，寿命短的不明白寿命长的意义。为什么这样说呢？生命周期只有一个早晨的菌类不会知道昼夜交替，寿命只有一个夏季的蝉也不会知道什么是春去秋来一年的时光，这就是短寿。楚国南边有一种叫冥灵的大树，它把五百年当作春，把五百年当作秋；上古时期有一种椿树，它把八千年当作春，把八千年当作秋，这就是长寿。而传说活了八百岁的彭祖到如今还是以年寿长久而闻名于世，如果人们都希望与他齐寿，那岂不是一件可悲可叹的事吗？

商汤曾经这样询问过棘："在寸草不生的北极，有很深的大海，就是天池。里面有一条鱼，它的宽度数千里，没有人知道它多长，它的名字叫鲲。里面有一只鸟，它的名字叫鹏，脊背像泰山，翅膀像垂挂在天上的云彩，凭借旋风飞向九万里高空，穿过云层，背负青天，然后向南飞翔，飞往南极大海。小树林里的飞雀讥笑大鹏说：'它将飞往什么地方呢？我跳跃起来向上飞，不过几丈便落下来，在野草之间飞来飞去，这样的飞翔不也很好吗？而它究竟要飞到什么地方呢？'"这就是小和大的区别。

所以，那些才智足以胜任一个官职，品行合乎一乡人心愿，道德能使

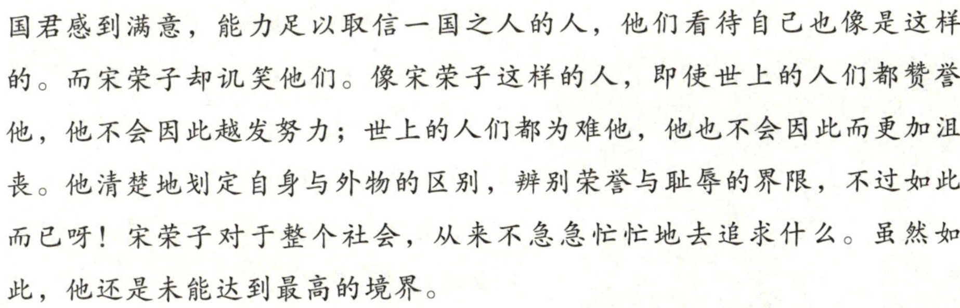

国君感到满意，能力足以取信一国之人的人，他们看待自己也像是这样的。而宋荣子却讥笑他们。像宋荣子这样的人，即使世上的人们都赞誉他，他不会因此越发努力；世上的人们都为难他，他也不会因此而更加沮丧。他清楚地划定自身与外物的区别，辨别荣誉与耻辱的界限，不过如此而已呀！宋荣子对于整个社会，从来不急急忙忙地去追求什么。虽然如此，他还是未能达到最高的境界。

列子能够驾着风行走，样子轻盈美妙，走了十五天后回来。他对于求福的事，从来不去汲汲追求。这样他虽然可以免去步行的劳苦，但他还是有所凭借的啊！若能遵循宇宙万物的规律，把握“六气”（指阴、阳、风、雨、晦、明）的变化，遨游于无穷无尽的境域，他还有什么仰赖的呢？因此说，道德修养高的人能达到忘我的境界，精神世界完全超脱物外的人心目中没有功名和事业，思想修养臻于完美的人从不去追求名誉和地位。

尧准备把天下让给许由的时候说：“太阳和月亮都已升起来了，可是小小的炬火还在燃烧不熄，它要跟太阳和月亮的光亮相比，不是很难吗？季雨及时降落了，可是人们却还在不停地浇水灌地，如此费力的人工灌溉对于整个大地的润泽，不显得徒劳吗？先生如能居于国君之位，天下一定会获得大治，可是我还空居其位，我自己越看越觉得能力不够。请允许我把天下交给你。”许由回答说：“你治理天下，天下已经获得了大治，而我却还要去替代你，我将为了名声吗？‘名’是‘实’所派生出来的次要东西，我将去追求这次要的东西吗？鹪鹩在森林中筑巢，不过占用一根树枝；鼹鼠到大河边饮水，不过喝满肚子。你还是打消念头回去吧，天下对于我来说没有什么用处啊！厨师即使不下厨，祭祀主持人也不会越俎代庖的！”

肩吾向连叔请教说：“我在接舆那里听到的都是一些没有边际信口乱说的大话，说到哪里是哪里而收不回来，我惊异和害怕他的言论，就像银河一样漫无边际，和一般人的想法差别极大，实在有点不近人情。”连叔说：“他的言论讲的是什么呢？”肩吾转述接舆的话说：“‘在藐姑射山上，住着一位神人，肌肤像冰雪那样洁白，姿态像处女一样柔美；不吃五谷杂粮，吸清风，饮甘露；乘云气，驾飞龙，遨游于四海之外。他的精神十分专一，对万物不

加闻问，从而使万物不受灾害，年年谷物丰收。'我认为这都是一些狂话而不值得相信。"连叔听后说："是呀！对于瞎子没法同他们欣赏花纹和色彩，对于聋子没法同他们聆听钟鼓的乐声。难道只是形骸上有聋与瞎吗？思想上也有聋有瞎啊！这话似乎就是说你肩吾的呀。那位神人，他的德行，与万事万物混同一起，世人期望他来治理天下，但他哪里愿意庸庸碌碌管这种俗事呢！那样的人呀，外物没有什么能伤害他，滔天的大水不能淹没他，天下大旱使金石熔化、土山焦裂，他也不感到灼热。他所留下的尘埃以及瘪谷糠麸之类的废物，也可造就出尧舜那样的圣贤人君来，他怎么会把忙着管理万物当作己任呢！"

宋国有个人到越国去卖帽子，越国人有断发文身的习俗，用不着帽子。尧治理天下人民，安定国内的政事，到藐姑射山和汾水的北面拜见四位得道的人士，懂得了更加深远的道理，从而忘掉了他统治天下的地位。

惠子对庄子说："魏王送我大葫芦种子，我将它培植起来后，结出的果实有五石大。用大葫芦去盛水浆，可是它的坚固程度承受不了水的压力。把它剖开做瓢也太大了，没有什么地方可以放得下。这个葫芦不是不大呀，我因为它没有什么用处而砸烂了它。"庄子说："先生实在是不善于使用大东西啊！宋国有一善于调制不皲裂手药物的人家，世世代代以漂洗丝絮为职业。有个游客听说了这件事，愿意用百金的高价收买他的药方。全家人聚集在一起商量：‘我们世世代代在河水里漂洗丝絮，所得不过数金，如今一下子就可卖得百金，还是把药方卖给他吧。’游客得到药方，来游说吴王。正巧越国发难，吴王派他统率部队，冬天跟越军在水上交战，因为有不皲裂手的药，从而大败越军，吴王划割土地封赏他。能使手不皲裂，药方是同样的，有的人用它来获得封赏，有的人却只能靠它在水中漂洗丝絮，这是使用的方法不同。如今你有五石容积的大葫芦，怎么不考虑用它来制成腰舟，而浮游于江湖之上，却担忧葫芦太大无处可容？看来先生你还是心窍不通啊！”

惠子对庄子说：“我有一棵大树，人们都叫它樗树。这棵大树的树干弯弯曲曲、凹凸不平，连墨线都打不上，而它的小枝又都卷曲生长，不合乎木匠的规矩。它矗立在道旁，木匠连看也不看它一眼。如今先生所言大而无用，众人都不相信。”

庄子说：“你不曾见过野猫和黄鼠狼吗？它把身躯蜷伏在地上，等候着那些来来往往的小动物；东西跳跃，不避高低，踏中机关，死于网罟。再看那牦牛，庞大的身子像遮盖天空的云气，有大的本领，但不能捕鼠。现在你有这么一棵大树，愁它无用，为什么不把它种在虚无的乡土里、广大无边的旷野里，然后来往徘徊在它的旁边，自由自在地躺在它的下面，使它遭不到斧头的砍伐而夭折，也没有什么东西来侵害它。它的确没有什么用处，可是又哪里会有什么困苦呢？”

解读

《逍遥游》，篇名来源于全篇的内容大义。“逍遥”是悠然自得、自由自在的意思。

人的境界决定了人的眼界和心灵。当大鹏飞往南方时，震荡起来的水花达三千里，翼拍旋风而直冲到九万里高空，当它俯视大地的时候，看到的自然和小小的斑鸠所看到的截然不同。那么，当我们的境界只是一个汲汲于名利的庸人时，自然也就不可能体会到那些淡泊名利的人的感受。庄子的《逍遥游》同儒学的积极经世、佛学的无欲止观一样，都是人安身立命的精神追求，是生命寄托的一种途径，它所宣扬的精神解放，给予在沉重压力下生存的人们一种自由的希望。

芸芸众生把名利当作必需品，以为只有获得了名利，生活才能更自由、更幸福，然而看世间有多少因名利而引来灾祸的人呢？对于那些臻于无己境界的人们来说，虽然无心立功建业，却能名盖天下；虽然有着名满天下的辉煌，却能韬光晦迹，不在意世俗的名利而逍遥自得，恬淡无怀，无往而不逍遥，无适而不自得。

可见，当人外无所求、内无所羡之时，自然而然就会到达“至足”的境界。这篇《逍遥游》的中心思想还突出体现了一个“乐”字，而此中之乐绝非得所欲求之乐，而是不羡求功名利禄，不挂怀死生祸福、利害得失之精神至足之乐。这种快乐，对于满脑子只有名利二字的人来说，是无法企及，也无法想象的。这种快乐，不是纵情任性，而是要在心灵和精神上不断地修养才能达到的。

然而人们往往会沉迷于学习大鹏那样一飞冲天，遨游四海，以为这样就可以逍遥快乐，然而却忘记了立足实际，安分守己。一个人若失去了平常心，那么快乐也就离之而远去了。

齐物论第二

【原典】

南郭子綦隐机而坐，仰天而嘘，苔焉似丧其耦[1]。颜成子游立侍乎前，曰："何居乎？形固可使如槁木，而心固可使如死灰乎？今之隐机者，非昔之隐机者也。"子綦曰："偃，不亦善乎，而问之也！今者吾丧我，汝知之乎？女闻人籁而未闻地籁，女闻地籁而未闻天籁夫！"子游曰："敢问其方。"子綦曰："夫大块噫气[2]，其名为风。是唯无作，作则万窍怒呺。而独不闻之翏翏乎？山林之畏佳，大木百围之窍穴，似鼻，似口，似耳，似枅[3]，似圈，似臼，似洼者，似污者。激者，謞者[4]，叱者，吸者，叫者，譹者[5]，宎者[6]，咬者。前者唱于而随者唱喁，泠风则小和，飘风则大和，厉风济则众窍为虚。而独不见之调调之刁刁乎？"子游曰："地簌则众窍是已，人簌则比竹是已，敢问天簌。"子綦曰："夫吹万不同，而使其自已也。咸其自取，怒者其谁邪？"

大知闲闲，小知间间；大言炎炎，小言詹詹[7]。其寐也魂交，其觉也形开。与接为搆[8]，日以心斗。缦者，窖者，密者。小恐惴惴，大恐缦缦。其发若机栝[9]，其司是非之谓也；其留如诅盟，其守胜之谓也；其杀若秋冬，以言其日消也；其溺之所为之，不可使复之也；其厌也如缄，以言其老洫也；近死之心，莫使复阳也。喜怒哀乐，虑叹变慹，姚佚启态。乐出虚，蒸成菌。日夜相代乎前，而莫知其所萌。已乎，已乎！旦暮得此，其所由以生乎！

非彼无我，非我无所取。是亦近矣，而不知其所为使。若有真宰，而特不得其眹[10]。可行已信，而不见其形，有情而无形。百骸、九窍、六藏，赅而存焉，吾谁与为亲？汝皆说之乎？其有私焉？如是皆有为臣妾乎？其臣妾不足以相治乎？其递相为君臣乎？其有真君存焉！如求得其情与不得，无益损乎其真。一受其成形，不亡以待尽。与物相刃相靡，其行尽如驰而莫之能止，不亦悲乎！终身役役而不见其成功，苶然疲役而不知其所归[11]，可不哀邪！人谓之不死，奚益！其形化，其心与之然，可不谓大哀乎？人之生也，固若是芒乎？其我独芒，而人亦有不芒者乎？

夫随其成心而师之，谁独且无师乎？奚必知代而心自取者有之？愚者与有焉！未成乎心而有是非，是今日适越而昔至也。是以无有为有。无有为有，虽有神禹且不能知，吾独且奈何哉！

夫言非吹也。言者有言，其所言者特未定也。果有言邪？其未尝有言邪？其以为异于鷇音[12]，亦有辩乎，其无辩乎？道恶乎隐而有真伪？言恶乎隐而有是非？道恶乎往而不存？言恶乎存而不可？道隐于小成，言隐于荣华。故有儒墨之是非，以是其所非而非其所是。欲是其所非而非其所是，则莫若以明。物无非彼，物无非是。自彼则不见，自是则知之。故曰：彼出于是，是亦因彼，彼是方生之说也。虽然，方生方死，方死方生；方可方不可，方不可方可；因是因非，因非因是。是以圣人不由而照之于天，亦因是也。是亦彼也，彼亦是也。彼亦一是非，此亦一是非。果且有彼是乎哉？果且无彼是乎哉？彼是莫得其偶，谓之道枢。枢始得其环中，以应无穷。是亦一无穷，非亦一无穷也。故曰：莫若以明。

以指喻指之非指，不若以非指喻指之非指也；以马喻马之非马，不若以非马喻马之非马也。天地一指也，万物一马也。

可乎可，不可乎不可。道行之而成，物谓之而然。恶乎然？然于然。恶乎不然？不然于不然。物固有所然，物固有所可。无物不然，无物不可。故为是举莛与楹[13]，厉与西施，恢恑憰怪[14]，道通为一。其分也，成也；其成也，毁也。凡物无成与毁，复通为一。唯达者知通为一，为是不用而寓诸庸。庸也者，用也；用也者，通也；通也者，得也；适得而几矣。因是已。已而不知其然，谓之道。劳神明为一而不知其同也，谓之“朝三”。何谓“朝三"？狙公赋芧[15]，曰："朝三而暮四。"众狙皆怒。曰："然则朝四而暮三。"众狙皆悦。名实未亏，而喜怒为用，亦因是也。是以圣人和之以是非，而休乎天钧，是之谓两行。

古之人，其知有所至矣。恶乎至？有以为未始有物者，至矣，尽矣，不可以加矣！其次以为有物矣，而未始有封也。其次以为有封焉，而未始有是非也。是非之彰也，道之所以亏也。道之所以亏，爱之所以成。果且有成与亏乎哉？果且无成与亏乎哉？有成与亏，故昭氏之鼓琴也；无成与亏，故昭氏之不鼓琴也。昭文之鼓琴也，师旷之枝策也，惠子之据梧也，三子之知几乎皆其盛者也，故载之末年。唯其好之也以异于彼，其好之也欲以明之。彼非所明而明之，故以坚白之昧终。而其子又以文之纶终，终身无成。若是而可谓成乎，虽我亦成也；若是而不可谓成乎，物与我无成也。是故滑疑之耀，圣人之所图也。为是不用而寓诸庸，此之谓"以明"。

今且有言于此，不知其与是类乎？其与是不类乎？类与不类，相与为类，则与彼无以异矣。虽然，请尝言之。有始也者，有未始有始也者，有未始有夫未始有始也者。有有也者，有无也者，有未始有无也者，有未始有夫未始有无者也。俄而有无矣，而未知有无之果孰有孰无也。今我则已有谓矣，而未知吾所谓之其果有谓乎？其果无谓乎？天下莫大于秋毫之末，而太山为小；

莫寿于殇子，而彭祖为夭。天地与我并生，而万物与我为一。既已为一矣，且得有言乎？既已谓之一矣，且得无言乎？一与言为二，二与一为三。自此以往，巧历不能得，而况其凡乎！故自无适有，以至于三，而况自有适有乎！无适焉，因是已。

夫道未始有封，言未始有常，为是而有畛也。请言其畛。有左有右，有伦有义，有分有辩，有竞有争，此之谓八德。六合之外，圣人存而不论；六合之内，圣人论而不议；春秋经世先王之志，圣人议而不辩。故分也者，有不分也；辩也者，有不辩也。曰：何也？圣人怀之，众人辩之以相示也。故曰：辩也者，有不见也。

夫大道不称，大辩不言，大仁不仁，不廉不嗛[16]，不勇不忮[17]。道昭而不道，言辩而不及，仁常而不成，廉清而不信，勇忮而不成。五者无弃而几向方矣！故知止其所不知，至矣。孰知不言之辩，不道之道？若有能知，此之谓天府。注焉而不满，酌焉而不竭，而不知其所由来，此之谓葆光。

故昔者尧问于舜曰：“我欲伐宗、脍、胥敖[18]，南面而不释然。其故何也？”舜曰：“夫三子者，犹存乎蓬艾之间。若不释然，何哉？昔者十日并出，万物皆照，而况德之进乎日者乎！”

啮缺问乎王倪曰[19]：“子知物之所同是乎？”曰：“吾恶乎知之！”“子知子之所不知邪？”曰：“吾恶乎知之！”“然则物无知邪？”曰：“吾恶乎知之！虽然，尝试言之。庸讵知吾所谓知之非不知邪？庸讵知吾所谓不知之非知邪？且吾尝试问乎女：民湿寝则腰疾偏死，鳅然乎哉[20]？木处则惴栗恂惧，猨猴然乎哉[21]？三者孰知正处？民食刍豢，麋鹿食荐，蝍蛆甘带，鸱鸦耆鼠，四者孰知正味？猨猵狙以为雌[22]，麋与鹿交，鳅与鱼游。毛嫱丽姬，人之所美也；鱼见之深入，鸟见之高飞，麋鹿见之决骤，四者孰知天下之正色哉？自我观之，仁义之端，是非之涂[23]，樊然殽乱[24]，吾恶能知其辩！”

啮缺曰：“子不知利害，则至人固不知利害乎？”王倪曰：“至人神矣！大泽焚而不能热，河汉沍而不能寒[25]，疾雷破山、飘风振海而不能惊。若然者，乘云气，骑日月，而游乎四海之外，死生无变于己，而况利害之端乎！”

瞿鹊子问乎长梧子曰：“吾闻诸夫子：‘圣人不从事于务，不就利，不违害，不喜求，不缘道；无谓有谓，有谓无谓，而游乎尘垢之外。’夫子以为孟浪之言，而我以为妙道之行也。吾子以为奚若？”

长梧子曰：“是黄帝之所听荧也，而丘也何足以知之！且女亦大早计，见卵而求时夜，见弹而求鸮炙。予尝为女妄言之，女亦妄听之。奚旁日月，挟宇宙，为其吻合，置其滑涽，以隶相尊？众人役役[26]，圣人愚芚[27]，参万岁而一成纯。万物尽然，而以是相蕴。予恶乎知说生之非惑邪！予恶乎知恶死之非弱丧而不知归者邪！

“丽之姬，艾封人之子也。晋国之始得之也，涕泣沾襟；及其至于王所，与王同筐床，食刍豢，而后悔其泣也。予恶乎知夫死者不悔其始之蕲生乎？梦饮酒者，旦而哭泣；梦哭泣者，旦而田猎。方其梦也，不知其梦也。梦之中又占其梦焉，觉而后知其梦也。且有大觉而后知此其大梦也。而愚者自以为觉，窃窃然知之。君乎！牧乎！固哉丘也！与女皆梦也！予谓女梦，亦梦也。是其言也，其名为吊诡。万世之后，而一遇大圣，知其解者，是旦暮遇之也。

“既使我与若辩矣，若胜我，我不若胜，若果是也，我果非也邪？我胜若，若不吾胜，我果是也，而果非也邪？其或是也，其或非也邪？其俱是也，其俱非也邪？我与若不能相知也，则人固受其黮（dàn）暗[28]，吾谁使正之？使同乎若者正之，既与若同矣，恶能正之？使同乎我者正之，既同乎我矣，恶能正之？使异乎我与若者正之，既异乎我与若矣，恶能正之？使同乎我与若者正之，既同乎我与若矣，恶能正之？然则我与若与人俱不能相知也，而待彼也邪？

“何谓和之以天倪？”曰：“是不是，然不然。是若果是也，则是之异乎不是也亦无辩；然若果然也，则然之异乎不然也亦无辩。化声之相待，若其不相待，和之以天倪，因之以曼衍，所以穷年也。忘年忘义，振于无竟，故寓诸无竟”。

罔两问景曰[29]：“曩子行[30]，今子止；曩子坐，今子起；何其无特操与？”景曰：“吾有待而然者邪？吾所待又有待而然者邪？吾待蛇蚹蜩翼邪？恶识所以然？恶识所以不然？”

昔者庄周梦为胡蝶，栩栩然胡蝶也，自喻适志与！不知周也。俄然觉，则蘧蘧然周也[31]？不知周之梦为胡蝶与？胡蝶之梦为周与？周与胡蝶，则必有分矣。此之谓物化。

【注释】

①荅（dā）焉：亦作“嗒焉”，离形去智的样子。耦：对应。②大块：大地。噫（yī）气：吐气。③枅（jī）：柱头横木。④谞（hè）：这里用来形容箭头飞去的声响。⑤譹（háo）：号哭声。⑥宎（yào）：深而沉。⑦詹詹：言语琐细，说个没完。⑧搆：交合的意思。⑨栝（guā）：箭杆末端扣弦部位。⑩朕（zhèn）：端倪、征兆。⑪苶（nié）然：疲倦困顿的样子。疲役：犹言疲于役，为役使所疲顿。⑫鷇（gòu）：刚出蛋壳的小鸟的叫声。比喻不带任何含义的语言。⑬莛（tíng）：草茎。楹（yíng）：厅堂前的木柱。⑭恑（guǐ）：奇变。憰（jué）：诡诈、怪异。⑮狙（jū）：猴子。狙公：养猴子的人。赋：给予。芧（xù）：橡子。⑯嗛（qiǎn）：同“谦”，谦逊。⑰忮（zhì）：伤害。⑱宗、脍（kuài）、胥敖（áo）：上古时代的三个小国。⑲啮（niè）缺、王倪：传说中的古代贤人，实为庄子寓言故事中虚拟的人物。⑳鰌（qiū）：“鳅”字的异体，即泥鳅。㉑猨：“猿”字的异体，“猨猴”即“猿猴”。㉒猵（biān）狙（jū）：一种类似猿猴的动物。㉓塗：同作“途”，道路，途径。㉔樊然：杂乱的样子。殽（xiáo）：这里讲作“淆”，混杂的意思。㉕沍（hù）：河水冻结。㉖役役：劳苦不休。㉗愚芚（chūn）：愚昧无知的样子。㉘黮（dàn）：昏暗不明的样子。㉙罔两：影子之外的微阴。景：影子。这个意义后代写作“影”。㉚曩（nǎng）：以往，从前。㉛蘧（qú）蘧然：惊惶的样子。

【译文】

南郭子綦靠在几案旁边坐着，仰着头，向天缓缓地吐着气，那悠然自得、旁若无物的样子真好像思想、精神甚至于灵魂都脱出了躯体。他的学生颜成子游陪站在跟前说道："这是怎么啦？形体诚然可以使它像干枯的树木，精神和思想难道也可以使它像死灰那样吗？你今天凭几而坐，怎么跟往常的情景不一样呢。"子綦回答说："偃，你这个问题问得很好。今天我忘掉了自己，你知道吗？你听见过'人籁'却没有听见过'地籁'，你即使听见过'地籁'却没有听见过'天籁'啊！"子游问："我冒昧地请教它们的真实含义。"子綦说："大地吐出的气，名字叫风。风不发作则已，一旦发作整个大地上数不清的窍孔都怒吼起来。你独独没有听过那呼呼的风声吗？山陵上陡峭峥嵘的各种去处，百围大树上无数的窍孔，有的像鼻子，有的像嘴巴，有的像耳朵，有的像圆柱上插入横木的方孔，有的像圈围的栅栏，有的像舂米的臼窝，有的像深池，有的像浅池。它们发出的声音，像湍急的流水声，像迅疾的箭镞声，像大声的呵叱声，像细细的呼吸声，像放声叫喊，像号啕大哭，像在山谷里深沉回荡，像鸟儿鸣叫叽喳，真好像前面在呜呜倡导，后面在呼呼随和。清风徐徐就有小小的和声，长风呼呼便有大的反响，迅猛的暴风突然停歇，万般窍穴也就寂然无声。你难道不曾看见风儿过处万物随风摇曳晃动的样子吗？"子游说："地籁是从万种窍穴里发出的风声，人籁是从各种不同的竹管里发出的声音。我再冒昧地向你请教什么是天籁。"子綦说："天籁虽然有万般不同，但使它们发生和停息的都是出于自身，那么创造这些的还能是谁呢？"

有大智慧的人胸怀广博豁达，只有点小聪明的人则过于拘泥于细节，甚至斤斤计较；蕴含大道理的言论就像猛火烈焰一样盛气凌人，拘于智巧的言论则琐细虚伪、没完没了。他们睡眠时心神交错不宁，醒来后疲于与外物接触纠缠。跟外界交接相应，整日里钩心斗角。有的疏怠迟缓，有的高深莫测，有的辞慎语谨。对小的恐惧惴惴不安，对大的恐惧失魂落魄。他们饱含心计的语言变幻莫测，细心探察他人的是非予以攻击；他们停止发言犹如盟誓，为了以守取胜；他们衰败好似秋风冬寒的景象，这是说他们的真性一天天在削弱；他们沉溺在所作所为的活动之中，再无法使他们恢复原状；他们隐藏心灵不言不语，说明他们老而枯竭败坏；接近死亡的心灵，再也不能使它恢复生机。高兴、愤怒、悲哀、欢乐，忧虑、叹息、变态、恐惧，轻浮、安逸、放荡、娇淫，像乐声从空虚的乐器中产生出来，又像菌类从地上的蒸汽中产生出来一样。交互更替在眼前，而不知道它们是怎样萌发出来的。算了吧，算了吧！一旦懂得这一切发生的道理，不就明白了这种种情态发生、形成的原因？

没有上述种种心态、情态就没有我本身，没有我本身它们就无从显现。这样的认识似乎更接近于事物的本质，然而却不知道这一切受什么驱使。仿佛有“真宰”，却又寻不到它的端倪。可以去实践并得到验证，然而却看不见它的形体，真实地存在而又没有反映它的具体形态。众多骨节，九个孔穴，六个内脏，都兼备地存在于我身上，我和哪个最亲近呢？你都喜欢它们呢，还是有所偏爱呢？如此不是都把它们当成臣妾了吗？它们是臣妾就不能相互支配吗？还是让它们轮流做君臣呢？难道果然另有真我存在吗？即使求得真我的真实情况，对它的本真是无所益损的。世人受形以来不知道保住真君，虽然一时不死，却不过是坐等着死期的到来罢了。他们跟外界环境相互对立，他们的行动全都像快马奔驰，没有什么力量能使他们止步，这不是很可悲吗！他们终身承受役使却看不到自己的成功，一辈子困顿疲劳却不知道自己的归宿，这能不悲哀吗！人们说这种人不会死亡，这又有什么益处！人的形骸逐渐衰竭，人的精神和感情也跟着一块儿衰竭，这能不算是最大的悲哀吗？人生在世，本来就像这样愚昧无知吗？难道只有我才这么愚昧无知，而世人也有不愚昧无知的吗？

若简单地依据自己的成见作为判断是非的标准，那么谁没有一个标准呢？不一定了解事物发展变化而心有见识的人才有，愚昧的人也是有的。如果

说没有形成主观成见，便有了是非观念，这就像“今天到越国去而昨天就已经到达”的观点一样，这是把本来不存在的事物看成了已经存在的。当这种观念产生时，就是英武神明的大禹尚且不能理解，我又有什么办法呢！

言论不能是空穴来风，发表言论的人都有所说的内容，然而他们的言论又都自以为得当而不能有定论。果真算是发了言吗？还是等于不曾说过什么呢？他们都认为自己的发言不同于雏鸟的叫声，那么到底有没有区别呢？

大道是怎么被隐蔽而有真伪之分的呢？言论是怎样被隐蔽而有是非之分呢？大道怎么会出现而又不复存在呢？言论又怎么存在而又不宜认可？大道是被小的成就隐蔽了，言论是被浮华的辞藻隐蔽了。因而才有儒墨显学的是非之争，他们都各自肯定对方之所非，而非议对方之所是。如要肯定对方的所非而非议对方的所是，则不如以空明的心境去反映事物的实情。

各种事物无不存在它自身对立的那一面，各种事物也无不存在它自身对立的这一面。从事物相对立的那一面看便看不见这一面，从事物相对立的这一面看就能有所认识和了解。所以说：事物的那一面出自事物的这一面，事物的这一面亦起因于事物的那一面。事物对立的两个方面是相互并存、相互依赖的。虽然这样，刚刚产生随即便是死亡，刚刚死亡随即便会复生；刚刚肯定随即就是否定，刚刚否定随即又予以肯定；依托正确的一面同时也就遵循了谬误的一面，依托谬误的一面同时也就遵循了正确的一面。因此圣人不走划分正误是非的道路而是观察、比照事物的本然，也就是顺着事物自身的情态。事物的这一面也就是事物的那一面，事物的那一面也就是事物的这一面。事物的那一面同样存在是与非，事物的这一面也同样存在正与误。事物果真存在彼此两个方面吗？事物果真不存在彼此两个方面的区分吗？彼此两个方面都没有其对立的一面，这就是大道的枢纽。抓住了大道的枢纽也就抓住了事物的要害，从而顺应事物无穷无尽的变化。“是”是无穷的，“非”也是无穷的。所以说，不如用事物的本然来加以观察和认识。

用自己的手指来说明人家的手指不是手指，不如不用自己的手指来说明人家的手指不是手指为好；用马来说明白马不是马，不如不用马来说明白马不是马为好。整个自然界不论存在多少要素，但作为要素而言却是一样的，

各种事物不论存在多少具体物象，但作为具体物象而言也都是一样的。天地与一指，万物与一马，都是没有区别的。

肯定也好，否定也好，对也好，错也好，都有其道理。道路是行走而成的，事物是人们称谓而就的。怎样才算是正确呢？正确在于其本身就是正确的。怎样才算是不正确呢？不正确的在于其本身就是不正确的。事物原本就有正确的一面，事物原本就有能认可的一面，没有什么事物不存在正确的一面，也没有什么事物不存在能认可的一面。所以可以列举细小的草茎和高大的庭柱，丑陋的癞头和美丽的西施，宽大、奇变、诡诈、怪异等千奇百怪的各种事态来说明这一点，从“道”的观点看它们都是相通而浑一的。旧事物的分解，亦即新事物的形成；新事物的形成，亦即旧事物的毁灭。所有事物并无形成与毁灭的区别，还是相通而浑一的特点。只有通达的人方才知晓事物相通而浑一的道理，因此不用固执地对事物作出这样那样的解释，而应把自己的观点寄托于平常的事理之中。所谓平庸的事理就是无用而有用；认识事物无用就是有用，这就算是通达；通达的人才是真正了解事物常理的人；恰如其分地了解事物常理也就接近于大道。顺应事物相通而浑一的本来状态吧，这样还不能了解它的究竟，这就叫作“道”。耗费心思方才能认识事物浑然为一而不知事物本身就具有同一的性状和特点，这就叫作“朝三”。什么叫作“朝三”呢？养猴人给猴子分橡子，说：“早上分给三升，晚上分给四升。”猴子们听了非常愤怒。养猴人便改口说：“那么就早上四升，晚上三升吧。”猴子们听了都高兴起来。名义和实际都没有亏损，喜与怒却各为所用而有了变化，也就是因为这样的道理。因此，古代圣人把是与非混同起来，优游自得地生活在自然而又均衡的境界里，这就叫物与我各得其所、自行发展。

古时候的人，他们的认识有最高境界。什么是最高境界？他们认为宇宙未曾形成万物的初始时刻，认识是最高的，尽美尽善的，再不能增加什么认识了。其次，则认为宇宙开始有了万物时，万物之间是没有分别界限的。再次，认为有了分别的界限，但未曾有是非之别。是非观念明显了，道的观念也就因此而亏损了。道的观念之所以亏损，是因偏私观念的形成。果真有所谓成就和亏损呢？果真还是没有成就和亏损呢？有成就和亏损，犹如昭文弹琴；没有成功和亏损，犹如昭文不弹琴。昭文弹琴，师旷指挥，惠子依靠梧桐树的辩论，这三位先生的认识和才智接近最高峰了，所以载誉于晚年。正因为他们各有所好，而炫异于别人，他们各以所好去让别人领悟。用不是别人所非了解不可的东西而硬让别人去了解，因此以坚白论的糊涂观念而终身。然而昭文的儿子继承昭文的事业，而终生无所成就。如果说这就是所谓成就，那么像我这样的也算有成就了；如果说这不可以称为成就，那么天下的事物和我都不能算是有成就的。所以，那些迷乱世人的炫耀的言论，圣人是一定摒弃的。所以圣人不用这种言论，而是把认识寄寓于各物自身的功利名分上，这就叫作心地如镜地反映事物。

现在暂且在这里发表一番言论，不知道这些言论跟其他人所说的是相同的呢，还是不相同的呢？相同的言论与不相同的言论，既然其本质都是言谈议论，从这个层面上说，不管其内容如何也就是同类的了。虽然这样，还是请让我试着把这一问题说一说。宇宙万物有它的开始，同样有它未曾开始的开始，还有它未曾开始的未曾开始的开始。宇宙之初有过这样那样的“有”，但也有个“无”，还有个未曾有过的“无”，同样也有个未曾有过的“无”。突然间生出了“有”和“无”，却不知道“有”与“无”谁是真正的“有”、谁是真正的“无”。现在我已经说了这些言论和看法，但却不知道我听说的言论和看法是我果真说过的言论和看法呢，还是果真没有说过的言论和看法呢？天下没有什么比秋天鸟的毫毛的末端更大，而泰山算是最小；世上没有什么人比夭折的孩子更长寿，而传说中年寿最长的彭祖却是短命的。天地与我共生，万物与我为一体。既然已经浑然为一体，还能够有什么议论和看法？既然已经称作一体，又还能够没有什么议论和看法？客观存在的一体加上我的议论和看法就成了“二”，“二”如果再加上一个“一”就成了“三”，以此类推，最精明的计算也不可能求得最后的数字，何况大家都是凡夫俗子！所以，从无到有乃至推到“三”，又何况从“有”推演到“有”呢！没有必要这样推演下去，还是顺应事物的本然吧。

大道不曾有过界限，语言也不曾有过定说，为了争一个“是”字而划出许多界限，如有左，有右，有伦序，有等差，有分别，有辩论，有竞言，有争持，这是界限的八种表现。宇宙以外的事情，圣人只观察而不考核其类属；宇宙以内的事情，圣人只是论说而不加以评议；《春秋》是记载治理社会的编年史，是先王治事的记录，圣人只评议而不争辩。天下事理有分别，就有不分别；有辩论，就有不辩论。这是如何讲呢？圣人把事物都囊括于胸、容藏于己，而一般人则争辩不休，夸耀于外，所以说，凡事争辩，总因为有自己所看不见的一面。

大道是用不着声扬的，善辩的人是不用言说的，最仁的人是不能偏爱的，最廉洁的人是不去表示谦逊的，最勇敢的人是不伤害人的。“道”完全表露于外就不算是道，“言”争辩总有表达不到的地方，“仁”常守滞一处就不能周遍，“廉”若露形迹就不真实，“勇”怀害意就不能成为勇。这五种情况不要疏忽，就可以近于道了。所以，明智的人止于他所不知的境地，就是极点了。谁能知道不用语言的辩论，不用声扬的道呢？如果有谁能知道这一点，这就称得上是大自然的仓库了。无论注入多少东西，它都不会满溢，无论取出多少东西，它也不会枯竭，而且也不知这些东西源流自何处，这就叫作潜藏的光明。

从前尧曾向舜问道：“我想征伐宗、脍、胥敖三个小国，每当上朝理事总是心绪不宁，是什么原因呢？”舜回答说：“那三个小国的国君，就像生存于蓬蒿艾草之中。你总是耿耿于怀心神不宁，为什么呢？过去十个太阳一块儿升起，万物都在阳光普照之下，何况你崇高的德行又远远超过了太阳的光亮呢！”

齧缺问王倪：“你知道各种事物相互间总有共同的地方吗？”王倪说：“我

怎么知道呢！”啮缺又问：“你知道你所不知道的东西吗？”王倪回答说：“我怎么知道呢！”啮缺接着又问：“那么各种事物便都无法知道了吗？”王倪回答：“我怎么知道呢！虽然这样，我还是试着来回答你的问题。你怎么知道我所说的知道不是不知道呢？你又怎么知道我所说的不知道不是知道呢？我还是先问一问你：人们睡在潮湿的地方就会腰部患病甚至酿成半身不遂，泥鳅也会这样吗？人们住在高高的树木上就会心惊胆战、惶恐不安，猿猴也会这样吗？人、泥鳅、猿猴三者究竟谁最懂得居处的标准呢？人以牲畜的肉为食物，麋鹿食草芥，蜈蚣嗜吃小蛇，猫头鹰和乌鸦则爱吃老鼠，人、麋鹿、蜈蚣、猫头鹰和乌鸦这四类动物究竟谁才懂得真正的美味？猿猴把猵狙当作配偶，麋喜欢与鹿交配，泥鳅则与鱼交尾。毛嫱和丽姬，是人们称道的美人了；可是鱼儿见了她们深深潜入水底，鸟儿见了她们高高飞向天空，麋鹿见了她们撒开四蹄飞快地逃离。人、鱼、鸟和麋鹿四者究竟谁才懂得天下真正的美色呢？以我来看，仁与义的端绪，是与非的途径，都纷杂错乱，我怎么能知晓它们之间的分别！”

啮缺说：“你不了解利与害，道德修养高尚的至人难道也不知晓利与害吗？”王倪说：“进入物我两忘境界的至人实在是神妙不可测啊！林泽焚烧不能使他感到热，黄河、汉水封冻了不能使他感到冷，迅疾的雷霆劈山破岩、狂风翻江倒海不能使他感到震惊。假如这样，便可驾驭云气，骑乘日月，在四海之外遨游，死和生对于他自身都没有变化，何况利与害这些微不足道的端绪呢！”

瞿鹊子问长梧子说：“我听孔夫子说过：‘圣人不去从事世欲的事情，不贪图利益，不回避危害，不喜欢追求世欲，不拘缘于道欲；没有说话就等于说话了，说了话就等没有说话，而遨游于世俗之外。’孔夫子认为这些都是轻率的言论，而我认为这些正是可以身体力行的妙道。你以为怎样？”

长梧子说：“这些话黄帝听了也会感到疑惑不解，而孔丘怎么会了解呢？而且你也太求之过急了，见到鸡蛋便想得到报晓的雄鸡，见到弹丸就想吃到烤鹏鸟肉。我尝试给你随便说说，你也就随便听听吧。何不依傍着日月，挟持着宇宙，与日月宇宙万物合为一体，任凭是非杂乱不齐，把奴仆同样看作

是尊贵的人。那些世俗的人们劳苦不休地追求知识，圣人则表现为愚昧无知的样子，混同历代变异而不为是非所乱。万物都是如此，而互相蕴含于齐一之中。我怎么知道对活着高兴而不是迷惑呢？我怎么知道对死亡感到厌恶而不像少年流浪在外不知回家的人呢？”

“骊戎国有个美女，是骊戎国在艾地戍守边界人的女儿。晋国征伐骊戎时俘获了她，她当时哭得泪水浸透了衣襟；等她到晋国进入王宫，跟晋侯同睡一床而宠为夫人，吃上美味珍馐，也就后悔当初不该那么伤心地哭泣了。我又怎么知道那些死去的人不会后悔当初的求生呢？睡梦里饮酒作乐的人，天亮醒来后很可能痛哭饮泣；睡梦中痛哭饮泣的人，天亮醒来后又可能在欢快地逐围打猎。正当他在做梦的时候，他并不知道自己是在做梦。睡梦中还会卜问所做之梦的吉凶，醒来以后方知是在做梦。人在最为清醒的时候方才知道他自身也是一场大梦，而愚昧的人则自以为清醒，好像什么都知晓，什么都明了。君尊牧卑，这种看法实在是浅薄鄙陋呀！孔丘和你都是在做梦，我说你们在做梦，其实我也在做梦。上面讲的这番话，它的名

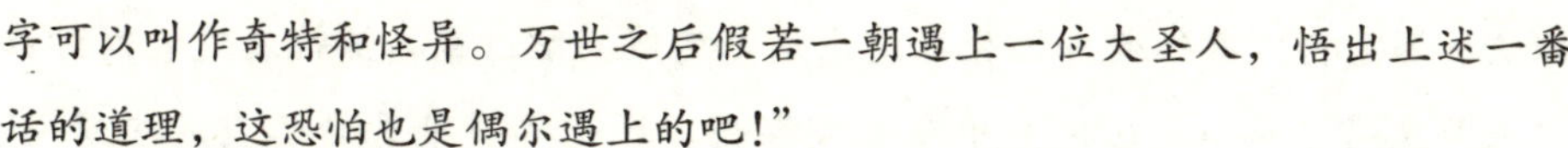

字可以叫作奇特和怪异。万世之后假若一朝遇上一位大圣人，悟出上述一番话的道理，这恐怕也是偶尔遇上的吧！”

“倘使我和你展开辩论，你胜了我，我没有胜你，那么，你果真对，我果真错吗？我胜了你，你没有胜我，我果真对，你果真错吗？难道我们有谁是正确的，有谁是不正确的吗？难道我们都是正确的，或都是不正确的吗？我和你都无从知道，而世人原本也都承受着蒙昧与晦暗，我们又能让谁作出正确的裁定？让观点跟你相同的人来判定吗？既然看法跟你相同，怎么能作出公正的评判！让观点跟我相同的人来判定吗？既然看法跟我相同，怎么能作出公正的评判！让观点不同于我和你的人来判定吗？既然看法不同于我和你，怎么能作出公正的评判！让观点跟我和你都相同的人来判定吗？既然看法跟我和你都相同，又怎么能作出公正的评判！如此，那么我和你跟大家都无从知道这一点，还等待别的什么人呢？辩论中的不同言辞跟变化中的不同声音一样相互对立，就像没有相互对立一样，都不能相互作出公正的评判。用自然的分际来调和它，用无尽的变化来顺应它，还是用这样的办法来了此一生吧。”

“什么叫作用自然的分际来调和是非呢？”长梧子说：“任何事物有‘是’就有‘不是’，有‘然’就有‘不然’。‘是’果真是‘是’的话，那么和‘不是’就有了区别，这样就无须辩论了；‘然’果真是‘然’的话，那么和‘不然’就有了区别，这样也同样无须辩论了。是非辩论之声是相对立而存在的，要想使它们不相互对立，就要用自然的分际去调和，任其自然而然地发展变化，这样便可以绵延久远而不衰。忘掉生死岁月、忘掉是非曲直，让神思遨游于无穷无尽的境域，这样就能够让自己真正超脱于尘世了。”

罔两问影子说：“刚才你在行走，现在你停下来；刚才你坐着，现在你站起来；你为什么这样没有独立的意志呢？”影子说：“我大概是因为有所依赖才这样的吧？我所依赖的东西又有所依赖才这样的吧？我所依赖的东西就像蛇腹下的鳞皮，像蝉的翅膀一样吗？我怎么知道为什么会这样？我怎么知道为什么不会这样呢？”

过去庄周梦见自己变成蝴蝶，欣然自得地飞舞着的一只蝴蝶，感到多么愉快和惬意啊！不知道自己原本是庄周。突然间醒过来，惊惶不定之间方知原来是庄周。不知是庄周梦中变成蝴蝶呢，还是蝴蝶梦见自己变成庄周呢？庄周与蝴蝶那必定是有区别的。这就可叫作物、我的交合与变化。

解读

《齐物论》包含“齐物”与“齐论”两个意思。庄子认为，世界万物，无论是物质的还是精神的，看起来是千差万别，归根结底却又是齐一的，这就是“齐物”。人们的各种思想和观点，看起来也是千差万别、众说纷纭的，但终归都脱离不了浑然一体的“道”，本质上也是齐一的，没有所谓是非和不同，这就是“齐论”。

一开篇，庄子就从南郭子綦进入无我境界说起，通过南郭子綦的口，生动地描写了大自然当中的不同声响——人籁、地籁、天籁，并且指出，尽管它们各有不同，但归根结底全都出于自身。

其实，人的喜怒哀乐又何尝不是如此。所谓境由心生，如果你忘不掉心中的苦，那么你的生活中必然会缺少很多乐趣。快乐不是别人给的，完全是出于自己的内心。你是个什么样的人，取决于你想要成为什么样的人。庄子的做人处世哲学大抵如此。

后面几段内容，庄子通过几个寓言故事告诉世人争辩是多么没有意义。争，似乎是人的天性，或者是言语，或者是利益，不争个输赢，很少有人能够罢休。可是在庄子看来，这是多么无知幼稚的行为。

庄子认为，真理本身是客观存在的，不会因为人们的争论而改变其本质。所谓的“道”，就是能够认识这个真理，并遵循这个真理。而不是千方百计、费尽口舌地去跟人争辩自己心中自以为是的真理。那是属于你自己的真理，你可以保留，但不要强加给别人。不然，你越是争辩，就越显得你无知和幼稚。

养生主第三

【原典】

吾生也有涯，而知也无涯，以有涯随无涯，殆已[①]！已而为知者，殆而已[②]矣！为善无近名，为恶无近刑，缘督以为经[③]，可以保身，可以全生，可以养亲，可以尽年[④]。

庖丁为文惠君解牛[⑤]，手之所触，肩之所倚，足之所履，膝之所踦（yǐ），砉然向然[⑥]，奏刀騞然[⑦]，莫不中音，合于《桑林》之舞，乃中《经首》之会。文惠君曰："譆，善哉！技盖至此乎[⑧]？"

庖丁释刀对曰："臣之所好者道也，进乎技矣。始臣之解牛之时，所见无非全牛者；三年之后，未尝见全牛也；方今之时，臣以神遇而不以目视，官知止而神欲行。依乎天理，批大郤[⑨]，导大窾[⑩]，因其固然。枝经肯綮之未尝[⑪]，而况大軱乎[⑫]！良庖岁更刀，割也；族庖月更刀，折也。今臣之刀十九年矣，所解数千牛矣，而刀刃若新发于硎[⑬]。彼节者有间而刀刃者无厚，以无厚入有间，恢恢乎其于游刃必有余地矣。是以十九年而刀刃若新发于硎。虽然，每至于族[⑭]，吾见其难为，怵然为戒[⑮]，视为止，行为迟，动刀甚微，谍然已解[⑯]，如土委地。提刀而立，为之四顾，为之踌躇满志，善刀而藏之。"文惠君曰："善哉！吾闻庖丁之言，得养生焉。"

公文轩见右师而惊曰[⑰]："是何人也？恶乎介也？天与，其人与？"曰："天也，非人也。天之生是使独也，人之貌有与也，以是知其天也，非人也。"泽雉十步一啄，百步一饮，不蕲畜乎樊中[⑱]。神虽王，不善也。

老聃死[19]，秦失吊之[20]，三号而出。弟子曰："非夫子之友邪?"曰："然。""然则吊焉若此可乎?"曰："然。始也吾以为其人也，而今非也。向吾入而吊焉，有老者哭之，如哭其子；少者哭之，如哭其母。彼其所以会之，必有不蕲言而言，不蕲哭而哭者。是遁天倍情[21]，忘其所受，古者谓之遁天之刑。适来，夫子时也；适去，夫子顺也。安时而处顺，哀乐不能入也，古者谓是帝之县解。"

指穷于为薪，火传也，不知其尽也。

【注释】

①殆：疲惫，劳累。②已：此，如此一来。③缘：顺着，遵循。督：中，正道。"缘督"就是顺从自然之中道的含义。④尽年：终享天年，不使夭折。⑤庖（páo）丁：厨师。⑥砉（huā）：象声词，迅速动作的声音。⑦奏刀：进刀。騞（huō）：刀割物裂的粗声。⑧盖：同"盍（hé）""何"，什么。⑨批：击。郤（xì）：同"隙"，这里指牛体筋腱骨骼间的空隙。⑩窾（kuǎn）：空，这里指牛体骨节间较大的空处。⑪"枝经"：经络结聚交错的地方。綮（qìng）：骨肉连接很紧的地方。⑫軱（gū）：比较大的骨头。⑬硎（xíng）：磨刀石。⑭族：指骨节、筋腱聚结交错的部位。⑮怵（chù）然：小心谨慎的样子。⑯謋（huò）：牛体分解的声音。⑰公文轩：宋国人，复姓公文，名轩。右师：官名。⑱蕲（qí）：祈求，希望。畜：养。樊：笼。⑲老聃（dān）：即老子，姓李名耳。⑳秦失（yì）：有的地方也作"秦佚"，老子的朋友。㉑遁：逃避，违反。倍：同"背"，背弃的意思。一说"倍"讲作"加"，是增益的意思。

【译文】

人们的生命是有限的，而知识却是无限的。以有限的生命去追求无限的知识，势必体乏神伤，既然如此还在不停地追求知识，那可真是十分危险的了！做了世人所谓的善事却不去贪图名声，做了世人所谓的恶事却不至于面对刑戮的屈辱。遵从自然的中正之路并把它作为顺应事物的常法，这就可以护卫自身，就可以保全天性，就可以不给父母留下忧患，就可以终享天年。

厨师给文惠君宰牛，手触到的、肩抵着的、脚踩着的、膝顶着的，都发

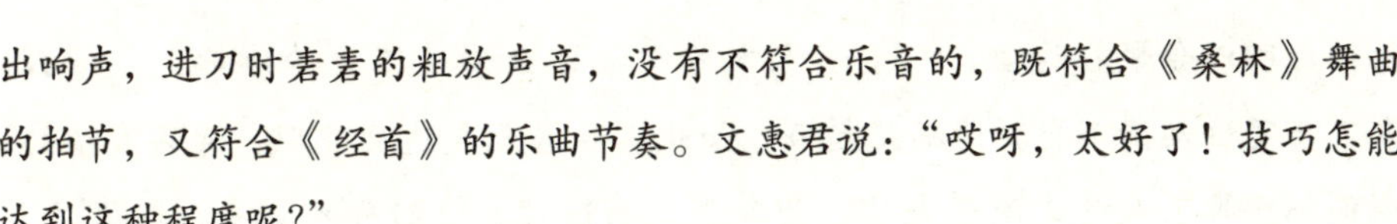

出响声，进刀时砉砉的粗放声音，没有不符合乐音的，既符合《桑林》舞曲的拍节，又符合《经首》的乐曲节奏。文惠君说：“哎呀，太好了！技巧怎能达到这种程度呢？”

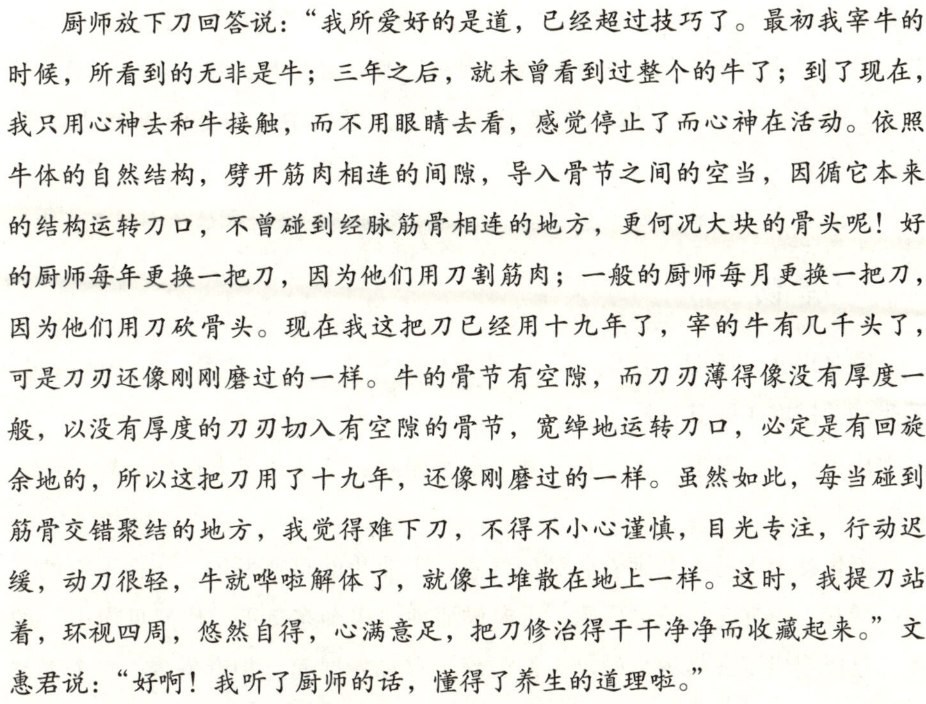

厨师放下刀回答说：“我所爱好的是道，已经超过技巧了。最初我宰牛的时候，所看到的无非是牛；三年之后，就未曾看到过整个的牛了；到了现在，我只用心神去和牛接触，而不用眼睛去看，感觉停止了而心神在活动。依照牛体的自然结构，劈开筋肉相连的间隙，导入骨节之间的空当，因循它本来的结构运转刀口，不曾碰到经脉筋骨相连的地方，更何况大块的骨头呢！好的厨师每年更换一把刀，因为他们用刀割筋肉；一般的厨师每月更换一把刀，因为他们用刀砍骨头。现在我这把刀已经用十九年了，宰的牛有几千头了，可是刀刃还像刚刚磨过的一样。牛的骨节有空隙，而刀刃薄得像没有厚度一般，以没有厚度的刀刃切入有空隙的骨节，宽绰地运转刀口，必定是有回旋余地的，所以这把刀用了十九年，还像刚磨过的一样。虽然如此，每当碰到筋骨交错聚结的地方，我觉得难下刀，不得不小心谨慎，目光专注，行动迟缓，动刀很轻，牛就哗啦解体了，就像土堆散在地上一样。这时，我提刀站着，环视四周，悠然自得，心满意足，把刀修治得干干净净而收藏起来。”文惠君说：“好啊！我听了厨师的话，懂得了养生的道理啦。”

公文轩看到右师，惊讶地说：“这是什么人？为什么只有一只脚？这是自然的，还是人为的？”接着又说：“这是自然的，不是人为的。自然将他生成一只脚，而人的身体应该有两只脚。所以知道这是自然的，不是人为的。”水泽区的野鸡，走十步才能啄到一口食物，走百步才能喝到一口水，可是它们不希望被养在笼子里。养在笼子里的野鸡，神态虽然自若，但并不愉快。

老聃死了，他的朋友秦失去吊丧，大哭三声便离开了。老聃的弟子问道：“你不是我们老师的朋友吗？”秦失说：“是的。”弟子们又问：“那么吊唁朋友像这样，行吗？”秦失说：“行。原来我认为你们跟随老师多年都是超脱物外的人了，现在看来并不是这样的。刚才我进入灵堂去吊唁，有老年人在哭他，像做父母的哭自己的孩子；有年轻人在哭他，像做孩子的哭自己的父母。

他们之所以会聚在这里，一定有人本不想说什么却情不自禁地诉说了什么，本不想哭泣却情不自禁地痛哭起来。如此喜生恶死是违反常理、背弃真情的，他们都忘掉了人是秉承于自然、受命于天的道理，古时候人们称这种做法是背离自然的过失。偶然来到世上，你们的老师他应时而生；偶然离开人世，你们的老师他顺依而死。安于天理和常分，顺从自然和变化，哀伤和欢乐便都不能进入心怀，古时候人们称这样为自然的解脱，好像解除倒悬之苦似的。”

脂膏取光照物的烛薪终会燃尽，而火种却传续下来，永远不会熄灭。

解读

顾名思义，所谓“养生主”就是养生的宗旨。在一开篇，庄子就指出，养生的关键在于顺其自然。

庄子认为，万事过犹不及，养生也是如此。可是现代人偏偏最容易误入这样的歧途。

当代社会无处不充满着名利的气息，工业化的迅速发展，使得人们的日常生活和工作都变得忙忙碌碌，古时候那种“采菊东篱下，悠然见南山”的生活已经变成了奢侈的享受。人们为着生存和发展而互相竞争着，每个人都像绷紧的弦一样，被时代的洪流和自身的欲望驱使着向前奔跑。在社会上流传着一句话：年轻的时候是用命换钱，年老的时候是用钱换命。这话说得让人不寒而栗，想想我们现在的拼搏是牺牲了自己的健康，可最终得来的能比失去的更有价值吗？我们是不是应该稍稍放缓脚步，让自己的人生从容一些、身体健康一些呢？

生活的责任应该是一种和谐，责任不能太超负荷，有压力才有动力，可也要掌握度，要平衡，若超过了度，就会失去平衡，那就糟了。

若能体会到庄子智慧的恬淡自然，大家的人生之路或许会走得更远、更好。

人间世第四

【原典】

颜回见仲尼，请行。曰："奚之[①]？"曰："将之卫。"曰："奚为焉？"曰："回闻卫君，其年壮，其行独；轻用其国，而不见其过；轻用民死，死者以国量乎泽若蕉[②]，民其无如矣！回尝闻之夫子曰：'治国去之，乱国救之，医门多疾。'愿以所闻思其则，庶几其国有瘳乎！"

仲尼曰："谆，若殆往而刑耳！夫道不欲杂，杂则多，多则扰，扰则忧，忧而不救。古之至人，先存诸己，而后存诸人。所存于己者未定，何暇至于暴人之所行？

"且若亦知夫德之所荡，而知之所为出乎哉？德荡乎名，知出乎争。名也者，相轧也；知也者，争之器也。二者凶器，非所以尽行也。且德厚信矼[③]，未达人气；名闻不争，未达人心。

"而强以仁义绳墨之言，术暴人之前者，是以人恶有其美也，命之曰菑人。菑人者，人必反菑之，若殆为人菑夫[④]！且苟为悦贤而恶不肖，恶用而求有以异？若唯无诏，王公必将乘人而斗其捷。而目将荧之，而色将平之，口将营之，容将形之，心且成之。是以火救火，以水救水，名之曰益多。顺始无穷。若殆以不信厚言，必死于暴人之前矣！

"且昔者桀杀关龙逢，纣杀王子比干，是皆修其身以下伛拊人之民[⑤]，以下拂其上者也，故其君因其修以挤之。是好名者也。昔者尧攻丛、枝、胥敖，禹攻有扈。国为虚厉，身为刑戮。其用兵不止，其求实无已。是皆求名实者也，而独不闻之乎？名实者，圣人之所不能胜也，而况若乎！虽然，若必有以也，尝以语我来。”

颜回曰：“端而虚，勉而一，则可乎？”曰：“恶！恶可！夫以阳为充孔扬，采色不定，常人之所不违，因案人之所感，以求容与其心。名之曰日渐之德不成，而况大德乎！将执而不化，外合而内不訾，其庸讵可乎！”“然则我内直而外曲，成而上比。内直者，与天为徒。与天为徒者，知天子之与己，皆天之所子，而独以己言蕲乎而人善之，蕲乎而人不善之邪？若然者，人谓之童子，是之谓与天为徒。外曲者，与人之为徒也。擎跽曲拳[⑥]，人臣之礼也。人皆为之，吾敢不为邪？为人之所为者，人亦无疵焉，是之谓与人为徒。成而上比者，与古为徒。其言虽教，谪之实也[⑦]，古之有也，非吾有也。若然者，虽直而不病，是之谓与古为徒。若是则可乎？”仲尼曰：“恶！恶可！大多政法而不谍，虽固，亦无罪。虽然，止是耳矣，夫胡可以及化！犹师心者也。”

颜回曰：“吾无以进矣，敢问其方。”仲尼曰：“斋，吾将语若。有心而为之，其易邪？易之者，皞天不宜[⑧]。”颜回曰：“回之家贫，唯不饮酒不茹荤者数月矣。如此，则可以为斋乎？”曰：“是祭祀之斋，非心斋也。”回曰：“敢问心斋。”仲尼曰：“若一志，无听之以耳，而听之以心；无听之以心，而听之以气。听止于耳，心止于符。气也者，虚而待物者也。唯道集虚。虚者，心斋也。”

颜回曰：“回之未始得使，实自回也；得使之也，未始有回也，可谓虚乎？”夫子曰：“尽矣！吾语若：若能入游其樊，而无感其名，入则鸣，不入则止。无门无毒，一宅而寓于不得已，则几矣。绝迹易，无行地难。为人使易以伪，为天使难以伪。闻以有翼飞者矣，未闻以无翼飞者也；闻以有知知者矣，未闻以无知知者也。瞻彼阕者，虚室生白，吉祥止止。夫且不止，是之谓坐驰。夫徇耳目内通，而外于心知，鬼神将来舍，而况人乎！是万物之化也，禹、舜之所纽也，伏戏、几蘧之所行终，而况散焉者乎！”

叶公子高将使于齐，问于仲尼曰：“王使诸梁也甚重，齐之待使者，盖将甚敬而不急。匹夫犹未可动，而况诸侯乎！吾甚栗之。子常语诸梁也曰：‘凡事若小若大，寡不道以懽成[⑨]。事若不成，则必有人道之患；事若成，则必有

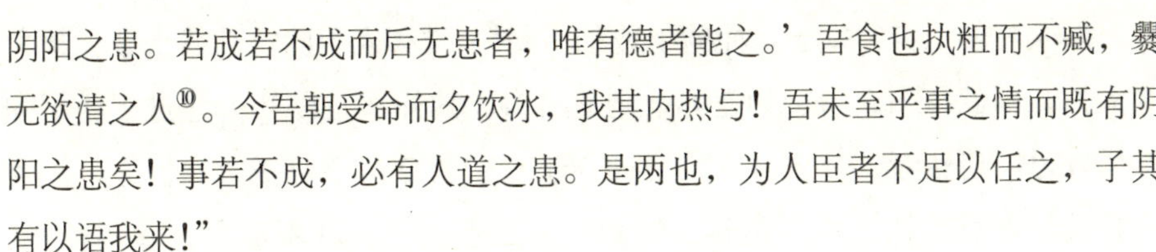

阴阳之患。若成若不成而后无患者，唯有德者能之。’吾食也执粗而不臧，爨无欲清之人[10]。今吾朝受命而夕饮冰，我其内热与！吾未至乎事之情而既有阴阳之患矣！事若不成，必有人道之患。是两也，为人臣者不足以任之，子其有以语我来！”

仲尼曰：“天下有大戒二：其一命也，其一义也。子之爱亲，命也，不可解于心；臣之事君，义也，无适而非君也，无所逃于天地之间。是之谓大戒。是以夫事其亲者，不择地而安之，孝之至也；夫事其君者，不择事而安之，忠之盛也；自事其心者，哀乐不易施乎前，知其不可奈何而安之若命，德之至也。为人臣子者，固有所不得已。行事之情而忘其身，何暇至于悦生而恶死！夫子其行可矣！丘请复以所闻：凡交，近则必相靡以信，远则必忠之以言，言必或传之。夫传两喜两怒之言，天下之难者也。夫两喜必多溢美之言，两怒必多溢恶之言。凡溢之类妄，妄则其信之也莫，莫则传言者殃。故法言曰：‘传其常情，无传其溢言，则几乎全’。

“且以巧斗力者，始乎阳，常卒乎阴，大至则多奇巧；以礼饮酒者，始乎治，常卒乎乱，大至则多奇乐。凡事亦然，始乎谅，常卒乎鄙；其作始也简，其将毕也必巨。

“夫言者，风波也；行者，实丧也。风波易以动，实丧易以危。故忿设无由，巧言偏辞。兽死不择音，气息茀然[11]，于是并生心厉。剋核大至，则必有不肖之心应之，而不知其然也。苟为不知其然也，孰知其所终！故法言曰：‘无迁令，无劝成，过度，益也。’迁令劝成殆事，美成在久，恶成不及改，可不慎与！且夫乘物以游心，托不得已以养中，至矣。何作为报也？莫若为致命，此其难者。”

颜阖将傅卫灵公太子，而问于蘧伯玉曰[12]："有人于此，其德天杀。与之为无方，则危吾国；与之为有方，则危吾身。其知适足以知人之过，而不知其所以过。若然者，吾奈之何？"蘧伯玉曰："善哉问乎！戒之，慎之，正女身也哉！形莫若就，心莫若和。虽然，之二者有患。就不欲入，和不欲出。形就而入，且为颠为灭，为崩为蹶；心和而出，且为声为名，为妖为孽。彼且为婴儿，亦与之为婴儿；彼且为无町畦[13]，亦与之为无町畦；彼且为无崖，亦与之为无崖；达之，入于无疵。

"汝不知夫螳螂乎？怒其臂以当车辙，不知其不胜任也，是其才之美者也。戒之，慎之，积伐而美者以犯之，几矣！汝不知夫养虎者乎？不敢以生物与之，为其杀之之怒也；不敢以全物与之，为其决之之怒也；时其饥饱，达其怒心。虎之与人异类，而媚养已者，顺也；故其杀者，逆也。

"夫爱马者，以筐盛矢，以蜄盛溺[14]。适有蚊虻仆缘[15]，而拊之不时[16]，则缺衔、毁首、碎胸。意有所至，而爱有所亡，可不慎邪！"

匠石之齐，至于曲辕，见栎社树。其大蔽数千牛，絜之百围[17]，其高临山十仞而后有枝，其可以为舟者旁十数。观者如市，匠伯不顾，遂行不辍。弟子厌观之，走及匠石，曰："自吾执斧斤以随夫子，未尝见材如其美也。先生不肯视，行不辍，何邪？"曰："已矣，勿言之矣。散木也。以为舟则沉，以为棺椁则速腐，以为器则速毁，以为门户则液樠，以为柱则蠹[18]，是不材之木也。无所可用，故能若是之寿。"

匠石归，栎社见梦曰："女将恶乎比予哉？若将比予于文木邪？夫柤梨橘柚[19]果蓏之属[20]，实熟则剥，剥则辱；大枝折，小枝泄。此以其能苦其生者也，故不终其天年而中道夭，自掊击于世俗者也。物莫不若是。且予求无所可用久矣！几死，乃今得之，为予大用。使予也而有用，且得有此大也邪？且也，若与予也皆物也，奈何哉其相物也？而几死之散人，又恶知散木！"

匠石觉而诊其梦。弟子曰："趣取无用，则为社何邪？"曰："密！若无言！彼亦直寄焉！以为不知己者诟厉也。不为社者，且几有翦乎！且也，彼其所保与众异，而以义喻之，不亦远乎！"

南伯子綦游乎商之丘，见大木焉，有异，结驷千乘，将隐芘其所藾。子

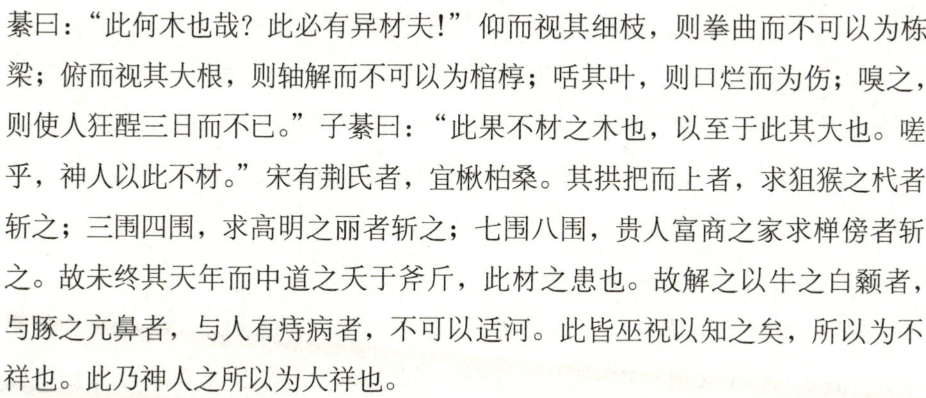

綦曰："此何木也哉？此必有异材夫！"仰而视其细枝，则拳曲而不可以为栋梁；俯而视其大根，则轴解而不可以为棺椁；咶其叶，则口烂而为伤；嗅之，则使人狂酲三日而不已。"子綦曰："此果不材之木也，以至于此其大也。嗟乎，神人以此不材。"宋有荆氏者，宜楸柏桑。其拱把而上者，求狙猴之杙者斩之；三围四围，求高明之丽者斩之；七围八围，贵人富商之家求樿傍者斩之。故未终其天年而中道之夭于斧斤，此材之患也。故解之以牛之白颡者，与豚之亢鼻者，与人有痔病者，不可以适河。此皆巫祝以知之矣，所以为不祥也。此乃神人之所以为大祥也。

支离疏者，颐隐于脐㉑，肩高于顶，会撮指天，五管在上，两髀为胁。挫针治繲㉒，足以糊口；鼓策播精，足以食十人。上征武士，则支离攘臂而游于其间；上有大役，则支离以有常疾不受功；上与病者粟，则受三钟与十束薪。夫支离其形者，犹足以养其身，终其天年，又况支离其德者乎！

孔子适楚，楚狂接舆游其门曰："凤兮凤兮，何如德之衰也？来世不可待，往世不可追也。天下有道，圣人成焉；天下无道，圣人生焉。方今之时，仅免刑焉。福轻乎羽，莫之知载；祸重乎地，莫之知避。已乎，已乎！临人以德！殆乎，殆乎！画地而趋。迷阳迷阳，无伤吾行！吾行郤曲㉓，无伤吾足。"

山木，自寇也；膏火，自煎也。桂可食，故伐之；漆可用，故割之。人皆知有用之用，而莫知无用之用也。

【注释】

①奚：什么地方。之：去往。②蕉：同"焦"，焦枯腐烂。③信矼（qiāng）：信行确实。④菑："灾"的异体字，灾害。⑤伛拊（yǔ fǔ）：怜爱抚育，"伛"同"妪"。"拊"同"抚"。人：指国君。⑥擎（qíng）：执，指执笏，即大臣上朝拿着手板。跽：长跪，屈膝点地，挺身而跪。曲拳：曲身抱拳鞠躬。⑦谪（zhé）：诤，的确。⑧暤（hào）：同"皓"，明白。⑨懽："歡"字的异体，今简作"欢"。"欢成"，指圆满的结果。⑩执粗：食用粗茶淡饭。爨（cuàn）：炊，烹饪食物。这句话联系上下文大意是，烹饪食物无须解凉散热的人。⑪茀（bó）：同"勃"；"茀然"：气息急促的样子。⑫蘧（qú）：伯玉，人名，姓蘧，名瑗，字伯玉，卫国的贤大夫。⑬町畦（tǐng qí）：田园所限的区域，引申为限制、约束。⑭蜄（shèn）：大蛤，这里指蛤壳。溺：尿。⑮仆缘：附着，指叮在马身上。⑯拊（fǔ）：拍击。⑰絜（xié）：用绳量。⑱蠹：虫蛀。⑲柤（zhā）：楂。⑳蓏（luǒ）：瓜类植物的果实。属：类。㉑颐（yí）：面颊。脐：肚脐。㉒治繲：洗衣服。㉓郤（xì）曲：屈曲，指道路曲折难行。

【译文】

颜回去向孔子辞行。孔子就问道："你要到什么地方去？"颜回说："我准备去卫国。"孔子又问："去做什么事情？"颜回说："我听说卫国的君主年轻气盛，办事专断；处理国事轻举妄动，却看不见自己的过失；轻率地用兵而不恤人民的生命，死的人积满了山泽好像干枯的草芥一样，人民无所依归。我曾听先生说过：'社会秩序安定的国家要离开它；社会秩序混乱的国家要去拯救它，就像良医门前多病人一样。'我愿意依据先生所说的道理，考虑治理卫国的办法，也许可以把卫国的病治愈吧！"

孔子说："咳！恐怕你到了卫国会有杀身之祸啊！推行大道是不宜掺杂的，杂乱了就会事绪繁多，事绪繁多就会心生扰乱，心生扰乱就会产生忧患，忧患多了也就自身难保，更何况拯救国家。古时候道德修养高尚的圣人，总是先使自己日臻成熟方才去扶助他人。如今在自己的道德修养方面还没有什么建树，哪里还有什么工夫到暴君那里去推行大道！

"你懂得道德毁败和智慧表露的原因吗？道德的毁败在于追求名声，智慧的表露在于争辩是非。名是相互倾轧的原因；智是相互斗争的手段。两者是凶器，是不可以尽行的，而且德性纯厚，信行确实，未必达到投合别人的气味，即使不与别人争名夺誉，也未必达到投合人心。

"如果勉强把仁义和规范之类的言辞述说于暴君面前，这就好比用别人的丑行来显示自己的美德，这样的做法可以说是害人。害人的人一定会被别人所害，你这样做恐怕会遭到别人的伤害呀！况且，假如说卫君喜好贤能而讨厌恶人，那么，哪里还用得着等待你去才有所改变？你果真去到卫国也只能是不向卫君进言，否则卫君一定会紧紧抓住你偶然说漏嘴的机会迅速地向你展开争辩。而你必将眼花缭乱，面色将佯作平和，你说话将自顾不暇，容颜

将被迫俯就，内心也就姑且认同卫君的所作所为了。这样做就像是用火救火，用水救水，可以称之为错上加错。有了依顺他的开始，以后顺从他的旨意便会没完没了，假如你未能取信便深深进言，那么一定会死在这位暴君面前。

“从前，夏桀杀害了敢于直谏的关龙逢，商纣王杀害了力谏的叔叔比干，这些贤臣他们都十分注重自身的道德修养而以臣下的地位抚爱人君的百姓，同时也以臣下的地位违逆了他们的国君，所以他们的国君就因为他们道德修养高尚而排斥他们，杀害了他们。这就是喜好名声的结果。当年帝尧征伐丛、枝、胥敖，夏禹攻打有扈，使他们的土地变成废墟，人民死尽，而国君自身也遭受杀戮，原因就是他们不停地使用武力，贪求别国的土地和人口。这些都是求名求利的结果，你偏偏就没有听说过吗？名声和实利，就是圣人也不可能超越，何况是你呢？虽然这样，你必定有所依凭，你就试着把它告诉我吧！”

颜回说：“态度端庄而内心虚静，勤奋自强而精神专一，这样可以吗？”孔子说：“不！不可！卫君气质刚强，张扬不止，表情无常，一般人都不敢违背他，他却压制别人的劝告，以求内心的放纵。这种人每天用小德感化都不成，何况用大德来劝说他呢！他将固执不化，即使外表附和而内心也不能批评自己的短处。你用的方法怎么说可以呢！”“那么我就内心正直而表面委曲求全，以自己认为得当的看法上比古人的见解。内心正直是与大自然结为友。与大自然结为友，知道人君和我，都是天生的，而偏要将自己的言论祈求别人称善，祈求别人不称善呢？像这样的人，人们都把他叫作天真无邪的童子，这就叫作和自然同类的人。外表上委曲求全的人，是与世人同类的人。擎笏跪拜，曲身拱手，这是做人臣的礼节，人们都

这样做，我敢不这样做吗？做一般人都做的事情，人们也就不指责我了。这就叫作与世人同类。援引成说上比古人，和古代贤人同类。援引的言论虽然都是教训和诤谏的根据，但是古代就有这种情况，并不是我创造的。像这样，虽然直率而不出毛病，这就叫作和古人同类。这样做可以吗？”孔子说：“不！不可以！纠正的太多了，办法不通达，虽然固陋也可以免罪，然而，只不过如此而已，怎么能够达到感化呢！你太坚持自己的见解了。”

颜回说：“我没有更好的办法了，冒昧地向老师求教方策。”孔子说：“斋戒清心，我将告诉你！如果怀着积极用世之心去做，难道是容易的吗？如果这样做也很容易的话，苍天也会认为是不适宜的。”颜回说：“我颜回家境贫穷，不饮酒浆、不吃荤食已经好几个月了，像这样，可以说是斋戒了吧？”孔子说：“这是祭祀前的所谓斋戒，并不是‘心斋’。”颜回说：“我请教什么是‘心斋’。”孔子说：“你必须摒除杂念，专一心思，不用耳去听而用心去领悟，不用心去领悟而用凝寂虚无的意境去感应！耳的功用仅在于聆听，心的功用仅在于跟外界事物交合。凝寂虚无的心境才是虚弱柔顺而能应待宇宙万物的，只有大道才能汇集于凝寂虚无的心境。虚无空明的心境就叫作‘心斋’。”

颜回说：“我没有听到‘心斋’时，实在能觉得我颜回自身的存在；听到了‘心斋’之后，就觉得未尝有我颜回存在了。这可以叫作虚吗？”孔子说：“你说得十分详尽了。我告诉你：如若能够进入这种状态，而不为名位所动，能听进的话，就说；听不进的话，就不说。不开启门户就不会遭到毒害，把心志专一起来寄托于不得已而为之的境地，就差不多了。不走路容易，走路不留痕迹困难；为人情所驱使容易造假，为自然所驱使难以作弊。只听说过有了翅膀才能飞翔，没有听说过没有翅膀也能飞翔的；只听说过有了知识才能认识事物，没听说过没有知识却可以认识事物的。看那空明的心境，就会了解，只有把内心空虚起来，才可以产生纯洁的状态，吉祥就来临了。如果不能止其所当上，这就叫作形坐而心驰。使耳目感觉向内通达而排除心灵的理性，鬼神也会前来归附，何况是人呢？顺应万物的变化，正是禹和舜所把握的关键，伏羲和几蘧也作为终身奉行的准则，何况是普通人呢？”

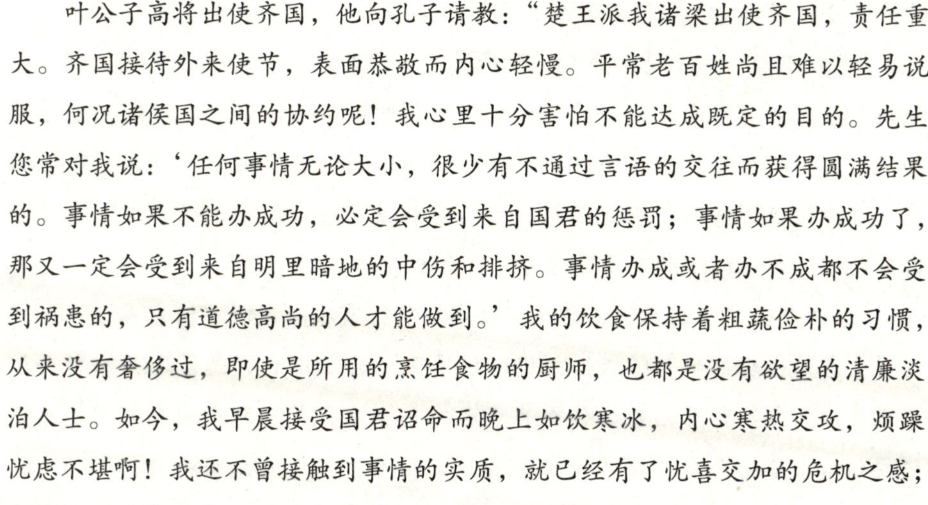

叶公子高将出使齐国，他向孔子请教："楚王派我诸梁出使齐国，责任重大。齐国接待外来使节，表面恭敬而内心轻慢。平常老百姓尚且难以轻易说服，何况诸侯国之间的协约呢！我心里十分害怕不能达成既定的目的。先生您常对我说：'任何事情无论大小，很少有不通过言语的交往而获得圆满结果的。事情如果不能办成功，必定会受到来自国君的惩罚；事情如果办成功了，那又一定会受到来自明里暗地的中伤和排挤。事情办成或者办不成都不会受到祸患的，只有道德高尚的人才能做到。'我的饮食保持着粗蔬俭朴的习惯，从来没有奢侈过，即使是所用的烹饪食物的厨师，也都是没有欲望的清廉淡泊人士。如今，我早晨接受国君诏命而晚上如饮寒冰，内心寒热交攻，烦躁忧虑不堪啊！我还不曾接触到事情的实质，就已经有了忧喜交加的危机之感；事情假如没有办成，那必定受到国君的惩罚。成与不成这两种结果，作为臣子，我都不足以承担责任，希望先生能够指点迷津，给予教导吧！"

孔子说："天下有两大方面必须引以为戒：一是天命，一是道义。子女敬爱双亲，这是人的天性，不需要任何理由；臣子侍奉国君，这是做人的道义，天地之间无论哪里都不会没有国君的统治，这是无法逃避的现实。这是必须引以为戒的大法。所以人们侍奉自己的亲人，无论什么样的境遇都要使父母安适，这是孝的最高境界；侍奉国君，无论承担什么样的事都要让国君放心，这是忠的极致；注重自我修养的人，悲哀和欢乐都不容易使他的心境受到影响，知道世事艰难，无可改变，而安处其境、顺其自然，这是道德修养的最高境界。作为人君的臣子，原本就会有身不由己的事情。每遇大事都要能够把握事情的实质并忘掉自身的安危，哪里还顾得个人生死荣辱呢！你能够做到这样就可以了！另外，把我所听到的道理再告诉你：凡与邻近国家建交一定要有诚信，使相互之间和顺亲近。与远方国家相交，则必须忠诚遵守协约和承诺。国家间的交往必须有人相互传递信息和国书，而传递两国国君喜怒的言辞，乃是天下最困难的事。两国国君喜悦的言辞必定添加了许多过分的颂赞，两国国君愤怒的言辞必定添加了许多过分的憎恶。一般来说，过分激烈的话语都类似于虚构，虚构的言辞其可信程度也就值得怀疑，国君产生怀疑，传达信息的使者就要遭殃。因此，古代格言说：'传达平实的言辞，不要

传达过分的话语，也就可以保全自己了。’

“况且以智巧相互较量的人，开始时平和开朗，后来就常常暗使计谋，达到极点时则大耍阴谋、倍生诡计；按照礼节饮酒的人，开始时规规矩矩合乎人情，到后来常常是一片混乱，大失礼仪，达到极点时则荒诞淫乐、放纵无度。无论什么事情恐怕都是这样：开始时相互信任，到头来互相欺诈；开始时单纯细微，临近结束时便变得纷繁巨大。

“言语犹如风吹的水波，传达言语定会有得有失。风吹波浪容易动荡，有了得失容易出现危难。所以愤怒发作没有别的什么缘由，就是因为言辞虚浮而又片面失当。猛兽临死时什么声音都叫得出来，气息急促喘息不定，于是迸发伤人害命的恶念。大凡过分苛责，必会产生不好的念头来应付，而他自己也不知道这是怎么回事。假如做了些什么而他自己却又不知道那是怎么回事，谁还能知道他会有怎样的结果！所以古代格言说：‘不要随意改变已经下达的命令，不要勉强他人去做力不从心的事，说话过头一定是多余、添加的。’改变成命或者强人所难都是危险，成就一桩好事要经历很长的时间，坏事一旦做出悔改是来不及的。行为处世能不审慎吗！心神顺着外物的变化而遨游，寄托于不得已而保养心性最好了。何必专门去考虑齐国的报答呢？莫不如如实地传达国君的意见，这会有困难吗！”

颜阖将要做卫灵公太子蒯聩的老师，向蘧伯玉请教说：“在这里有一个人，他天性刻薄。对他不用法度管教就会危害我们的国家，对他要加以法度管教就会危害我的人身。他的才智只能认识别人的过错，而不能认识之所以产生过错的原因。像这样的人，我怎么对待他呢？”蘧伯玉说：“问得好啊！要戒备他，要审慎地对待他，先正你自身！外表要随顺迁就，内心要浑融和顺。虽然这样，这两者也避免不了祸患。迁就不要陷入太深，随和不要过于显露。表现出迁就太深，就要颠败毁灭。浑融随和过于显露，他以为你为了争名声，就会招致不祥的祸患。他如果像婴儿那样无知，你也和他一样像婴儿那样无知；他对事毫无分别，你也随他对事毫无分别；他要无拘无束，你也随他无拘无束。这样就会万无一失，引导他达到不犯错误的地步。

“你不知道螳螂吗？奋力举起它的臂膀去阻挡车轮前进。它不知道自己不

能胜任，这是因为它把自己的力量看得太大的结果。要戒备啊！要审慎啊！你要屡次夸耀自己的长处去触犯他，那就危险了。你不知道养虎的人吗？他不敢用活物喂它，怕它捕杀活物时引起它的愤怒；不敢用整个的动物喂它，怕它撕裂整个动物时引起它的愤怒；知道它什么时候饥饱，不触犯它的怒心。虎与人虽然异类，然而它却亲近饲养它的人，就是因为饲养者能顺从它的天性，而被它吃掉的人都是逆它的天性的。

“那爱马的人，用筐盛马屎，用大蛤壳盛马尿。偶然间有只牛虻叮在马身上，而拍打牛虻对马不在意时，马就咬断口勒，毁掉笼头，挣碎肚带。本意在于爱马，而这种爱的结果却适得其反，这可以不审慎吗！”

匠人石去齐国，来到曲辕这个地方，看见一棵被世人当作神社的栎树。这棵栎树树冠大到可以遮蔽数千头牛，用绳子绕着量一量树干，足有数十丈粗，树梢高临山巅，离地面八十尺处方才分枝，用它来造船可造十余艘。观赏的人群像赶集似的涌来涌去，而这位匠人连瞧也不瞧一眼，不停步地往前走。他的徒弟站在树旁看了个够，跑步追上匠石，说：“自从我拿起斧头跟随师父以来，从来没有看到过这么好的木材。师父不屑一顾，脚步不停，为什么？”匠石说：“算了，不要说了。这是没有用的散木，用它造船，船会沉入水中；用它做棺材，棺材很快会腐朽；用它制造用具，用具会很快毁坏；用它制造门户，门户会流出油脂；用它做梁柱，梁柱会被虫蛀，这是不成材的树。正是没有可用之处，所以能长到这样的寿命。”

匠石回来后，栎树托梦说：“你要用什么和我相比呢？拿我跟有用的树比吗？比如山楂树、梨树、橘子树、柚子树及瓜果之类，果实熟了就被剥落，剥落便遭到扭折；大枝打断了，小枝也被拖了下来。这些都是因为它们有用而痛苦一生呀，所以不能享尽寿命而中途夭折了，这都是自己招来的世俗的打击的结果。世上的事物没有不是这样的。况且我追求无所可用的境地已经很久了！多次几乎被砍伐，直至现在才保全，这正是我的大用。如果我有用，我能长得如此大吗？况且，你与我都是天地间的物，为什么你把我视为散木呢？你这将要死的散人，又怎能了解这无用之用的散木呢？”

匠人石醒来后把梦中的情况告诉他的弟子。弟子说：“旨意在于求取无用，那么又做什么社树让世人瞻仰呢？”匠人石说：“闭嘴，别说了！它只不过是在寄托罢了，反而招致不了解自己的人的辱骂和伤害。如果它不做社树的话，它还不遭到砍伐吗？况且它用来保全自己的办法与众不同，而用常理来了解它，可不就相去太远了吗！”

南伯子綦到商丘游览，看到一棵大树，与其他的树不同，集结一千辆四匹马拉的车，将可以隐蔽其下庇荫凉。子綦说：“这是什么树呀？这树必定有特殊的材质吧！”仰头而望它的细枝，则弯弯曲曲而不能做栋梁；低头看树干，则轴心疏散而不能做棺椁；舔它的叶子，则嘴烂而舌伤；闻它，则使人大醉如狂，三天醒不过来。子綦说：“这树果真是不成材的树木，因此它才长这么大。唉！神人也像这树一样是不成材的人！”宋国有荆氏领地，适宜种植楸、柏、桑三种树。一把两把以上粗的，被寻求拴猴子的小木桩的人把它砍掉；三围四围粗的，被寻求高大脊檩的人把它砍掉；长到七围八围粗的，被贵族、富商之家寻求棺木的人把它砍掉。因此不能穷尽天年的寿命，而中途便夭折于斧斤之下，这就是有用之才招来的祸患。所以要解除用白额头的牛，高鼻梁的小猪，长着痔疮的人去祭河，这是巫祝都知道的，以为不吉祥，而神人却以为是最大的吉祥了。

有个名叫支离疏的人，下巴隐藏在肚脐下，双肩高于头顶，后脑下的发髻指向天空，五官的出口也都向上，两条大腿和两边的胸肋并生在一起。他给人缝衣浆洗，足够糊口度日；又替人筛糠簸米，足可养活十口人。国君征兵时，支离疏捋袖扬臂在征兵人面前走来走去；国君有大的差役，支离疏因身有残疾而免除劳役；国君向残疾人赈济米粟，支离疏还领得三钟粮食十捆柴草。像支离疏那样形体残缺不全的人，还足以养活自己，终享天年，又何况像形体残缺不全那样的德行呢！

孔子去楚国，楚国狂人接舆路过孔子馆舍门前，唱道：“凤啊，凤啊，你为什么怀着大德而到这衰乱的国家呢！未来的社会不可等待，过去的社会无法追回。天下有道，圣人可以成就事业；天下无道，圣人只能保全生命。现在这个时代，仅仅可以避开刑戮。幸福不过像羽毛那样轻，不知怎样才可以去承受；祸患重得像大地一样，不知怎样才能避免。算了吧，算了吧！不要

再以德教人了！危险呵，危险呵！不要画地为牢而拘守一隅。迷阳草啊，迷阳草啊！不要影响我走路！我走的是条弯曲的路，不要伤害我的脚啊！”

山上的树木自讨砍伐，带油的膏脂自讨燃烧。桂树枝可以自用，所以伐它；漆树可以使用，所以割它。人都知道有用的用处，而不知道无用的用处。

解读

人间世，即人间的社会。本篇的中心是讨论做人处世之道，既表述了庄子所主张的处人与自处的人生态度，也揭示出了庄子的道家哲学观点。

在这一篇中，庄子巧妙地通过孔子的“心斋”论充分阐述了道家“无为而无不为”的思想。对于道家来说，提倡无为，因为随顺自然是天道，也就是自然本身的规律和道理；而作为一个平常人，往往却是做尽无用功，积劳累苦，在庄子看来这其实是违反了自然规律的。

要想有一个从容快乐的生活，适当地“无为”一下未尝不是件好事。无为不是让你什么都不去做，而是在做与不做之间有一个平衡。

无为一点，遵循天道一点，离劳苦盲目的人道远一点，这才是生活幸福的途径。

劳苦奔波的人道，之所以不被庄子所提倡，就是因为世俗杂务像一根绳子一样困住了人的心灵。因为绳子的牵绊，风筝再怎么飞也飞不上万里高空，烈马再怎么壮硕也得被套上马鞍，大象再怎么庞大也得被眼前一根小小木桩给拴住……

如果能斩断绳子的牵绊，牛就不会失去草地，马就不会失去奔驰，人就不会失去生活。这就是天道无为的境界。

德充符第五

【原典】

鲁有兀[①]者王骀[②]，从之游者与仲尼相若。常季问于仲尼曰："王骀，兀者也，从之游者与夫子中分鲁。立不教，坐不议，虚而往，实而归。固有不言之教，无形而心成者邪？是何人也？"仲尼曰："夫子，圣人也，丘也直后而未往耳！丘将以为师，而况不若丘者乎！奚假鲁国，丘将引天下而与从之。"常季曰："彼兀者也，而王先生，其与庸亦远矣。若然者，其用心也，独若之何？"仲尼曰："死生亦大矣，而不得与之变；虽天地覆坠，亦将不与之遗；审乎无假而不与物迁，命物之化而守其宗也。"

常季曰："何谓也？"仲尼曰："自其异者视之，肝胆楚越也；自其同者视之，万物皆一也。夫若然者，且不知耳目之所宜，而游心乎德之和。物，视其所一而不见其所丧，视丧其足犹遗土也。"常季曰："彼为己，以其知得其心，以其心得其常心。物何为最之哉？"仲尼曰："人莫鉴于流水而鉴于止水，唯止能止众止。受命于地，唯松柏独也正，在冬夏青青；受命于天，唯尧舜独也正，在万物之首。幸能正生，以正众生。夫保始之征，不惧之实，勇士一人，雄入于九军。将求名而能自要者而犹若是，而况官天地，府万物，直寓六骸[③]，象耳目，一知之所知，而心未尝死者乎！彼且择日而登假，人则从是也。彼且何肯以物为事乎[④]！"

申徒嘉，兀者也，而与郑子产同师于伯昏无人。子产谓申徒嘉曰："我先出则子止，子先出则我止。"其明日，又与合堂同席而坐。子产谓申徒嘉曰：

“我先出则子止，子先出则我止。今我将出，子可以止乎？其未邪？且子见执政而不违，子齐执政乎？”申徒嘉曰：“先生之门，固有执政焉如此哉？子而说子之执政而后人者也。闻之曰：‘鉴明则尘垢不止，止则不明也。久与贤人处则无过。’今子之所取大者，先生也，而犹出言若是，不亦过乎？”子产曰：“子既若是矣，犹与尧争善。计子之德，不足以自反邪？”申徒嘉曰：“自状其过，以不当亡者众；不状其过，以不当存者寡。知不可奈何而安之若命，唯有德者能之。游于羿之彀中[⑤]，中央者，中地也，然而不中者，命也。人以其全足笑吾不全足者众矣，我怫然而怒[⑥]；而适先生之所，则废然而反。不知先生之洗我以善邪？吾与夫子游十九年矣，而未尝知吾兀者也。今子与我游于形骸之内，而子索我于形骸之外，不亦过乎？”子产蹴然改容更貌曰[⑦]：“子无乃称！”

鲁有兀者叔山无趾，踵见仲尼[⑧]。仲尼曰：“子不谨，前既犯患若是矣。虽今来，何及矣！”无趾曰：“吾唯不知务而轻用吾身，吾是以亡足。今吾来也，犹有尊足者存，吾是以务全之也。夫天无不覆，地无不载，吾以夫子为天地，安知夫子之犹若是也！”孔子曰：“丘则陋矣！夫子胡不入乎？请讲以所闻。”无趾出。孔子曰：“弟子勉之！夫无趾，兀者也，犹务学以复补前行之恶，而况全德之人乎！”无趾语老聃曰：“孔丘之于至人，其未邪？彼何宾宾以学子为？彼且蕲以諔诡幻怪之名闻[⑨]，不知至人之以是为己桎梏邪？”老聃曰：“胡不直使彼以死生为一条，以可不可为一贯者，解其桎梏，其可乎？”无趾曰：“天刑之，安可解！”

鲁哀公问于仲尼曰：“卫有恶人焉，曰哀骀它。丈夫与之处者，思而不能去也；妇人见之，请于父母曰‘与为人妻，宁为夫子妾’者，十数而未止也。未尝有闻其唱者也，常和人而已矣。无君人之位以济乎人之死，无聚禄以望人之腹，又以恶骇天下，和而不唱，知不出乎四域，且而雌雄合乎前，是必有异乎人者也。寡人召而观之，果以恶骇天下。与寡人处，不至以月数，而寡人有意乎其为人也；不至乎期年，而寡人信之。国无宰，而寡人传国焉。闷然而后应，氾然而若辞[⑩]。寡人丑乎，卒授之国。无几何也，去寡人而行。寡人恤焉若有亡也，若无与乐是国也。是何人者也？”

仲尼曰："丘也尝使于楚矣，适见豚子食于其死母者[11]，少焉眴若[12]，皆弃之而走。不见已焉尔，不得类焉尔。所爱其母者，非爱其形也，爱使其形者也。战而死者，其人之葬也不以翣资[13]；刖者之屦[14]，无为爱之。皆无其本矣。为天子之诸御，不爪翦，不穿耳；取妻者止于外，不得复使。形全犹足以为尔，而况全德之人乎！今哀骀它未言而信，无功而亲，使人授己国，唯恐其不受也，是必才全而德不形者也。"

哀公曰："何谓才全？"仲尼曰："死生、存亡、穷达、贫富、贤与不肖、毁誉、饥渴、寒暑，是事之变，命之行也，日夜相代乎前，而知不能规乎其始者也。故不足以滑和，不可入于灵府。使之和豫通而不失于兑，使日夜无郤而与物为春[15]，是接而生时于心者也。是之谓才全。""何谓德不形？"曰："平者，水停之盛也。其可以为法也，内保之而外不荡也。德者，成和之修也。德不形者，物不能离也。"

哀公异日以告闵子曰："始也吾以南面而君天下，执民之纪而忧其死，吾自以为至通矣。今吾闻至人之言，恐吾无其实，轻用吾身而亡吾国。吾与孔丘，非君臣也，德友而已矣！"

闉跂（qí）支离无脤（shèn）说卫灵公[16]，灵公说之，而视全人，其脰（dòu）肩肩[17]。瓮盎大瘿说齐桓公[18]，桓公说之，而视全人：其脰肩肩。故德有所长而形有所忘。人不忘其所忘，而忘其所不忘，此谓诚忘。故圣人有所游，而知为孽，约为胶，德为接，工为商。圣人不谋，恶用知？不斫[19]，恶用胶？无丧，恶用德？不货，恶用商？四者，天鬻也。天鬻者，天食也。既受食于天，又恶用人！有人之形，无人之情。有人之形，故群于人；无人之情，故是非不得于身。眇乎小哉，所以属于人也；謷乎大哉[20]，独成其天。

惠子谓庄子曰："人故无情乎？"庄子曰："然。"惠子曰："人而无情，何以谓之人？"庄子曰："道与之貌，天与之形，恶得不谓之人？"惠子曰："既谓之人，恶得无情？"庄子曰："是非，吾所谓无情也。吾所谓无情者，言人之不以好恶内伤其身，常因自然而不益生也。"惠子曰："不益生，何以有其身？"庄子曰："道与之貌，天与之形，无以好恶内伤其身。今子外乎子之神，劳乎子之精，倚树而吟，据槁梧而瞑。天选子之形，子以坚白鸣。"

【注释】

①兀：同“跀”（yuè），一种断足的刑法，“兀者”是指受过这种刑法只有一只脚的人。②王骀（tái）：庄子虚构出的人名。③寓六骸：把自身的躯体当作寓所。④肎：“肯”字之古本字。⑤羿（yì）：传说中射日的后羿。彀（gòu）中：射程之中。⑥怫（fú）然：发怒的样子。⑦蹴（cù）然：不安的样子。⑧踵（zhǒng）：用脚后跟走路。⑨諔（chù）诡：奇异。⑩氾（fàn）：这里形容心不在焉，有口无心的样子。⑪纯（tún）：同“豚”，小猪。⑫眴（shùn）若：惊惶的样子。走：跑。⑬翣（shà）：古代出殡时棺木上的饰物，形同羽扇。资：送。⑭屦（jù）：泛指棉麻单底鞋子。⑮郤（xì）：同“隙”，间隙的意思。⑯闉（yīn）：城的曲门。⑰脰（dòu）：颈项。肩肩：细长。⑱瘿（yǐng）：脖子上长的瘤。⑲不斫（zhuó）：不砍削，不砍开。⑳謷（áo）：高大的样子。

【译文】

鲁国有一个断脚的人叫王骀，追随他游学的弟子，与追随孔子的弟子数量相差无几。常季问孔子：“王骀是个断了脚的人，追随他的弟子，与先生您一样占了鲁国学生的一半。他对弟子是立不施教，坐不讲席，可是向他求学的弟子们却是空虚而去，满载而归。难道真的有不用言语的施教，能潜移默化地寓教于无形之中吗？这王骀是个什么样的人呢？”孔子说：“这王骀可是个圣人啊，我一直落在他后面而没来得及向他请教呢。我要拜他为师，何况不及我的人呢！何止鲁国！我将让天下的人都去追随他。”常季说：“他是个断了脚的人，却能超过你，如果跟平庸的人相比，差距就更大了。像这样的人，如果用心智办事会如何呢？”孔子回答说：“死或生都是人生变化中的大事了，可是死或生都不能使他随之变化；即使天翻过来、地坠下去，他也不会因此而丧失、毁灭；他通晓无所依凭的道理而不随物变迁，听任事物变化而信守自己的要旨。”

常季说：“这是什么意思呢？”孔子说：“从事物千差万别的一面去看，邻近的肝胆虽同处于一体之中，也像是楚国和越国那样相距很远；从事物都有相同的一面去看，万事万物又都是同一的。像这样的人，将不知道耳朵眼睛最适宜何种声音和色彩，而让自己的心思自由自在地遨游在忘形、忘情的混同境域之中。外物看到了它同一的方面却看不到它因失去而引起差异的一面，因而看到丧失了一只脚就像是失落了土块儿一样。”常季说：“他运用自己的智慧来提高自己的道德修养，他运用自己的心智去追求自己的理念。如果达到了忘情、忘形的境界，众多弟子为什么还聚集在他的身边呢？”孔子回答说：“一个人不能在流动的水面照见自己的身影，而是要面向静止的水面，只有静止的事物才能使别的事物也静止下来。各种树木都受命于地，但只有松树、柏树无论冬夏都郁郁青青；每个人都受命于天，但只有尧舜道德品行最为端正。幸而他们都善于端正自己的品行，因而能端正他人的品行。保全本初时的迹象，心怀无所畏惧的胆识，勇士只身一人，也敢称雄于千军万马。一心追逐名利而自我索求的人尚且能够这样，何况那主宰天地，包藏万物，只不过把躯体当作寓所，把耳目当作外表，掌握了自然赋予的智慧所通解的道理，而精神世界又从不曾有过衰竭的人呢！他定将选择好日子升登最高的境界，人们将紧紧地跟随着他。他还怎么会把聚合众多弟子当成一回事呢！”

申徒嘉是被断去一只脚的人，他和子产同样拜伯昏无人为师。子产对申徒嘉说：“我先出去则你留下来，你先出去则我留下来。”到第二天，子产和申徒嘉又在厅堂里同席而坐。子产对申徒嘉说：“我先出去而你留下，你先出去而我留下。现在我将要出去，你可以留下呢，还是不能留下呢？况且，你见到执政的宰相而不知道回避，你要比齐执政的宰相吗？”申徒嘉说：“在老师的门下，岂有执政的宰相这

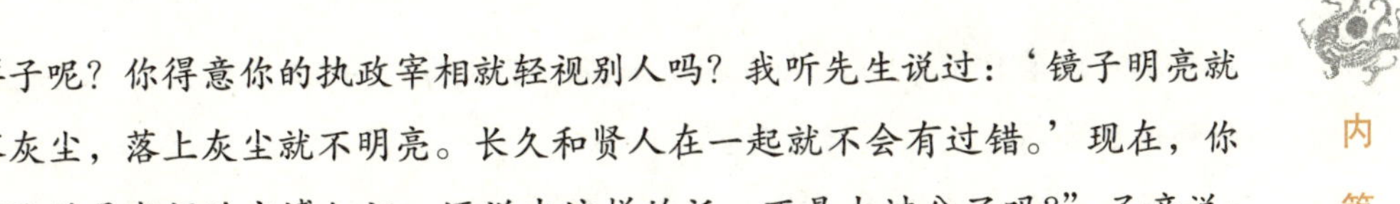

个样子呢？你得意你的执政宰相就轻视别人吗？我听先生说过：‘镜子明亮就不落灰尘，落上灰尘就不明亮。长久和贤人在一起就不会有过错。’现在，你所求取的是老师的广博知识，还说出这样的话，不是太过分了吗？”子产说：“你已经如此形残体缺，还要跟尧争高低。你估量你的德行，受过断足之刑还不足以使你有所反省吗？”申徒嘉说：“自个儿陈述或辩解自己的过错，认为自己不应当形残体缺的人很多；不陈述或辩解自己的过错，认为自己不应当形整体全的人很少。懂得事物之无可奈何，安于自己的境遇并视如命运安排的那样，只有有德的人才能做到这一点。一个人来到世上就像来到善射的后羿张弓搭箭的射程之内，中央的地方也就是最容易中靶的地方，然而却没有射中，这就是命。用完整的双脚笑话我残缺不全的人很多，我常常脸色陡变，怒气填胸；可是只要来到伯昏无人先生的寓所，我便怒气消失，回到正常的神态。真不知道先生用什么善道来洗刷我的呢？我跟随先生十九年了，可是先生从不曾感到我是个断了脚的人。如今你跟我心灵相通、以德相交，而你却用外在的形体来要求我，这不又完全错了吗？”子产听了申徒嘉一席话深感惭愧，脸色顿改而恭敬地说：“你不要再说下去了！”

鲁国有个被砍去脚趾的人，名叫叔山无趾，用脚后跟走去拜见孔子。孔子说：“你实在是不够自谨啊，以前犯了过错而致留下如此后果。虽然今天你来到了我这里，可是怎么能够补救以往呢？”叔山无趾说：“我只因不识时务而轻率地以身试法，所以付出了失掉脚趾的代价。如今我来到你这里，就是因为还有比双脚更为可贵的道德良知在，所以我想务必竭力保全它。苍天庇护一切，大地承载一切，我以先生为天地，哪知先生竟然如此啊！”孔子说：“我实在浅陋啊！先生何不进来？请给我讲授你所知晓的道理。”叔山无趾走后。孔子说：“同学们努力啊！叔山无趾是一个被砍掉脚趾的人，他还努力进学以补救先前做过的错事，何况道德品行乃至身形体态都没有什么缺损的人呢！”叔山无趾对老子说：“孔子作为一个道德修养达到至高境界的人，恐怕还欠火候未能达到极致吧？他为什么不停地来向你求教呢？他还在祈求奇异虚妄的名声能传扬于外，难道不懂得道德修养至上的人总是把这一切看作束缚自己的枷锁吗？”老子说：“为什么不径直让他把生和死看成同一的，把可以与不可以看作惯常的，从而解脱枷锁，可以吗？”叔山无趾说：“这是上天加给他的处罚，怎么能够解脱！”

鲁哀公向孔子问道：“卫国有个面貌十分丑陋的人，名叫哀骀它。男人跟他相处，常常想念他而舍不得离去；女人见到他便向父母提出请求，说‘与其做别人的妻子，不如做哀骀它先生的妾’，这样的人已经十多个了而且还在增多。从不曾听说哀骀它倡导什么，只是常常附和别人罢了。他没有居于统治者的地位而拯救他人于临近败亡的境地，他没有聚敛大量的财物而使他人吃饱肚子。他面貌丑陋使天下人吃惊，又总是附和他人而从没倡导什么，他的才智也超不出他所生活的四境，不过接触过他的人无论是男是女都乐于亲近他，这样的人一定有什么不同于常人的地方。我把他召来看了看，果真相貌丑陋足以惊骇天下人。跟我相处不到一个月，我便对他的为人有了了解；不到一年时间，我就十分信任他。国家没有主持政务的官员，我便把国事委托给他。他神情淡漠地回答，漫不经心又好像在加以推辞。我深感羞愧，终于把国事交给了他。没过多久，他就离开我走了，我内心忧虑像丢失了什么，好像整个国家没有谁可以跟我一道共欢乐似的。这究竟是什么样的人呢？”

孔子说：“我曾出使楚国，恰巧看到一群小猪在吸吮刚死去的母猪的乳汁，一会儿就惊慌起来，都弃母猪而去。因为母猪已不再顾视小猪，小猪自觉与母猪生死相隔，不属同类。小猪所以爱它们的母亲，并不是爱它的形体，而是爱所以使其形体活着的东西。作战而死的人，下葬时用不着棺材；断了脚的人，不会再爱惜他的鞋子。这都是丧失根本了。给天子当御侍的人，不剪指甲，不穿耳眼；娶了妻子的人，只能在宫外服役，不得再侍奉天子。形体健全的尚且如此，何况德性健全的人呢！现在哀骀它不用开口讲话就得到了信任，没有什么功业就得到人民的亲敬，能够使人把自己的国家大政托付给他，还怕他不肯接受，这一定是天性完美而道德高尚不露的人。”

鲁哀公问：“什么叫作才智完备呢？”孔子说：“死生、存亡，穷达、贫富、贤能与不肖、诋毁与称誉、饥渴、寒暑，这些都是事物的变化，都是自然规律的运行，日夜更替于我们的面前，而人的智慧却不能窥见它们的起始。因此它们都不足以搅乱本性的谐和，也不足以侵扰人们的心灵。要使心灵平和安适，通畅而不失怡悦，要使心境日夜不间断地跟随万物融汇在春天般的生气里，这样便会接触外物而萌生顺应四时的感情。这就叫作才智完备。”鲁哀公又问：“什么叫作德不外露呢？”孔子说：“均平是水流止时的最佳状态。它可以作为取而效法的准绳，内心保持极端静止的状态而表面也不荡漾。所谓德，就是事得以成功、物得以顺和的最高修养。德不外露，外物自然就不能离开他了。”

有一天鲁哀公把孔子这番话告诉了闵子说：“起初我认为坐朝当政统治天下，掌握国家的纲纪而忧心人民的死活，便自以为是最通达的了，如今我听到至人的名言，真忧虑没有实在的政绩，轻率作践自身而使国家危亡。我跟孔子不是君臣关系，而是以德相交的朋友呢。”

有位守门人支离无脤向卫灵公游说，卫灵公很喜欢他，再看到形体完整的人，反而觉得脖子长得太细小了。有位脖子生大瘤子卖盆瓮的人向齐桓公游说，齐桓公很喜欢他，再看到形体完整的人，反而觉得脖子也太细小了。所以德性有所长而形体丑陋就会被人所遗忘。人如果不遗忘他所应当遗忘的残形，而遗忘他所不应遗忘的德性，那才叫作真实的遗忘。所以圣人能自得地出游，把智慧当作孽生的旁叉，把盟约当作对人心的禁锢，把布施德惠看成是收买人心的手段，把工巧看成是商贩。圣人不搞权谋，哪里用得着智巧？不去雕琢，哪里用得着禁锢？没有丧失，哪里用得着施德？不求得利，哪里用得着通商？这四者都是禀受于天，也就是靠天饲养。既然禀受于天，又哪里还用得着人为呢？有了人的形体，没有人的性情。有了人的形体，所以能和人群居；没有人的性情，所以是非就不会在他身上产生。渺小啊，与人同类的人情事故。高大啊，与天同体而成其天德！

惠子问庄子说：“人的本质是没有情欲的吗？”庄子说：“对，是这样。”惠子说：“既然是人却没有情欲，这怎能叫作人呢？”庄子说：“大道赋予他容貌，天赋予他形体，怎么不叫作人呢？”惠子说：“既然叫作人，为什么会没有情欲呢？”庄子说：“这不是我所说的情欲，我所说的情欲是说人不要以好恶在内部伤害他自己的身心，要经常因顺自然而不补充营养。”惠子说：“不补充营养，怎么能有他的身体？”庄子说：“大道赋予人容貌，天赋予人形体，不要以好恶在内部伤害他自己的身心。如今你驰逐你的心神，枉费你的精力，你倚在树边高声吟咏，靠着几案绞尽脑汁苦思冥想。自然选择了你的形体，你却因为所谓的‘坚’‘白’而争辩不休！”

解读

《德充符》以义名篇。“德充符”中的德本为得，进而指德行；充为充实；符为符合。德能充实于内，物能充实于外，从而使内外相符合。《德充符》主要说明了庄子的道德观。

在本篇中，庄子重点阐述了“德”对于一个人的重要性。通过王骀、叔山无趾、申徒嘉等身残而德全的人，庄子指出，相貌并不重要，“德”的充实才是做人的根本。几个小故事之后又用庄子和惠子的对话作为结尾，在庄子的眼里，惠子恰是“德”充符的反证，还赶不上那些貌丑形残的人。

德就是人们在社会生活中，个人具有的品行操守。德促使人们注重修为，唯有“德”才能有所得。从宏观角度来讲，德就是让世间万事万物各得其所欲，各展其所能。

在现实生活和人际交往中，一个人道德品质和修养的高低，是决定与他人相处得好与坏的重要因素。道德品质高尚，个人修养好，就容易赢得他人的信任与友谊；如果不注重个人道德品质修养，就难以处理好与他人的关系，交不到真心朋友。我们身边就不乏这样的人：有的人看自己是一枝花，看别人是豆腐渣，处处自我感觉良好，盛气凌人；还有的人一事当前往往从一己私利出发，见到好处就争抢，遇到问题就相互推诿，甚至给别人拆台。这些人在生活中之所以难有朋友，归根到底，就是在自身道德品质和个人修养方面出了问题。

大宗师第六

【原典】

知天之所为，知人之所为者，至矣！知天之所为者，天而生也；知人之所为者，以其知之所知，以养其知之所不知，终其天年而不中道夭者，是知之盛也。虽然，有患。夫知有所待而后当，其所待者特未定也。庸讵知吾所谓天之非人乎[①]？所谓人之非天乎？且有真人而后有真知。

何谓真人？古之真人，不逆寡，不雄成，不谟士[②]。若然者，过而弗悔，当而不自得也。若然者，登高不栗，入水不濡，入火不热。是知之能登假于道者也若此。古之真人，其寝不梦，其觉无忧，其食不甘，其息深深。真人之息以踵，众人之息以喉。屈服者，其嗌言若哇[③]。其耆欲深者，其天机浅。古之真人，不知说生，不知恶死；其出不䜣，其入不距；翛然而往[④]，翛然而来而已矣。不忘其所始，不求其所终；受而喜之，忘而复之。是之谓不以心捐道，不以人助天，是之谓真人。若然者，其心忘，其容寂，其颡頯[⑤]；凄然似秋，暖然似春，喜怒通四时，与物有宜而莫知其极。故圣人之用兵也，亡国而不失人心；利泽施乎万世，不为爱人。故乐通物，非圣人也；有亲，非仁也；天时，非贤也；利害不通，非君子也；行名失己，非士也；亡身不真，非役人也。若狐不偕、务光、伯夷、叔齐、箕子、胥馀、纪他、申徒狄，是役人之役，适人之适，而不自适其适者也。

古之真人，其状義而不朋，若不足而不承；与乎其觚而不坚也[⑥]，张乎其虚而不华也；邴邴乎其似喜乎[⑦]，崔乎其不得已乎。滀乎进我色也[⑧]，与乎止我德也；厉乎其似世乎，謷乎其未可制也[9]；连乎其似好闭也，悗乎忘其言也[10]。以刑为体，以礼为翼，以知为时，以德为循。以刑为体者，绰乎其杀也；以礼为翼者，所以行于世也；以知为时者，不得已于事也；以德为循者，言其与有足者至于丘也，而人真以为勤行者也。故其好之也一，其弗好之也一。其一也一，其不一也一。其一与天为徒，其不一与人为徒，天与人不相胜也，是之谓真人。

死生，命也。其有夜旦之常，天也。人之有所不得与，皆物之情也。彼特以天为父，而身犹爱之，而况其卓乎！人特以有君为愈乎己，而身犹死之，而况其真乎！

泉涸，鱼相与处于陆，相呴以湿[11]，相濡以沫，不如相忘于江湖。与其誉尧而非桀也，不如两忘而化其道。夫大块载我以形，劳我以生，佚我以老，息我以死。故善吾生者，乃所以善吾死也。

夫藏舟于壑，藏山于泽，谓之固矣！然而夜半有力者负之而走，昧者不知也。藏小大有宜，犹有所遁。若夫藏天下于天下而不得所遁，是恒物之大情也。特犯人之形而犹喜之。若人之形者，万化而未始有极也，其为乐可胜计邪？故圣人将游于物之所不得遁而皆存。善妖善老，善始善终，人犹效之，又况万物之所系而一化之所待乎！

夫道有情有信，无为无形；可传而不可受，可得而不可见；自本自根，未有天地，自古以固存；神鬼神帝，生天生地；在太极之先而不为高，在六极之下而不为深，先天地生而不为久，长于上古而不为老。豨韦氏得之[12]，以挈天地；伏羲氏得之，以袭气母；维斗得之，终古不忒；日月得之，终古不息；堪坏得之，以袭昆仑；冯夷得之，以游大川；肩吾得之，以处大山；黄帝得之，以登云天；颛顼得之[13]，以处玄宫；禺强得之，立乎北极；西王母得之，坐乎少广，莫知其始，莫知其终；彭祖得之，上及有虞，下及五伯；傅说得之，以相武丁，奄有天下，乘东维，骑箕尾，而比于列星。

南伯子葵问乎女偊（yǔ）曰："子之年长矣，而色若孺子，何也？"曰："吾闻道矣。"南伯子葵曰："道可得学邪？"曰："恶！恶可！予非其人也。夫卜梁倚有圣人之才而无圣人之道，我有圣人之道而无圣人之才。吾欲以教之，庶几其果为圣人乎！不然，以圣人之道告圣人之才，亦易矣。吾犹守而告之，参日而后能外天下；已外天下矣，吾又守之，七日而后能外物；已外物矣，吾又守之，九日而后能外生；已外生矣，而后能朝彻；朝彻，而后能见独；见独，而后能无古今；无古今，而后能入于不死不生。杀生者不死，生生者不生。其为物，无不将也，无不迎也，无不毁也，无不成也。其名为撄宁。撄宁也者[14]，撄而后成者也。”南伯子葵曰：“子独恶乎闻之？”曰：“闻诸副墨之子，副墨之子闻诸洛诵之孙，洛诵之孙闻之瞻明，瞻明闻之聂许。聂许闻之需役，需役闻之於讴[15]，於讴闻之玄冥，玄冥闻之参寥，参寥闻之疑始。”

子祀、子舆、子犁、子来四人相与语曰：“孰能以无为首，以生为脊，以死为尻[16]；孰知死生存亡之一体者，吾与之友矣！”四人相视而笑，莫逆于心，遂相与为友。俄而子舆有病，子祀往问之。曰：“伟哉，夫造物者将以予为此拘拘也。”曲偻（lóu）发背，上有五管，颐隐于齐，肩高于顶，句赘指天。阴阳之气有沴[17]，其心闲而无事，跰𨇤（pián xiān）而鉴于井，曰：“嗟乎！夫造物者又将以予为此拘拘也。”子祀曰：“女恶之乎？”曰：“亡，予何恶！浸假而化予之左臂以为鸡，予因以求时夜；浸假而化予之右臂以为弹，予因以求鸮炙；浸假而化予之尻以为轮，以神为马，予因以乘之，岂更驾哉！且夫得者时也，失者顺也，安时而处顺，哀乐不能入也，此古之所谓县解也。而不能自解者，物有结之。且夫物不胜天久矣，吾又何恶焉！”

俄而子来有病，喘喘然将死，其妻子环而泣之。子犁往问之，曰：“叱！避！无怛化[18]！”倚其户与之语曰：“伟哉造化！又将奚以汝为？将奚以汝适？以汝为鼠肝乎？以汝为虫臂乎？”子来曰：“父母于子，东西南北，唯命之从。阴阳于人，不翅于父母。彼近吾死而我不听，我则悍矣，彼何罪焉？夫大块载我以形，劳我以生，佚我以老，息我以死。故善吾生者，乃所以善吾死也。今之大冶铸金，金踊跃曰：‘我且必为镆铘！’大冶必以为不祥之金。今一犯人之形而曰：‘人耳！人耳！’夫造化者必以为不祥之人。今一以天地为大炉，以造化为大冶，恶乎往而不可哉！”成然寐，蘧然觉[19]。

子桑户、孟子反、子琴张三人相与友，曰：“孰能相与于无相与，相为于无相为？孰能登天游雾，挠挑无极，相忘以生，无所终穷？”三人相视而笑，莫逆于心。遂相与为友。

莫然有间，而子桑户死，未葬。孔子闻之，使子贡往侍事焉。或编曲，或鼓琴，相和而歌曰："嗟来桑户乎！嗟来桑户乎！而已反其真，而我犹为人猗！"子贡趋而进曰："敢问临尸而歌，礼乎？"二人相视而笑曰："是恶知礼意！"

子贡反，以告孔子，曰："彼何人者邪？修行无有，而外其形骸，临尸而歌，颜色不变，无以命之。彼何人者邪？"孔子曰："彼游方之外者也，而丘游方之内者也。外内不相及，而丘使女往吊之，丘则陋矣！彼方且与造物者为人，而游乎天地之一气。彼以生为附赘县疣，以死为决疣溃痈[20]。夫若然者，又恶知死生先后之所在！假于异物，托于同体；忘其肝胆，遗其耳目；反复终始，不知端倪；芒然彷徨乎尘垢之外，逍遥乎无为之业。彼又恶能愦愦然为世俗之礼[21]，以观众人之耳目哉！"子贡曰："然则夫子何方之依？"孔子曰："丘，天之戮民也。虽然，吾与汝共之。"子贡曰："敢问其方？"孔子曰："鱼相造乎水，人相造乎道。相造乎水者，穿池而养给；相造乎道者，无事而生定。故曰，鱼相忘乎江湖，人相忘乎道术。"子贡曰："敢问畸人？"曰："畸人者，畸于人而侔于天[22]。故曰：天之小人，人之君子；人之君子，天之小人也。"

颜回问仲尼曰："孟孙才，其母死，哭泣无涕，中心不戚，居丧不哀。无是三者，以善处丧盖鲁国[23]，固有无其实而得其名者乎？回壹怪之。"仲尼曰："夫孟孙氏尽之矣，进于知矣。唯简之而不得，夫已有所简矣。孟孙氏不知所以生，不知所以死。不知就先，不知就后。若化为物，以待其所不知之化已乎！且方将化，恶知不化哉？方将不化，恶知已化哉？吾特与汝，其梦未始觉者邪！且彼有骇形而无损心，有旦宅而无情死。孟孙氏特觉人哭亦哭，是自其所以乃。且也相与'吾之'耳矣！庸讵知吾所谓'吾之'乎？且汝梦为鸟而厉乎天，梦为鱼而没于渊。不识今之言者，其觉者乎？其梦者乎？造适不及笑，献笑不及排，安排而去化，乃入于寥天一。"

意而子见许由，许由曰："尧何以资汝？"意而子曰："尧谓我：'汝必躬服仁义而明言是非。'"许由曰："而奚来为轵（zhǐ）？夫尧既已黥（qíng）汝以仁义，而劓（yì）汝以是非矣。汝将何以游夫遥荡恣睢（suī）转徙之涂乎？”意而子曰：“虽然，吾愿游于其藩。”许由曰：“不然。夫盲者无以与乎眉目颜色之好，瞽者无以与乎青黄黼黻之观㉔。”意而子曰：“夫无庄之失其美，据梁之失其力，黄帝之亡其知，皆在炉捶之间耳。庸讵知夫造物者之不息我黥而补我劓，使我乘成以随先生邪？”许由曰：“噫！未可知也。我为汝言其大略：吾师乎！吾师乎！整万物而不为义㉕，泽及万世而不为仁，长于上古而不为老，覆载天地、刻雕众形而不为巧。此所游已。”

颜回曰：“回益矣。”仲尼曰：“何谓也？”曰：“回忘仁义矣。”曰：“可矣，犹未也。”他日复见，曰：“回益矣。”曰：“何谓也？”曰：“回忘礼乐矣！”曰：“可矣，犹未也。”他日复见，曰：“回益矣！”曰：“何谓也？”曰：“回坐忘矣。”仲尼蹴然曰：“何谓坐忘？”颜回曰：“堕肢体，黜（chù）聪明，离形去知，同于大通，此谓坐忘。”仲尼曰：“同则无好也，化则无常也。而果其贤乎！丘也请从而后也。”

子舆与子桑友，而霖雨十日，子舆曰：“子桑殆病矣！”裹饭而往食之。至子桑之门，则若歌若哭，鼓琴曰：“父邪？母邪？天乎？人乎？”有不任其声而趋举其诗焉。子舆入，曰：“子之歌诗，何故若是？”曰：“吾思夫使我至此极者而弗得也。父母岂欲吾贫哉？天无私覆，地无私载，天地岂私贫我哉？求其为之者而不得也。然而至此极者，命也夫！”

【注释】

①庸讵：何以，如何。②谟（mó）：谋划考虑。不谟士：不谋虑未来的事情。③嗌（ài）言：咽在口中的话。嗌言若哇：欲言又止的样子。④翛（xiāo）：无拘束、很自由的样子，往：指死。⑤颡（sǎng）：额。頯（kuí）：颧骨，引申为质朴。⑥觚（gū）：棱角。⑦邴（bǐng）：神情开朗的样子。⑧滀（chù 又读 xù）：颜色温和而有光泽。⑨謷（áo）：高大的样子。⑩悗（mèn）：心不在焉。⑪呴（xǔ）：张口出气。⑫狶（shǐ）韦氏：传说中的远古时代的帝王。⑬颛顼（zhuān xū）：传说为黄帝之孙帝高阳。⑭撄：扰乱；宁：宁静，安定。撄宁：虽扰乱而安定。⑮於（wū）讴（ōu）：咏歌。⑯尻（kāo）：脊骨最下端，也泛指臀部。⑰沴（lì）：阴阳之气不和而生出的灾害。⑱怛（dá）：惊

扰。⑲蘧（qú）然：惊喜的样子。⑳痪（huàn）痈：疮毒。㉑愦（kuì）愦：烦杂，烦乱。㉒侔（móu）：合，同，等同。㉓蓋：覆，盖。㉔黼黻（fǔ fú）：衣上绣的斧纹。㉕整（jī）：调和。不为义：不算是义。

【译文】

知道自然的发展规律，并且充分地了解人性，这就达到了认识的极点。知道自然的发展规律，是懂得事物皆出于自然；了解人性，就是用智慧所通晓的知识去孕育和开拓智慧所未能通晓的知识，直至寿命的尽头而不中途夭折，这恐怕就是认识的最高境界了。虽然这样，负面的问题仍然存在。人们的知识一定要有所依凭方才能认定是否恰当，而认识的对象却是不稳定的。怎么知道我所说的本于自然的东西不是出于人为呢，怎么知道我所说的人为的东西又不是出于自然呢？况且有了“真人”方才有真知。

什么叫作“真人”呢？古时候的“真人”，不倚众凌寡，不自恃成功雄踞他人，不在小事上较真。这样的人，错过了时机不后悔，赶上了机遇不得意。这样的人，登上高处不发抖，下到水里不觉湿，进入火中不觉灼热。要达到这种境界，必须有与道相符的修养才行。古代的真人，睡时不梦想，醒时不忧虑，饮食并不精细，呼吸则是深沉静然。真人的呼吸用脚跟，普通人的呼吸用喉咙。被人屈服的人咽在喉头的话说不出来。嗜好欲望深的人，他的天然本能就浅薄了。古代的真人，不知道喜悦生存，不知道厌恶死亡；出生不欣喜，人死不拒绝；无拘无束地去，无拘无束地来罢了。不忘记自己从何处来，也不追求自己的归宿；有了生命就欣然接受，忘掉生死任其复返自然，这就叫作不用心智去损害道，不用人的本领去帮助自然，这就叫作真人。这样的人，心思安定，容貌寂静，面额无光；冷清像秋天，温暖像春天，喜怒如同四时变化一样自然，和万物相处都适宜而不可测知他的规律。所以古代圣人使用武力，灭掉敌国却不失掉敌国的民心；利益和恩泽广施于万世，却不是为了偏爱什么人。乐于交往取悦外物的人，不是圣人；有偏爱就算不上是“仁”；伺机行事，不是贤人；不能看到利害的相通和相辅，算不上是君子；办事求名而失掉自身的本性，不是有识之士；丧失身躯却与自己的真性不符，不是能役使世人的人。像狐不偕、务光、伯夷、叔齐、箕子、胥余、

纪他、申徒狄，这样的人都是被役使世人的人所役使，都是被安适世人的人所安适，而不是能使自己得到安适的人。

古时候的“真人”，形象高大而不矜持，好像不足却又无所承受；态度安闲自然、特立超群而不执着顽固，襟怀宽阔虚空而不浮华；怡然欣喜像是格外的高兴，一举一动又像是出自不得已！容颜和悦令人喜欢接近，与人交往德性宽和让人乐于归依；气度博大像是宽广的世界，高放自得从不受什么限制；绵邈深远好像喜欢封闭自己，心不在焉的样子又好像忘记了要说的话。把刑律当作主体，把礼仪当作羽翼，用已掌握的知识去等待时机，用道德来遵循规律。把刑律当作主体的人，那么杀了人也是宽厚仁慈的；把礼仪当作羽翼的人，是用礼仪的教诲在世上施行；用已掌握的知识去等待时机的人，是因为对各种事情出于不得已；用道德来遵循规律，就像是说大凡有脚的人就能够登上山丘，而人们却真以为是勤于行走的人。所以说人们所喜好的是浑然为一的，人们不喜好的也是浑然为一的。那些同一的东西是浑一的，那些不同一的东西也是浑一的。那些同一的东西跟自然同类，那些不同一的东西跟人同类。自然与人不可能相互对立而相互超越，达到这种境界的人就叫作“真人”。

死和生，都是命中注定的。就如同昼夜交替那样永恒不息，是谁都无法改变的自然规律。人所不可能参与和干预的事，都是事物自身变化的自然属性，万物以天为生命之父，而且终身爱戴，何况深隐于事物内容的生命之“道”呢！人们总认为国君是超越自己的天之子，因而甘愿终身为国君效命，何况应引以为宗的“道”！

泉水干涸了，鱼就共同困在陆地上，只见它们相互依偎，大口出气互相来取得一点儿湿气，以唾沫相互润湿对方的身体，与其这样，倒不如将过去江湖里的生活彻底忘记。与其赞誉尧的圣明而非议夏桀的暴虐，不如把他们都忘掉而融化混同于“道”。大地把我的形体托载，并且用生存来劳苦我，用衰老来闲适我，用死亡来安息我。所以，把我的存在看作好事的，也就因此而可以把我的死亡看作好事。

将船儿藏在大山沟里，将渔具藏在深水里，可以说是十分牢靠了。然而半夜里有个大力士把它们连同山谷和河泽一块儿背着跑了，睡梦中的人们还一点儿也不知道。将小东西藏在大东西里是适宜的，不过还是会有丢失。假如把天下藏在天下里而不会丢失，这就是事物固有的真实之情。人们只要承受了人的形体便十分欣喜，至于像人的形体的情况，在万千变化中从不曾有过穷尽，那快乐之情难道还能够加以计算吗？所以圣人将生活在各种事物都不会丢失的环境里而与万物共存亡。以少为善以老为善，以始为善以终为善，人们尚且加以效法，又何况那万物所联缀、各种变化所依托的“道”呢！

道，它是客观存在的，又是无为无形的；可以心领神会而不可以言传口授，可以感悟而不可以认识；自己为本，自己为根，没有天地之前，从古以来就存在了；使鬼帝变成了神灵，产生天地；它在太极之上不算高，在六极之下不算低，生于天地之前不算久，长于上古之前不算老。豨韦氏得到它，用它开辟天地；伏羲氏得到它，用以合阴阳元气；北斗得到它，就能永远不错星位；太阳和月亮得到它，就能终始运行不息；堪坏得到它，用以合于昆仑；冯夷得到它，用来游历大河；肩吾得到它，就能进住泰山；黄帝得到它，就能登上云天；颛顼得到它，就能进住玄宫；禺强得到它，能站立在北极；西王母得到它，就能坐守少广山上，不知道它的开始，不知道它的终了；彭祖得到它，上从有虞，往下活到五霸时代；傅说得到它，用以辅佐武丁，才统治天下，他死后乘着东维星，骑着箕尾星，与众星并列在一起。

南伯子葵问女偊说：“虽然你的年岁已高，可是面色却像小孩，这是为什么呢？”女偊回答：“我得‘道’了。”南伯子葵说：“‘道’可以学得到吗？”女偊说：“不！不可以！你不是学‘道’的人。卜梁倚有圣人明敏的才气却没有圣人虚淡的心境，我有圣人虚淡的心境却没有圣人明敏的才气，我想用虚淡的心境来教导他，也许他可以成为圣人吧！即使不能，把圣人虚淡的心境传告具有圣人才气的人，应是容易领悟的。我告诉他而持守着，持守三天而后能遗忘天下；已经遗忘天下，我再持守，七天之后能遗忘万物；已经遗忘万物，我又持守，九天之后能无虑于生死；已经把生死置之度外，心境便能清新明彻；心境清新明彻，而后就能感受到绝无所待的‘道’了；感受到了‘道’，而后就能超越古今的时限；超越古今的时限，而后便进入无所谓生、无所谓死的境界。摒除了生也就没有死，留恋于生也就不存在生。‘道’之为

物，无不一面有所送，无不一面有所迎，无不一面有所毁，无不一面有所成。这就叫作‘撄宁’。‘撄宁’的意思，就是在万物生死成毁的纷纭繁乱的境界里保持心境的宁静。”南伯子葵说：“你从哪里听到的这些道理呢？”女偊说：“我从书册之子那里听到的，书册之子是从诵读的孙子那里听到的，诵读之孙又是从见解那里听到的，见解又是从心得那里听到的，心得又是从实行那里听到的，实行又是从咏歌那里听到的，咏歌又是从深远那里听到的，深远又是从空寂那里听到的，空寂又是从象有始或象无始那里听到的。”

子祀、子舆、子犁、子来四人互相议论，说：“谁能把无当作头，把生当作脊梁，把死当作尾骨，谁能认识死生存亡是一体，我们就可以同他交朋友。”四人互相看着笑了笑，默契于心，就相互交为朋友。不久，子舆得病，子祀去问候他。子舆说：“伟大呵！造物者，把我的身躯变成如此蜷曲的样子！”驼背而脊骨外露，五脏腧穴朝上，面颊隐藏在肚脐之下，双肩高出头顶，项椎指向天空。这是阴阳二气相克之害，可是他的心胸却十分开阔而若无其事，一瘸一拐地走到井边用井水当镜子照见自己，说：“哎呀！造物者把我的身躯变成如此拳曲不伸的样子！”子祀说：“你厌恶这种样子吗？”子舆说：“不！我怎么会厌恶呢？造物者逐渐把我的左臂变成鸡，我就用它司夜；逐渐地造化我的右臂成为弹丸，我就用它打可以烤吃的小鹏鸟；逐渐地造化我的尾骨成为车轮，以精神为马，我就坐上它，我怎么还会变更驾驶别的车子呢？况且，我得到生命适时，失去生命顺应自然变化，安于时运而生处于顺应自然而死，悲哀和欢乐的情绪就不会进入胸中了，这就是古语所说的彻底地解脱了。而不能自己解脱的人，是因为有外物的束缚。况且，万物不能胜天很久了，我为什么要厌恶呢！”

不久，子来病了，呼吸急促，将要死了，他的妻子围绕他哭泣。子犁前往问候他，说：“去吧！走开！不要惊动将要死亡的人！”他倚着门户对子来说：“伟大呀，造物者！它将把你变成什么呢？将把你送到什么地方去呢？要把你变成老鼠肝吗？要把你变成虫子的臂膀吗？”子来说：“儿子对父母，不管叫你去东西南北，只有唯命是从。人对阴阳的自然，何止于儿子对父母。它要我死而我不听，我就强悍不顺，它有什么罪过呢？大自然给我形体，用生使我操劳，用老使我安逸，用死使我安息。因而把我生当成好事的，也就是把我死当成好事。现在有一个铁匠铸造一个金属器物，金属跳起来说：‘一定要把我铸成莫邪宝剑’，铁匠必定以为是不吉祥的金属。现在一旦成了人的形状，就说：‘成人了！成人了！’造物者必定以为是不吉祥的人。现在如果把天地当作大熔炉，把造化当作大铁匠，往哪里去不可呢！”子来说完后就安详地睡去，又是自得地醒来。

子桑户、孟子反、子琴张三个人在一起谈论说：“谁能够不用心计地结交朋友？谁能够不露声色地帮助别人？谁能够让精神超然于物外，遨游于太虚之境，忘记生命，无视死亡？”三人说罢相视而笑，内心默许，于是结交为朋友。

没过多久，子桑户死了，还没有埋葬。孔子听说了这件事，叫子贡前去处理丧事。子贡去子桑户家时，听到一人在编挽歌，一人在弹琴，两人合唱道：“哎呀桑户啊！哎呀桑户啊！如今你已经返归本真，而我们还得寄生于人间啊！”子贡快步走进屋里，说：“请问你们在子桑户的尸体旁唱歌，这符合礼仪吗？”那二人相视而笑，说：“这里怎会有人懂得礼仪的含义呢？”

子贡回来后，把所见所闻告诉了孔子，说道：“他们是什么样的人呢？不用礼仪修行自己，而将形骸置之度外，他们还在尸体旁唱歌，面色不改，真是说不清楚。他们到底是什么样的人呢？”孔子说：“他们是超脱于尘世之外的人，而我孔丘则是个生活于尘世之中的人。尘世之外和尘世之内是两个毫不相干的世界，而我竟然叫你去吊唁，实在是我的过错啊！他们正在与造物主结友为伴，遨游于天地之中。他们把生命视为身上的毒瘤赘肉，把死亡视为身上的脓包烂疮。像这样的人，又怎么会知道死和生的先后之分呢！他们凭借着万物的精华，聚合成为一个形体；他们忘记了体内肝胆，也忘记了体外的耳目；让生死在自然变化中周而复始，不去追究它们之间的分界；他们安闲地神游于尘世之外，超然地逍遥于无欲之境。他们又怎能被世俗的礼仪搞得烦乱不安，而在众人面前炫耀自己呢？”子贡问：“那先生依从的是哪一方呢？”孔子说：“我生活于尘世之中受制于礼教束缚，是要遭到自然天道惩罚的人。虽然这样说，我与你还是要共同追求方外之道。”子贡问：“请问用什么方法呢？”孔子说：“鱼儿渴望水，人儿企盼道。渴望水的鱼儿，挖个池塘来供养；企盼道的人儿，不为俗事所困内心才得安定。所以说，鱼在水中就能安适自在，人在道中就能逍遥忘怀。”子贡问：“请问什么是畸人呢？”孔子回答：“所谓‘畸人’就是不同于世俗而又等同于自然的人。所以说，自然的小人，就是人世间的君子；人世间的君子，就是自然的小人。”

颜回请教孔子说：“孟孙才这个人，他的母亲死了，他哭泣时没有一滴眼泪，心中不觉悲伤，居丧时也不哀痛。这三个方面没有任何悲哀的表现，可是却因善于处理丧事而名扬鲁国。难道真会有无其实而有其名的情况吗？颜回实在觉得奇怪。”孔子说：“孟孙才处理丧事的做法确实是尽善尽美了，大大超过了懂得丧葬礼仪的人。人们总希望从简治丧却不能办到，而孟孙才已经做到从简办理丧事了。孟孙才不过问人因为什么而生，也不去探寻人因为什么而死；不知道趋赴生，也不知道靠拢死。他顺应自然的变化而成为他应该变成的物类，以期待那些自己所不知晓的变化！况且即将出现变化，怎么知道不变化呢？即将不再发生变化，又怎么知道已经有了变化呢！只有我和你呀，才是做梦似的没有一点儿觉醒的人呢！那些死去了的人惊扰了自身形骸却无损于他们的精神，犹如精神的寓所朝夕改变却并不是精神的真正死亡。唯独孟孙才觉醒，人们哭他也跟着哭，这就是他如此居丧的原因。况且人们交往总借助形骸而称述自我，又怎么知道我所称述的躯体一定就是我呢？而且你梦中变成鸟便振翅直飞蓝天，你梦中变成鱼便摇尾潜入深渊。不知道今天我们说话的人，算是醒悟的人呢，还是做梦的人呢？心境快适却来不及笑出声音，表露快意发出笑声却来不及排解和消泄，安于自然的推移而且忘却死亡的变化，于是就进入到寂寥虚空的自然而浑然成为一体。”

意而子去见许由，许由说：“尧给你什么指教呢？”意而子说：“尧教导我：‘你必须身体力行仁义而明辨是非。’”许由说：“你为什么到这里来呢？尧既然像黥刑一样施以仁义，像劓刑一样施以是非，你怎么能遨游于逍遥放荡、任意胡为的变迁道路呢？”意而子说：“虽然如此，我还是愿意遨游于这种境地。”许由说：“不是这样，盲人无法参与辨别眉目颜色的好坏，瞎子无法参与看到衣服上绣的斧形花纹。”意而子说：“无庄忘掉了自己的美貌，据梁忘掉了自己的力气，黄帝忘掉了自己的智慧，都是在熔炉中锤炼而成的。

你怎么能知道造物者长我黥刑的皮肉，补我劓刑的鼻子，使我载有完整的形体跟随先生呢?”许由说：“唉！这是无法知道的。我给你说说它的大概吧：我的大宗师呵！我的大宗师呵！调和万物却不以为义，恩泽于万代却不以为仁，生在上古却不算老，覆天载地、雕刻万物的形状也不算巧，这就是大宗师所达到的游心境界。”

颜回说：“我的修养和境界得到进一步提升了。”孔子问道：“此话怎讲?”颜回说：“我已经忘却仁义了。”孔子说：“好哇，不过还不够。”过了几天颜回再次拜见孔子，说：“我又进步了。”孔子问：“你的进步指的是什么?”颜回说：“我忘却礼乐了。”孔子说：“好哇，不过还不够。”过了几天颜回又再次拜见孔子，说：“我又进步了。”孔子问：“你的进步指的是什么?”颜回说：“我‘坐忘’了”。孔子惊奇不安地问：“什么叫‘坐忘’?”颜回答道：“毁废了强健的肢体，退除了灵敏的听觉和清晰的视力，脱离了身躯并抛弃了智慧，从而与大道混同相通为一体，这就叫静坐心空物我两忘的‘坐忘’。”孔子说：“与万物同一就没有偏好，顺应变化就不滞常理。你果真成了贤人啊！我作为老师也希望能跟随学习而步你的后尘。”

子舆和子桑户结为朋友，而一连下了十天大雨。子舆说：“子桑户大概饿坏了吧！”于是包了饭前往子桑户住处给他吃。到子桑户的门口，就听到子桑户好像在唱歌，又好像在啼哭，弹着琴唱道：“父亲啊！母亲啊！天啊！人啊！”声音衰弱而又急促地念着自己的诗。子舆进去，说：“你唱歌念诗，为什么这样?”子桑户说：“我在思索使我达到如此地步而得不到答案。难道父母让我贫困吗? 天无偏私覆盖着，地无偏私负载着，难道天地的偏私让我贫困吗? 探求造成这种情况的原因而得不到答案。然而我达到这种绝境，是命运吧!”

解 读

“大宗师”意思是最值得敬仰、尊崇的老师。谁够得上称作这样的老师呢? 那就是“道”。

在这一篇中，庄子多次提到了“真人”这个概念。庄子认为，所谓真人，首先就是对自然有个清醒的认识，要“顺”其自然，而不是恣意妄为，逆天而行。

什么是自然？庄子所讲的自然就是“自然而然”，也就是没有“外力”影响的这个世界的本来面目。现在来理解，它既应包含所有“自然”的存在，也应包括“自然运行的规律”。可是，自然既然是至大无边的，有什么能成为“外力”而使之“不自然”呢？

我们常说的自然的概念其实是针对人类自身来说的，是从人类角度出发的。人，自有文明以来就一直处于这样的矛盾之中：既认为自己是自然的一部分，又时常将自己置身于自然之外，以至于将自己看成一个能够影响“自然”的外力。这岂不是本末倒置了吗？

有的人认为，人类无须敬畏自然，更不必顺天。

庄子提倡敬畏自然，就是要顺“道”而行，因为“道”是万物之所由。我们说敬畏，重点在敬，而不是畏，是要以深厚的现代环境科学作为支撑趋利避害，明了自己该做什么不该做什么。我们应该善待我们的环境，同时摒弃自以为能够对自然为所欲为的科技迷信，以及对人自身的盲目崇拜。只有这样才会“得之者生，顺之者成”。

在后半部分，庄子论述了“道”和“命”之间的关系，唯有悟了生死，才能真正体悟到“道”的境界。

生与死对于个体而言，其实只是一个符号，更重要的意义在于整个过程。这是你我该经历的，也是你我该尊重的，既然我们已经拥有了整个生命过程，那么死亡的到来就是必然的，如此，又何必要去装小丑呢？

生死对于每个人来说只有一次，他可以躲在舒适安全的环境中，碌碌无为度过一生；也可以将生死置之度外，在每一个关键时刻尽力地发挥出自己的光和热，为自己的一生留下一些有价值的值得回忆的东西。当然，这需要与命运作斗争的勇气和心胸。

庄子说：“死生，命也。”的确，在死亡面前，国王、大臣、亲属、妻子、仆人等，无论是高贵还是卑贱，无论是富有还是贫困，都是无计可施的。受到这种人生无常的哲学思想熏陶之后，人们就会理解心平气和是悟道的表现，也就能够平心应物地生活下去。

应帝王第七

【原典】

齧缺问于王倪[①]，四问而四不知。齧缺因跃而大喜，行以告蒲衣子。蒲衣子曰："而乃今知之乎？有虞氏不及泰氏。有虞氏其犹藏仁以要人，亦得人矣，而未始出于非人。泰氏其卧徐徐，其觉于于。一以己为马，一以己为牛。其知情信，其德甚真，而未始入于非人。"

肩吾见狂接舆。狂接舆曰："日中始何以语女？"肩吾曰："告我：君人者以己出经式义度，人孰敢不听而化诸？"狂接舆曰："是欺德也。其于治天下也，犹涉海凿河，而使蚊负山也。夫圣人之治也，治外乎？正而后行，确乎能其事者而已矣。且鸟高飞以避矰弋之害[②]，鼷鼠深穴乎神丘之下以避熏凿之患[③]，而曾二虫之无知？"

天根游于殷阳，至蓼水之上[④]，适遭无名人而问焉，曰："请问为天下。"无名人曰："去！汝鄙人也，何问之不豫也！予方将与造物者为人，厌则又乘夫莽眇之鸟，以出六极之外，而游无何有之乡，以处圹埌之野[⑤]。汝又何帠（yì）以治天下感予之心为？"又复问。无名人曰："汝游心于淡，合气于漠，顺物自然而无容私焉，而天下治矣。"

阳子居见老聃，曰："有人于此，向疾强梁，物彻疏明，学道不倦。如是者，可比明王乎？"老聃曰："是于圣人也，胥易技系，劳形怵心者也。且也虎豹之文来田，猨狙之便、执斄之狗来藉。如是者，可比明王乎？"阳子居蹴然曰[⑥]："敢问明王之治。"老聃曰："明王之治：功盖天下而似不自己，化贷万物而民弗恃；有莫举名，使物自喜；立乎不测，而游于无有者也。"

郑有神巫曰季咸，知人之死生、存亡、祸福、寿夭，期以岁月旬日，若神。郑人见之，皆弃而走。列子见之而心醉，归，以告壶子，曰："始吾以夫子之道为至矣，则又有至焉者矣。”壶子曰：“吾与汝既其文，未既其实，而固得道与？众雌而无雄，而又奚卵焉？而以道与世亢，必信，夫故使人得而相女。尝试与来，以予示之。”明日，列子与之见壶子。出而谓列子曰：“嘻！子之先生死矣！弗活矣！不以旬数矣！吾见怪焉，见湿灰焉。”列子入，泣涕沾襟以告壶子。壶子曰：“乡吾示之以地文，萌乎不震不止。是殆见吾杜德机也。尝又与来。”明日，又与之见壶子。出，而谓列子曰：“幸矣，子之先生遇我也。有瘳矣[7]，全然有生矣！吾见其杜权矣！”列子入，以告壶子。壶子曰：“乡吾示之以天壤，名实不入，而机发于踵。是殆见吾善者机也。尝又与来。”

明日，又与之见壶子。出而谓列子曰：“子之先生不齐，吾无得而相焉。试齐，且复相之。”列子入，以告壶子。壶子曰：“乡吾示之以太冲莫胜，是殆见吾衡气机也。鲵（ní）桓之审为渊，止水之审为渊，流水之审为渊。渊有九名，此处三焉。尝又与来。”

明日，又与之见壶子。立未定，自失而走。壶子曰：“追之！”列子追之不及。反，以报壶子曰：“已灭矣，已失矣，吾弗及已。”壶子曰：“乡吾示之以未始出吾宗。吾与之虚而委蛇（yí），不知其谁何，因以为弟靡，因以为波流，故逃也。”然后列子自以为未始学而归。三年不出，为其妻爨，食（sì）豕（shǐ）如食人[8]，于事无与亲。雕琢复朴，块然独以其形立。纷而封哉，一以是终。

无为名尸，无为谋府，无为事任，无为知主。体尽无穷，而游无朕。尽其所受乎天而无见得，亦虚而已！至人之用心若镜，不将不迎，应而不藏，故能胜物而不伤。

南海之帝为儵[9]，北海之帝为忽，中央之帝为浑沌。儵与忽时相与遇于浑沌之地，浑沌待之甚善。儵与忽谋报浑沌之德，曰：“人皆有七窍以视听食息，此独无有，尝试凿之。”日凿一窍，七日而浑沌死。

【注释】

①啮（niè）缺、王倪：人名。②矰弋（zēng yì）：带有丝绳射鸟的短箭。③鼷（xī）鼠：小老鼠。④蓼（liǎo）水：河流的名字。⑤圹（kuàng）埌（làng）：无边无际的样子。⑥蹴：惊恐的样子。⑦瘳（chōu）：病愈，这里指病兆大大减轻。⑧爨（cuàn）：烧火行炊。⑨儵（shū）：虚构的天神。

【译文】

啮缺向王倪请教，连问四个问题，王倪都无从回答。于是啮缺高兴得一跃而起，跑到蒲衣子那里并把这件事告诉给了他，蒲衣子说："你现在终于知道啦？虞舜是比不上伏羲氏的。虞舜以包藏仁义来笼络人心，因此也深得民心，然而他还是未能超脱出人为的物我两分的困境。而伏羲氏睡时宽缓安适，醒后悠然闲得，能容忍他被别人看作马牛。他的心智真实无伪，他的品德纯真可信，因而从不曾使自己堕入物我两分的困境之中。"

肩吾见到狂接舆。狂接舆说："日中始跟你说了些什么？"肩吾说："他告诉我：统治臣民的人要通过强硬的手段制定严格的法度，臣民谁敢不听从而受教化呢？"狂接舆说："这是虚伪不实的德行。他这样去治理天下，就好像涉海不自量，凿河徒劳，使蚊子背山不合情理一样。圣人治理天下，难道治理别人吗？先是正己而后才能推行教化，使人们做一些确实能做到的事情罢了。况且鸟高飞以逃避短箭的祸患，小鼠在社坛的下面打深洞以避免烟熏和挖掘的祸患，你们连这两个小虫子也不如吗？"

天根闲游殷山的南面，来到蓼水河边，正巧遇上无名人向他求教，说："请问治理天下之事。"无名人说："走开，你这个见识浅薄的人，怎么一张口就让人不愉快！我正打算跟造物者结成伴侣，厌烦时便又乘坐那状如飞鸟的清虚之气，超脱于'六极'之外，而生活在什么也不存在的地方，居处于旷达无垠的环境。你又怎么能用梦呓般的所谓治理天下的话语来撼动我的心思呢？"天根又再次提问。无名人说："你应处于保持本性、无所修饰的心境，交合形气于清静无为的方域，顺应事物的自然而没有半点儿个人的偏私，天下也就得到治理了。"

阳子居拜见老聃，说："倘若现在有这样一个人，他办事迅疾敏捷、强干果决，对待事物洞察准确、了解透彻，学'道'专心勤奋从不厌怠。像这样的人，可以跟圣明之王相比而并列吗？"老聃说："这样的人在圣人看来，不过就像有才智的小吏，被自己的技艺职守所困，终身劳其形体，担惊受怕罢了。况且像虎豹由于皮有花纹而招来捕猎，猕猴由于灵便、猎狗由于会捉狐狸而被人拴住。像这样的情况，能够和圣明之王相比拟吗？"阳子居惭愧地说："请问明王是怎么治理天下的？"老聃说："明王治理天下，功盖天下而不归功于自己，教化施及万物而人民却不觉得有所依赖；他虽有功德却不能用名称说出来，他使万物各得其所，而自己立于高深莫测的地位，游于虚无缥缈的境界。"

郑国有个占卜识相十分灵验的巫师，名叫季咸，他知道人的生死存亡和祸福寿夭，所预卜的年、月、旬、日都准确应验，仿佛是神人。郑国人见到他，都担心预卜死亡和凶祸而急忙跑开。列子见到他却内心折服如醉如痴，回来后把见到的情况告诉老师壶子，并且说："起先我总以为先生的道行最为高深，如今又有更为高深的巫术了。"壶子说："我教给你的还全是道的外在的东西，还未能教给你道的实质，你难道就已经得道了吗？只有众多雌性可是却无雄性，又怎么能生出受精的卵呢！你用所学到的道的皮毛就跟世人相匹敌，而且一心求取别人的信任，因而让人洞察底细而替你看相。你试着跟他一块儿来，把我介绍给他看看相吧。"第二天，列子跟神巫季咸一道拜见壶子。季咸走出门来就对列子说："呀！你的先生快要死了！活不了了，用不了一旬了！我观察到他临死前的怪异形色，神情像遇水的灰烬一样。"列子进到屋里，泪水弄湿了衣襟，伤心地把季咸的话告诉给壶子。壶子说："刚才我显现寂然不动的心境给他看，茫茫然既没有震动也没有止息。这样恐怕只能看到我闭塞的生机。试试再跟他来看看。"

第二天，列子又跟神巫季咸一道拜见壶子。季咸走出门来就对列子说："幸运啊，你的先生遇上了我！症兆减轻了，完全有救了，我已经观察到闭塞的生机中神气微动的情况。"列子进到屋里，把季咸的话告诉了壶子。壶子说："刚才我将天与地那样相对而又相应的心态显露给他看，名声和实利等一切杂念都排除在外，而生机从脚跟发至全身。这样恐怕他已看到了我的一线生机。试着再跟他一块儿来看看。"

第二天，列子又跟神巫季咸一道拜见壶子。季咸走出门就对列子说："你的先生心迹不定，神情恍惚，我不可能给他看相。等到心迹稳定，再来给他看相。"列子进到屋里，把季咸的话告诉了壶子。壶子说："刚才我把阴阳二气均衡而又和谐的心态显露给他看。这样他恐怕看到了我内气持平、相应相称的生机。大鱼盘桓逗留的地方叫作深渊，静止的河水聚积的地方叫作深渊，流动的河水滞留的地方叫作深渊。渊有九种称呼，这里只提到了上面三种。试着再跟他一块儿来看看。"

第二天，列子又和季咸一起来见壶子。季咸脚跟还没站稳，就逃跑了。壶子对列子说："追赶他！"列子没追上，返回来，把情况告诉了壶子，说："已经没影了，已经跑掉了，我也追不上了。"壶子说："刚才我显示的没有超出我的大道。我跟他随便应酬，使他不了解我究竟是什么样的人，随顺外物的变化而变化，好像随波逐流一样，所以他逃跑了。”从此以后，列子认为自己什么也没有学到，便回家了，三年不出家门。给他的妻子烧火做饭，喂猪如同侍奉人一样，对事物无亲无疏，除掉修饰，返回质朴，安然地把自己的形体立于世间，在纷繁的事物中不失去自己的常态，终身如此而已。

不要成为名誉的寄托，不要成为谋略的场所，不要成为世事的负担，不要成为智慧的主宰。潜心地体验真源而且永不休止，自由自在地游乐而不留下踪迹。任其所能秉承自然，从不表露也从不自得，也就心境清虚淡泊而无所求罢了。修养高尚的圣人心思就像一面镜子，对于外物是来者即照去者不留，迎合事物本身从不有所隐藏，所以能够反映外物而又不因此损心劳神。

南海的帝王叫儵，北海的帝王叫忽，中央的帝王叫浑沌。儵和忽时常在浑沌的地方见面，浑沌特别好地款待他们。儵和忽共同商量报答浑沌的美德，说：“人们都有七窍用以看、听、吃喝、呼吸，唯独浑沌没有，我们试着给他凿成七窍。”一天凿成一窍，凿到七天浑沌就死了。

解读

本篇讲的是帝王的为政智慧，庄子认为，为政之道，最重要的是要顺应天道，无为而治；顺乎民情，行不言之教。

其实，帝王为政也好，为人做事也好，其本质都是相通的。如果违背“道”的准则就会感到处处碰壁、事倍功半，最后结果必然乱七八糟不可收拾。如果顺着“道”的规律行事就会有条不紊、万事亨通。明白了这些道理，无论是修身、持家还是治国，都会得心应手，无往而不胜。

老子也曾说过：“一个国家的法令越是苛暴繁杂，强盗奸贼也就越多。这就是因为逆天道而教导民众，就要出现天下大乱的局面。老子还说：‘做人主的清静无为，老百姓自然而然会走上文明的轨道。做人主的清心寡欲，老百姓自然而然会驯顺安分。’这就是因顺天道而以德化人，国力、民风必将日益改观，天下大治，富强繁荣的局面也会不求而至。”

天道、地道的生成、发展和变化，其实是非常简单明了的。圣人推崇的人道也是一样。顺从太阳的晨起暮落、月亮的盈亏圆缺，才有昼夜四时循环不已的规律；顺应宇宙阴阳反正的法则，万物生死相替，自然界才会有永不止息的无限生机；效法山川的高下，人类就应有等级秩序。这都是大自然的客观规律。

外 篇

骈拇第八

【原典】

骈拇枝指[①]出乎性哉！而侈于德；附赘县疣[②]，出乎形哉！而侈于性；多方子仁义而用之者，列于五藏哉！而非道德之正也。是故骈于足者，连无用之肉也；枝于手者，树无用之指也；多方骈枝于五藏之情者，淫僻于仁义之行，而多方于聪明之用也。是故骈于明者，乱五色，淫文章，青黄黼黻之煌煌非乎[③]？而离朱是已！多于聪者，乱五声，淫六律，金石丝竹黄钟大吕之声非乎？而师旷是已！枝于仁者，擢德塞性以收名声[④]，使天下簧鼓以奉不及之法非乎？而曾、史是已！骈于辩者，累瓦结绳窜句，游心于坚白同异之间，而敝跬誉无用之言非乎[⑤]？而杨、墨是已。故此皆多骈旁枝之道，非天下之至正也。

彼至正者，不失其性命之情。故合者不为骈，而枝者不为歧；长者不为有馀，短者不为不足。是故凫胫虽短[⑥]，续之则忧；鹤胫虽长，断之则悲。故性长非所断，性短非所续，无所去忧也。意仁义其非人情乎！彼仁人何其多忧也？且夫骈于拇者，决之则泣；枝于手者，龁之则啼。二者，或有余于数，或不足于数，其于忧一也。今世之仁人，蒿目而忧世之患；不仁之人，决性命之情而饕贵富。故意仁义其非人情乎！自三代以下者，天下何其嚣嚣也！且夫待钩绳规矩而正者，是削其性也；待绳约胶漆而固者，是侵其德也；屈折礼乐，呴俞仁义，以慰天下之心者，此失其常然也。天下有常然。常然者，曲者不以钩，直者不以绳，圆者不以规，方者不以矩，附离不以胶漆，约束不以纆索[7]。故天下诱然皆生，而不知其所以生；同焉皆得，而不知其所以得。故古今不二，不可亏也。则仁义又奚连连如胶漆纆索而游乎道德之间为哉！使天下惑也！

夫小惑易方，大惑易性。何以知其然邪？自有虞氏招仁义以挠天下也，天下莫不奔命于仁义。是非以仁义易其性与？故尝试论之：自三代以下者，天下莫不以物易其性矣。小人则以身殉利，士则以身殉名，大夫则以身殉家，圣人则以身殉天下。故此数子者，事业不同，名声异号，其于伤性以身为殉，一也。臧与穀二人，相与牧羊而俱亡其羊。问臧奚事，则挟策读书；问穀奚事，则博塞以游。二人者，事业不同，其于亡羊均也。伯夷死名于首阳之下，盗跖死利于东陵之上。二人者，所死不同，其于残生伤性均也。奚必伯夷之是而盗跖之非乎？天下尽殉也：彼其所殉仁义也，则俗谓之君子；其所殉货财也，则俗谓之小人。其殉一也，则有君子焉，有小人焉；若其残生损性，则盗跖亦伯夷已，又恶取君子小人于其间哉？

且夫属其性乎仁义者，虽通如曾、史，非吾所谓臧也[8]；属其性于五味，虽通如俞儿，非吾所谓臧也；属其性乎五声，虽通如师旷，非吾所谓聪也；属其性乎五色，虽通如离朱，非吾所谓明也。吾所谓臧者，非所谓仁义之谓也，臧于其德而已矣；吾所谓臧者，非所谓仁义之谓也，任其性命之情而已矣；吾所谓聪者，非谓其闻彼也，自闻而已矣；吾所谓明者，非谓其见彼也，自见而已矣。夫不自见而见彼，不自得而得彼者，是得人之得而不自得其得者也，适人之适而不自适其适者也。夫适人之适而不自适其适，虽盗跖与伯夷，是同为淫僻也。余愧乎道德，是以上不敢为仁义之操，而下不敢为淫僻之行也。

【注释】

①骈（pián）：并列。拇：为大拇指或大脚趾。骈拇：指足大趾与二趾长在一起，合为一趾。枝指：在大拇指与食指之间旁生出的一指。②附赘县疣：身体上肉瘤之类的多余之物。③黼黻（fǔ fú）：古代礼服上装饰用的花纹，多是刺绣而成。④擢（zhuó）德塞性：擢，拔也。拔高扩充其德行而闭塞自然本性。⑤跬（kuǐ）：小步，半步。⑥凫（fú）：野鸭。⑦纆（mò）：绳索。⑧臧：善，完善自我。

【译文】

脚趾并生和歧指旁出，这是天生而成的吗？不过都异于常人之所得的容貌。附悬于人体的赘瘤，是出自人的形体吗？不过却超出了人天然的本体。采用多种方法推行仁义，强加在身体不可或缺的五脏之上，看似道貌岸然，却不是道德的本来面目。所以，脚上双趾并生的，是连缀着无用的肉；手上六指旁出的，是树起了无用的手指；各种并生、旁出的多余的东西对于人天生的品性和欲念来说，好比迷乱而又错误地推行仁义，又像是脱出常态地使用人的听力和视力。超出本体的“多余”对于一个视觉明晰的人来说，难道不是搅乱五色、迷滥文采、绣制出青黄相间的华丽服饰而炫人眼目吗？而离朱就是这样。超出本体的“多余”对于听觉灵敏的人来说，难道不是搅乱五音、混淆六律，岂不是搅混了金、石、丝、竹、黄钟、大吕的各种音调吗？而师旷就是这样。超出本体的“多余”对于倡导仁义的人来说，难道不是矫擢道德、闭塞真性来捞取名声，而使天下的人们争相鼓噪信守不可能做到的礼法吗？而曾参和史鳍就是这样。超出本体的“多余”对于善于言辞的人来说，难道不是堆砌辞藻、穿凿文句，将心思驰骋于“坚白”诡辩的是非之中，而艰难疲惫地罗列无数废话去追求短暂的声誉吗？而杨朱和墨翟就是这样。所以说这些都是多余的，矫造而成的不正之法，绝不是天下的至理和正道。

那些合乎自然之理的事物，就是不失去其本性之实。所以合生在一起的不为过，枝生出来的不为多，长的不算多余，短的不为不足。故而野鸭的腿虽然短，续上一段则可忧；鹤的腿虽然长，截去一段则可悲。因此，本性该长的，不去截短它；本性该短的，不去续长它，各任其自然则无忧愁需要去掉。料想仁义或许不合乎人之本性吧！那些仁人为什么多忧愁呢？再说，脚趾并生在一起的，切开就要悲泣；手上长出六指的，咬断就会啼哭。这两种情况，有的是手指多于众人之数目，有的是脚趾不足于众人之数目，不管有余还是不足，在忧愁这点上是同一的。当今世上之仁人，高瞻远瞩而忧世人之祸患；不仁的人，溃乱遗弃真实本性而刻意贪求富贵。由此推知仁义或许不是人性所固有吧！不然自夏、商、周以来，天下人何以会因它而喧闹不休呢？再说，依靠钩绳规矩来使物归于正，这就削损毁坏了物之本性；依靠绳索胶漆强使物固着，是侵夺了物之道德；屈身折体以行礼乐，宣扬仁义的合理性，用来慰藉天下人之心，这就失掉了自然本性。天下之物各有其自然本性。所谓自然本性，就是弯曲的不靠钩来矫正，直的不靠绳测量，圆的不靠规，方的不靠矩，黏合在一起不靠胶漆，约束起来不靠绳索。所以，天下之物都是自然而然生出，却不知因何而生；同样都获得各自本性，又不知怎样得到的。因此，古今之理都是同一的，不可使其亏缺的，然而仁义又何以连续不断如胶漆绳索般缠绕于道德之间呢！这真使天下人大惑不解呀！

小的迷惑会搞乱方向，大的迷惑会改变本性。怎么知道是这样的呢？有虞氏推行仁义以主宰天下，世人皆为行仁义之道而疲于奔命，这岂不是用仁义来改变自然本性吗？现在姑且议论一下：自三代以后，天下没有不用外物来改变自然本性的。小人为利而丢掉性命，士人为求名而丢掉性命，大夫为保家而丢掉性命，圣人为天下而丢掉性命。所以这几种人，功业不同，名声各异，但他们为求所得丢掉性命而损伤本性，这一点是一样的。男仆和童仆一起放羊，而把羊全丢了。问男仆当时在做什么，男仆说在执卷读书；问童仆当时在做什么，童仆说在玩掷骰子的游戏。这两个人，做着不同的事，可是他们同样弄丢了羊。伯夷在首阳山下为名而死，盗跖在东陵之上为利而亡。这两个人，死因不同，但却同样地丢了性命，伤了本性。何必去评说伯夷的对和盗跖的错呢？天下人都在丢弃性命，为仁义而死的，被世俗称为君子；为财物而死的，被世俗称为小人。他们的死是一样的，而有的是君子，有的是小人；就丢掉性命损伤本性来看，盗跖和伯夷是一样的，又怎么会有君子和小人之分呢？

再说，把自己的本性缀连于仁义，即使如同曾参和史�那样精通，也不是我所认为的完美；把自己的本性缀连于甜、酸、苦、辣、咸五味，即使如同俞儿那样精通，也不是我所认为的完善；把自己的本性缀连于五声，即使如同师旷那样通晓音律，也不是我所认为的聪敏；把自己的本性缀连于五色，即使如同离朱那样通晓色彩，也不是我所认为的视觉敏锐。我所说的完美，绝不是仁义之类的东西，而是比各有所得更美好罢了；我所说的完善，绝不是所谓的仁义，而是放任天性、保持真情罢了；我所说的聪敏，不是说能听到别人什么，而是指能够内审自己罢了；我所说的视觉敏锐，不是说能看见别人什么，而是指能够看清自己罢了。不能看清自己而只能看清别人，不能安于自得而向别人索求的人，这就是索求别人之所得而不能安于自己所应得的人，也就是贪图达到别人所达到而不能安于自己所应达到的境界的人。贪图达到别人所达到而不安于自己所应达到的境界，无论盗跖与伯夷，都同样是滞乱邪恶的。我有愧于宇宙万物本体的认识和事物变化规律的理解，所以就上一层说我不能奉行仁义的节操，就下一层说我不愿从事滞乱邪恶的行径。

解读

"骈拇"就是合并长在一起的脚趾，跟旁生的歧指和体内的赘瘤一样，虽然是天生的"赠品"，却为没有任何用处的多余之物。

《骈拇》以篇首的两个字作为篇名，本篇仍然重点阐述道家学说的精髓：顺性无为、因任自然的原理，反对以仁义等为枷锁去破坏人性。全篇分四个层次：首先，仁义对人性来说如同骈拇枝指、附赘悬疣一样，不仅是多余的，而且是有害的，会迷乱本性。其次，对合于性命之正的东西不要妄加干预，如果随意加以改变，就会破坏其自然本性，造成灾祸，仁义对人自然性情的约束，后果即是如此。再次，由于人的本性为仁义所改变，人们为义利相争不已，致使社会动乱不止。最后，摒弃仁义智辩，回复自然本性，就能止息纷争和罪恶。本篇内容发挥了老子自然无为、返璞归真的思想。

马蹄第九

【原典】

马，蹄可以践霜雪，毛可以御风寒。龁（hé）草饮水，翘足而陆，此马之真性也。虽有义台、路寝，无所用之。及至伯乐，曰："我善治马。"烧之，剔之，刻之，雒之[①]。连之以羁馽[②]，编之以皁（zào）栈，马之死者十二三矣！饥之，渴之，驰之，骤之，整之，齐之，前有橛饰之患，而后有鞭策之威，而马之死者已过半矣！陶者曰："我善治埴[③]，圆者中规，方者中矩。"匠人曰："我善治木，曲者中钩，直者应绳。"夫埴木之性，岂欲中规矩钩绳哉！然且世世称之曰："伯乐善治马，而陶匠善治埴木。"此亦治天下者之过也。

吾意善治天下者不然。彼民有常性，织而衣，耕而食，是谓同德。一而不党，命曰天放。故至德之世，其行填填，其视颠颠。当是时也，山无蹊隧，泽无舟梁；万物群生，连属其乡；禽兽成群，草木遂长。是故禽兽可系羁而游，乌鹊之巢可攀援而窥。夫至德之世，同与禽兽居，族与万物并，恶乎知君子小人哉？同乎无知，其德不离；同乎无欲，是谓素朴。素朴而民性得矣。及至圣人，蹩躠为仁[④]，踶跂为义[⑤]，而天下始疑矣。澶（dàn）漫为乐[⑥]，摘僻为礼，而天下始分矣。故纯朴不残，孰为牺尊？白玉不毁，孰为珪璋？道德不废，安取仁义？性情不离，安用礼乐？五色不乱，孰为文采！五声不乱，孰应六律？夫残朴以为器，工匠之罪也；毁道德以为仁义，圣人之过也。

夫马，陆居则食草饮水，喜则交颈相靡，怒则分背相踶，马知已此矣。夫加之以衡扼，齐之以月题，而马知介倪、闉扼、鸷（zhì）曼[⑦]、诡衔、窃辔（pèi）[⑧]。故马之知而態至盗者，伯乐之罪也。夫赫胥氏之时，民居不知所为，行不知所之，含哺而熙，鼓腹而游，民能以此矣。及至圣人，屈折礼乐以匡天下之形，县跂仁义以慰天下之心，而民乃始踶跂好知，争归于利，不可止也。此亦圣人之过也。

【注释】

①雒（luò）：用红铁烙火印。②羁馽（jī zhí）：羁是系住的意思，馽为绊住马腿。③埴（zhí）：细密的黄色黏土。④蹩躠（bié xiè）：步履艰难、勉力行走的样子。⑤踶跂（zhì qǐ）：足跟上提、竭力向上的样子。⑥澶（chán）漫：放纵地逸乐。⑦鷙曼：马因为发怒而顶撞、碰击车子的篷盖。⑧窃辔：偷偷咬断缰绳。

【译文】

马的四蹄可以践踏霜雪，皮毛可以抵御风寒。饥饿时啃吃青草，口渴则饮用山泉，兴起时扬蹄在旷野上自由狂奔，这就是马之天性。即使有高屋大宅万间，对马来说也毫无意义。然而当伯乐出世，他说："我善于管理良马。"于是灼炙马毛，修剔马鬃，凿削蹄甲，烙制马印，用辔头和绊绳拴锁，用马槽和马床来编排约束，经过这样初步的整治，马就死掉十分之二三了！为了训练它们，让它们忍受饥饿，让它们经受干渴，对它们快速驱驰，让它们急骤奔跑，让它们步伐整齐，让它们行动划一，前有马口嚼铁和马辔装饰的牵制，后有皮鞭和竹条的威逼，经过这样的整训，马就死过半数了！制陶工匠说："我善于陶艺。用黏土制成的器具，圆的合乎圆规的标准，方的应于角尺的规范。"木匠说："我善于制作木器。用木材制成的器皿，弯曲的线条合于钩弧的要求，笔直的棱角与墨线吻合。"黏土和木材的本性，难道就是为了迎合圆规、角尺、钩弧、墨线吗？虽然如此，人们世世代代仍然称赞他们说："伯乐通晓马的本性，善于识马，而陶匠、木匠善于整治黏土和木材。"这也就是治理天下的人的过错啊！

我认为善于治理天下的人就不是这样。黎民百姓有他们固有不变的本能和天性，织布而后穿衣，耕种而后吃饭，这就是人类共有的德行和本能。人们的思想和行为浑然一体没有一点儿偏私，这就叫作任其自然。所以上古人类天性保留最完善的时代，人们的行动总是那么持重自然，人们的目光又是那么专一而无所顾盼。正是在这个年代里，山野里没有路径和隧道，水面上没有船只和

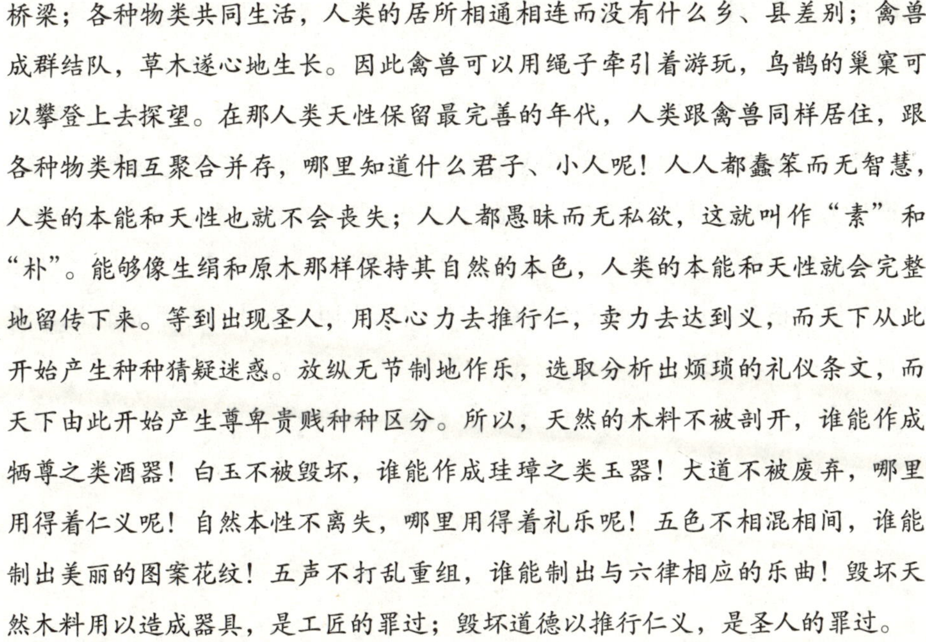

桥梁；各种物类共同生活，人类的居所相通相连而没有什么乡、县差别；禽兽成群结队，草木遂心地生长。因此禽兽可以用绳子牵引着游玩，鸟鹊的巢窠可以攀登上去探望。在那人类天性保留最完善的年代，人类跟禽兽同样居住，跟各种物类相互聚合并存，哪里知道什么君子、小人呢！人人都蠢笨而无智慧，人类的本能和天性也就不会丧失；人人都愚昧而无私欲，这就叫作“素”和“朴”。能够像生绢和原木那样保持其自然的本色，人类的本能和天性就会完整地留传下来。等到出现圣人，用尽心力去推行仁，卖力去达到义，而天下从此开始产生种种猜疑迷惑。放纵无节制地作乐，选取分析出烦琐的礼仪条文，而天下由此开始产生尊卑贵贱种种区分。所以，天然的木料不被剖开，谁能作成牺尊之类酒器！白玉不被毁坏，谁能作成珪璋之类玉器！大道不被废弃，哪里用得着仁义呢！自然本性不离失，哪里用得着礼乐呢！五色不相混相间，谁能制出美丽的图案花纹！五声不打乱重组，谁能制出与六律相应的乐曲！毁坏天然木料用以造成器具，是工匠的罪过；毁坏道德以推行仁义，是圣人的罪过。

马，在陆地上生活，吃草饮水，高兴时脖颈相靠互相摩擦，发怒时背面相对用后脚相踢。马的智力仅限于此而已。等到给它加上了车衡颈扼，装饰了额前佩物，于是马就懂得了损折车輗、曲颈脱軏、狂突不羁、吐避衔子、偷咬辔头。所以说马的智力竟能达到违人意而做坏事的程度，那是伯乐的罪过。在赫胥氏的时代，人民安居而不知道干什么，悠游而不知道去哪里，口中含着食物而嬉戏，腆着肚子去游玩，人民所能做的就只是这样了。等到圣人出现，使用屈曲折旋的行礼来匡正天下人的形体，用标榜的仁义来安慰天下人的心灵，于是人民才开始竭力去追求巧智，竞逐私利，而不能制止。这也是圣人的过错啊！

解读

本篇延续了上一篇《骈拇》“无为”的为政思想：尊重和顺应本性，反对各种束缚和规矩。

庄子理想中的社会是这样的：人与自然和谐相处，人们无知无欲，按自然天性自由自在地生活。造出并推行仁义礼乐，破坏人的素朴本性，这是圣人的过错。只有把这些人为的枷锁去掉，才能使人恢复本性，达到一种最为理想的状态。

庄子崇尚原始状态下人们的无拘无束、自在洒脱。有人说，这是一种倒退，是一种消极的思想。其实不然。仔细想想，文明的进步究竟是为了什么？难道是为了活得更累？活得更不自在？而庄子却看得很明白。尽管他的理念在很多时候只能是个梦想，但却可以让很多人看到未来的希望之光。

的确，很多事情是很难改变的，但最起码我们可以让自己活得轻松，活得自在一些，不是吗？

胠箧第十

【原典】

将为胠箧、探囊、发匮之盗而为守备①，则必摄缄縢，固扃鐍（jiōng jué）②，此世俗之所谓知也。然而巨盗至，则负匮、揭箧、担囊而趋，唯恐缄縢扃鐍之不固也。然则乡之所谓知者，不乃为大盗积者也？故尝试论之：世俗之所谓知者，有不为大盗积者乎？所谓圣者，有不为大盗守者乎？何以知其然邪？昔者齐国，邻邑相望，鸡狗之音相闻，罔罟之所布，耒耨（lěi nòu）之所刺③，方二千馀里。阖四竟之内，所以立宗庙社稷，治邑屋州闾乡曲者，曷尝不法圣人哉？然而田成子一旦杀齐君而盗其国，所盗者岂独其国邪？并与其圣知之法而盗之。故田成子有乎盗贼之名，而身处尧舜之安，小国不敢非，大国不敢诛，十二世有齐国。则是不乃窃齐国并与其圣知之法，以守其盗贼之身乎？

尝试论之：世俗之所谓至知者，有不为大盗积者乎？所谓至圣者，有不为大盗守者乎？何以知其然邪？昔者龙逢斩，比干剖，苌弘胣④，子胥靡。故四子之贤而身不免乎戮。故跖之徒问跖曰："盗亦有道乎？"跖曰："何适而无有道邪？夫妄意室中之藏，圣也；入先，勇也；出后，义也；知可否，知也；分均，仁也。五者不备而能成大盗者，天下未之有也。"由是观之，善人不得圣人之道不立，跖不得圣人之道不行。天下之善人少而不善人多，则圣人之利天下也少而害天下也多。故曰：唇竭则齿寒，鲁酒薄而邯郸围，圣人生而大盗起。掊击圣人⑤，纵舍盗贼，而天下始治矣。

夫川竭而谷虚，丘夷而渊实。圣人已死，则大盗不起，天下平而无故矣。圣人不死，大盗不止。虽重圣人而治天下，则是重利盗跖（zhí）也。为之斗斛（hú）以量之，则并与斗斛而窃之；为之权衡以称之，则并与权衡而窃之；为之符玺以信之，则并与符玺而窃之[6]；为之仁义以矫之，则并与仁义而窃之。何以知其然邪？彼窃钩者诛，窃国者为诸侯，诸侯之门而仁义存焉。则是非窃仁义圣知邪？故逐于大盗，揭诸侯，窃仁义，并斗斛权衡符玺之利者，虽有轩冕之赏弗能劝，斧钺（yuè）之威弗能禁。此重利盗跖而使不可禁者，是乃圣人之过也。

故曰："鱼不可脱于渊，国之利器不可以示人。"彼圣人者，天下之利器也，非所以明天下也。故绝圣弃知，大盗乃止；擿玉毁珠[7]，小盗不起；焚符破玺，而民朴鄙；掊斗折衡，而民不争；殚残天下之圣法，而民始可与论议。擢乱六律[8]，铄绝竽瑟，塞瞽旷之耳，而天下始人含其聪矣；灭文章，散五采，胶离朱之目，而天下始人含其明矣；毁绝钩绳而弃规矩，攦（shài）工倕（chuí）之指，而天下始人有其巧矣。故曰："大巧若拙。"削曾、史之行，钳杨、墨之口，攘弃仁义，而天下之德始玄同矣。彼人含其明，则天下不铄矣；人含其聪，则天下不累矣；人含其知，则天下不惑矣；人含其德，则天下不僻矣。彼曾、史、杨、墨、瞽旷[9]、工倕、离朱，皆外立其德而以爚乱天下者也[10]，法之所无用也。

子独不知至德之世乎？昔者容成氏、大庭氏、伯皇氏、中央氏、栗陆氏、骊畜氏、轩辕氏、赫胥氏、尊卢氏、祝融氏、伏羲氏、神农氏，当是时也，民结绳而用之，甘其食，美其服，乐其俗，安其居，邻国相望，鸡狗之音相闻，民至老死而不相往来。若此之时，则至治已。今遂至使民延颈举踵，曰"某所有贤者"，赢粮而趣之，则内弃其亲而外去其主之事，足迹接乎诸侯之境，车轨结乎千里之外。则是上好知之过也！

上诚好知而无道，则天下大乱矣！何以知其然邪？夫弓弩、毕弋、机变之知多，则鸟乱于上矣；钩饵、网罟、罾笱（zēng gǒu）之知多[11]，则鱼乱于水矣；削格、罗落、罝罘（jū fú）之知多，则兽乱于泽矣；知诈渐毒、颉（jié）滑坚白、解垢同异之变多，则俗惑于辩矣。故天下每每大乱，罪在于好知。故天下皆知求其所不知，而莫知求其所已知者；皆知非其所不善，而莫知非其所已善者，是以大乱。故上悖日月之明[12]，下烁山川之精，中堕四时之施；惴耎（ruǎn）之虫，肖翘之物，莫不失其性。甚矣，夫好知之乱天下也！自三代以下者是已！舍夫种种之民，而悦夫役役之佞，释夫恬淡无为，而悦夫啍（zhūn）啍之意，啍啍已乱天下矣。

【注释】

①胠箧（qū qiè）：从侧面把小箱子打开。探囊：把手伸进袋子里窃取财物。发匮（guì）：打开柜子。这三个动作同指偷盗行为。②摄：打结，收紧。缄（jiān）縢（téng）：均为绳索。扃：插闩。鐍：锁钥。这几个动作都是为了防盗。③耒（lěi）：一种原始的农具，用以翻耕土地。④胣（chǐ）：剖腹挖出内脏，另指一种叫作车裂的刑罚。⑤掊（pǒu）击：攻击，打倒。⑥符玺（xǐ）：古代用作凭证的信物。⑦擿（zhì）：投掷。⑧擢（zhuó）：拔掉。⑨瞽旷：即师旷。因其眼瞎，所以又叫他"瞽旷"。⑩爚（yuè）：火光。⑪罾：用木棍或竹竿作支架，把渔网撑成倒伞形，网底放上饵料，再用能上下启动的长杆把网吊入水中，待鱼入网再提起取出后放下。⑫悖（bèi）：遮蔽。

【译文】

如果想要防备开箱子、掏口袋、撬柜子的盗贼作案，就一定要盯紧扎牢自己的口袋，把门窗箱柜加上牢固的锁，这是世俗公认的明智之举。可是真正的大盗来了，则背起柜子、提起箱子、担起口袋，快步离去，唯恐封闭捆扎关锁的不牢固。既然如此，从前所说的明智者，他们的做法不就是为大盗积聚财物吗？所以我曾对此试作论述：世俗所说的智者，有不为大盗积聚财物的吗？所说的圣人，有不为大盗守护财物的吗？何以知道是这样呢？从前的齐国，城邑之间遥遥相望，鸡鸣狗叫之声相闻，渔猎网、具遍及之处，犁锄农具耕作之地，方圆两千余里。统括四境之内，所用来建立宗庙社稷，治理邑闾州乡等区域的方法，何尝不是效法圣人呢？可是，田成子一旦杀掉齐君，就窃取了齐国，所窃取的仅仅是这个国家吗？连同治理国家的圣知之法也一并窃取了。而田成子虽然有盗贼的名声，却仍处于尧舜那样安稳的地位，小的国家不敢非议他，大的国家不敢讨伐他，窃据齐国十二世。那么，这不就是盗窃了齐国并连同那里圣明的法规和制度，借以用来守卫他盗贼之身吗？

我曾试图讨论这种情况：世俗的所谓聪明人，有不替大盗积聚财物的吗？

所谓的圣人，有不替大盗防守财物的吗？为什么要这样说呢？从前龙逄被斩首，比干被剖胸，苌弘被掏肚，子胥被抛尸江中任其腐烂。即使像上面四个人那样的贤能之士，仍不能免于遭到杀戮。因而盗跖的门徒向盗跖问道："做强盗也有规矩和准绳吗？"盗跖回答说："到什么地方会没有规矩和准绳呢？凭空推测屋里储藏着什么财物，这就是圣明；率先进到屋里，这就是勇敢；最后退出屋子，这就是义气；能知道可否采取行动，这就是智慧；事后分配公平，这就是仁爱。以上五样不能具备，却能成为大盗的人，天下是没有的。"从这一点来看，善人不能通晓圣人之道便不能立业，盗跖不能通晓圣人之道便不能行窃；天下的善人少，而不善的人多，那么圣人给天下带来的好处也就少，而给天下带来的祸患也就多。所以说：嘴唇向外翻开牙齿就会外露受寒，鲁侯奉献的酒味道淡薄致使赵国都城邯郸遭到围困，圣人出现了因而大盗也就兴起了。抨击圣人，释放盗贼，天下方才能太平无事。

河流干涸，溪谷就随之空虚；把山丘铲平，深渊随之被填实；圣人死去了，大盗就不再兴起，天下也就太平无事了。只要还有圣人的存在，大盗就不会止息。所以倚重圣人以治理天下，就是使跖一类大盗获得重利。人们制造出斗斛用来计量多少，于是就产生了使斗斛徒有虚名，以此骗人的现象；制造出权衡用来称量轻重，于是就产生了使权衡徒有虚名，以此骗人的现象；造出官符大印本来是作为取信于人的凭证，于是就产生了使符印徒有虚名，以此骗人的现象；造出仁义规范本是用以矫正人的过失，于是就产生了使仁义徒有虚名的现象。何以知道是这样呢？那些偷窃腰带环等不值钱物件的小贼，捉住了要被诛杀，而盗窃国家的大盗却成了诸侯，在这样诸侯之家就有仁义，这不就是把仁义圣知一起"盗窃"了吗？所以那些追随于大盗之后，把自己抬举为诸侯，窃取了斗斛权衡官符大印以谋利的人，即使用高官显爵之赏赐也不能劝止他们，纵然有砍头重刑之威慑也不能禁止他们。如此重利使跖一类大盗屡禁不止，这就是圣人的过错啊。

所以说："就像鱼不能脱离深潭水源，治国的利器也不能随便泄露给外人看。"那些所谓的圣人，就是治理天下的利器，是不可以用来明示天下的。所以，断绝圣人摒弃智慧，大盗就能终止；弃掷玉器毁坏珠宝，小的盗贼就会

消失；焚烧符记破毁玺印，百姓就会朴实浑厚；打破斗斛折断秤杆，百姓就会没有争斗；尽毁天下的圣人之法，百姓方才可以谈论是非和曲直。搅乱六律，毁折各种乐器，并且堵住师旷的耳朵，天下人方能保全他们原本的听觉；消除纹饰，离散五彩，粘住离朱的眼睛，天下人方才能保全他们原本的视觉；毁坏钩弧和墨线，抛弃圆规和角尺，弄断工倕的手指，天下人方才能保有他们原本的智巧。因此说："最大的智巧就好像是笨拙一样。"消除曾参、史鳝的忠孝，钳住杨朱、墨翟善辩的嘴巴，摒弃仁义，天下人的德行方才能混同而齐一。人人都保有原本的视觉，那么天下就不会出现毁坏；人人都保有原本的听觉，那么天下就不会出现忧患；人人都保有原本的智巧，那么天下就不会出现迷惑；人人都保有原本的秉性，那么天下就不会出现邪恶。那曾参、史鳝、杨朱、墨翟、师旷、工倕和离朱，都外露并炫耀自己的德行，而且用来迷乱天下之人，这就是圣治之法没有用处的原因。

你难道不知道德行最高尚的时代是什么样子吗？从前有容成氏、大庭氏、伯皇氏、中央氏、栗陆氏、骊畜氏、轩辕氏、赫胥氏、尊卢氏、祝融氏、伏羲氏、神农氏，在那个时代，人们用结绳方法记事，以其所食为甘美，以其所衣为漂亮，以其习俗为快乐，以其居处为安适，相邻之国互相望得到，鸡鸣狗叫的声音能互相听得着，民众直到老死也不互相交往。像那样的时代，就是治理得最好的了。当今之世，竟然要让民众伸长脖子、踮起脚跟企盼。听说"某地方有贤人"，就带足食粮，奔往贤人之处，搞得在家里抛弃了亲人，在外面丢掉了所主管之政事，他们的足迹踏遍诸侯国土，车子的辙印交错于千里之外。这都是君主崇尚智慧的过错。

君主诚心崇尚智慧而抛弃大道，天下就要大乱了。何以知道是这样呢？弓箭、罗网、机关方面的智巧多了，空中的飞鸟就要被扰乱；钓具、渔网、鱼篓方面的智巧多了，水中的鱼类就要被扰乱；木栅、罗网、兽网的智巧多了，山泽中的野兽就要被扰乱；运用智谋欺骗，使人不知不觉中深受毒害，把坚白之辩纠结在一起，把同异之辩加以曲说诡辩，这类智巧多了，故风遗俗就要受其迷惑。所以，天下常常发生大乱，罪过就在于崇尚智慧。天下人都懂得去探求他所不知道的，却不懂得去探求他所知道的；都知道责难他认为恶的，却不知道责难他认为善的，所以天下就大乱了。因此，这样做就会上遮蔽日月之光明，下销毁山川之生命，中破坏四季之正常运行；蠕动爬行的小虫，微小的飞虫，都无不因此而丧失其本性。崇尚智慧之祸乱天下，如此之厉害呀！从夏、商、周三代以来就是这样。舍弃淳厚朴实之民而喜爱奔波劳碌不肯停歇之有才艺者，废弃恬淡无为的风尚而喜欢多言不倦的游说，多言不倦的游说已经把天下搞得大乱了。

解读

在本篇中，庄子再一次无情地抨击了圣人的所作所为。在庄子看来，圣人、圣治给世界带来的灾难要比好处多得多。

在古代，对于圣人的膜拜，正如今天我们一味对权威的迷信和推崇。圣人和权威的过错就在于把原本简单的事情搞复杂了。

根据庄子的观点，我们可以得出这样的结论：提高效率、克服困难的有效办法就是行事精简。在日常生活中人们在完成事情之后，常常发现自己走了很多冤枉路，究其原因就是将事情考虑得过于复杂、烦琐了，因此浪费了许多时间，效率也低得可怜。

是的，正如庄子所说："啍啍已乱天下矣"，最完美的生活必定是简单的，而事业的成功也是如此简单。回过头来再分析庄子的话，很轻松地就能感受到他那独特的智慧——不要将事情弄得过于复杂，否则我们的思维和行动都将被束缚。

在这个瞬息万变的时代，精简是非常重要的。写文章要精简，说话要精简，做事更得精简。只有简单、自然，才能突出内在的价值。不要以为成功多么困难，也不要以为生活多么艰辛，只要遵循简单原则，我们的生活就会变得简单。

在宥第十一

【原典】

闻在宥天下[1]，不闻治天下也。在之也者，恐天下之淫其性也；宥之也者，恐天下之迁其德也。天下不淫其性，不迁其德，有治天下者哉？昔尧之治天下也，使天下欣欣焉人乐其性，是不恬也；桀之治天下也，使天下瘁瘁焉人苦其性[2]，是不愉也。夫不恬不愉，非德也。非德也而可长久者，天下无之。人大喜邪，毗于阳[3]；大怒邪，毗于阴。阴阳并毗，四时不至，寒暑之和不成，其反伤人之形乎！使人喜怒失位，居处无常，思虑不自得，中道不成章，于是乎天下始乔诘卓鸷，而后有盗跖、曾、史之行。故举天下以赏其善者不足，举天下以罚其恶者不给。故天下之大，不足以赏罚。自三代以下者，匈匈焉终以赏罚为事，彼何暇安其性命之情哉！

而且说明邪，是淫于色也；说聪邪，是淫于声也；说仁邪，是乱于德也；说义邪，是悖于理也；说礼邪，是相于技也；说乐邪，是相于淫也；说圣邪，是相于艺也；说知邪，是相于疵也。天下将安其性命之情，之八者，存可也，亡可也；天下将不安其性命之情，之八者，乃始脔卷獊囊而乱天下也[4]。而天下乃始尊之惜之。甚矣！天下之惑也！岂直过也而去之邪！乃齐戒以言之，跪坐以进之，鼓歌以儛之。吾若是何哉？故君子不得已而临莅天下，莫若无为。无为也，而后安其性命之情。故贵以身于为天下，则可以托天下；爱以身于为天下，则可以寄天下。故君子苟能无解其五藏，无擢其聪明[5]，尸居而龙见[6]，渊默而雷声，神动而天随，从容无为，而万物炊累焉。吾又何暇治天下哉！

崔瞿问于老聃曰："不治天下，安藏人心?"老聃曰："女慎，无撄人心。人心排下而进上，上下囚杀，淖约柔平刚强[7]，廉刿雕琢[8]，其热焦火，其寒凝冰。其疾俯仰之间而再抚四海之外。其居也渊而静，其动也县而天。偾（fèn）骄而不可系者，其唯人心乎！昔者黄帝始以仁义撄人之心，尧、舜于是乎股无胈[9]，胫无毛，以养天下之形，愁其五藏以为仁义，矜其血气以规法度。然犹有不胜也。尧于是放讙（huān）兜于崇山，投三苗于三峗（wéi），流共工于幽都，此不胜天下也。夫施及三王而天下大骇矣。下有桀、跖，上有曾、史，而儒墨毕起。于是乎喜怒相疑，愚知相欺，善否相非，诞信相讥，而天下衰矣；大德不同，而性命烂漫矣；天下好知，而百姓求竭矣。于是乎釿锯制焉[10]，绳墨杀焉，椎凿决焉。天下脊脊大乱，罪在撄人心。故贤者伏处大山嵁岩之下[11]，而万乘之君忧栗乎庙堂之上。今世殊死者相枕也，桁杨者相推也[12]，形戮者相望也，而儒墨乃始离歧攘臂乎桎梏之间。意，甚矣哉！其无愧而不知耻也甚矣！吾未知圣知之不为桁杨接槢也[13]，仁义之不为桎梏凿枘也，焉知曾、史之不为桀、跖嚆（hāo）矢也！故曰：绝圣弃知，而天下大治。"

黄帝立为天子十九年，令行天下，闻广成子在于空同之山，故往见之，曰："我闻吾子达于至道，敢问至道之精。吾欲取天地之精，以佐五谷，以养民人。吾又欲官阴阳，以遂群生，为之奈何?"广成子曰："而所欲问者，物之质也；而所欲官者，物之残也。自而治天下，云气不待族而雨，草木不待黄而落，日月之光益以荒矣，而佞（nìng）人之心翦翦者，又奚足以语至道?"

黄帝退，捐天下，筑特室，席白茅，闲居三月，复往邀之。广成子南首而卧，黄帝顺下风，膝行而进，再拜稽首而问曰："闻吾子达于至道，敢问治身，奈何而可以长久?"广成子蹶然而起[14]，曰："善哉问乎！来，吾语女至道：至道之精，窈窈冥冥；至道之极，昏昏默默。无视无听，抱神以静，形将自正。必静必清，无劳女形，无摇女精，乃可以长生。目无所见，耳无所闻，心无所知，女神将守形，形乃长生。慎女内，闭女外，多知为败。我为女遂于大明之上矣，至彼至阳之原也；为女入于窈冥之门矣，至彼至阴之原

也。天地有官，阴阳有藏。慎守女身，物将自壮。我守其一，以处其和。故我修身千二百岁矣，吾形未尝衰。”黄帝再拜稽首曰：“广成子之谓天矣！”

广成子曰：“来！余语女：彼其物无穷，而人皆以为有终；彼其物无测，而人皆以为有极。得吾道者，上为皇而下为王；失吾道者，上见光而下为土。今夫百昌皆生于土而反于土。故余将去女，入无穷之门，以游无极之野。吾与日月参光，吾与天地为常。当我，缗乎[15]！远我，昏乎[16]！人其尽死，而我独存乎！”

云将东游，过扶摇之枝，而适遭鸿蒙。鸿蒙方将拊（fǔ）髀雀跃而游。云将见之，倘然止，贽（zhì）然立，曰：“叟何人邪？叟何为此？”鸿蒙拊髀雀跃不辍，对云将曰：“游！”云将曰：“朕愿有问也。”鸿蒙仰而视云将曰：“吁！”云将曰：“天气不和，地气郁结，六气不调，四时不节。今我愿合六气之精，以育群生，为之奈何？”鸿蒙拊髀雀跃掉头曰：“吾弗知！吾弗知！”云将不得问。又三年，东游，过有宋之野，而适遭鸿蒙。云将大喜，行趋而进曰：“天忘朕邪？天忘朕邪？”再拜稽首，愿闻于鸿蒙。

鸿蒙曰：“浮游不知所求，猖狂不知所往，游者鞅掌，以观无妄。朕又何知！”云将曰：“朕也自以为猖狂，而民随予所往；朕也不得已于民，今则民之放也！愿闻一言。”鸿蒙曰：“乱天之经，逆物主情，玄天弗成，解兽之群而鸟皆夜鸣，灾及草木，祸及止虫。意！治人之过也。”云将曰：“然则吾奈何？”鸿蒙曰：“意！毒哉！僊僊乎归矣[17]！”云将曰：“吾遇天难，愿闻一言。”鸿蒙曰：“意！心养！汝徒处无为而物自化。堕尔形体，吐尔聪明，伦与物忘，大同乎涬溟[18]。解心释神，莫然无魂。万物云云，各复其根，各复其根而不知。浑浑沌沌，终身不离。若彼知之，乃是离之。无问其名，无窥其情，物故自生。”云将曰：“天降朕以德，示朕以默。躬身求之，乃今也得。”再拜稽首，起辞而行。

世俗之人，皆喜人之同乎己，而恶人之异于己也。同于己而欲之，异于己而不欲者，以出乎众为心也。夫以出乎众为心者，曷常出乎众哉？因众以宁所闻，不如众技众矣。而欲为人之国者，此揽乎三王之利，而不见其患者也。此以人之国侥幸也，几何侥幸而不丧人之国乎？其存人之国也，无万分之一；而丧人之国也，一不成而万有余丧矣！悲夫，有土者之不知也！夫有土者，有大物也。有大物者，不可以物物，而不物故能物物。明乎物物者之非物也，岂独治天下百姓而已哉！出入六合，游乎九州，独往独来，是谓独有。独有之人，是之谓至贵。

大人之教，若形之于影，声之于响。有问而应之，尽其所怀，为天下配。处乎无响，行乎无方。挈汝适复之挠挠，以游无端，出入无旁，与日无始。颂论形躯，合乎大同，大同而无己。无己，恶乎得有。睹有者，昔之君子；睹无者，天地之友。

贱而不可不任者，物也；卑而不可不因者，民也；匿而不可不为者，事也；麤而不可不陈者[19]，法也；远而不可不居者，义也；亲而不可不广者，仁也；节而不可不积者，礼也；中而不可不高者，德也；一而不可不易者，道也；神而不可不为者，天也。故圣人观于天而不助，成于德而不累，出于道而不谋，会于仁而不恃，薄于义而不积，应于礼而不讳，接于事而不辞，齐于法而不乱，恃于民而不轻，因于物而不去。物者莫足为也，而不可不为。不明于天者，不纯于德；不通于道者，无自而可；不明于道者，悲夫！何谓道？有天道，有人道。无为而尊者，天道也；有为而累者，人道也。主者，天道也；臣者，人道也。天道之与人道也，相去远矣，不可不察也。

【注释】

①宥（yòu）：在这里作“囿”解，意为范围。②瘁瘁：心绪纷乱忧愁的样子。③毗（pí）：损伤，伤害。④脔（luán）卷：拳曲而不舒展的样子。狁（cāng）囊：扰攘纷争的样子。⑤擢（zhuó）：拔，提升，引申为有意显露。⑥尸：表示像尸体一样一动不动的样子。⑦淖（chuò）：约，柔顺的样子。⑧廉：有棱角。刿，锋利。廉刿，磨而使有锋芒棱角。在这里比喻提高品德学问，对人实施教化。⑨股无胈（bá）：大腿上没有白肉，在这里用以形容尧舜终年奔波劳苦。⑩斤（jīn）：大斧。⑪嵁（kān）岩：险岩深谷。⑫桁（háng）杨：古代一种刑具，施刑于囚犯的脖子和小腿上。⑬接槢（xī）：小木楔，连接关锁刑具之用。⑭蹶然：急速、快速的样子。⑮缗（mín）：不在意，不放在心上。⑯昏（mín）：同“缗”，也是不在意、不在乎的意思。⑰僊（xiān）僊：“僊”是“仙”字的异体。“僊僊”指轻扬的样子。⑱涬溟（xìng míng）：大自然中的一种元气，鸿蒙的另一种称谓。⑲麤（cū）：“粗”字的异体。

【译文】

只听说让天下百姓自由自在悠然而栖，没听说非要想尽一切办法，动用一切手段对天下人加以治理。之所以让人们都自由自在地生活，是怕超出他们自性的本来状态；之所以让人们无拘无束，是怕改变他们原有的德性。如果天下人能不超出自性，不改变德性，又何须加以治理呢！从前尧治理天下的时候，使天下人都高高兴兴，各乐其本性，这是使自性不得安静啊！从前桀治理天下，使天下人都疲劳病苦，各苦其本性，这是使自性不得愉悦啊。不管是使自性不得安静或不得愉悦，都不是恒常之德性。不是恒常之德而可维持长久的，天下没有这种事。人过分高兴，则偏于阳；过分愤怒，则偏于阴。既偏于阴又偏于阳，则四时不能按序而至，寒暑不能调和以成，岂不是反而要伤害人的身体么！如果使人喜怒失常，居处无定所，思虑不自得于其性，行事半途而废不能完成，于是乎天下开始有了好高而过当，孤高猛厉喜怒随心之言行，而后有了像盗跖、曾参、史鳅之类的行为，这样一来，就是尽天下之力用于奖赏也不足以劝善，尽天下之力用于惩罚也不足以止恶。因此，尽天下之大用于赏罚还是不足的。自夏商周三代以下之治世者，喧扰不宁，始终把赏罚作为奉行之大事，他们哪里还有空闲使自性安于其本来状态呢！

而且喜好目明，这是沉溺于美色；喜好耳聪，这是沉溺于声乐；喜好仁爱，这是扰乱人的自然常态；喜好道义，这是违反事物的常理；喜好礼仪，这就助长了烦琐的技巧；喜好音乐，这就助长了淫乐；喜好圣智，这就助长了技艺；喜好智巧，这就助长了琐细之差的争辩。天下人想要安定自然赋予的真情和本性，这八种做法，存留可以，丢弃也可以；天下人不想要安定自然赋予的真情和本性，这八种做法，就会成为拳曲不伸、扰攘纷争的因素而迷乱天下了。可是，天下人竟然会尊崇它，珍惜它，天下人为其所迷惑竟达到如此地步！这种种现象岂止是一代一代地抛弃掉的呀！人们还虔诚地谈论它，恭敬地传颂它，欢欣地供奉它，对此我将能够怎么样呢！因此，君子不得已而去治理天下，莫不如任性无为。任性无为而后得以持守性命之正。所以说把身体看作比为天下更贵重，就可以把天下托付给他；把身体看作比为天下更值得爱惜，就可以把天下寄托给他。因此，君子假如能不放纵五藏之性、不炫耀聪明，安坐如尸而神游如龙，似深渊般睦静而蕴含惊雷般巨响，从容无为而万物如炊气积累自熟，我能有多少闲工夫去治理它呢！

崔瞿子向老聃请教："不治理天下，怎么能使人心向善?"老聃回答说："你应谨慎而不要随意扰乱人心。人们的心情总是压抑便消沉颓丧而得志便趾高气扬，不过消沉颓丧或者趾高气扬都像是受到拘禁和伤害一样自累自苦，唯有柔弱顺应能软化刚强。端方而棱角外露容易受到挫折和伤害，情绪激烈时像熊熊大火，情绪低落时像凛凛寒冰。内心变化格外迅速转眼间再次巡游四海之外。静处时深幽宁寂，活动时腾跃高天。骄矜不禁而无所拘系的，恐怕就只是人的内心活动吧！当年黄帝开始用仁义来扰乱人心，尧和舜于是疲于奔波而腿上无肉、胫上秃毛，用以养育天下众多形体，满心焦虑地推行仁义，并耗费心血来制定法度。然而还是未能治理好天下。此后尧将讙兜放逐到南方的崇山，将三苗放逐到西北的三峗，将共工放逐到北方的幽都，这些就是没能治理好天下的明证。延续到夏、商、周三代，更是多方面地惊扰了天下人，下有夏桀、盗跖之流，上有曾参、史鳝之流，而儒家和墨家的争辩又全面展开。这样一来或喜或怒相互猜疑，或愚或智相互欺诈，或善或恶相互责难，或妄或信相互讥刺，因而天下也就逐渐衰败了；基本观念和生活态度如此不同，人类的自然本性散乱了；天下都追求智巧，百姓中便纷争迭起。于是用斧锯之类的刑具来制裁他们，用绳墨之类的法度来规范他们，用椎凿之类的肉刑来惩处他们。天下相互践踏而大乱，罪在扰乱了人心。因此贤能的人隐居于高山深谷之下，而帝王诸侯忧心如焚战栗在朝堂之上。当今之世，遭受杀害的人尸体一个压着一个，戴着脚镣手铐而坐大牢的人一个挨着一个，受到刑具伤害的人更是举目皆然，而儒家墨家竟然在枷锁和羁绊中挥手舞臂，奋力争辩。唉，真是太过分了！他们不知心愧、不识羞耻竟然达到这等地步！我不知道那所谓的圣智不是脚镣手铐上用作连接左右两部分的插木，我也不明白那所谓的仁义不是枷锁上用作加固的孔穴和木拴，又怎么知道曾参和史鳝之流不是夏桀和盗跖的先导！所以说：断绝圣人，抛弃智慧，天下就会得到治理而太平无事。”

黄帝做了十九年天子，诏令通行天下，听说广成子居住在空同山上，所以特意前往相见，说：“我听说先生已经通达至道，所以冒昧地前来请教至道的精义。我衷心想获取天地的灵气，用来帮助五谷生长，从而使百姓得以养育。我又希望能够主宰阴阳，从而使天下的生灵能随心所欲地自在成长，要做到这样我该怎么办？”广成子说：“你所想知道的，是万物的根本；你所想主宰的，是万物的末节。自从你治理天下，天上的云气不等到聚集在一起就下起雨来，地上的草木不等到枯黄就飘落凋零，太阳和月亮的光芒也渐渐地晦暗下来，然而讨好他人的狭隘心思却日益滋长，又怎么能够谈论大道呢！”

黄帝便退了回来，弃置朝政，构筑起清心寂智的静室，铺着洁白的茅草，谢绝交往独居三月，再次前往求教。广成子头朝南躺卧着，黄帝则顺着下方，双膝着地匍匐向前，再次行过叩拜大礼后问道：“听说先生已经通晓至道，请问，如何修养自身才能活得长久？”广成子急速地挺身而起，说：“问得好啊！

来，我告诉你至道：至道的精髓，幽深渺远；至道的极致，晦暗沉寂。什么也不看，什么也不听，持守精神保持宁静，形体自然顺应正道。必须保持内心的宁静与透明，不要使身形疲累劳苦，不要使心神动荡恍惚，这样就可以长生。眼睛什么也没看见，耳朵什么也没听到，内心什么忧虑也没有，让你的心神守护着你的形体，形体也就可以得到长生。小心谨慎地摒除一切思虑，封闭起对外的一切感应，智计太多必定招致败亡。自我的意识将帮助你达到最光明的境地，直达至阳的本原；自我的意识也将帮助你进入幽深渺远的生命之门，抵达至阴的本原。天地各有主宰，阴阳各有府藏，谨慎地守护你的身心，感应万物自然的成长。让自我持守着浑一的大道，而处于阴阳和谐的境界。这就是我修身至今已经一千二百多年了，而我的身心形体还从不曾有过衰老的养生之道。”黄帝再次叩行大礼说：“先生真可说是达到天人合一的境界了！”

广成子说：“来，我告诉你：天地间的事物没有穷尽，然而人们却认为事物都有终结；天地间的事物变幻莫测，然而人们却认为事物都有极限。彻悟了我所说的道的人，上可以尊为皇帝，下可以贵为王侯；不能体悟、理解我所说的道的人，上只能见到日月的光亮，下则化为泥土。然而万物昌盛，却都生长在土地上最终又返归土地。所以我将离你而去，进入那没有穷尽的大道之门，遨游于没有极限的原野。我与日月同光，我与天地共存。向我走来，我无所觉察！背我而去，我也无所在意！人们的生命是有限的，都将死去，我能独自留下来吗？”

云将漫游去东方，经过暴风分流处恰好碰到鸿蒙。鸿蒙正在拍着大腿跳跃着游玩。云将看见了，忽然停下来，站立不动说：“老先生是谁呀？老先生为何到此？”鸿蒙依然拍腿跳跃不止，对云将说：“为了游玩！”云将说：“我打算向您请教一些问题。”鸿蒙仰面望着云将说：“啊！”云将说：“天气不调和，地气不通畅，六气不能协调，四时变化不合时序。现在我打算调和六气之精华来养育万物，要怎样去做呢？”鸿蒙拍着大腿背转过头去说：“我不知道呀！我不知道呀！”云将没有得到问题的回答。又过了三年，云将再次去东方漫游，经过宋国大地时恰好碰见鸿蒙。云将特别高兴，快步走向前去说：

"您忘记我了吗？您忘记我了吗？"再次叩拜，以首着地，希望聆听鸿蒙指教。

鸿蒙说："元气上下飘浮不定，不知其有何追求；元气任性无心而动，没有预定目标，不知其意欲何往；遨游的人随心任性而为，不拘礼仪，以观察万物的本然状态。我又知道什么呢？"云将说："我自以为是任性无心而游，然而民众追随我的行动；我也不忍心抛开他们，现在我已从忧国忧民之心的约束中获得解放。希望听您指教。"鸿蒙说："扰乱自然之常道，违背万物之实情，玄妙莫测之天也不能使你有所成；兽群破惊散而鸟类夜鸣不安，草木受灾，祸及昆虫。唉！这都是治理天下之人的过错呀！"云将说："那么我该怎么办呢？"鸿蒙说："唉，你受治世之毒太深了！还是轻飘飘地转回吧。"云将说："我遇见您很不容易，希望听您指教。"鸿蒙说："啊，那就修养自心持守自性吧！你但处无为之境，而万物就会自行生化。毁坏你的形体，闭塞你的聪明，把理与物全忘掉，与自然元气完全同一。去掉心神作用，麻木无知如同枯木死灰。万物纷纭众多，千变万化又各复归其本根，各复本根而不自知。混混沌沌，而终身不离自性。如果万物自知复归其根而有意追求，就是背离自性。不必过问万物之名，不要窥探万物之实，万物本来是自行生化的。”云将说：“老天降给我品德，显示我要静默；我亲身实行，现在才算得到了。”再次叩拜以首触地，起身辞别而去。

世俗的人都有这样的喜好，喜欢别人跟自己相同而讨厌别人跟自己不一样。这些人总是把出人头地当作自己主要的内心追求。那些一心只想出人头地的人，何尝又能够真正超出众人呢！随顺众人之意当然能够得到安宁，可是个人的所闻总不如众人的技艺多才智高。希图治理邦国的人，必定是贪取夏、商、周三代帝王之利而又看不到这样做的后患的人。这样做是凭借统治国家的权力贪求个人的侥幸，而贪求个人的侥幸而不至于丧失国家统治权力的又有多少呢！他们中能够保存国家的，不到万分之一；而丧失国家的，自身一无所成而且还会留下许多祸患。可悲呀，拥有土地的统治者是何等的不聪明！拥有土地的国君，必然拥有很多物品。拥有很多物品却不可以受外物所役使，使用外物而不为外物所役使，所以能够主宰天下万物。明白了拥有外物又能主宰外物的人本身就不是物，岂止是治理天下百姓而已啊！这样的人已经能往来于天地四方，游乐于整个世界，独自无拘无束地去，又自由自在地来，这样的人就叫作拥有万物而又超脱于万物。拥有万物而又超脱于万物的人，这就称得上是至高无上的贵人。

至贵之人的教诲，就好像躯体对于身影，传声对于回响。有提问就有应答，竭尽自己所能，为天下人的提问作出应答。处心于没有声响的境界，活动在变化不定的地方，引领着人们往返于纷扰的世界，从而遨游在无始无终的浩渺之境，或出或进都无须依傍，像跟随太阳那样周而复始地没有尽头。容颜、谈吐和身形躯体均和众人一样，大家都是一样也就无所谓自身。无所谓自身，哪里用得着具有各种物象！看到了自身和各种物象的存在，这是过去的君子；看不到自身的各种物象的存在，这就跟永恒的天地结成了朋友。

轻贱而又不可不加以利用的，就是世间万物；地位低下而又不能不顺从其性的，就是世间百姓；微细而又不能不去做的，就是事；粗疏而义不能不加陈述的，就是法；疏远而又不能不执守的，就是义；亲爱亲人而不可不推而广之的，就是仁；奉行礼节仪式而不可不加以积累的，就是礼；顺性而又不可不加以提高的，就是德；恒常统一而又不可不随时更新变化的，就是道；神妙莫测而又不能不显示作为的，就是天。所以圣人观察天道顺乎自然而不协助，任性成德而不费力追求，出处进退合乎道而不须有意谋划，与仁相合不以此自恃，与义迫近而不有意积累，与礼应合而不有意回避，与世事接触而不推辞，与法齐一而不乱行，依赖于民而不轻易使用民力，顺物性加以利用而不抛弃。对于物不可违性强为，又不可不为。不明达天道之人，多么可悲呀！什么是道？有天道，有人道。无为而尊贵的，是天道；有力而劳累的，是人道。处于主宰地位的，是天道；臣于从属地位的，是人道。天道与人道之间相去甚远，不可以不明察。

解读

全篇的宗旨大体来说依然如故：清静无为，顺乎天道。本篇内容，庄子重点强调了对物质名利过度贪婪所带来的危害，这不仅不利于修身养性，更不利于治国、立业。

尊贵的地位，谁都想得到，得到了便高兴，失去了便忧虑；地位卑下的谁都不想要，得到了就忧虑，失去了就高兴。不论是喜还是忧，都会引起情感的剧烈变化，而这种变化往往让人难以承受。

这里说的宠辱，其实就是在剖析人们对待外物的态度。身外之物看得轻了，也就不会有患得患失的惊扰了。那么，为什么人们总是对身外之物看得这样重，而使得自己宠辱若惊呢？这是因为我们把自己的各种欲望看得太重了。

庄子认为，世俗之人对于眼前的利益看得太重，所以当有尊宠利益降临的时候，便迫不及待地迎上去，哪怕因此趋炎附势丢掉自己的尊严也在所不惜。因为有宠与辱的利害关系，所以人们就会对上司表现为溜须拍马、吹捧颂扬，这样就会给社会带来极大的危害。从长远来看，这是不可取的。

当人们为了这些利益而宠辱若惊的时候，就已经失掉了平常心，也就看不清事物运行的方向了，当然也就不能够规避祸患。所以真的不必因为顾忌世俗的眼光而把自己安排进一场场争名逐利的闹剧里去，相比之下，保持心的清静才是更重要的。

天地第十二

【原典】

天地虽大，其化均也；万物虽多，其治一也；人卒虽众，其主君也。君原于德而成于天，故曰玄古之君天下，无为也，天德而已矣。以道观言而天下之君正，以道观分而君臣之义明，以道观能而天下之官治，以道汎观而万物之应备[①]。故通于天地者，德也；行于万物者，道也；上治人者，事也；能有所艺者，技也。技兼于事，事兼于义，义兼于德，德兼于道，道兼于天。故曰古之畜天下者，无欲而天下足，无为而万物化，渊静而百姓定。《记》曰："通于一而万事毕，无心得而鬼神服。"

夫子曰："夫道，覆载万物者也，洋洋乎大哉！君子不可以不刳心焉[②]。无为为之之谓天，无为言之之谓德，爱人利物之谓仁，不同同之之谓大，行不崖异之谓宽，有万不同之谓富。故执德之谓纪，德成之谓立，循于道之谓备，不以物挫志之谓完。君子明于此十者，则韬乎其事心之大也，沛乎其为万物逝也。若然者，藏金于山，藏珠于渊，不利货财，不近贵富；不乐寿，不哀夭；不荣通，不丑穷；不拘一世之利以为已私分，不以王天下为已处显，显则明。万物一府，死生同状。"

夫子曰："夫道，渊乎其居也，漻乎其清也[③]。金石不得无以鸣。故金石有声，不考不鸣。万物孰能定之！夫王德之人，素逝而耻通于事，立之本原而知通于神，故其德广。其心之出，有物采之。故形非道不生，生非德不明。存形穷生，立德明道，非王德者邪？荡荡乎！忽然出，勃然动，而万物从之乎！此谓王德之人。视乎冥冥，听乎无声。冥冥之中，独见晓焉；无声之中，独闻和焉。故深之又深而能物焉，神之又神而能精焉。故其与万物接也，至

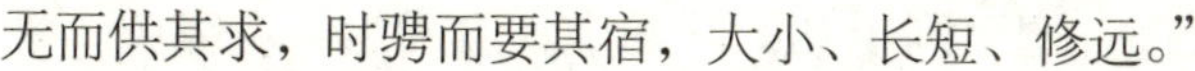
无而供其求，时骋而要其宿，大小、长短、修远。”

黄帝游乎赤水之北，登乎昆仑之丘而南望。还归，遗其玄珠。使知索之而不得，使离朱索之而不得，使喫诟索之而不得也。乃使象罔[4]，象罔得之。黄帝曰：“异哉，象罔乃可以得之乎？”

尧之师曰许由，许由之师曰齧缺，齧缺之师曰王倪，王倪之师曰被衣。尧问于许由曰：“齧缺可以配天乎？吾藉王倪以要之。”许由曰：“殆哉，圾乎天下！齧缺之为人也，聪明叡知[5]，给数以敏，其性过人，而又乃以人受天。彼审乎禁过，而不知过之所由生。与之配天乎？彼且乘人而无天。方且本身而异形，方且尊知而火驰，方且为绪使，方且为物絯[6]，方且四顾而物应，方且应众宜，方且与物化而未始有恒。夫何足以配天乎？虽然，有族有祖，可以为众交，而不可以为众父父。治，乱之率也，北面之祸也，南面之贼也。”

尧观乎华。华封人曰：“嘻，圣人！请祝圣人，使圣人寿。”尧曰：“辞。”“使圣人富。”尧曰：“辞。”“使圣人多男子。”尧曰：“辞。”封人曰：“寿、富、多男子，人之所欲也。女独不欲，何邪？”尧曰：“多男子则多惧，富则多事，寿则多辱。是三者，非所以养德也，故辞。”封人曰：“始也，我以女为圣人邪，今然君子也。天生万民，必授之职。多男子而授之职，则何惧之有！富而使人分之，则何事之有？夫圣人，鹑居而鷇（kòu）食，鸟行而无彰。天下有道，则与物皆昌；天下无道，则修德就闲。千岁厌世，去而上仙；乘彼白云，至于帝乡。三患莫至，身常无殃，则何辱之有？”封人去之，尧随之，曰：“请问。”封人曰：“退已！”

尧治天下，伯成子高立为诸侯。尧授舜，舜授禹，伯成子高辞为诸侯而耕。禹往见之，则耕在野。禹趋就下风，立而问焉，曰：“昔尧治天下，吾子立为诸侯。尧授舜，舜授予，而吾子辞为诸侯而耕，敢问其故何也？”子高曰：“昔者尧治天下，不赏而民劝，不罚而民畏。今子赏罚而民且不仁，德自此衰，刑自此立，后世之乱自此始矣。夫子阖行邪？无落吾事！”俋俋乎耕而不顾[7]。

泰初有无，无有无名。一之所起，有一而未形。物得以生，谓之德；未形者有分，且然无间，谓之命。留动而生物，物成生理，谓之形；形体保神，各有仪则，谓之性。性修反德，德至同于初。同乃虚，虚乃大。合喙鸣，喙鸣合，与天地为合。其合缗缗[8]，若愚若昏，是谓玄德，同乎大顺。

夫子问于老聃曰：“有人治道若相放，可不可，然不然。辩者有言曰：‘离坚白，若县宇。’若是则可谓圣人乎？”老聃曰：“是胥易技系，劳形怵心者也。执留之狗成思，猿狙之便自山林来。丘，予告若，而所不能闻与而所不能言。凡有首有趾、无心无耳者众，有形者与无形无状而皆存者尽无。其动，止也，其死生也，其废起也，此又非其所以也。有治在人，忘乎物，忘乎天，其名为忘己。忘己之人，是之谓入于天。”

将闾葂（lǘ miǎn）见季彻曰：“鲁君谓葂也曰：‘请受教。’辞不获命。既已告矣，未知中否。请尝荐之。吾谓鲁君曰：‘必服恭俭，拔出公忠之属而无阿私，民孰敢不辑！’”季彻局局然笑曰：“若夫子之言，于帝王之德，犹螳螂之怒臂以当车轶，则必不胜任矣。且若是，则其自为处危，其观台多物将往，投迹者众。”将闾葂覤覤然惊曰[9]：“葂也汒若于夫子之所言矣。虽然，愿先生之言其风也。”季彻曰：“大圣之治天下也，摇荡民心，使之成教易俗，举灭其贼心而皆进其独志，若性之自为，而民不知其所由然。若然者，岂足尧舜之教民，溟涬然弟之哉？欲同乎德而心居矣！”

子贡南游于楚，反于晋，过汉阴，见一丈人方将为圃畦，凿隧而入井，抱瓮而出灌，搰搰然用力甚多而见功寡[10]。子贡曰：“有械于此，一日浸百畦，用力甚寡而见功多，夫子不欲乎？”为圃者卬而视之曰：“奈何？”曰：“凿木为机，后重前轻，挈（qiè）水若抽，数如泆（yì）汤，其名为槔[11]。”为圃者忿然作色，而笑曰：“吾闻之吾师，有机械者必有机事，有机事者必有机心。机心存于胸中，则纯白不备；纯白不备，则神生不定；神生不定者，道之所不载也。吾非不知，羞而不为也。”子贡瞒然惭，俯而不对。有间，为圃者曰：“子奚为者邪？”曰：“孔丘之徒也。”为圃者曰：“子非夫博学以拟圣，於（wū）于以盖众，独弦哀歌以卖名声于天下者乎？汝方将忘汝神气，堕汝形骸，而庶几乎！而身之不能治，而何暇治天下乎？子往矣，无乏吾事。”子贡卑陬（zōu）失色[12]，顼顼然不自得[13]，行三十里而后愈。

其弟子曰：“向之人何为者邪？夫子何故见之变容失色，终日不自反邪？”

曰："始吾以为天下一人耳，不知复有夫人也。吾闻之夫子，事求可，功求成。用力少，见功多者，圣人之道。今徒不然。执道者德全，德全者形全，形全者神全。神全者，圣人之道也。托生与民并行而不知其所之，汒乎谆备哉！功利机巧，必忘夫人之心。若夫人者，非其志不之，非其心不为。虽以天下誉之，得其所谓，謷然不顾[14]；以天下非之，失其所谓，傥然不受。天下之非誉，无益损焉，是谓全德之人哉！我之谓风波之民。"反于鲁，以告孔子。孔子曰："彼假修浑沌氏之术者也。识其一，不知其二；治其内，而不治其外。夫明白入素，无为复朴，体性抱神，以游世俗之间者，汝将固惊邪？且浑沌氏之术，予与汝何足以识之哉？"

谆芒将东之大壑，适遇苑风于东海之滨。苑风曰："子将奚之？"曰："将之大壑。"曰："奚为焉？"曰："夫大壑之为物也，注焉而不满，酌焉而不竭。吾将游焉！"苑风曰："夫子无意于横目之民乎？愿闻圣治。"谆芒曰："圣治乎？官施而不失其宜，拔举而不失其能，毕见其情事而行其所为，行言自为而天下化，手挠顾指，四方之民莫不俱至，此之谓圣治。""愿闻德人。"曰："德人者，居无思，行无虑，不藏是非美恶。四海之内共利之之谓悦，共给之之为安。怊乎若婴儿之失其母也[15]，傥乎若行而失其道也。财用有馀而不知其所自来，饮食取足，而不知其所从，此谓德人之容。""愿闻神人。"曰："上神乘光，与形灭亡，此谓照旷。致命尽情，天地乐而万事销亡，万物复情，此之谓混冥。"

门无鬼与赤张满稽现于武王之师。赤张满稽曰："不及有虞氏乎！故离此患也。"门无鬼曰："天下均治而有虞氏治之邪，其乱而后治之与？"赤张满稽曰："天下均治之为愿，而何计以有虞氏为！有虞氏之药疡也，秃而施髢[16]，病而求医。孝子操药以修慈父，其色燋然[17]，圣人羞之。至德之世，不尚贤，不使能，上如标枝，民如野鹿。端正而不知以为义，相爱而不知以为仁，实而不知以为忠，当而不知以为信，蠢动而相使，不以为赐。是故行而无迹，事而无传。"

孝子不谀其亲，忠臣不谄其君，臣、子之盛也。亲之所言而然，所行而善，则世俗谓之不肖子；君之所言而然，所行而善，则世俗谓之不肖臣。而未知此其必然邪？世俗之所谓然而然之，所谓善而善之，则不谓之道谀主人也！然则俗故严于亲而尊于君邪？谓己道人，则勃然作色；谓己谀人，则怫然作色。而终身道人也，终身谀人也。合譬饰辞聚众也，是终始本末不相坐。垂衣裳，设采色，动容貌，以媚一世，而不自谓道谀；与夫人之为徒，通是非，而不自谓众人，愚之至也。知其愚者，非大愚也；知其惑者，非大惑也。大惑者，终身不解；大愚者，终身不灵。三人行而一人惑，所适者犹可致也，惑者少也；二人惑，则劳而不至，惑者胜也。而今也以天下惑，予虽有祈向，不可得也。不亦悲乎！大声不入于里耳，《折杨》《皇荂（fū）》，则嗑然而笑[18]。是故高言不止于众人之心，至言不出，俗言胜也。以二缶钟惑，而所适不得矣。而今也以天下惑，予虽有祈向，其庸可得邪！知其不可得也而强之，又一惑也，故莫若释之而不推。不推，谁其比忧！厉之人，夜半生其子，遽取火而视之，汲汲然唯恐其似己也。

百年之木，破为牺尊，青黄而文之，其断在沟中。比牺尊于沟中之断，则美恶有间矣，其于失性一也。跖与曾、史，行又有间矣，然其失性均也。且夫失性有五：一曰五色乱目，使目不明；二曰五声乱耳，使耳不聪；三曰五臭薰鼻，困惾中颡[19]；四曰五味浊口，使口厉爽；五曰趣舍滑心，使性飞扬。此五者，皆生之害也。而杨、墨乃始离歧自以为得，非吾所谓得也。夫得者困，可以为得乎？则鸠鸮之在于笼也，亦可以为得矣。且夫趣舍声色以柴其内，皮弁、鹬冠[20]，搢笏、绅修以约其外[21]。内支盈于柴栅，外重缪缴[22]，睆睆[23]然在缪缴之中而自以为得，则是罪人交臂历指，而虎豹在于囊槛，亦可以为得矣！

【注释】

①汎："泛"字之异体。"汎观"即遍观一切事物。②刳（kū）：剖开并挖空。"刳心"指掏空整个心胸，排除一切有为的杂念。③漻（liáo）：清澈明净的样子。④象罔：恍惚迷离，若有若无。⑤叡（ruì）："睿"字之异体，聪慧的意思。⑥絯（gāi）：束缚，拘束。⑦悒（yì）悒：专心致志的样子。⑧缗（mín）缗：严丝合缝的样子。⑨覤（xì）覤然：吃惊的样子。⑩搰搰：同汩汩，用以形容水从瓮中流出的响声。⑪槔（gāo）：桔槔，古代利用杠杆

原理制作的提水机械。此处是关于桔槔提水的最早记载。此种提水法当今农村还有应用。⑫卑陬（zōu）：局促不安的样子。⑬顼（xū）顼然：失魂落魄的样子。⑭謷（áo）：同“傲”，孤高的意思。⑮怊（chāo）乎：悲哀怅惘的样子。⑯髢（tì）：假发。⑰燋（qiáo）：憔悴的样子。⑱嗑（xià）然：笑声。⑲困惾（zōng）中颡（sǎng）：意为气味上逆，由鼻孔达于额头，伤害头脑。惾，气味上逆也；颡，额也。⑳皮弁（biàn）：用白鹿皮制成的帽子，为大臣上朝时佩戴。鹬冠：用翠鸟羽毛装饰的帽子，一般为术士所戴。鹬为翠鸟，羽毛很漂亮。㉑搢（jìn）：插于带间。笏（hù）：手板。古时大臣上朝时所持，有事记在上面以备忘。㉒纆（mò）：绳索。缴（jiǎo）：缠绕。㉓睆（huàn）：睁大眼睛。

【译文】

天地虽然广大无边，然而它的运动变化却是均衡协调的；万物虽然众多，其本质却是一样的；民众虽然众多，其主宰者只有君主。君主以德为本而顺天道无为而成功，所以说，远古之君治理天下，行无为而治，顺应天道自然而已。用道来看待名称，则天下君主行无为之道而归于正；用道来观察名分，则君臣各按其名分尽职责，则君臣之义大明；用道来观察才能，则天下之官皆得其人而事治；用道来博观万物，则物尽其用而供应齐备。所以贯通天地的，是德；通行于万物的，是道；居上位统治人民的，是使臣民治事合宜；能力有所专精的，是技艺。技艺应当统属于事，行事要受义支配，义统属于德，德应合于道，道合于自然。所以说古代统治天下的君主，自己没有私欲而使天下人富足，行无为而任万物循性自行生化，深沉静默而百姓安定。《记》这本古书说：“通达大道则使万事成功，心无贪欲则鬼神敬服。”

先生说：“道，是承载和包纳万物的，多么广阔而盛大啊！所以君子也一定要敞开心胸，排除一切有为的杂念。用无为的态度去做就叫作自然，用无为的态度去说就叫作顺应，给人以爱或给物以利就叫作仁爱，让各个不同的事物回归同一的本性就叫作伟大，行为不与众不同就叫作宽容，心里包容着万种差异就叫作富有，因此持守自然赋予的禀性就叫作纲纪，德行形成就叫作建功济物，遵循于道就叫作修养完备，不因外物挫折节守就叫作完美无缺。

君子明白了这十个方面，也就容藏了立功济物的伟大心志，而且像滔滔的流水汇聚一处似的成为万物的归往。像这样，就能藏黄金于大山，沉珍珠于深渊，不贪图财物，也不追求富贵；不把长寿看作快乐，不把夭折看作悲哀；不把通达看作荣耀，不把穷困看作羞耻；不把谋求举世之利作为自己的职分，不把统治天下看作自己居处于显赫的地位。显赫就会彰明，然而万物最终却归结于同一，死与生也并不存在区别。”

先生说：“道在静止时是幽远静默的深渊，运动时又如澄澈透明的流水。金石制成钟、磬的器物在没有外力的作用下就没有办法鸣响。所以钟磬之类的器物即使存在鸣响的本能，却也不敲不响。万物都是如此，但是有多少人能作出准确的判定呢？那些具有王者德行的人，按照自性行事，以通达事务为耻辱，立身于大道，而其智慧通达神妙莫测，所以他的德行广大无所不包。他的心志表现出来，形之于外，就要受到外物戕害。所以形体没有道就不能生出，生而无德则是糊涂不明的。保存身体，享尽天年，确立德行，明晓大道，这不就是具有王者之德的人么！伟大啊！他们无心而有所感，无心而又有所动，万物都紧随他们啊！这就是有盛德而又居于统治地位的人啊！大道看起来幽深暗昧，听起来没有声音。然而幽暗深渺之中却能见到光明的真迹，寂然无声之中却能听到万窍唱和的共鸣。幽深而又幽深能够从中产生万物，玄妙而又玄妙能够从中产生精神。所以道与万物相接，虚寂却能满足万物的需求，时时驰骋纵放却能总合万物成其归宿，无论是大还是小，是长还是短，是高还是远。”

黄帝在赤水以北漫游，登上昆仑山而向南眺望，旋即返回时丢失了玄色宝珠。派知去寻找没有找到，派离朱去寻找也未找到，派喫诟去寻找，还未找到。就派象罔去找，象罔找到了。黄帝说：“多么奇怪啊！为什么只有象罔能找到呢？”

尧的老师叫许由，许由的老师叫齧缺，齧缺的老师叫王倪，王倪的老师叫被衣。尧问许由说：“齧缺可以做天子吗？我想借助于他的老师来请他做天子。”许由说：“这样做恐怕天下也就危险了！齧缺这个人的为人，耳聪目明，智慧超群，行动办事快捷机敏，他天赋过人，而且竟然用人的心智去对应并调和自然的禀赋。他明了该怎样阻止过失，不过他并不知晓过失产生的原因。让他做天子吗？他将借助于人为而抛弃天然，将会把自身看作万物归向的中心而着意改变万物固有的形迹，将会尊崇才智而急急忙忙地为求知和驭物奔走驰逐，将会被细末的琐事所役使，将会被外物所拘束，将会环顾四方，目不暇接地跟外物应接，将会应接万物而又奢求处处合宜，将会参与万物的变化而从不曾有什么定准。那样的人怎么能够做天子呢？虽然这样，有了同族人的聚集，就会有一个全族的先祖，可以成为一方百姓的统领，却不能成为诸方统领的君主。治理天下，必将是天下大乱的先导，这就是臣子的灾害，国君的祸根。”

尧到华地巡视，华地守封疆之官说：“啊，圣人来了！请让我们为圣人祝福，祝愿圣人长寿。”尧说：“不需要。”“祝愿圣人富有。”尧说：“不需要。”“祝愿圣人多子多孙。”尧说：“不需要。”守封疆之官说：“长寿、富有、多生儿子，是人们都愿意得到的。唯独您不愿得到，这是为什么？”尧说：“多生儿子就会使人有更多畏惧，富有就会多事，长寿就会增加困辱。这三项无助于培养无为之德行，所以不需要。”守封疆之官说：“开始我以为您是位圣人，现在看不过是位君子而已。上天生出万民，必定要授给职事。多生儿子而授给他们职事，那样做还有什么可以畏惧呢！富有而使大家分享，那样还有什么事呢！作为圣人，像鸟一样居无定所，靠天而食，行动不留下形迹。天下有道之世，就与万物一起昌盛；天下昏乱无道之世，就遁世隐居修养德行。活上千岁，对世俗生活厌倦了，就升仙而去；乘上白云，到达天帝之处。三种祸患不来，身体常久无灾殃，那样还有什么困辱呢！”守护封疆的人离开了尧，尧却跟在他的后面，说：“希望能得到你的指教。”守护封疆的人说：“你还是回去吧！”

尧治理天下时，伯成子高立为诸侯。尧把帝位让给了舜，舜又把帝位让给了禹，伯成子高便辞去诸侯的职位而去从事耕作。夏禹前去拜见他，伯成子高正在地里耕作。夏禹快步上前居于下方，恭敬地站着问伯成子高道：“当年尧统治天下，先生立为诸侯。尧把帝位让给了舜，舜又把帝位让给了我，可是先生却辞去了诸侯的职位而来从事耕作。我冒昧地请问，这是为什么呢?”伯成子高说:“当年帝尧统治天下,不需奖励而百姓自然勤勉,不需惩罚而人民自然敬畏。如今你施行赏罚的办法而百姓还是不仁不爱,德行从此衰败,刑罚从此建立,后世之乱也就从此开始了。先生你怎么不走开呢?不要耽误我的事情!”于是低下头去用力耕地而不再理睬。

宇宙诞生的最初阶段只有虚无,没有存在物,没有名称。混沌未分的“一”出现,只有这个整体的“一”而没有呈现任何形状。万物得一而生,称之为德;没有形状的混沌中包含有矛盾对立之区分,而且又浑然一体,没有间隙,称之为命;混一之体运动变化的暂时静止,就生成物,物生成而具有条理属性,称之为形;形体与精神合一,又各有条理准则,称之为性。自性经过修养而返于德,至于德的境界,就与泰初同一了。同泰初同一就是虚无,虚无而无所不包就是大。众口相合而鸣,这种无心之鸣叫与自然相合。这种相合是无心的,如同愚笨糊涂的样子,这就是幽深玄远之天德,与大道同一而无所不通。

孔子向老聃请教:“有人研修和体验大道却好像跟大道相悖逆,把不能认可的看作可以认可的,把不正确的认为是正确的。善于辩论的人说:‘离析石的质坚和色白就好像高悬于天宇那样清楚醒目。’像这样的人可以称作圣人吗?”老聃说:“这只不过是聪明的小吏供职时为技艺所拘系、劳苦身躯担惊受怕的情况。善于捕猎的狗因为受到拘系而愁思,猿猴因为行动便捷而被人从山林里捕捉来。孔丘,我告诉你,告诉给你听不见而又说不出的道理。大凡人有了头和脚等具体的形体而无知无闻的很多,有形体的人跟没有形体、没有形状的道并存的却完全没有。或是运动或是静止,或是死亡或是生存,或是衰废或是兴盛,这六种情况全都出于自然而不可能探知其所以然。倘若果真存在着什么治理,那也是人们遵循本性和真情的各自活动,忘掉外物,忘掉自然,它的名字就叫作忘掉自己。忘掉自己的人,就可以说是与自然融为一体。

将闾葂见季彻说:“鲁君对我说:‘请您给予指教。’我推辞未得准许。既已经告知他了,不知道讲得正确与否,请让我试着说给你听听。我对鲁君说:‘一定要执持恭敬节俭之道,选拔录用公正、尽心尽力之类的人才,而不要偏袒私情，这样做民谁敢不和睦呢！’”季彻格格笑道：“如先生这样的话，用于达到帝王之德业，如同螳螂举臂阻挡车轮前进一样，必定是不能胜任的。而且这样做，就是自己使自己身处危境，看台上陈列的物品多，将要前往观看的人就多。”将闾葂十分震惊地说：“我对先生所说的话茫然无知。虽然如此，愿先生讲说其端倪。”季彻说：“大圣人的治理天下，使民心振荡鼓舞，使其完成教化，灭其贼害自性之心，而使他们都进入无己无待绝对逍遥之心态，做到这些如循性自为，而民并不知道为什么要这样。如果能这样，岂能尊崇尧舜之教民，而迷迷糊糊追随于其后呢？愿天下人有共同之德而心神安定啊！”

子贡到南边的楚国游历，返回晋国，经过汉水的南沿，见一老人正在菜园里整地开畦，打了一条地道直通到井边，抱着水瓮浇水灌地，吃力地来来往往，用力甚多而功效甚少。子贡见了说：“如今有一种机械，每天可以浇灌上百菜畦，用力很少而功效颇多，老先生你不想试试吗？”种菜的老人抬起头来看着子贡说：“应该怎么做呢？”子贡说：“用木料加工成机械，后面重而前面轻，提水就像从井中抽水似的，快速犹如沸腾的水向外溢出一样，它的名字就叫作桔槔。”种菜的老人变了脸色讥笑着说：“我从我的老师那里听到这样的话，有了机械之类的东西必定会出现机巧之类的事，有了机巧之类的事必定会出现机变之类的心思。机变的心思存留在胸中，那么不曾受到世俗沾染的纯洁空明的心境就不完整齐备；纯洁空明的心境不完备，那么精神就不会专一安定；精神不能专一安定的人，大道也就不会充实他的心田。我不是不知道你所说的办法，只不过感到羞辱而不愿那样做呀。”子贡满面羞愧，低下头去不能作答。隔了一会儿，种菜的老人说：“你是干什么的呀？”子贡说：“我是孔丘的学生。”种菜的老人说：“你不就是那具有广博学识并处处仿效圣人，夸诞矜持盖过众人，自唱自和哀叹世事之歌以周游天下卖弄名声的人吗？你要抛弃你的精神和志气，废置你的身形体骸，恐怕就可以逐步接近于道了吧！你自身都不善于修养和调理，哪里还有闲暇去治理天下呢！你走吧，不要在这里耽误我的事情！”子贡大感惭愧神色顿改，怅然若失而不能自持，走出三十里外方才逐步恢复常态。

他的弟子们问：“刚才那个人是做什么的？先生为什么见了他变容失色，整天不能使自己恢复常态？”子贡回答说：“开始我以为天下只有先生一位圣人，不知道还有这类人。我听先生说，行事要求合理，事业要求成功。用的力气少，所见功效多，就是圣人之道，而今这些人却不是这样。执守大道的人德行完备，德行完备的人形体健全，形体健全的人精神完全专一。精神完全专一，才是圣人之道。与民众一样生活在世界上，而不知要往哪里去，茫昧深远而德行淳和完备啊！功利机巧，必然被这种人从心里忘掉。像这样的人，不合乎他的志向就不去，不合乎他心意就不做。即使天下人都称誉他，而这些称誉又与他的心志相符合，也高傲地不予理睬；天下人都责备他，这些责备与他的心志不符合，他也不在意不理会，不去接受。天下人对他的非难和称誉，对他不会增加和减少什么，这就是全德之人呐！我不过是受世间毁誉左右而摇摇晃晃的人。”回到鲁国后，子贡把这些告诉孔子。孔子说：“他是寄托修习混沌氏之道术的人也。只知浑一之大道，不知有其他；只知治理自身，不知治理外界。这样的人心地清明至于纯洁无瑕，无为返朴，体悟自性而执守精神专一，以悠游于世俗生活之中，你对这样的人本来就该表示惊异呀！而且混沌氏的道术，以我和你的境界还不足以认识啊！”

谆芒向东到大海去，恰巧在东海之滨遇到苑风。苑风问谆芒：“你打算去哪儿呢？”谆芒说：“打算去大海。”苑风又问：“去做什么呢？”谆芒说：“大海作为一种物象，江河注入它不会满溢，不停地舀取它不会枯竭。因而我将到大海游乐。”苑风说：“那么，先生无意关心庶民百姓吗？希望能听到圣人之治。”谆芒说：“圣人之治吗？设置官吏施布政令但处处合宜得体，举贤任才而不遗忘一个能人，让每个人都能看清事情的真情实况去做自己应该做的事，行为和谈吐人人都能自觉自动而自然顺化，挥挥手示示意，四方的百姓没有谁不汇聚而来，这就叫圣人之治。”苑风说：“希望再能听到关于顺应外物凝神自得的人。”谆芒说：“顺应外物凝神自得的人，居处时没有思索，行动时没有谋虑，心里不留存是非美丑。四海之内人人共得其利就是喜悦，人人共享财货便是安定。那悲伤的样子像婴儿失去了母亲，那怅然若失的样子又像行路时迷失了方向。财货使用有余却不知道自哪里来，饮食取用充足却不知道从哪儿出，这就是顺应外物凝神自得的人的仪态举止。”苑风说：“希望再能听到什么是神人。”谆芒说：“精神超脱物外的神人驾驭着光亮，跟所有事物的形迹一道消失，这就叫普照万物。穷尽天命和变化的真情，与天地同乐因而万事都自然消亡，万物也就自然回复真情，这就叫混同玄合没有差异。”

门无鬼和赤张满稽观看周武王伐纣之军队，赤张满稽说：“不及虞舜禅让好啊！所以遭受这样的祸患。”门无鬼说：“天下完全治理安定之后才有虞舜之治呢，还是动乱而后才有虞舜之治呢？”赤张满稽说：“天下完全治理是人们的愿望，又何须有虞氏再来治理！有虞氏是在人患头疮才去治疗，秃了头才给戴假发，病重了才给找大夫。孝子把药进献给生病的父亲服用，脸色因忧愁而憔悴，圣人以此为羞。至德的时代，不崇尚贤才，不任用能者，君主如同树梢上的细枝，民众如山野中自由奔跑的野鹿。行为端正而不自知是义，彼此相爱而不自知是仁，诚实不欺而不自知为忠，言行得当而不自知是信，无目的任性而动又彼此相互依存，相互为用，而不自以为是赐予。因此所行没有形迹，事迹没有留传下来。”

孝子不奉承他的父母，忠臣不谄媚他的国君，这是忠臣、孝子尽忠尽孝的极点。凡是父母所说的便都加以肯定，父母所做的便都加以称赞，那就是世俗人所说的不肖之子；凡是君王所说的就都加以应承，君王所做的就都加以奉迎，那就是世俗人所说的不良之臣。可是人们却不了解，世俗的看法就必定是正确的吗？而世俗人所谓正确的便把它当作是正确的，世俗人所谓好的便把它当作是好的，却不称他们是谄谀之人。这样，世俗的观念和看法岂不比父母更可崇敬、比君王更可尊崇了吗？说自己是个谗谄的人，定会勃然大怒颜容顿改；说自己是个阿谀的人，也定会愤恨填胸面色剧变。可是一辈子谗谄的人，一辈子阿谀的人，又只不过看作是用巧妙的譬喻和华丽的辞藻以博取众人的欢心，这样，终结和初始、根本和末节全都不能吻合。穿上华美的衣裳，绣制斑斓的纹彩，打扮艳丽的容貌，讨好献媚于举世之人，却不自认为那就是谗谄与阿谀；跟世俗人为伍，是非观念相通，却又不把自己看作普通的人，这真是愚昧到了极点。知道自己愚昧的人，并不是最大的愚昧；知道自己迷惑的人，并不是最大的迷惑。最迷惑的人，一辈子也不会醒悟；最愚昧的人，一辈子也不会明白。三个人在一起行走其中一个人迷惑，所要去的地方还是可以到达的，因为迷惑的人毕竟要少些；三个人中两人迷惑就徒劳而不能到达，因为迷惑的人占优势。如今天下人全都迷惑不解，我即使祈求导向，也不可能有所帮助。这不令人可悲吗？高雅的音乐不入于市井里巷下层人之耳，《折杨》《皇荂》一类通俗乐曲，他们听了就会心而笑。所以不同于世俗的言论不能留在众人之心中，至道之言不能显示于外，世俗之言胜过一切。把二缶一钟放在一起奏乐，钟声就被扰乱，得不到最适合的乐声了。而今天下人都迷惑，我虽然有祈求向往，又怎么能达到呢！明知其不能达到还要强求，又是一大迷惑，所以不如放弃而不去推究。不去推究，谁又与你一道忧思呢！丑陋的人半夜里生个儿子，急速取灯火来照看，匆忙急迫，唯恐孩子像自己一样丑陋。

百年的大树，伐倒剖开后雕刻成精美的酒器，再用青、黄二色彩绘出美丽的花纹，而余下的断木则弃置在山沟里。雕刻成精美酒器的一段木料比起弃置在山沟里的其余木料，美好的命运和悲惨的遭遇之间就有了差别，不过

对于失去了原有的本性来说却是一样的。盗跖与曾参、史鳕，行为和道义上存在着差别，然而他们失去人所固有的真性却也是一样的。大凡丧失真性有五种情况：一是五种颜色扰乱视觉，使得眼睛看不明晰；二是五种乐音扰乱听力，使得耳朵听不真切；三是五种气味熏扰嗅觉，困扰壅塞鼻腔并且直达额顶；四是五种滋味秽浊味觉，使得口舌受到严重伤害；五是取舍的欲念迷乱心神，使得心性驰竞不息、轻浮躁动。这五种情况，都是生命的祸害。可是，杨朱、墨翟竟不停地奋力追求而自以为有所得，不过这却不是我所说的优游自得。得到什么反而为其所困，也可以说是有所得吗？那么，斑鸠鸮鸟关于笼中，也可以算是优游自得了。况且取舍于声色的欲念像柴草一样堆满内心，皮帽羽冠、朝板、宽带和长裙捆束于外，内心里充满柴草栅栏，外表上被绳索捆了一层又一层，却瞪着大眼在绳索束缚中自以为有所得，那么罪犯反绑着双手或者受到挤压五指的酷刑，以及虎豹被关在圈栅、牢笼中，也可以算是优游自得了。

解读

在一开篇，庄子就点出了本篇的主旨：“天地虽大，其化均也。”天地虽然很大，但其中的变化却是有规律可循的，万事万物都是如此。

“天”和“地”在庄子哲学体系中乃是元气之所生，万物之所祖，一高远在上，一浊重在下，故而以“天地”开篇。跟《在宥》的主旨大体相同，本篇与《天道》《天运》为一组，表述的仍是庄子的政治思想。

纵览全篇，庄子首先提出天德就是无为，远古之君顺应天德，无欲无为而万物自化，这一论述可视为全文的总纲。其次通过几个寓言故事，阐明大道深奥玄妙的含义，并借此指出居于统治地位的人要想无为而治就得通晓大道。最后讲述世人迷惑于有为之见，终生不觉悟。无为之道不被理解，作者也只能放弃不加推究，任其自然了。

天道第十三

【原典】

天道运而无所积，故万物成；帝道运而无所积，故天下归；圣道运而无所积，故海内服。明于天，通于圣，六通四辟于帝王之德者[①]，其自为也，昧然无不静者矣。圣人之静也，非曰静也善，故静也；万物无足以铙心者[②]，故静也。水静则明烛须眉，平中准，大匠取法焉。水静犹明，而况精神！圣人之心静乎！天地之鉴也，万物之镜也。夫虚静、恬淡、寂漠、无为者，天地之平而道德之至，故帝王、圣人休焉。休则虚，虚则实，实则伦矣。虚则静，静则动，动则得矣。静则无为，无为也，则任事者责矣。无为则俞俞[③]，俞俞者，忧患不能处，年寿长矣。夫虚静、恬淡、寂漠、无为者，万物之本也。明此以南乡，尧之为君也；明此以北面，舜之为臣也。以此处上，帝王、天子之德也；以此处下，玄圣素王之道也。以此退居而闲游，江海、山林之士服；以此进为而抚世，则功大名显而天下一也。静而圣，动而王，无为也而尊，朴素而天下莫能与之争美。夫明白于天地之德者，此之谓大本大宗，与天和者也；所以均调天下，与人和者也。与人和者，谓之人乐；与天和者，谓之天乐。

庄子曰："吾师乎，吾师乎！整万物而不为戾[④]，泽及万世而不为仁，长于上古而不为寿，覆载天地、刻雕众形而不为巧。此之谓天乐。故曰：'知天乐者，其生也天行，其死也物化。静而与阴同德，动而与阳同波。'故知天乐者，无天怨，无人非，无物累，无鬼责。故曰：'其动也天，其静也地，一心定而王天下；其鬼不祟，其魂不疲，一心定而万物服。'言以虚静，推于天地，通于万物，此之谓天乐。天乐者，圣人之心，以畜天下也。"

夫帝王之德，以天地为宗，以道德为主，以无为为常。无为也，则用天

下而有余；有为也，则为天下用而不足。故古之人贵夫无为也。上无为也，下亦无为也，是下与上同德，下与上同德则不臣；下有为也，上亦有为也，是上与下同道，上与下同道则不主。上必无为而用天下，下必有为为天下用。此不易之道也。故古之王天下者，知虽落天地[5]，不自虑也；辩虽雕万物，不自说也；能虽穷海内，不自为也。天不产而万物化，地不长而万物育，帝王无为而天下功。故曰：莫神于天，莫富于地，莫大于帝王。故曰：帝王之德配天地。此乘天地，驰万物，而用人群之道也。

本在于上，末在于下；要在于主，详在于臣。三军五兵之运，德之末也；赏罚利害，五刑之辟，教之末也；礼法度数，形名比详，治之末也；钟鼓之音，羽旄之容[6]，乐之末也；哭泣衰绖[7]，隆杀之服，哀之末也。此五末者，须精神之运，心术之动，然后从之者也。末学者，古人有之，而非所以先也。君先而臣从，父先而子从，兄先而弟从，长先而少从，男先而女从，夫先而妇从。夫尊卑先后，天地之行也，故圣人取象焉。天尊地卑，神明之位也；春夏先，秋冬后，四时之序也；万物化作，萌区有状，盛衰之杀，变化之流也。夫天地至神，而有尊卑先后之序，而况人道乎！宗庙尚亲，朝廷尚尊，乡党尚齿，行事尚贤，大道之序也。语道而非其序者，非其道也。语道而非其道者，安取道哉！

是故古之明大道者，先明天而道德次之，道德已明而仁义次之，仁义已明而分守次之，分守已明而形名次之，形名已明而因任次之，因任已明而原省次之，原省已明而是非次之，是非已明而赏罚次之，赏罚已明而愚知处宜，贵贱履位，仁贤不肖袭情。必分其能，必由其名。以此事上，以此畜下[8]，以此治物，以此修身，知谋不用，必归其天。此之谓太平，治之至也。故《书》曰："有形有名。"形名者，古人有之，而非所以先也。古之语大道者，五变而形名可举，九变而赏罚可言也。骤而语形名，不知其本也；骤而语赏罚，不知其始也。倒道而言，迕道而说者，人之所治也，安能治人！骤而语形名赏罚，此有知治之具，非知治之道。可用于天下，不足以用天下。此之谓辩士，一曲之人也。礼法数度，形名比详，古人有之。此下之所以事上，非上之所以畜下也。

昔者舜问于尧曰："天王之用心何如[9]？"尧曰："吾不敖无告，不废穷民，苦死者，嘉孺子而哀妇人，此吾所以用心已。"舜曰："美则美矣，而未大也。"尧曰："然则何如？"舜曰："天德而出宁，日月照而四时行，若昼夜之有经，云行而雨施矣！"尧曰："胶胶扰扰乎[10]！子，天之合也；我，人之合也。"夫天地者，古之所大也，而黄帝、尧、舜之所共美也。故古之王天下者，奚为哉？天地而已矣！

孔子西藏书于周室，子路谋曰："由闻周之征藏史有老聃者，免而归居，夫子欲藏书，则试往因焉。"孔子曰："善。"往见老聃，而老聃不许，于是繙六经以说[11]。老聃中其说，曰："大谩，愿闻其要[12]。"孔子曰："要在仁义。"老聃曰："请问：仁义，人之性邪？"孔子曰："然。君子不仁则不成，不义则不生。仁义，真人之性也，又将奚为矣？"老聃曰："请问，何谓仁义？"孔子曰："中心物恺，兼爱无私，此仁义之情也。"老聃曰："意，几乎后言！夫兼爱，不亦迂乎！无私焉，乃私也。夫子若欲使天下无失其牧乎？则天地固有常矣，日月固有明矣，星辰固有列矣，禽兽固有群矣，树木固有立矣。夫子亦放德而行，循道而趋，已至矣！又何偈偈乎揭仁义[13]，若击鼓而求亡子焉！意，夫子乱人之性也！"

士成绮见老子而问曰："吾闻夫子圣人也，吾固不辞远道而来愿见，百舍重趼而不敢息。今吾观子，非圣人也，鼠壤有余蔬而弃妹，不仁也！生熟不尽于前，而积敛无崖。"老子漠然不应。士成绮明日复见，曰："昔者吾有刺于子，今吾心正却矣，何故也？"老子曰："夫巧知神圣之人，吾自以为脱焉。昔者子呼我牛也而谓之牛，呼我马也而谓之马。苟有其实，人与之名而弗受，再受其殃。吾服也恒服，吾非以服有服。"士成绮雁行避影，履行遂进而问："修身若何？"老子曰："而容崖然，而目冲然，而颡頯然，而口阚（hǎn）然[14]，而状义然。似系马而止也，动而持，发也机，察而审，知巧而睹于泰，凡以为不信。边竟有人焉，其名为窃。"

夫子曰："夫道，于大不终，于小不遗，故万物备。广广乎其无不容也，渊渊乎其不可测也。形德仁义，神之末也，非至人孰能定之！夫至人有世，不亦大乎，而不足以为之累。天下奋棅（bǐng）而不与之偕[15]；审乎无假而不与利迁；极物之真，能守其本。故外天地，遗万物，而神未尝有所困也。通乎道，合乎德，退仁义，宾礼乐，至人之心有所定矣！”

世之所贵道者，书也。书不过语，语有贵也。语之所贵者意也，意有所随。意之所随者，不可以言传也，而世因贵言传书。世虽贵之，我犹不足贵也，为其贵非其贵也。故视而可见者，形与色也；听而可闻者，名与声也。悲夫！世人以形色名声为足以得彼之情。夫形色名声，果不足以得彼之情，则知者不言，言者不知，而世岂识之哉！桓公读书于堂上，轮扁斫轮于堂下[16]，释椎凿而上，问桓公曰：“敢问：公之所读者，何言邪?”公曰：“圣人之言也。”曰：“圣人在乎?”公曰：“已死矣。”曰：“然则君主所读者，古人之糟魄已夫！”桓公曰：“寡人读书，轮人安得议乎！有说则可，无说则死！”轮扁曰：“臣也以臣之事观之。斫轮，徐则甘而不固，疾则苦而不入，不徐不疾，得之于手而应于心，口不能言，有数存焉于其间。臣不能以喻臣之子，臣之子亦不能受之于臣，是以行年七十而老斫轮。古之人与其不可传也死矣，然则君之所读者，古人之糟魄已夫！”

【注释】

①六通：四方上下都通晓。四辟：春夏秋冬都谙熟。②铙：同“挠”，搅乱也。③俞俞：从容自如的样子。④蟞（xiè）：打碎。⑤知：同“智”，智慧；落：同“络”，包括、包笼之意。⑥羽旄（máo）之容：用鸟羽、兽毛装饰歌舞者的服装、道具，以达到雍容华贵的效果。⑦衰绖（cuī dié）：衰，丧服，绖为用麻制作的腰带和冠带，皆为服丧时穿戴，并且根据与死者的亲疏关系有不同的规格限制，不可随意乱穿。⑧畜下：治理百姓。⑨天王：指尧。因为他具有天德，故称为天王。⑩胶胶：黏结在一起无法解开。⑪繙（fān）：演绎发挥。⑫谩：冗长，烦琐。⑬偈（jié）偈：用力的样子。⑭阚（hǎn）然：老虎发怒咆哮的样子，形容出言凶猛横暴。⑮棅：同“柄”，此处指政治统治权柄。⑯斫（zhuó）：砍，削。

【译文】

天道运行而不停滞，所以万物得以生成；帝王之道运行畅通无阻，所以天下之民都来归服；圣人对宇宙万物的看法和主张也不曾中断止步不前，所以才得到了海内之民的敬服。明于天道，通于圣道，于帝王之德无不通达的人，任物循性自为，对这一切暗昧不觉而执守虚静之心。圣人执守虚静，不是因为虚静好才去这样做的，而是万物不足以搅乱他的心，所以心虚静。水平静就可以清楚照见人的胡须眉毛，其平面符合水准，高明的木匠师傅就是取法于此而造成水平仪器的。水平静还能如此明察，何况是人的精神呢！圣人之心虚静，可以成为大地的镜子，万物的镜子。虚静、恬淡、寂寞、无为，就是天地之平静和道德的最高境界，因此，帝王圣人都栖心于此。心休止则虚静，虚静则能鉴照万物而充实，充实中包含万物之条理秩序，心空虚即得平静，平静又转化为运动，运动与天道合则万物各有所得。虚静便能无为，无为使任事的人各尽其责。无为也就从容自得，从容自得的人便不会身藏忧愁与祸患，年寿也就长久了。虚静、恬淡、寂寞、无为，是万物的根本。明白这个道理而居于帝王之位，就像唐尧作为国君；明白这个道理而居于臣下之位，就像虞舜作为臣属。凭借这个道理而处于尊上的地位，就算是帝王治世的盛德；凭借这个道理而处于庶民百姓的地位，就算是通晓了玄圣素王的看法和主张。凭借这个道理退居闲游于江海、山林的隐士就推心折服；凭借这个道理进身仕林而安抚世间百姓，就能功业卓著，名扬四海而使天下大同。清静而成为玄圣，行动而成为帝王，无为方才能取得尊尚的地位，保持淳厚素朴的天性天下就没有什么东西可以跟他媲美。明白天地以无为为本的规律，这就叫作把握了根本和宗原，而成为跟自然谐和的人；用此来均平万物、顺应民情，便是跟众人谐和的人。跟人谐和的，称作人乐；跟自然谐和的，就称作天乐。

庄子说："我的老师呀！我的老师呀！用暴力毁掉万物不算作暴戾，恩泽惠及千秋万代不叫作仁慈，比上古更年长不称为长寿，覆盖承载天地、创生方物的多种形态而不称为巧妙，这就叫作天乐。所以说：'知晓天乐的人，其生与天道一同运行，其死为物相幻化。平静时与阴气具有同一德性，运动时与阳气一起扩散传播。'故而知晓天乐的人，不报怨天，不非难人，不受外物牵累，不责备鬼神。所以说：'这样的人动时如天之运行无滞，静时如地之虚静充实，其心安定而为天下王；鬼神不会带给灾祸，精神也不会疲劳，其心

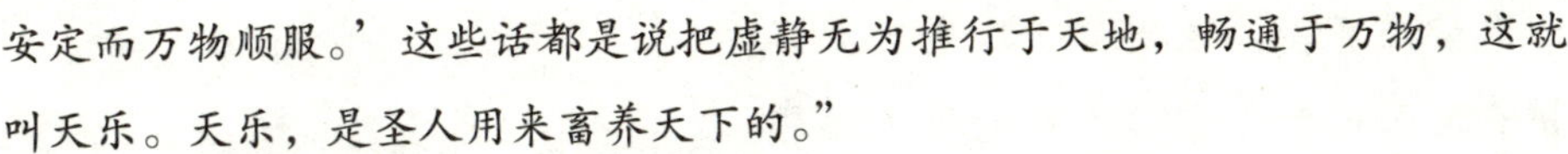

安定而万物顺服。’这些话都是说把虚静无为推行于天地，畅通于万物，这就叫天乐。天乐，是圣人用来畜养天下的。”

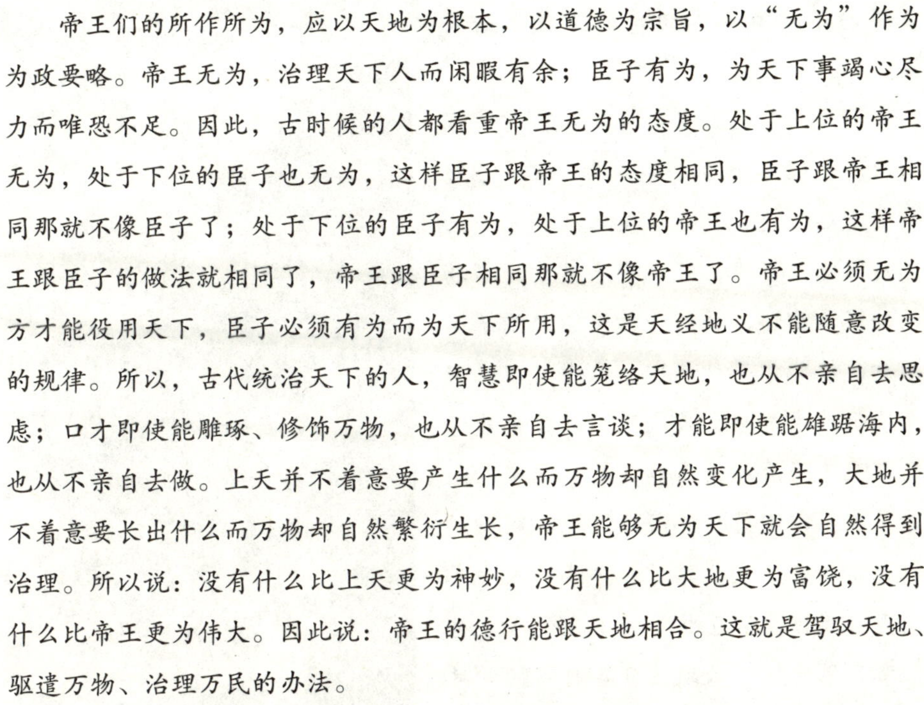

帝王们的所作所为，应以天地为根本，以道德为宗旨，以“无为”作为为政要略。帝王无为，治理天下人而闲暇有余；臣子有为，为天下事竭心尽力而唯恐不足。因此，古时候的人都看重帝王无为的态度。处于上位的帝王无为，处于下位的臣子也无为，这样臣子跟帝王的态度相同，臣子跟帝王相同那就不像臣子了；处于下位的臣子有为，处于上位的帝王也有为，这样帝王跟臣子的做法就相同了，帝王跟臣子相同那就不像帝王了。帝王必须无为方才能役用天下，臣子必须有为而为天下所用，这是天经地义不能随意改变的规律。所以，古代统治天下的人，智慧即使能笼络天地，也从不亲自去思虑；口才即使能雕琢、修饰万物，也从不亲自去言谈；才能即使能雄踞海内，也从不亲自去做。上天并不着意要产生什么而万物却自然变化产生，大地并不着意要长出什么而万物却自然繁衍生长，帝王能够无为天下就会自然得到治理。所以说：没有什么比上天更为神妙，没有什么比大地更为富饶，没有什么比帝王更为伟大。因此说：帝王的德行能跟天地相合。这就是驾驭天地、驱遣万物、治理万民的办法。

天道在上古时代就已形成，政事礼法在如今推行；君主在上总领纲要，群臣在下处理繁杂的事务。军队武器的动用，是道德的失败；赏罚利害之推行，五种刑法之设立，是教化的失败；五礼之法，长度计算，名实比较审核，是治道的失败；用钟鼓奏出乐曲，用鸟羽兽毛装饰舞者，是乐的失败；哭祭丧服，各有等次，是哀悼之事的失败。这五类败事，必须待精神、心智运动，然后随之而动。五种末流枝节之学，古代就有，但不把它放在首要地位。君在先而臣从属，父在先而子从属，兄在先而弟从属，年长者在先而年幼者从属，男人在先而女人从属，丈夫在先而妻子从属。天地之运行，有上下先后区分，故取而效法之。天在上地在下，是神明确定的地位；春夏在先，秋冬在后，是四时之顺序；万物化生，萌生后区分为各种形状，再由兴盛转而为衰杀，是变化流行也。天地之道最为神妙莫测，还有上下先后之顺序，何况是人道呢！宗庙祭祀崇尚血缘之亲，朝廷崇尚高爵位，乡里间尊敬年长者，治事崇尚贤能，这是大道的先后次第。讲论道而不合道之第，不是真正的道。讲述的不是真正的道，又从哪里去得道呢！

因此，古代通晓大道的人，首先阐明自然的规律而后才是道德，道德已经阐明而后才是仁义，仁义已经阐明而后才是职守，职守已经明确而后才是事物的外形和称谓，外形和称谓已经明确而后才是依其才而任其职，依才任职已经明确而后才是赦免或废除，赦免或废除已经明确而后才是是非，是非明确而后才是赏罚，赏罚明确因而愚钝与聪颖的人都能相处合宜，尊贵和卑贱的人也都能各安其位，仁慈贤能和不良的人也才能都袭用真情。必须区分各自不同的才能，必须遵从各自不同的名分。用这样的办法来侍奉帝王，用这样的办法来养育百姓，用这样的办法来管理万物，用这样的办法来修养自身，智谋不宜用，必定归依自然。这就叫作天下太平，也就是治理天下的最高境界。所以古书上说："有形有名。"形名之区分，古人就有的，只是不放在首要地位。古代谈论大道的人，经历五个层次的演绎推理，形名辨析可列举出来，九次演绎推理，赏罚被讲说出来。匆忙去讲说形名问题，就不知道它之所本；匆忙讲述赏罚问题，就不知道它之所始。违背道去讲，抵触道去说，只能为人所治，怎么能治理别人！匆忙讲说形名赏罚的人，他们只知治世的具体方法、手段，并不真正懂得治世之道。这样的人可用于为天下事奔波劳碌，不如让天下自己治理自己。这就是言辩之士，只具一孔之见的人。五礼之法，长度计算，名实比较审核，古代就有。这是臣用以侍奉君的，不是君用以畜养臣民的。

过去舜曾向尧问道："你作为天子用心怎么样?"尧说："我从不侮慢庶民百姓，也不抛弃生活无计、走投无路的穷苦人民，为死者苦苦焦虑，很好地对待留下的幼子并悲悯那些妇人。这些就是我用心的方式。"舜说："这样做当然是很好了，不过还说不上伟大。"尧说："如此那么将怎么办呢?"舜说："自然而成形迹安宁，像日月照耀，四季运行，像昼夜交替，形成常规，像云彩随风飘动，雨点布施万物。"尧说："整日里纷纷扰扰啊！你，跟自然相合；我，跟人事相合。"天和地，自古以来是最为伟大的，黄帝、尧、舜都共同赞美它。所以，古时候统治天下的人，做些什么呢？仿效天地罢了。

孔子要西去把书藏于周王室，学生子路出主意说："我听说周王室有位掌管图书的史官老聃，现已辞官在家隐居，先生想藏书周室，可依靠老聃出面帮助。"孔子说："好吧。"孔子前往拜见老聃，而老聃不同意，于是孔子就对六经内容演绎发挥，想说服老聃。在讲述中老聃插言说："太冗长烦琐，愿意听听要点。"孔子说："要点在仁义。"老聃说："请问，仁义是人的本性吗?"孔子说："是的，君子没有仁就不能成长，没有义就不能生存。仁义，确实是人的本性，舍弃仁义，人又将何为呢?"老聃说："请问，什么叫仁义?"孔子说："心中正无偏私，与物和乐而不毁伤，兼爱万物而无私心，这就是仁义的实质。"老聃说："唉，这些话近似于后代之言！讲兼爱不是太迂远了么！讲无私就包含了私。先生想要使天下不失去其养育吗？则天地原本就有恒常之规则，日月本来就是光明的，星辰本来就排列有序，禽兽本来就是群居的，树木本来就有植立之处。先生也循性而行，遵道而进，就达到了理想境界！又何必用力去倡导仁义，像击鼓聚众去寻找丢失小孩那般急切呢？唉，先生是在扰乱人性啊。"

士成绮见到老子而问道："听说先生是个圣人，我便不辞路途遥远而来，一心希望能见到你，走了上百天，脚掌上结上厚厚的老茧也不敢停下来休息休息。如今我观察先生，竟不像是个圣人。你家老鼠洞里掏出的泥土中有许多剩余的食物，你看轻并随意抛弃这些物品，不能算合乎仁的要求！你粟帛饮食享用不尽，却还聚敛财物却没有限度。”老子好像没有听见似的不作回答。第二天士成绮再次见到老子，说：“昨日我用言语刺伤了你，今天我已有所省悟而且改变了先前的嫌隙，这是什么原因呢?”老子说：“巧智神圣的人，我自以为早已脱离了这种人的行列。过去你叫我牛我就称作牛，叫我马我就称作马。假如存在那样的外形，人们给他相应的称呼却不愿接受，将会第二次受到祸殃。我顺应外物总是自然而然，我并不是因为要顺应而有所顺应。”士成绮像雁一样侧身而行不敢正视自己羞愧的身影，蹑手蹑脚地走向前来问道：“修身之道是怎样的呢?”老子说：“你容颜伟岸高傲，你目光突视，你头额矜傲，你口张舌利，你身形巍峨。好像奔马被拴住身虽休止而心犹奔腾，你行为暂时有所强制，一旦行动就像箭发弩机，你明察而又精审，自持智巧而外露骄恣之态，凡此种种都不能看作是人的真实本性。边远闭塞的地方有过这样的人，他们的名字就叫作窃贼。”

先生说：“道，言其大则没有穷尽，言其小则没有遗漏，故而万物不完备地包藏其中。博大空阔啊它无不包容，幽深玄远啊它不可测知。形体之功能属性和仁义，都属精神之枝节末流，它与无为本体之区分没有至人谁能判定呵！至人治理天下，其责任不是很重大么！然而不足以为其牵累。天下人都在奋力争夺统治权柄，而至人不与他们相同，审慎持守真性而不随外利引诱迁变，穷尽物之真性，持守其根本。故而把天地置之度外，遗忘万物，而精神未曾受到困扰。与大道相通，与道德相合，黜退仁义，抛弃礼乐，至人之心就能有安定祥和了。”

世上人们所看重和称道的就是书。书中所记载的不过是言语，而言语确有其可贵之处。言语所值得称道的就在于它的意义，而意义又有它的出处。意义，是不可以用言语来传告的，然而世人却因为看重言语而传之于书。世人虽然看重它，我还是认为它不值得看重，因为它所注重的并不是真的有。所以，用眼睛看而可以看见的，是形和色；用耳朵听而可以听到的，是名和声。可悲啊，世上的人们以为形、色、名、声就足以获得事物的实情！形、色、名、声实在是不足以获得事物的实情，而知道的不说，说的不知道，世

上的人们难道能懂得这个道理吗？齐桓公在堂上读书，轮扁在堂下砍削车轮，他放下锥子和凿子走上朝堂，问齐桓公说："冒昧地请问，您所读的书说的是些什么呢？"齐桓公说："是圣人的话语。"轮扁说："圣人还在世吗？"齐桓公说："已经死了。"轮扁说："这样，那么国君所读的书，全是古人的糟粕啊！"齐桓公说："寡人读书，制作车轮的人怎么敢妄加评议呢！有什么道理说出来那还可以原谅，没有道理可说那就得处死。"轮扁说："我用我所从事的工作观察到这个道理。砍削车轮，动作慢了松缓而不坚固，动作快了涩滞而不入木。不慢不快，手上顺利而且应合于心，口里虽然不能言说，却有技巧存在其间。我不能用来使我的儿子明白其中的奥妙，我的儿子也不能从我这儿接受这一奥妙的技巧，所以我活了七十岁如今还在砍削车轮。古时候的人跟他们不可言传的道理一块儿死亡了，那么国君所读的书，正是古人的糟粕啊！"

解读

本篇的主旨延续了上一篇《天地》的中心思想，即无为而治，遵循天道。其中重点阐述了"道"无所不包又幽深莫测，圣人体道治世，"外天地，遗万物"，退仁义，弃礼乐，持守本真而内心安定。

如何才能做到持守本真，保持内心的安定呢？庄子认为，首先是要将后天的种种欲望、成见、算计等加以控制、调适、消解、澄清，因为这些东西往往将原来清净纯洁的人心变得骚乱不安、浑浊邪恶，从而使人远离了清静。

通常，什么人更能老老实实地坚守住"真"呢？年幼的孩子。孩子有的是一颗还没被世俗污染的心灵，有的是纯净之极的眼睛，虽然缺少洞达世情的大智慧，但他们守住的"静"是纯真的。

正如庄子在本篇中所讲，无知无识的浑厚心态最接近于大道，最容易使人保持本真。对于现代人而言，这应该是个很有意义的忠告。面对世间的纷纷扰扰，人们更应该保持一颗纯净的心灵，修养自身，致虚守静，这样才能够看清楚事物运转的规律，规避祸患，找到生活的快乐。

天运第十四

【原典】

“天其运乎？地其处乎？日月其争于所乎？孰主张是？孰维纲是？孰居无事推而行是？意者其有机缄而不得已邪？意者其运转而不能自止邪？云者为雨乎？两者为云乎？孰隆施是？孰居无事淫乐而劝是？风起北方，一西一东，有上彷徨，孰嘘吸是[①]？孰居无事而披拂是？敢问何故？”巫咸祒曰：“来！吾语女。天有六极五常，帝王顺之则治，逆之则凶。九洛之事，治成德备，监照下土，天下戴之，此谓上皇[②]。”

商大宰荡问仁于庄子。庄子曰：“虎狼，仁也。”曰：“何谓也？”庄子曰：“父子相亲，何为不仁！”曰：“请问至仁。”庄子曰：“至仁无亲。”大宰曰：“荡闻之，无亲则不爱，不爱则不孝。谓至仁不孝，可乎？”庄子曰：“不然。夫至仁尚矣，孝固不足以言之。此非过孝之言也，不及孝之言也。夫南行者至于郢，北面而不见冥山，是何也？则去之远也。故曰：以敬孝易，以爱孝难；以爱孝易，而忘亲难；忘亲易，使亲忘我难；使亲忘我易，兼忘天下难；兼忘天下易，使天下兼忘我难。夫德遗尧、舜而不为也，利泽施于万世，天下莫知也，岂直太息而言仁孝乎哉！夫孝悌仁义忠信贞廉，此皆自勉以役其德者也，不足多也。故曰：至贵，国爵并焉；至富，国财并焉；至愿，名誉并焉。是以道不渝。”

北门成问于黄帝曰：“帝张《咸池》之乐于洞庭之野，吾始闻之惧，复闻之怠，卒闻之而惑，荡荡默默，乃不自得。”帝曰：“汝殆其然哉！吾奏之以人，征之以天，行之以礼义，建之以太清。夫至乐者，先应之以人事，顺之以天理，行之以五德，应之以自然，然后调理四时，太和万物。四时迭起，万物循生。一盛一衰，文武伦经。一清一浊，阴阳调和，流光其声。蛰虫始作，吾惊之以雷霆。其卒无尾，其始无首。一死一生，一偾一起[3]，所常无穷，而一不可待。汝故惧也。

“吾又奏之以阴阳之和，烛之以日月之明。其声能短能长，能柔能刚，变化齐一，不主故常；在谷满谷，在阬满阬[4]；涂郤守神，以物为量。其声挥绰，其名高明。是故鬼神守其幽，日月星辰行其纪。吾止之于有穷，流之于无止。子欲虑之而不能知也，望之而不能见也，逐之而不能及也。傥然立于四虚之道[5]，倚于槁梧而吟：‘目知穷乎所欲见，力屈乎所欲逐，吾既不及已夫！’槁形充空虚，乃至委蛇。汝委蛇，故怠。

“吾又奏之以无怠之声，调之以自然之命。故若混逐丛生，林乐而无形；布挥而不曳，幽昏而无声。动于无方，居于窈冥[6]，或谓之死，或谓之生；或谓之实，或谓之荣。行流散徙，不主常声。世疑之，稽于圣人。圣也者，达于情而遂于命也。天机不张而五官皆备。此之谓天乐，无言而心说。故有焱氏为之颂曰：‘听之不闻其声，视之不见其形，充满天地，苞裹六极。’汝欲听之而无接焉，而故惑也。乐也者，始于惧，惧故祟；吾又次之以怠，怠故遁；卒之于惑，惑故愚；愚故道，道可载而与之俱也。”

孔子西游于卫，颜渊问师金曰：“以夫子之行为奚如?”师金曰：“惜乎，而夫子其穷哉！”颜渊曰：“何也?”师金曰：“夫刍狗之来陈也[7]，盛以箧衍，巾以文绣，尸祝斋戒以将之。及其已陈也，行者践其首脊，苏者取而爨之而已[8]。将复取而盛以箧衍，巾以文绣，游居寝卧其下，彼不得梦，必且数眯焉。今而夫子，亦取先王已陈刍狗，取弟子游居寝卧其下。故伐树于宋，削迹于卫，穷于商周，是非其梦邪? 围于陈蔡之间，七日不火食，死生相与邻，是非其眯邪? 夫水行莫如用舟，而陆行莫如用车。以舟之可行于水也，而求推之于陆，则没世不行寻常。古今非水陆与? 周鲁非舟车与? 今蕲行周于鲁，是犹推舟于陆也！劳而无功，身必有殃。彼未知夫无方之传，应物而不穷者也。

“且子独不见夫桔槔者乎? 引之则俯，舍之则仰。彼，人之所引，非引人者也，故俯仰而不得罪于人。故夫三皇五帝之礼义法度，不矜于同而矜于治。

故譬三皇五帝之礼义法度，其犹柤梨橘柚邪！其味相反而皆可于口。故礼义法度者，应时而变者也。今取猿狙而衣以周公之服，彼必龁啮挽裂，尽去而后慊[9]。观古今之异，犹猨狙之异乎周公也。故西施病心而矉其里，其里之丑人见而美之，归亦捧心而矉其里[10]。其里之富人见之，坚闭门而不出；贫人见之，挈妻子而去之走。彼知矉美而不知矉，之所以美。惜乎，而夫子其穷哉！"

孔子行年五十有一而不闻道，乃南之沛，见老聃。老聃曰："子来乎？吾闻子，北方之贤者也！子亦得道乎？"孔子曰："未得也。"老子曰："子恶乎求之哉？"曰："吾求之于度数，五年而未得也。"老子曰："子又恶乎求之哉？"曰："吾求之于阴阳，十有二年而未得也。"老子曰："然，使道而可献，则人莫不献之于其君；使道而可进，则人莫不进之于其亲；使道而可以告人，则人莫不告其兄弟；使道而可以与人，则人莫不与其子孙。然而不可者，无佗也，中无主而不止，外无正而不行。由中出者，不受于外，圣人不出；由外入者，无主于中，圣人不隐。名，公器也，不可多取。仁义，先王之蘧庐也[11]，止可以一宿而不可久处。觏（gòu）而多责。

"古之至人，假道于仁，托宿于义，以游逍遥之墟，食于苟简之田，立于

不贷之圃。逍遥，无为也；苟简，易养也；不贷，无出也。古者谓是采真之游。以富为是者，不能让禄；以显为是者，不能让名；亲权者，不能与人柄。操之则栗，舍之则悲，而一无所鉴，以窥其所不休者，是天之戮民也。怨、恩、取、与、谏、教、生、杀八者，正之器也，唯循大变无所湮者为能用之[12]。故曰：正者，正也。其心以为不然者，天门弗开矣。”

孔子见老聃而语仁义。老聃曰：“夫播糠眯目，则天地四方易位矣；蚊虻噆（zǎn）肤，则通昔不寐矣。夫仁义憯（cǎn）然[13]，乃愤吾心，乱莫大焉。吾子使天下无失其朴，吾子亦放风而动，总德而立矣！又奚杰杰然、若负建鼓，而求亡子者邪！夫鹄不日浴而白，乌不日黔而黑。黑白之朴，不足以为辩；名誉之观，不足以为广。泉涸，鱼相与处于陆，相呴以湿，相濡以沫，不若相忘于江湖。”

孔子见老聃归，三日不谈。弟子问曰：“夫子见老聃，亦将何规哉？”孔子曰：“吾乃今于是乎见龙！龙，合而成体，散而成章，乘乎云气而养乎阴阳。予口张而不能嗋[14]，予又何规老聃哉？”子贡曰：“然则人固有尸居而龙见，雷声而渊默，发动如天地者乎？赐亦可得而现乎？”遂以孔子声见老聃。老聃方将倨堂而应微曰：“予年运而往矣，子将何以戒我乎？”子贡曰：“夫三皇五帝之治天下不同，其系声名一也。而先生独以为非圣人，如何哉？”老聃曰：“小子少进！子何以谓不同？”对曰：“尧授舜，舜授禹。禹用力而汤用兵，文王顺纣而不敢逆，武王逆纣而不肯顺，故曰不同。”老聃曰：“小子少进！余语汝三皇五帝之治天下：黄帝之治天下，使民心一，民有其亲死不哭而民不非也。尧之治天下，使民心亲，民有为其亲杀其杀而民不非也。舜之治天下，使民心竞，民孕妇十月生子，子生五月而能言，不至乎孩而始谁，则人始有夭矣。禹之治天下，使民心变，人有心而兵有顺，杀盗非杀，人自为种而天下耳，是以天下大骇，儒墨皆起。其作始有伦，而今乎妇女，何言哉！余语汝：三皇五帝之治天下，名曰治之，而乱莫甚焉。三皇之知，上悖日月之明，下睽山川之精[15]，中堕四时之施。其知憯于蛎虿（chài）之尾，鲜规之兽，莫得安其性命之情者，而犹自以为圣人，不可耻乎？其无耻也！”子贡蹴蹴然立不安[16]。

孔子谓老聃曰："丘治《诗》《书》《礼》《乐》《易》《春秋》六经，自以为久矣，孰知其故矣，以奸者七十二君，论先王之道而明周、召之迹，一君无所钩用。甚矣！夫人之难说也？道之难明邪？"老子曰："幸矣，子之不遇治世之君也！夫六经，先王之陈遣也，岂其所以迹哉！今于之所言，犹迹也。夫迹，履之所出，而迹岂履哉！夫白鶂之相视[17]，眸子不运而风化；虫，雄鸣于上风，雌应于下风而化。类自为雌雄，故风化。性不可易，命不可变，时不可止，道不可壅。苟得于道，无自而不可；失焉者，无自而可。"孔子不出，三月，复见，曰："丘得之矣。乌鹊孺，鱼傅沫，细要者化，有弟而兄啼。久矣，夫丘不与化为人！不与化为人，安能化人！"老子曰："可，丘得之矣！"

【注释】

①嘘吸：呼吸。②上皇：行无为而治的至尊无上帝王。③偾（fèn）：用力扑倒。④阬（kēng）：同"坑"。⑤傥然：无心而为的样子。⑥窈冥：幽远深暗之境。⑦刍（chú）狗：用草扎成的狗，祭祀用。⑧爨（cuàn）：炊火做饭。⑨慊（qiè）：满足。⑩矉（pín）：同"颦"。⑪蘧（qú）庐：用茅草搭成的有脊无柱的茅舍。⑫湮（yān）：滞塞。⑬憯然：凄惨恶毒。"憯"同"惨"。⑭噜（xié）：嘴的合拢状态。⑮睽（kuí）：违背。⑯蹴（cù）蹴：惊恐不安的样子。⑰白鶂（yì）：一种水鸟。

【译文】

"天体在运行吗？大地在静止吗？日月在争着回到各自处所吗？谁主宰这些？谁维系这些？谁闲居无事推动而使其运行？或者是有机关控制使其不得已才这样的吗？或者是其运行起来而不能自行停止吗？云变成了雨吗？雨变成云吗？是谁在兴云降雨？是谁闲居无事为享乐而助长此事吗？风从北方兴起，一会儿吹向东，一会儿吹向西，又上升空中盘旋环绕，是谁呼吸造成的吗？是谁闲居无事鼓动出来的吗？请问这些都是什么原因？"巫咸祒说："来吧！我讲给你。天具有六极五常，帝王顺应它则天下得到治理，违背它就有灾祸。遵行九种治理天下之大法，则天下太平道德完备，光辉照临天下，受到万民拥戴，这就叫至上之君王。"

宋国的太宰荡向庄子请教仁爱的问题。庄子说：“虎和狼也具有仁爱。”太宰荡说：“这是说什么呢？”庄子说：“虎狼也能父子相互亲爱，为什么不能叫作仁呢？”太宰荡又问：“请教最高境界的仁。”庄子说：“最高境界的仁就是没有亲。”太宰荡说：“我听说，没有亲就不会有爱，没有爱就不会有孝。说最高境界的仁就是不孝，可以吗？”庄子说：“不是这样。最高境界的仁实在值得推崇，孝本来就不足以说明它。这并不是要责备行孝的言论，而是不涉及行孝的言论。向南方走的人到了楚国都城郢，面朝北方也看不见冥山，这是为什么呢？距离冥山越发远了。所以说，用恭敬的态度来行孝容易，以爱的本心来行孝困难；用爱的本心来行孝容易，用虚静淡泊的态度对待双亲困难；虚静淡泊地对待双亲容易，使双亲也能虚静淡泊地对待自己困难；使双亲虚静淡泊地对待自己容易，能一并虚静淡泊地对待天下人困难；一并虚静淡泊地对待天下之人容易，使天下之人能一并忘却自我困难。盛德遗忘了尧、舜因而尧舜方才能任物自得，利益和恩泽施给万世，天下人却没有谁知道，难道偏偏需要深深慨叹而大谈仁孝吗！孝、悌、仁、义、忠、信、贞、廉，这些都是用来劝勉自身而拘执真性的，不值得推崇。所以说：最为珍贵的，一国的爵位都可以随同忘却自我而弃除；最为富有的，一国的资财都可以随同知足的心态而弃置，最大的心愿，名声和荣誉都可以随同通适本性而泯灭。如此一来，就能做到持守大道而不改变。”

北门成问黄帝说：“帝王在广漠的旷野上开设演奏《咸池》乐会，我开始听时感到惊惧，再听下去则心情松弛，听到最后感到自我消失，恍惚暗昧中不由自主地消融在音乐意境中。”黄帝说：“大概就是你说的这样吧！我用人间的形式演奏，用天道加以验证，以礼义来发展演进，以太清天籁为根基。最完美的音乐，先要与人事相应合，还要顺乎天理，按五德运行，与天道自然相应，然后调和四时，与天地万物和谐统一。四时更迭兴起，万物顺应自然而生长。音乐节奏忽强忽弱，文舞与武舞队列纵横分合，乐声忽高忽低，阴声与阳声相互调和，乐声流动而明快。冬眠之虫开始活动，我用雷声和闪电惊醒它们。其声终止而无尾，开始而无头。其声忽死忽生，忽起忽伏，变化无穷，想一成不变则不可能。你听了这种音乐故而惊惧。

“我又用阴阳调和而出乐声来演奏，并用日月之光来照耀。于是乐声能短能长，能柔能刚，变化虽然遵循着一定的条理，却并不拘泥于故态和常规；流播于山谷，山谷满盈，流播于坑凹，坑凹充实；堵塞心灵的孔隙而使精神宁寂持守，受益大小浅深因人因物而异。乐声悠扬广远，可以称作高如上天、明如日月。因此连鬼神也能持守幽暗，日月星辰也能运行在各自的轨道上。我时而把乐声停留在一定的境界里，而乐声的寓意却流播在无穷无尽的天地中。我想思考它却不能知晓，我观望它却不能看见，我追赶它却总不能赶上。只得无心地伫立在通达四方而无涯际的衢道上，依着几案吟咏：‘目光和智慧困窘于一心想要见到的事物，力气竭尽于一心想要追求的东西。我早已经赶不上了啊！’形体充盈却又好像不复存在，方才能够随应变化。你随应变化，惊恐不安的情绪就会慢慢平息下来。

“我又演奏无怠之声，调和以自然之规律。所以音乐表现生物混然相追逐，丛杂并生，相与群乐而又浑然一体的意境；声音布散振扬，不受牵制而余音绕梁，最后消失于幽暗中而不可闻。其声发动无方所，而居止于幽远暗昧之境，或称之为死，或称之为生；或称之结果，或称之开花。乐曲在演进推移，舞蹈在分合进退，不固守老调。世人对此乐有怀疑，可以查问圣人。所谓圣人，就是通达万物之情而又遂顺自然之规律的人。自然之机能不动而五官就全部齐备，这就叫天乐，不用语言表达的内心愉悦。所以神农氏歌颂它说：‘用耳去听不闻其声，用眼去看不见其形，而又光满天地，包括六极。’你想要听它而又听不到，故而失去自我。咸池之乐，开始使人惊惧，惊惧故而警戒；又接着使人心情松弛，心情松弛故而逃避退缩；最后使人迷失自我，迷失自我故而混沌愚昧；混沌愚昧则与大道合一，大道就可以负载它而与之永存。”

孔子向西边游历到卫国。颜渊问师金道：“你认为夫子此次卫国之行怎么样？”师金说：“可惜呀，你的先生一定会遭遇困厄啊！”颜渊说：“为什么呢？”师金说：“用草扎成的狗还没有用于祭祀，一定会用竹制的箱笼来装着，用绣有图纹的饰物来披着，祭祀主持人斋戒后迎送着。等到它已用于祭祀，行路人踩踏它的头颅和脊背，拾草的人捡回去用于烧火煮饭罢了。想要再次取来用于祭祀而拿竹筐装着它，拿绣有图纹的饰物披着它，游乐居处于主人的身旁，即使它不做噩梦，也会一次又一次地感受到梦魇似的压抑。如今你的先生，也是在取法先王已经用于祭祀的草扎之狗，并聚集众多弟子游乐居处于他的身边。所以在宋国大树下讲习礼法而大树被砍伐，在卫国游说而被铲掉了所有的足迹，在殷地和东周游历遭到困厄，这不就是那样的噩梦吗？在陈国和蔡国之间遭到围困，整整七天没有能生火就食，让死和生成了近邻，这不就是那压得喘不过气来的梦魇吗？在水上通行莫如用舟船，而在陆上通行莫如用车子。以舟船可通行于水上，而要求在陆上推行它，则一辈子也不能行走丈八尺远。古代与今天的差别不就像水上和陆上吗？周鲁治道之区别不就像舟船与车子吗？现今希求推行周道于鲁国，这就如同推舟于陆上啊！劳而无功，自身还必有灾祸。他还不懂得变化方能应接一切，诸方皆通而不滞碍。

“况且您难道没见过用桔槔汲水的人吗？用手去拉它就落下来，松开手它就仰起去。桔槔是由人牵引的，不是牵引人的，所以一起一落都不得罪人。所以三皇五帝的礼义法度，不贵其相同，而贵其能使天下得到治理。故而三皇五帝的礼义法度，就好比是山楂、梨、橘和柚等水果，它们味道不同而都能合乎人的口味。所以作为礼义法度，要适应时代的要求而不断变化。现在如果把猴子抓来给它穿上周公时代的服饰，它一定会将其咬破撕碎，完全脱去而后才满足。观察古与今之不同，就像猿猴与周公之相异一样。

西施有心口痛的毛病，常在邻里们面前皱起眉头，邻里中一位相貌丑陋女人看了觉得很美，回去也模仿西施，双手抚着胸口对邻里人皱起眉头。其邻里之富人看见了，紧闭屋门不肯出来；穷人看见了，带着妻子儿女跑开。这个只知皱眉很美，却不知皱眉之所以美的原因。可惜呀，您的老师将遭受困穷啊！”

孔子活了五十一岁还没有领悟大道，于是往南去到沛地拜见老聃。老聃说：“你来了吗？我听说你是北方的贤者，你恐怕已经领悟了大道吧？”孔子说：“还未能得到。”老子说：“你是怎样寻求大道的呢？”孔子说：“我在规范、法度方面寻求大道，用了五年的工夫还未得到。”老子说：“你又怎样寻求大道呢？”孔子说：“我又从阴阳的变化来寻求，十二年了还是未能得到。”老子说：“会是这样的。假使道可以用来进献，那么人们没有谁不会向国君进献大道；假使道可以用来奉送，那么人们没有谁不会向自己的双亲奉送大道；假使道可以传告他人，那么人们没有谁不会告诉给他的兄弟；假使道可以给予人，那么人们没有谁不会用来给予他的子孙。然而不可以这样做的原因，没有别的，内心不能自持因而大道不能停留，对外没有什么相对应因而大道不能推行。从内心发出的东西，倘若不能为外者所接受，圣人也就不会有所传教；从外部进入内心的东西，倘若心中无所领悟而不能自持，圣人也就不会有所怜惜。名声，乃是人人都可使用的器物，不可过多猎取。仁义，乃是前代帝王的馆舍，可以住上一宿而不可以久居，多次交往必然会生出许多责难。

“古代的至人，借路于仁，寄宿于义，以遨游于绝对自由自在的无限虚空，食在马虎简略即可得到收成的田间，立在不损己益人、自满自足的园圃上。绝对的自由自在，就是无为；马虎简略，就容易养活；不损己益人，故无所出。古时把这称为采取真意以遨游。以富有为正道的人，不肯让出俸禄；以名声显赫为正道的人，不肯让出名誉；贪恋权势的人，不能把权力让给他人。掌握了利禄、名声和权势便唯恐丧失而整日不安，而放弃了这些东西又让他们悲伤不已，而对上述危害都不能引为鉴戒，为夺取其所求而不肯休止，这是在经受自然之诛杀。憎恶、慈爱、剥夺、赐给、谏止、教诲、使之得生、

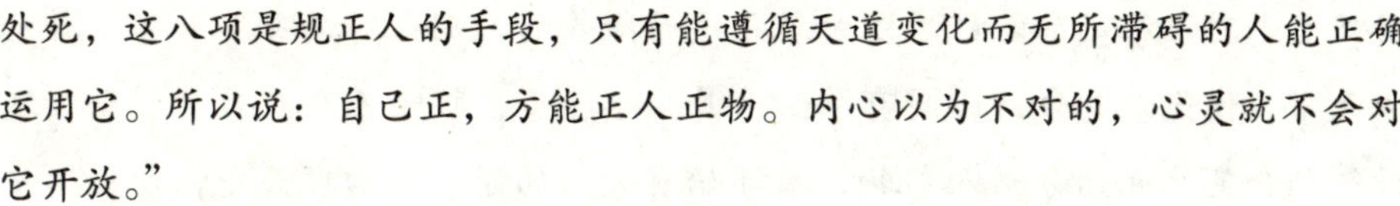

处死，这八项是规正人的手段，只有能遵循天道变化而无所滞碍的人能正确运用它。所以说：自己正，方能正人正物。内心以为不对的，心灵就不会对它开放。”

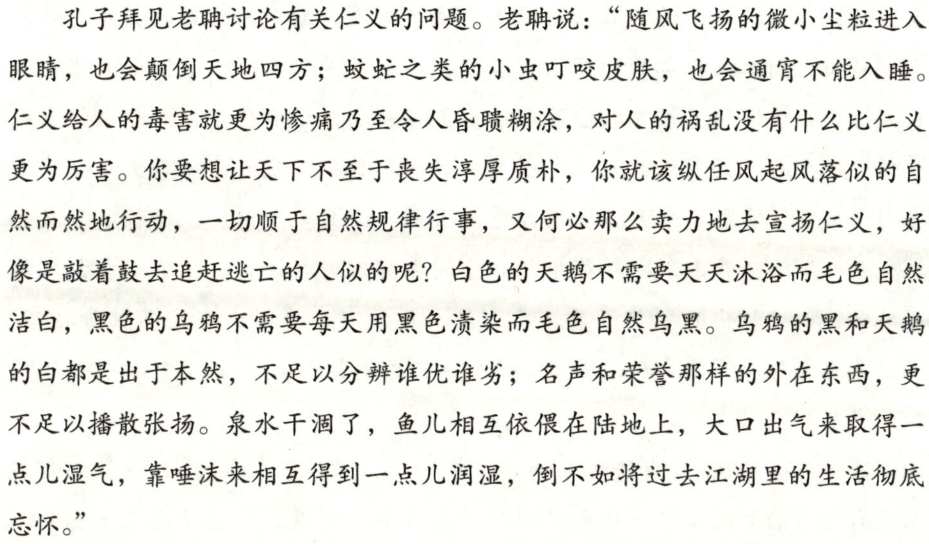

孔子拜见老聃讨论有关仁义的问题。老聃说：“随风飞扬的微小尘粒进入眼睛，也会颠倒天地四方；蚊虻之类的小虫叮咬皮肤，也会通宵不能入睡。仁义给人的毒害就更为惨痛乃至令人昏聩糊涂，对人的祸乱没有什么比仁义更为厉害。你要想让天下不至于丧失淳厚质朴，你就该纵任风起风落似的自然而然地行动，一切顺于自然规律行事，又何必那么卖力地去宣扬仁义，好像是敲着鼓去追赶逃亡的人似的呢？白色的天鹅不需要天天沐浴而毛色自然洁白，黑色的乌鸦不需要每天用黑色渍染而毛色自然乌黑。乌鸦的黑和天鹅的白都是出于本然，不足以分辨谁优谁劣；名声和荣誉那样的外在东西，更不足以播散张扬。泉水干涸了，鱼儿相互依偎在陆地上，大口出气来取得一点儿湿气，靠唾沫来相互得到一点儿润湿，倒不如将过去江湖里的生活彻底忘怀。”

孔子见老聃回来，三天不讲话，弟子们问道：“先生去见老聃，用什么规劝他呢？”孔子说：“我现在在老子那里才真正看见龙了。龙，合众体而成，舒展开鳞甲形成耀目文采，腾云驾雾，而以阴阳二气为养。我见了他惊诧得口张开而合不拢，我又能用什么去规劝老聃呀？”子贡说：“如此说来，人本来就有安坐如尸而神游如龙，似深渊般静默而又蕴含惊雷般巨响，发动时如天地一般变幻莫测的吗？我也可以去见见吗？”于是就用孔子的名声为媒介去见老聃。老聃正伸腿坐在堂上，轻声答应说：“我的年岁很大了，你对我有什么指教吗？”子贡说：“三皇五帝治理天下的方法不同，他们的名声却同样崇高。然而只有先生认为他们不是圣人，这是为什么呢？”老聃说：“小伙子稍稍往前来。你为什么说三皇五帝治道不同？”子贡回答说：“尧让位给舜，舜让位给禹，禹用气力而汤用武力，周文王顺从商纣不敢违抗，周武王违抗纣而不肯顺从，所以说不同。”老聃说：“小伙子稍稍靠近，我给你讲三皇五帝治理天下的情况：黄帝治理天下，使民心淳朴无分别，民之中有父母死而不哭泣的，别人并不非难他。尧治理天下，使民亲爱其亲人，民有为特别亲爱其父母而对他人之亲爱程度依亲疏程度而降等的，别人对此并不非难。舜治理天下，使民心竞争，民间有孕妇十月生下孩子，孩子五个月就会讲话，还没等到会笑就开始分辨人与物，人开始有夭折的了。禹治理天下，使民心机智权变，人有机诈作伪之心，则用武力使之顺服天理，杀死盗贼并不叫作杀人，从而人们本来各自为同伙人谋私利，却说成是为天下人。因此天下受到极大惊恐，儒家和墨家也相应而起。他们在初创时还有伦理，而今却像女人一样取悦于人，还有什么可以称道呢！我告诉你：三皇五帝治理天下，名义上叫治天下，实则祸乱天下没有比它更大的。三皇之智慧，上面搞乱了日月之光明，下面违背山川之精微本性，中间毁坏四时之运行。他们的智慧比蝎子尾巴、未经驯化的猛兽还要惨毒，使人们没有办法得以安定其性命之实，而这些人还自以为是圣人，不可耻吗？他们真是太无耻！”子贡听后惊恐不安地站在那里。

孔子对老聃说：“我研修《诗》《书》《礼》《乐》《易》《春秋》六部经书，自认为很久很久了，熟悉了旧时的各种典章制度，用违反先王之制的七十二个国君为例，论述先王（治世）的方略和彰明周公、召公的政绩，可是一个国君也没有取用我的主张。实在难啊！是人难以规劝，还是大道难以彰明呢？”老子说：“幸运啊，你不曾遇到过治世的国君！六经，乃是先王留下的陈旧遗迹，哪里是先王遗迹的本原！如今你所谈论的东西，就好像是足迹。足迹是脚踩出来的，然而足迹难道就是脚吗！白鶂相互而视，眼珠子一动也不动便相诱而孕；虫，雄的在上方鸣叫，雌的在下方相应而诱发生子。同一种类而自身具备雌雄两性，不待交合而生子。本性不可改变，天命不可变更，时光不会停留，大道不会壅塞。假如真正得道，无论去到哪里都不会受到阻遏；失道的人，无论去到哪里都是此路不通。”孔子三月闭门不出，再次见到老聃，说：“我终于得道了。乌鸦喜鹊在巢里交尾孵化，鱼儿借助水里的泡沫生育，蜜蜂自化而生，生下弟弟哥哥就常常啼哭。很长时间了，我没有能跟万物的自然变化相识为友！这样又怎么能教化他人！”老子听了后说：“好。孔丘得道了！”

解读

《天运》的内容跟《天地》《天道》差不多，仍是以无为而治为论述中心。所谓“天运”，即各种自然现象按照自身的规律自动运行，没有谁在主宰，也没有谁能够主宰。上至天子，下至百姓，必须与之相顺应。

在道家眼中，混沌的天可以抽象成人形。此处从天地、日月、风雨的变化运动归结出天有六极五常变化的作用。这其中包含了天体运行以及自然循环的现象，具有一定的自然科学的萌芽。

全文大体可以分为七个部分展开论述。第一部分，庄子就提出天地日月风雨的运行，究竟是谁在推动呢？通过提问的口气和巫咸祒的话，表达了一切都是自然的，没有谁在主宰这一自然哲学的根本思想，并以此为根基建立了天人关系的同一性，构成全篇的立论基础。第二部分写太宰荡向庄子请教，说明“至仁无亲”的道理。第三部分讲述音乐的理论，把音乐的节奏、情绪、意境与人的经验、情感以及自然界的变化统一起来加以描述，显得玄妙深邃而有启发。最后归结为至乐无声，将人引入混沌世界。第四部分写师金对孔子周游列国推行礼制的评价，指出古今变异因而古法不可效法，必须“应时而变”。第五部分讲述求道于度数、阴阳，不可能得到。古之至人，只是借助于仁义等有形的手段去达到绝对自由的无限虚空。一旦获得大道，一切具体有形的方法都可运用，使天下归于正道。第六部分写老聃对仁义和三皇五帝之治的批判，指出仁义对人的本性和真情的扰乱毒害至深，以至使人昏聩糊涂，而三皇五帝之治天下，实则是“乱莫甚焉”，其毒害胜于蛇蝎之尾。第七部分指出六经是先王陈迹，有为的治世之道只是迹，不是所以迹。只有获得大道，才能与天道变化一体，无所不通。

刻意第十五

【原典】

刻意尚行，离世异俗，高论怨诽，为亢而已矣[①]。此山谷之士，非世之人，枯槁赴渊者之所好也。语仁义忠信，恭俭推让，为修而已矣。此平世之士，教诲主人，游居学者之所好也。语大功，立大名，礼君臣，正上下，为治而已矣。此朝廷之士，尊主强国之人，致功并兼者之所好也。就薮泽，处闲旷，钓鱼闲处，为无而已矣。此江海之士，避世主人，闲暇者之所好也。吹响呼吸[②]，吐故纳新，熊经鸟申，为寿而已矣。此道引之士，养形之人，彭祖寿考者之所好也。若夫不刻意而高，无仁义而修，无功名而治，无江海而闲，不道引而寿，无不忘也，无不有也。澹然无极而众美从之[③]。此天地之道，圣人之德也。

故曰：夫恬惔寂漠，虚无无为，此天地之平而道德之质也。故曰：圣人休休焉则平易矣。平易则恬惔矣。平易恬惔，则忧患不能入，邪气不能袭，故其德全而神不亏。故曰：圣人之生也天行，其死也物化，静而与阴同德，动而与阳同波。不为福先，不为祸始。感而后应，迫而后动，不得已而后起。去知与故，循天之理。故无天灾，无物累，无人非，无鬼责。其生若浮，其死若休。不思虑，不豫谋。光矣而不耀，信矣而不期。其寝不梦，其觉无忧。其神纯粹，其魂不罢。虚无恬惔，乃合天德。

故曰：悲乐者，德之邪也；喜怒者，道之过也；好恶者，心之失也。故心不忧乐，德之至也；一而不变，静之至也；无所于忤[④]，虚之至也；不与物交，惔之至也；无所于逆，粹之至也。故曰，形劳而不沐则弊，精用而不已则劳，劳则竭。水之性，不杂则清，莫动则平；郁闭而不流，亦不能清；天

德之象也。故曰：纯粹而不杂，静一而不变，惔而无为，动而以天行，此养神之道也。

夫有干越之剑者，柙而藏之[⑤]，不敢用也，宝之至也。精神四达并流，无所不极，上际于天，下蟠于地[⑥]，化育万物，不可为象，其名为同帝。纯素之道，唯神是守。守而勿失，与神为一。一之精通，合于天伦。野语有之曰："众人重利，廉士重名，贤士尚志，圣人贵精。"故素也者，谓其无所与杂也；纯也者，谓其不亏其神也。能体纯素，谓之真人。

【注释】

①亢（kàng）：高。②呴（xǔ）：吐气。③澹（dàn）然：淡漠，不在意。④忤（wǔ）：违背，抵触。⑤柙（xiá）：盛东西的匣子。⑥蟠（pán）：遍及。

【译文】

克制欲望崇尚修养，超脱尘世之外而不与世俗同流合污，谈吐不凡，抱怨怀才不遇而讥评世事无道，这种种做法不过是孤高卓群罢了。这样做的乃是避居山谷的隐士，是愤世嫉俗的人，正是那些洁身自好、宁可以身殉志的人所一心追求的。宣扬仁爱、道义、忠贞、信实和恭敬、节俭、辞让、谦逊，这样做只能算是注重修身罢了。是那些意欲平定治理天下的人，是对人施以教化的人，是那些游说各国而后退居讲学的人所一心追求的。宣扬大功，树立大名，用礼仪来划分君臣的秩序，并以此端正和维护上下各级的地位，这样做只能算是投身治理天下罢了。是那些身居朝廷的人，尊崇国君、强大国家的人，醉心于建立功业、开拓疆土的人所一心追求的。走向山林湖泽，处身闲暇旷达，垂钩钓鱼来消遣时光，只能算是无为自在罢了。这是闲游江湖的人，是逃避世事的人，是那些闲暇无事的人所一心追求的。嘘唏呼吸，吐却胸中浊气吸纳清新空气，像黑熊攀援引体，像鸟儿展翅飞翔，只能算是善于延年益寿罢了。这是舒活经络气血的人，善于养身的人，是像彭祖那样寿延长久的人所一心追求的。若不需磨砺心志而自然高洁，不需倡导仁义而自然修身，不需追求功名而天下自然得到治理，不需避居江湖而心境自然闲暇，不需舒活经络气血而自然寿延长久，没有什么不忘于身外，而又没有什么不据于自身。宁寂淡然而且心智从不滞留一方，而世上一切美好的东西都汇聚在他的周围。这才是与天地日月同辉的永恒之道，这才是圣人无为的至尚之德。

所以说：恬淡、寂寞、虚无、无为，这是天地运行的本质，也是道与德的本来面目。所以说：圣人能放下一切，放下一切就显得平凡单纯，平凡单纯就显得恬淡了。平凡单纯而恬淡，则忧患不能进入，邪气不能侵袭，所以能使天赋保持完整而精神亦不亏损。所以说：圣人活着能与自然顺行，死时能与万物俱化，静止时与阴气同归沉寂，活动时与阳气同步奔波。不做幸福的起因，不做祸患的开始。有所感而后响应，有所迫而后行动，不得已而后兴起。抛开智力与巧计，顺从自然的规律。所以没有自然灾难，没有外物拖累，没有别人抱怨，没有鬼神责怪。生时有如浮游，死时有如休患。没有深思熟虑，没有预先筹划。光亮而不耀眼，守信而不执着。睡觉时不做梦，醒来后没烦恼。精神洁净纯粹，身体从不疲乏。如此虚无恬淡，才合乎自然禀赋，存养精神、延年益寿之道。

所以说：悲哀和欢乐乃是背离德行的邪妄，喜悦和愤怒乃是违反大道的罪过，喜好和憎恶乃是忘却真性的过失。因此内心不忧不乐，是德行的最高境界；持守专一而没有变化，是寂静的最高境界；不与任何外物相抵触，是虚豁的最高境界；不跟外物交往，是恬淡的最高境界；不与任何事物相违逆，是精粹的最高境界。所以说，形体劳累而不休息那么就会疲乏不堪，精力使用过度而不止歇那么就会元气劳损，元气劳损就会精力枯竭。水的本性，不混杂就会清澈，不搅动就会平静，闭塞不流动也就不会纯清，这是自然本质的现象。所以说：纯净精粹而不混杂，静寂持守而不改变，恬淡而又无为，运动则顺应自然而行，这就是养神的启发。

藏有吴国和越国所造宝剑的人，把它放在匣子里珍藏，不敢轻易使用，它是珍宝中至贵的。精神向四面八方通达交流无滞，无所不至其尽头，上与天交会，下遍及大地，生化哺育万物，没有形象可见，它的名字就叫同于天帝。纯粹质朴之道，只有精神专一才能持守；持守而不遗失，使与精神合为一体；能精通这合一之道，就合乎自然之理。谚语说：“多数人看重利，廉洁之士注重名声，贤人君子崇尚志向，圣人看重精神。”所以，所谓素质，就是没有杂质混入；所谓纯粹，就是不使其精神亏缺，能以纯素为体的人，就称为真人。

解读

本篇取开头“刻意尚行”之“刻意”二字名篇，与篇中内容主旨无关。本篇篇幅简短精悍，文章连贯，主旨在阐述身心的修养，并且提出不同的人有不同的修养要求，只有“虚无恬淡”才合于“天德”，因而也才是修养的最高境域。庄子认为，要做到这一点，首先要抛弃喜怒悲欢，去掉智谋诈伪，使精神纯一不杂，成为恬淡寂寞、虚无无为、动与天行的得道真人。

全篇分三段展开论述。第一段分析了六种不同的修养态度，唯有第六种才值得称道，“澹然无极”才是“天地之道”“圣人之德”。第二段讲述养神的方法，要以恬淡寂寞、虚无无为为根本。要息心于平易无偏倚，动静随天，去知与故，超越死生，无好恶、喜怒、悲欢，不与物交，保持心神之纯一不杂。第三段提出“贵精”的主张，所谓“贵精”，即不丧“纯”“素”，这样的人就可叫作“真人”。

缮性第十六

【原典】

缮性于俗学[①]，以求复其初；滑欲于俗思，以求致其明：谓之蔽蒙之民。古之治道者，以恬养知。生而无以知为也，谓之以知养恬。知与恬交相养，而和理出其性。夫德，和也；道，理也。德无不容，仁也；道无不理，义也；义明而物亲，忠也；中纯实而反乎情，乐也；信行容体而顺乎文，礼也。礼乐遍行，则天下乱矣。彼正而蒙已德，德则不冒。冒则物必失其性也。

古之人，在混芒之中，与一世而得澹漠焉[②]。当是时也，阴阳和静，鬼神不扰，四时得节，万物不伤，群生不夭，人虽有知，无所用之，此之谓至一。当是时也，莫之为而常自然。

逮德下衰，及燧人、伏羲始为天下，是故顺而不一。德又下衰，及神农、黄帝始为天下，是故安而不顺。德又下衰，及唐、虞始为天下，兴治化之流，澆淳散朴，离道以善，险德以行，然后去性而从于心。心与心识，知而不足以定天下，然后附之以文，益之以博。文灭质，博溺心，然后民始惑乱，无以反其性情而复其初。

由是观之，世丧道矣，道丧世矣，世与道交相丧也。道之人何由兴乎世，世亦何由兴乎道哉！道无以兴乎世，世无以兴乎道，虽圣人不在山林之中，其德隐矣。隐，故不自隐。古之所谓隐士者，非伏其身而弗见也，非闭其言而不出也，非藏其知而不发也，时命大谬也。当时命而大行乎天下，则反一无迹；不当时命而大穷乎天下，则深根宁极而待。此存身之道也。

古之行身者，不以辩饰知，不以知穷天下，不以知穷德，危然处其所而反其性，又何为哉！道固不小行，德固不小识。小识伤德，小行伤道。故曰：

正己而已矣。乐全之谓得志。古之所谓得志者，非轩冕之谓也，谓其无以益其乐而已矣。今之所谓得志者，轩冕之谓也。轩冕在身，非性命也，物之傥来，寄者也[3]。寄之，其来不可圉[4]，其去不可止。故不为轩冕肆志，不为穷约趋俗，其乐彼与此同，故无忧而已矣！今寄去则不乐，由是观之，虽乐，未尝不荒也。故曰：丧己于物，失性于俗者，谓之倒置之民。

【注释】

①缮（shàn）：修补，修养。②滑漠：恬淡，内省宁静，淡漠。③傥（tǎng）来：偶然，侥幸得来。④圉（yǔ）：又作“御”，抵御、阻挡之意。

【译文】

用世俗间的学问来修养自身的性情，以求恢复人之初的纯真性情；用世俗间的思想来压制自身的欲望，以求达到思想的明澈。这就叫作闭塞愚昧的人。古时候研究道术的人，总是以恬静来调养心智。心智生成却不用智巧行事，可称它为以心智调养恬静。心智和恬静交相调治，因而谐和顺应之情从本性中表露而出。德，就是谐和；道，就是顺应。德无所不容，就叫作仁；道无所不顺，就叫作义；义理明澈而众人亲附，就是忠；内心纯厚回归本性，就是乐；讲求诚信、顺应自然，就是礼。偏激地推行礼乐，天下就会大乱。人们端正了品性就会收敛德性，德性就不会外露，如果德性外露，事物必然要失去自身的本性了。

古时候的人，生活在混沌蒙昧之中，举世都淡漠相处。那个时候，阴阳和谐宁静，鬼神不来搅扰，四时运转如常，万物不被伤害，众生不会灭亡，人虽有心智，但无人用它，这就叫作完满纯净的境界。那个时候，人人都无所作为，而让万物顺其自然。

待到德性衰退，到了燧人和伏羲时便开始治理天下，这个时候只能顺随民心但没有纯净的境界了。德性再度衰退，到了神农和黄帝治理天下，这个时候只能安定天下但不能顺随民心了。德性再度衰退，到了唐尧、虞舜统治天下，开启了治理和教化的风气，淳厚质朴之风受到干扰与破坏，背离大道而为，寡有德行而行，这之后也就舍弃了本性而顺从于各自的私心。人们彼此间都相互知道和了解，也就不足以使天下得到安定，然后又贴附上浮华的文饰，增加了众多的俗学。文饰浮华毁坏了质朴之风，广博的俗学淹没了纯真的心灵，然后人民开始迷惑和纷乱，没有什么办法返归本真而回复原始的情状。

由此看来，世风日下而丧失大道，大道丧失而世风更下，世风与大道交相丧失，得道之人从哪里使道在世上兴起，世上又从哪里使大道兴起啊！大道不能使人世复兴，人世也不能使大道兴起，虽然圣人不在山林之中隐居，他们的道德也如同隐蔽了。圣人之隐，本来不是自己有意隐匿。古时候所说的隐士，并不是隐匿自身不使人见，并不是闭塞言论而不说出，并不是藏其智慧而不显示，时代与命运大相悖谬啊！合于时代和命运而使大道盛行天下，则可复归于人与自然合一之道而无形迹；不论乎时代与命运而困穷于天下，则深藏缄默而等待时机。这是保存自身的方法。

古时保全自身的人，不用巧辩来文饰己知，不用己知去困累天下人，也不为追求无限之知而困累自得，独立不倚地处在其应处地位而致力于复归自性，除此还有何为呀！道本不可以贬损以迁就世俗之行，德行本不可以贬低其知以求闻达。贬低其知伤害德行，贬损其行则伤害大道。所以说：端正自己就是

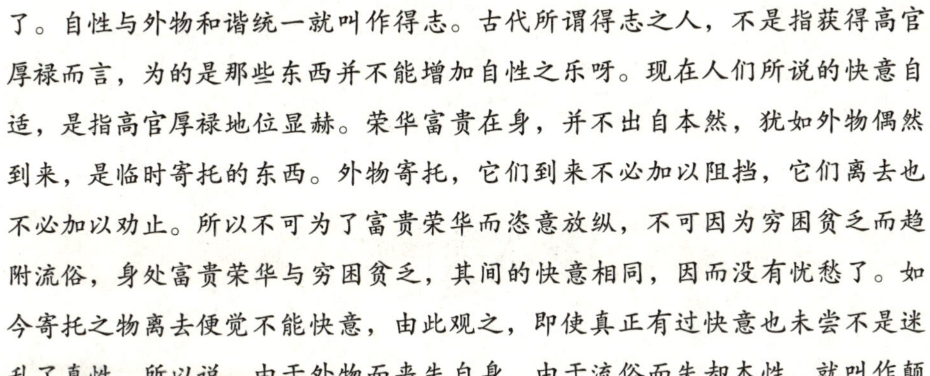

了。自性与外物和谐统一就叫作得志。古代所谓得志之人，不是指获得高官厚禄而言，为的是那些东西并不能增加自性之乐呀。现在人们所说的快意自适，是指高官厚禄地位显赫。荣华富贵在身，并不出自本然，犹如外物偶然到来，是临时寄托的东西。外物寄托，它们到来不必加以阻挡，它们离去也不必加以劝止。所以不可为了富贵荣华而恣意放纵，不可因为穷困贫乏而趋附流俗，身处富贵荣华与穷困贫乏，其间的快意相同，因而没有忧愁了。如今寄托之物离去便觉不能快意，由此观之，即使真正有过快意也未尝不是迷乱了真性。所以说，由于外物而丧失自身，由于流俗而失却本性，就叫作颠倒了本末的人。

解读

《缮性》取开头二字作为本篇的篇名。本篇内容简短，中心仍是讨论如何养性。所谓“缮性”就是修治生性。从形式上看，本篇与上一篇《刻意》有相似的地方，但具体内容与思想倾向又有所差异。

篇中，庄子批评人们越来越不注重修身养性，以至于世风日下，人心不古，并且伪道盛行，一代不如一代。最大的悲哀是，连圣人的德性也被世风所污浊，救世的隐士智者也不复存在。在这种情况下，庄子发出了无奈而深沉的呼唤：请大家意识到修身养性的重要性，端正自己的行为，只有这样才符合大道的要求，才能长久。

秋水第十七

【原典】

秋水时至，百川灌河，泾流之大，两涘渚崖之间[1]，不辩牛马。于是焉河伯欣然自喜[2]，以天下之美为尽在己。顺流而东行，至于北海，东面而视，不见水端。于是焉河伯始旋其面目，望洋向若而叹曰："野语有之曰[3]，'闻道百，以为莫己若者'，我之谓也。且夫我尝闻少仲尼之闻而轻伯夷之义者，始吾弗信。今我睹子之难穷也，吾非至于子之门则殆矣，吾长见笑于大方之家。"

北海若曰："井蛙不可以语于海者，拘于虚也；夏虫不可以语于冰者，笃于时也；曲士不可以语于道者，束于教也。今尔出于崖涘，观于大海，乃知尔丑，尔将可与语大理矣。天下之水，莫大于海，万川归之，不知何时止而不盈；尾闾泄之[4]，不知何时已而不虚；春秋不变，水旱不知。此其过江河之流，不可为量数。而吾未尝以此自多者，自以比形于天地，而受气于阴阳，吾在于天地之间，犹小石小木之在大山也。方存乎见少，又奚以自多！计四海之在天地之间也，不似礨空之在大泽乎[5]？计中国之在海内，不似稊米之在大仓乎？号物之数谓之万，人处一焉；人卒九州，谷食之所生，舟车之所通，人处一焉，此其比万物也，不似豪末之在于马体乎？五帝之所连，三王之所争，仁人之所忧，任士之所劳，尽此矣！伯夷辞之以为名，仲尼语之以为博。此其自多也，不似尔向之自多于水乎？"

河伯曰："然则吾大天地而小毫末，可乎？"北海若曰："否。夫物量无穷，时无止，分无常，终始无故。是故大知观于远近，故小而不寡，大而不多，知量无穷；证曏今故[6]，故遥而不闷，掇（duō）而不跂，知时无止；察乎盈虚，故得而不喜，失而不忧，知分之无常也；明乎坦涂，故生而不说，死而不祸，知终始之不可故也。计人之所知，不若其所不知；其生之时，不若未生之时；以其至小，求穷其至大之域，是故迷乱而不能自得也。由此观之，又何以知毫末之足以定至细之倪，又何以知天地之足以穷至大之域？”

河伯曰：“世之议者皆曰：‘至精无形，至大不可围。’是信情乎？”北海若曰：“夫自细视大者不尽，自大视细者不明。夫精，小之微也；垺[⑦]，大之殷也。故异便，此势之有也。夫精粗者，期于有形者也；无形者，数之所不能分也；不可围者，数之所不能穷也。可以言论者，物之粗也；可以意致者，物之精也；言之所不能论，意之所不能察致者，不期精粗焉。是故大人之行，不出乎害人，不多仁恩；动不为利，不贱门隶；货财弗争，不多辞让；事焉不借人，不多食乎力，不贱贪污；行殊乎俗，不多辟异；为在从众，不贱佞谄；世之爵禄不足以为劝，戮耻不足以为辱[⑧]；知是非之不可为分，细大之不可为倪。闻曰：‘道人不闻，至德不得，大人无已。’约分之至也。”

河伯曰：“若物之外，若物之内，恶至而倪贵贱？恶至而倪小大？”北海若曰：“以道观之，物无贵贱；以物观之，自贵而相贱；以俗观之，贵贱不在己。以差观之，因其所大而大之，则万物莫不大；因其所小而小之，则万物莫不小。知天地之为稊米也[⑨]，知毫末之为丘山也，则差数睹矣。以功观之，因其所有而有之，则万物莫不有；因其所无而无之，则万物莫不无。知东西之相反而不可以相无，则功分定矣。以趣观之，因其所然而然之，则万物莫不然；因其所非而非之，则万物莫不非。知尧、桀之自然而相非，则趣操睹矣。昔者尧、舜让而帝，之、哙让而绝；汤、武争而王，白公争而灭。由此观之，争让之礼，尧、桀之行，贵贱有时，未可以为常也。梁丽可以冲城而不可以窒穴，言殊器也；骐骥骅骝一日而驰千里，捕鼠不如狸牲，言殊技也；鸱鸺夜撮蚤[10]，察毫末，昼出瞋目而不见丘山，言殊性也。故曰，盖师是而无非，师治而无乱乎？是未明天地之理，万物之情也。是犹师天而无地，师阴而无阳，其不可行明矣！然且语而不舍，非愚则诬也。帝王殊禅，三代殊继。差其时，逆其俗者，谓之篡夫[11]；当其时，顺其俗者，谓之义之徒！默默乎河伯，女恶知贵贱之门，小大之家！”

河伯曰：“然则我何为乎？何不为乎？吾辞受趣舍，吾终奈何？”北海若曰：“以道观之，何贵何贱，是谓反衍；无拘而志，与道大蹇。何少何多，是谓谢施；无一而行，与道参差。严乎若国之有君，其无私德；繇繇乎若祭之有社[12]，其无私福；泛泛乎其若四方之无穷，其无所畛域。兼怀万物，其孰承翼？是谓无方。万物一齐，孰短孰长？道无终始，物有死生，不恃其成。一虚一满，不位乎其形。年不可举，时不可止。消息盈虚，终则有始。是所以语大义之方，论万物之理也。物之生也，若骤若驰。无动而不变，无时而不移。何为乎，何不为乎？夫固将自化。”

河伯曰：“然则何贵于道邪？”北海若曰：“知道者必达于理，达于理者必明于权，明于权者不以物害己。至德者，火弗能热，水弗能溺，寒暑弗能害，禽兽弗能贼。非谓其薄之也，言察乎安危，宁于祸福，谨于去就，莫之能害也。故曰：‘天在内，人在外，德在乎天。’知天人之行，本乎天，位乎得；蹢躅而屈伸，反要而语极。”曰：“何谓天？何谓人？”北海若曰：“牛马四足，是谓天；落马首，穿牛鼻，是谓人。故曰：无以人灭天，无以故灭命，无以得殉名。谨守而勿失，是谓反其真。”

夔怜蚿[13]，蚿怜蛇，蛇怜风，风怜目，目怜心。夔谓蚿曰：“吾以一足趻踔（chěn chuō）而行[14]，予无如矣。今子之使万足，独奈何？”蚿曰：“不然。子不见夫唾者乎？喷则大者如珠，小者如雾，杂而下者不可胜数也。今予动吾天机，而不知其所以然。”蚿谓蛇曰：“吾以众足行，而不及子之无足，何也？”蛇曰：“夫天机之所动，何可易邪？吾安用足哉！”蛇谓风曰：“予动吾脊胁而行，则有似也。今子蓬蓬然起于北海，蓬蓬然入于南海，而似无有，何也？”风曰：“然，予蓬蓬然起于北海而入于南海也，然而指我则胜我，鳍我亦胜我。虽然，夫折大木，蜚大屋者，唯我能也。”故以众小不胜，为大胜也。为大胜者，唯圣人能之。

孔子游于匡，宋人围之数匝，而弦歌不惙[15]。子路入见，曰：“何夫子之娱也？”孔子曰：“来，吾语女。我讳穷久矣，而不免，命也！求通久矣，而不得，时也！当尧、舜而天下无穷人，非知得也；当桀、纣而天下无通人，非知失也，时势适然。夫水行不避蛟龙者，渔父之勇也；陆行不避兕虎者[16]，猎夫之勇也；白刃交于前，视死若生者，烈士之勇也；知穷之有命，知通之有时，临大难而不惧者，圣人之勇也。由，处矣！吾命有所制矣！”无几何，将甲者进，辞曰：“以为阳虎也，故围之；今非也，请辞而退。”

公孙龙问于魏牟曰：“龙少学先王之道，长而明仁义之行；合同异，离坚白；然不然，可不可；困百家之知，穷众口之辩，吾自以为至达已。今吾闻庄子之言，汒焉异之。不知论之不及与？知之弗若与？今吾无所开吾喙（huì），敢问其方。”公子牟隐机大息，仰天而笑曰：“子独不闻夫坎（kǎn）井之蛙乎？谓东海之鳖曰：‘吾乐与！吾跳梁乎井干之上，入休乎缺甃（zhòu）之崖。赴水则接掖持颐，蹶泥则没足灭跗（fù）。还虷（hán）蟹与科斗，莫吾能若也。且夫擅一壑之水，而跨跱（zhì）坎井之乐，此亦至矣。夫子奚不时来入观乎？’东海之鳖左足未入，而右膝已絷矣[17]。于是逡（qūn）巡而却，告之海曰：‘夫千里之远，不足以举其大；千仞之高，不足以极其深。禹之时，十年九潦，而水弗为加益；汤之时，八年七旱，而崖不为加损。夫不为顷久推移，不以多少进退者，此亦东海之大乐也。’于是坎井之蛙闻之，适适然惊，规规然自失也。”

“且夫知不知是非之竟，而犹欲观于庄子之言，是犹使蚊负山，商蚷（jù）驰河也，必不胜任矣。且夫知不知论极妙之言，而自适一时之利者，是非坎井之蛙与？且彼方跐（cǐ）黄泉而登大皇，无南无北，奭然四解[18]，沦于不测；无东无西，始于玄冥，反于大通。子乃规规然而求之以察，索之以辩，是直用管窥天，用锥指地也，不亦小乎？子往矣！且子独不闻夫寿陵馀子之学于邯郸与？未得国能，又失其故行矣，直匍匐而归耳。今子不去，将忘子之故，失子之业。”公孙龙口呿而不合⑲，舌举而不下，乃逸而走。

庄子钓于濮水，楚王使大夫二人往先焉，曰：“愿以境内累矣！”庄子持竿不顾，曰：“吾闻楚有神龟，死已三千岁矣。王巾笥（sì）而藏之庙堂之上⑳。此龟者，宁其死为留骨而贵乎？宁其生而曳尾于涂中乎？”二大夫曰：“宁生而曳尾涂中。”庄子曰：“往矣！吾将曳尾于涂中。”

惠子相梁，庄子往见之。或谓惠子曰：“庄子来，欲代子相。”于是惠子恐，搜于国中三日三夜。庄子往见之，曰：“南方有鸟，其名为鹓鶵㉑，子知之乎？夫鹓鶵，发于南海而飞于北海，非梧桐不止，非练实不食，非醴泉不饮。于是鸱得腐鼠，鹓鶵过之，仰而视之曰：‘吓！’今子欲以子之梁国而吓我邪？”

庄子与惠子游于濠梁之上。庄子曰：“鲦（tiáo）鱼出游从容，是鱼之乐也。”惠子曰：“子非鱼，安知鱼之乐？”庄子曰：“子非我，安知我不知鱼之乐？”惠子曰：“我非子，固不知子矣；子固非鱼也，子之不知鱼之乐，全矣。”庄子曰：“请循其本。子曰‘汝安知鱼乐’云者，既已知吾知之而问我。我知之濠上也。”

【注释】

①涘（sì）：河边，岸边。②河伯：水神，此处特指黄河水神。③野语：俗语。④尾闾：传说中蒸发、排泄海水的地方。⑤礨（lěi）空：石块上的小孔。⑥鄉（xiàng）：此与“向”同义。⑦垺（fú）：同“郛”，城外面更大的城。⑧戮耻：用刑罚的手段使其受辱。⑨稊（tí）米：小的米粒。⑩鸱鸺（chī xiū）：猫头鹰。⑪篡夫：篡夺王位的人。⑫繇（yóu）繇：悠然自得的样子。⑬夔（kuí）：传说中的一种独脚兽。蚿（xián）：一种多足虫。⑭趻踔（chěn chuō）：跳着走。⑮惙（chuò）：同“辍”，停止，止住。⑯兕（sì）：犀牛一类独角猛兽。⑰絷（zhí）：羁绊，绊住。⑱奭（shì）然：释然，心无挂碍，无拘无束。⑲呿（qū）：张开嘴。⑳笥（sì）：用竹子做成的箱子或笼

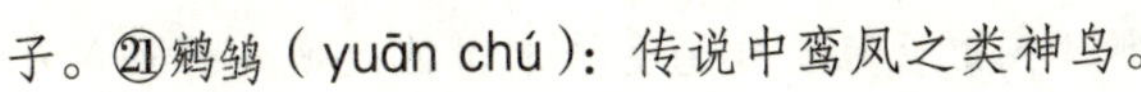
子。㉑鹓鶵（yuān chú）：传说中鸾凤之类神鸟。

【译文】

秋雨不停地下，河水上涨，千百条河流都灌注到黄河，使黄河干流大大加宽，两岸之间，河中小洲之上，相互望去，连牛马都辨认不清。于是乎河伯欢欣鼓舞、自满自足起来，以为天下之壮美尽在于此了。河伯顺着水流向东而去，来到北海边，面朝东边一望，看不见大海的尽头。于是河伯方才改变先前扬扬自得的面孔，面对着海神仰首慨叹道："俗语有这样的说法，'听到了上百条道理，便认为天下再没有谁能比得上自己的'，说的就是我这样的人了。我曾听说有人以仲尼之闻见为少，以伯夷之义为轻，起初我不相信，现在我看到你这等浩瀚无边，难于穷尽，我若不到你这里来就糟了，我将长久为深明大道的人所笑话。"

北海神说："井里的青蛙，不可能跟它们谈论大海，是因为受到生活空间的限制；夏天的虫子，不可能跟它们谈论冰冻，是因为受到生活时间的限制；乡曲之士，不可能跟他们谈论大道，是因为教养的束缚。如今你从河岸边出来，看到了大海，方才知道自己的鄙陋，你将可以参与谈论大道了。天下的水面，没有什么比海更大的，千万条河川流归大海，不知道什么时候才会停歇，而大海却从不会满溢；海底的尾闾泄漏海水，不知道什么时候才会停止而海水却从不曾减少；无论春天还是秋天不见有变化，无论水涝还是干旱不会有知觉。大海超过江河的水量，没有办法估量、计算。而我未曾以之为多，因为我从天地那里具足了形体，从阴阳那里秉受了生气，我在天地之间，如同小石块、小树木在大山之中，正有自以为少的想法，又哪里会自以为多呢？约计四海在天地之间，不也就像蚁塚在大薮泽中一样吗？约计中国在四海之内，不也就像一粒稗米在大谷仓中一样吗？称谓物类数量叫作万，人只居其中之一；人住满九州之地，凡谷物可以生长，舟车可以通行之处，皆有人居，个人只是众人中之一。人与万物相比，不也就像一根绒毛末梢在马身上一样微小吗？五帝以禅让相传承的，三王以武力相争夺的，仁人所担忧的，贤能之士所操劳的，完全都在这里了。伯夷辞让以博得好名声，仲尼谈论以显示博学，这种自满自足，不就像你以前自夸黄河之水为多一样吗？"

河伯说："如果是这样，那么我把天地看作毫毛之末，把天地看作最微小的，可以吗？"海神说："不可以。万物的大小质量是不可穷尽的，时间的推移也是没有尽头的，得与失的禀分没有不变的常规，事物的终结和起始也没有定因。所以具有大智的人观察事物从不局限于一隅，因而体积小却不看作就是少，体积大却不看作就是多，这是因为知道事物的量是不可穷尽的；证验并明察古往今来的各种情况，因而寿命久远却不感到厌倦，生命只在近前却不会企求寿延，这是因为知道时间的推移是没有止境的；洞悉事物有盈有虚的规律，因而有所得却不欢欣喜悦，有所失也不悔恨忧愁，这是因为知道得与失的禀分是没有定规的；明了生与死之间犹如一条没有阻隔的平坦大道，因而生于世间不会倍加欢喜，死离人世不觉祸患加身，这是因为知道终了和起始是不会一成不变的。算算人所懂得的知识，远远不如他所不知道的东西多，他生存的时间，也远远不如他不在人世的时间长；用极为有限的智慧去探究没有穷尽的境域，所以内心迷乱而必然不能有所得！由此看来，又怎么知道毫毛的末端就可以判定是最为细小的限度呢？又怎么知道天与地就可以看作最大的境域呢？"

河伯说："世间议论的人们总是说：'最细小的东西没有形体可寻，最巨大的东西不可限定范围。'这样的话是真实可信的吗？"北海神回答："从细小的角度看庞大的东西不可能全面，从巨大的角度看细小的东西不可能真切。精细，是小中之小；庞大，是大中之大。不过大小虽有不同却各有各的合宜之处，这就是事物固有的态势。所谓精细与粗大，仅限于有形的东西，至于没有形体的事物，是不能用计算数量的办法来加以剖解的；而不可限定范围的东西，更不是用数量能够精确计算的。可以用言语来谈论的东西，是事物粗浅的外在表象；可以用心意来传告的东西，则是事物精细的内在实质。言语所不能谈论的，心意所不能传告的，也就不限于精细和粗浅的范围了。所以修养高尚者的行动，不会出于对人的伤害，也不会赞赏给人以仁慈和恩惠；无论干什么都不是为了私利，也不会轻视从事守门差役之类的人；无论什么财物都不去争夺，也不推重谦和与辞让；凡事从不借助他人的力气，但也不提倡自食其力，同时也不鄙夷贪婪与污秽；行动与世俗不同，但不主张邪僻乖异；行为追随一般的人，也不以奉承和谄媚为卑贱；人世间的所谓高官厚禄不足以作为劝勉，刑戮和侮辱不足以看作羞耻；知道是与非的界限不能清楚地划分，也懂得细小和巨大不可能确定清晰的界限。听人说：‘能体察大道的人不求闻达于世，修养高尚的人不会计较得失，清虚宁寂的人能够忘却自己。’这就是约束自己而达到恰如其分的境界。”

河伯说：“或是从物性之外，或是从物性之内，究竟应该从哪里区分它们的贵贱？从哪里区分它们的大小呢？”海神说：“从大道来观察，万物没有贵贱之分；从万物自身角度观察，物各自以为贵，而相互以对方为贱；以世俗通行观念观察，物之贵贱决定于外而不在自身。从物的差别性观察，如果循其所具大的方面把它视为大，则万物莫不是大；如果循其所具小的方面把它视为小，则万物无不是小。明白天地可看作像一粒细米般小，一根毫毛末梢可看作像丘山般大，则万物差别的相对性就看清楚了。从物之功效观察，顺着其具有功效一面看，万物莫不有功效；顺着其不具功效一面看，则万物莫不无功效。明白东与西方向相反又不可相互缺少的道理，则万物的功能职分就确定下来了。从万物的趋向观察，顺其以为对的一面把它视为对，则万物莫不是对的；顺其以为错的一面把它看成错，则万物莫不是错的。明白尧与桀的自以为是，而互以对方为非，则志向之不同就看清楚了。当年唐尧、虞舜禅让而称帝，宰相子之与燕王哙禅让而燕国几乎灭亡；商汤、周武王都争夺天下而成为帝王，白公胜争夺王位却招致杀身。由此看来，争斗与禅让的礼制，唐尧与夏桀的做法，认可还是鄙夷都会因时而异，不可以把它们看作不变的规律。栋梁之材可以用来冲击敌城，却不可以用来堵塞洞穴，说的是器物的用处不一样；骏马良驹一天奔驰上千里，捕捉老鼠却不如野猫与黄鼠狼，说的是技能不一样；猫头鹰夜里能抓取小小的跳蚤，细察毫毛之末，可是大白天睁大眼睛也看不见高大的山丘，说的是禀性不一样。所以说，怎么只看重对的一面而忽略不对的一面，看重治而忽略乱呢？这是因为不明了自然存在的道理和万物自身的实情。这就像是重视天而轻视地、重视阴而轻视阳，那不可行是十分明白的了。然而还是要谈论不休，不是愚昧便是欺骗。远古帝王的禅让各不相同，夏、商、周三代的继承也各不一样。不合时代、背逆世俗的人，称他为篡逆之徒；合于时代、顺应世俗的人，称他为高义之士。沉默下来吧，河神！你怎么会懂得万物间贵贱的门庭和大小的差别！”

河伯说：“既然这样，那么我该做些什么？不该做些什么？我之取舍进退该以什么为准则呢？我究竟应该怎么办呢？”北海神说：“从道来观察，什么是贵什么是贱，这称作循环反复；不要拘束你自己的心志，与大道妨碍。什么是少什么是多，这称作更替延续；不要偏执一方行事，与大道不合。庄重威严得像国君一样，对谁都没有私恩相加；庄严肃穆得像祭灶神一样，不敢为自己祝福；道如流水溢四方，它无所谓边界。要对万物兼容并包，哪能靠人来庇护？这就是不偏向任何一方面。万物都是一样的，谁是短的谁是长的呢？大道是没有开始与终止的，而万物却有死生的变化，即使一时有所成就，也是不足依赖的。大道在一虚一盈中变化着，没有固定不变的形态。往昔的岁月不可回转，逝去的时间无法挽留。万物在消亡、生息、充盈、亏虚之中，周而复始地变化着。这样也就可以谈论大道的原则，评说万物的道理了。万物的生长，像是马儿急驰，像是车马疾行，没有什么举动不在变化，没有什么时刻不在迁移。应该做些什么呢？又应该不做什么呢？一切必定都将自行变化！”

河伯说：“既然如此，那么为什么还要那么看重大道呢？”北海神回答：“懂得大道的人必定通达事理，通达事理的人必定明白应变，明白应变的人定然不会因为外物而损伤自己。道德修养高尚的人烈焰不能烧灼他们，洪水不能沉溺他们，严寒酷暑不能侵扰他们，飞禽走兽不能伤害他们。不是说他们逼近水火、寒暑的侵扰和禽兽的伤害而能幸免，而是说他们明察安危，安于祸福，慎处离弃与追求，因而没有什么东西能够伤害他们。所以说：‘天然蕴含于内里，人为显露于外在，高尚的修养则顺应自然。’懂得人的行止，立足于自然的规律，居处于自得的环境，徘徊不定，屈伸无常，也就返归大道的要冲而可谈论至极的道理。”河伯说：“什么是天然？什么又是人为？”北海神回答：“牛马生就四只脚，这就叫天然；用马络套住马头，用牛鼻绾穿过牛鼻，这就叫人为。所以说：不要用人为去毁灭天然，不要用有意的作为去毁灭自然的禀性，不要为获取虚名而不遗余力。谨慎地持守自然的禀性而不丧

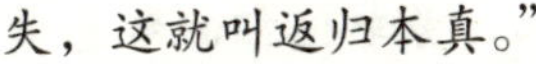

失，这就叫返归本真。”

独脚的夔仰慕多足的蚿，多足的蚿仰慕无足的蛇，无足的蛇仰慕无形的风，无形的风仰慕能看的眼睛，能看的眼睛仰慕能思索的心。夔对蚿说：“我用一只脚跳着走路，没有像我这样简便了。现在你用万只脚走路，将怎么办呢？”蚿说：“不是这样的。你没有看见打喷嚏的人吗？喷出的唾沫大的如水珠，小的如雾气，混杂着落下来，没有办法数得清。现在我运用自性的机能，而不知道它究竟是怎么发动的。”蚿对蛇说：“我用众足行路而不及你的无足，是为什么呢？”蛇说：“天性机能之发动，怎么可以改变呢？我哪里用得着足呢？”蛇对风说：“我运动脊背和肋部而爬行，这是有形可见的。现在你呼呼地由北海刮起，又呼呼地吹入南海，而好像没有形迹似的，这是为何呢？”风说：“是的。我呼呼地从北海刮起而吹入南海。可是，人们用手指来指我，就能胜过我，用足踏我，也能胜过我。虽然如此，那折断大树、吹起房屋的，也只有我能做得到。”故而在众多小的方面不能取胜，却能取得大胜。取得大胜，只有圣人才能做得到。

孔子周游到匡邑，被宋国的军队层层围住，但他仍然弹琴唱歌自得其乐，好像什么也不曾发生过。子路入见孔子，说：“先生面对这样的困境为什么还这样快乐呢？”孔子说：“过来，我给你说。我担忧困窘已经很久了，然而还是不能幸免，这是命运的缘故！我追求通达也已经很久了，然而还是一无所得，这是时势造成的！在尧、舜的时代，天下没有困窘失志的人，并非他们的智慧高超；在桀、纣的时代，天下没有通达得志的人，并非他们的智慧低下，这都是时势造成的。在水里活动而不躲避蛟龙的，乃是渔夫的勇敢；在陆上活动而不躲避犀牛老虎的，乃是猎人的勇敢；刀剑交错地横于眼前，看待死亡犹如生还的，乃是壮烈之士的勇敢。懂得困厄潦倒乃是命中注定，知道顺利通达乃是时运造成，面临大难而不畏惧的，这就是圣人的勇敢。子路啊，你还是安然处之吧！我命中注定要受到制约啊。”没过多久，统领甲士的长官进来道歉说：“以为你们是阳虎一伙，所以把你们包围起来；现在知道不是，请让我退兵并表示致歉。”

公孙龙问魏牟说：“我少年时就学习先王大道，年长后通晓仁义的行为，能把相同相异的事物论证为无差别的同一，能把坚白等属性论证为与物体相分离；能在辩论中把别人认为不对的论说成对的，把别人认为不可以的论说成可以；能困窘百家之见解，使众多善辩者理屈词穷，我自以为已经是极力通达事理了。现在我听了庄子的言论深感迷惘不解。不知是我的辩才不及他高呢，还是知识不如他博呢？现在我都不知道从哪里开口了，请问这是什么道理呢？”魏牟凭靠小几深深叹息，又仰天而笑，说：“唯独你没有听说浅井之蛙的故事吗？井蛙对东海之鳖说：‘我多么快乐呀！我跳到井栏上，又蹦回到井中，在井壁缺口水边休息。游水则井水托在腋窝和两腮之下，践踏淤泥则没过脚背。环视周围的小红虫、小螃蟹、小蝌蚪，没有能像我这样自如的。况且独占一井之水，在其中跳跃蹲踞的乐趣，这也就算达到极点了。你何不时常进来观光呢？’东海之鳖左足还没有踏到井底，右膝就被绊住了。于是，迟疑一会儿就退出来了，并告诉井蛙关于大海的样子，说：‘用千里的遥远，不足以形容海之大；用八千尺的高度，不足以穷尽海之深。大禹的时代，十年有九年发生水灾，而海水并不因此而增加；商汤时代，八年有七年闹旱灾，海水边沿也不因此而向后退缩。它不为时间的短暂和长久而有所改变，不因雨水多少而有所进退，这也就是东海的最大乐趣啊！’浅井之蛙听了这些，惊怖不已，现出茫然自失的样子。

“再说，你的智慧还未能通晓是非之究竟，就要观察领会庄子的言论，这就如同让蚊子背大山，让商蚷在河中游一样，必定不能胜任。况且你的智慧

不足以理解和论述极微妙之言论，而自满自足于一时口舌相争之胜利，这不是和浅井蛙一样吗？再说庄子之言玄妙莫测，就像刚刚站在地下极深处，又忽而上升天之极高处，不分南北，四面畅通无滞碍，深入于不可知之境；不分东西，从幽远暗昧之境开始，再返回于无不通达之大道。你就只知琐细分辨，想用明察和辩论去求索其理，这简直是从管子里看天，用锥子尖指地一样，不是所见太小了吗？你去吧！唯独你没有听过寿陵少年去邯郸学习走步的故事吗？没有学会赵国人走路的技艺，反而把自己原来的走法也忘记了，只好爬着回去。现在你要不离开，将会忘记原来的本事，失掉固有的事业。”公孙龙听了这套高论，惊异得合不拢嘴，说不出话，就匆忙逃离了。

庄子在涯水边钓鱼，楚威王派两位大夫前来致相邀之意，说：“愿意把国事相累于先生！”庄子手把钓竿，头也未回，说：“我听说楚国有只神龟，已经死去三千年了。楚王将它的骨甲装在竹箱里，蒙上罩巾，珍藏在大庙明堂之上。对这只龟来说，它是愿意死后留下骨甲而显示尊贵呢，还是宁愿活着在泥里拖着尾巴爬行呢？”两位大夫回答说：“宁愿活着在泥里拖着尾巴爬行。”庄子说：“你们请回吧！我将照旧拖着尾巴在泥里爬行。”

惠子做梁国的相，庄子前去拜访他。有人对惠子说：“庄子前来，打算取代你的相位。”于是惠子十分惊恐，派人在都城内搜索庄子，搜了三天三夜。庄子前去见惠子说：“南方有一种鸟，名叫鹓鸰，你知道吗？这种鸟从南海出发，飞往北海，不是梧桐树不肯停息，不是练实不食，不是甘美的泉水不饮。在这时，猫头鹰得到一只腐烂的老鼠，见鹓鸰飞过，仰头看着发出一声威吓：‘吓！’今天，你也想用你得到的相位来吓我吗？”

庄子与惠子在濠水的桥上散步。庄子说：“白鱼在水中，悠闲自在地游来游去，这是鱼的快乐啊。”惠子说：“你又不是鱼，怎么知道鱼的快乐呢？”庄子说：“你不是我，怎么知道我不知道鱼的快乐呢？”惠子说：“我不是你，当然不知道你的情况；而你也不是鱼，所以你不知道鱼的快乐，情况就是这样。”庄子说：“还是回到我们开头所谈的。你说‘你怎么知道鱼的快乐’这句话时，你已经知道我知道鱼的快乐才来问我。我是在濠水的桥上知道的啊！”

解读

《秋水》是《庄子》中的又一长篇，用篇首的两个字作为篇名，中心是讨论人应怎样去认识外物，是《逍遥游》《齐物论》宗旨的充实和展开。全篇的核心部分是河伯与北海若的七段对话，把其综合起来，就是讲人由于受时空的局限，所见所闻所知是极有限的。河伯以黄河汛期之水为多，到了海边才知海水比河水大得多，由此引申开来，海比河大，天地比海大，天地以外还有更大的，人在无限的宇宙中，就更渺小了，必须突破自身限制，才可能认识大道。

在庄子看来，生命的长短、得失、贫贱，物体的大小，视野的宽窄，境界的高低，数量的多少以及自身学识的渊博和浅陋，甚至世间的一切是非、黑白、对错等，这一切矛盾都是相对的，它们都会随着时空的推移发生变化。在文中，庄子列举事例，完善他的相对论观点，给后人留下了极其实用的人生哲理。

至乐第十八

【原典】

天下有至乐无有哉？有可以活身者无有哉？今奚为奚据？奚避奚处？奚就奚去？奚乐奚恶？夫天下之所尊者，富贵寿善也；所乐者，身安厚味美服好色音声也；所下者，贫贱夭恶也；所苦者，身不得安逸，口不得厚味，形不得美服，目不得好色，耳不得音声。若不得者，则大忧以惧，其为形也亦愚哉！夫富者，苦身疾作，多积财而不得尽用，其为形也亦外矣！夫贵者，夜以继日，思虑善否，其为形也亦疏矣！人之生也，与忧俱生。寿者惛惛[①]，久忧不死，何苦也！其为形也亦远矣！烈士为天下见善矣，未足以活身。吾未知善之诚善邪？诚不善邪？若以为善矣，不足活身；以为不善矣，足以活人。故曰："忠谏不听，蹲循勿争。"故夫子胥争，之以残其形；不争，名亦不成。诚有善无有哉？

今俗之所为与其所乐，吾又未知乐之果乐邪？果不乐邪？吾观夫俗之所乐，举群趣者，誙（kēng）誙然[②]如将不得已，而皆曰乐者，吾未之乐也，亦未之不乐也。果有乐无有哉？吾以无为诚乐矣，又俗之所大苦也。故曰："至乐无乐，至誉无誉。"天下是非果未可定也。虽然，无为可以定是非。至乐活身，唯无为几存。请尝试言之：天无为以之清，地无为以之宁。故两无为相合，万物皆化生。芒乎芴乎，而无从出乎！芴乎芒乎[③]，而无有象乎！万物职职，皆从无为殖。故曰："天地无为也，而无不为也。"人也孰能得无为哉！

庄子妻死，惠子吊之，庄子则方箕踞鼓盆而歌[④]。惠子曰："与人居，长子、老、身死，不哭亦足矣，又鼓盆而歌，不亦甚乎！"庄子曰："不然。是其始死也，我独何能无概！然察其始而本无生；非徒无生也，而本无形；非徒无形也，而本无气。杂乎芒芴之间，变而有气，气变而有形，形变而有生。今又变而之死。是相与为春秋冬夏四时行也。人且偃然寝于巨室，而我嗷嗷然随而哭之[⑤]，自以为不通乎命，故止也。”

支离叔与滑介叔观于冥伯之丘，昆仑之虚，黄帝之所休。俄而柳生其左肘，其意蹶蹶然恶之。支离叔曰：“子恶之乎？”滑介叔曰：“亡，予何恶！生者，假借也。假之而生生者，尘垢也。死生为昼夜。且吾与子观化而化及我，我又何恶焉！”

庄子之楚，见空髑髅，髐（xiāo）然有形[⑥]。撽以马捶，因而问之，曰：“夫子贪生失理而为此乎？将子有亡国之事、斧钺之诛而为此乎？将子有不善之行，愧遗父母妻子之丑而为此乎？将子有冻馁（něi）之患而为此乎？将子之春秋故及此乎？”于是语卒，援髑髅，枕而卧。夜半，髑髅见梦曰：“子之谈者似辩士，视子所言，皆生人之累也，死则无此矣。子欲闻死之说乎？”庄子曰：“然。”髑髅曰：“死，无君于上，无臣于下，亦无四时之事，从然以天地为春秋，虽南面王乐，不能过也。”庄子不信，曰：“吾使司命复生子形，为子骨肉肌肤，反子、父母、妻子、闾里、知识，子欲之乎？”髑髅深矉蹙（cù）頞（è）曰：“吾安能弃南面王乐而复为人间之劳乎！”

颜渊东之齐，孔子有忧色。子贡下席而问曰：“小子敢问：回东之齐，夫子有忧色，何邪？”孔子曰：“善哉汝问。昔者管子有言，丘甚善之，曰：‘褚（zhǔ）小者不可以怀大，绠短者不可以汲深[⑦]。’夫若是者，以为命有所成而形有所适也，夫不可损益。吾恐回与齐侯言尧、舜、黄帝之道，而重以燧人、神农之言。彼将内求于己而不得，不得则惑，人惑则死。且女独不闻邪？昔者海鸟止于鲁郊，鲁侯御而觞（shāng）之于庙，奏《九韶》以为乐，具太牢以为膳。鸟乃眩视忧悲，不敢食一脔[⑧]，不敢饮一杯，三日而死。此以己养养鸟也，非以鸟养养鸟也。夫以鸟养养鸟者，宜栖之深林，游之坛陆，浮之江湖，食之鳅鲦，随行列而止，委蛇而处。彼唯人言之恶闻，奚以夫譊（náo）譊为乎！《咸池》《九韶》之乐，张之洞庭之野，鸟闻之而飞，兽闻之而走，鱼闻之而下入，人卒闻之，相与还而观之。鱼处水而生，人处水而死。彼必相与异，其好恶故异也。故先圣不一其能，不同其事。名止于实，义设

于适，是之谓条达而福持。”

列子行，食于道从，见百岁髑髅，攓蓬而指之曰[⑨]：“唯予与汝知，而未尝死、未尝生也。若果养乎？予果欢乎？”种有几，得水则为㡭，得水土之际则为蛙蠙（pín）之衣，生于陵屯则为陵舄（xì）[⑩]，陵舄得郁栖则为乌足，乌足之根为蛴螬，其叶为胡蝶。胡蝶胥也化而为虫，生于灶下，其状若脱，其名为鸲（qú）掇[⑪]。鸲掇千日为鸟，其名为乾馀骨。乾馀骨之沫为斯弥，斯弥为食醯（xī）[⑫]。颐辂生乎食醯，黄軦（kuàng）生乎九猷（yóu），瞀（mào）芮（ruì）生乎腐蠸，羊奚比乎不箰久竹生青宁，青宁生程，程生马，马生人，人又反入于机。万物皆出于机，皆入于机。

【注释】

①惛（hūn）惛：糊涂，迷糊。②諲（kēng）諲然：坚定果敢的样子。③芒芴（hū）：与“恍惚”同义。④箕踞（jī jù）：像簸箕一样盘腿而坐。⑤噭（jiào）噭：哀哭声。⑥髑髅（dú lóu）：即骷髅。⑦绠（gěng）：从井中提水时系水桶的绳子，俗称井绳。⑧脔（luán）：切成的肉块。⑨攓（qiān）：同“搴”，有抽取、拔取之义。⑩陵舄（xì）：车前草，一种生长在路边的野草。⑪鸲掇（qú duō）：一种虫子。⑫食醯（xī）：醋。

【译文】

天下到底有没有最大的快乐呢？到底有没有可以保全自身的方法呢？现在，应该做些什么又依据什么？回避什么又安心什么？靠近什么又舍弃什么？喜欢什么又讨厌什么？世上的人们所尊崇看重的，是富有、高贵、长寿和善名；所爱好喜欢的，是身体的安适、丰盛的食品、漂亮的服饰、绚丽的色彩和动听的乐声；所认为低下的，是贫穷、卑微、短命和恶名；所痛苦烦恼的，是身体不能获得舒适安逸、口里不能获得美味佳肴、外形不能获得漂亮的服饰、眼睛不能看到绚丽的色彩、耳朵不能听到悦耳的乐声。假如得不到这些东西，就大为忧愁和担心，以上种种对待身形的做法实在是太愚蠢啊！富有的人，劳累身形勤勉操作，积攒了许许多多财富却不能全部享用，那样对待身体也就太不看重了。高贵的人，夜以继日地苦苦思索怎样才会保全权位和厚禄与否，那样对待身体也就太忽略了。人们生活于世间，忧愁也就跟着一道产生。长寿的人整日里糊糊涂涂，长久地处于忧患之中而不死去，多么痛苦啊！那样对待身体也就太疏远了。刚烈之士为了天下而表现出忘身殉国的行为，可是却不足以存活自身。我不知道这样的行为是真正的好呢，还是实在不能算是好呢？如果认为是好行为，却不足以存活自身；如果认为不是好行为，却又足以使别人存活下来。所以说："忠诚的劝谏不被接纳，那就退让一旁不再去争谏。"伍子胥忠心劝谏以致身受残戮，如果他不努力去争谏，忠臣的美名也就不会成就。这样说来，到底有没有所谓的至善至美呢？

现今世俗之所为与所乐，我也不知那果真是乐呢，还是不乐呢？我观察世俗之所乐，所有人都争着奔向所乐，坚定果敢的样子好像没法停止似的，而他们都以为乐，我认为没有什么可乐，也没有什么不可乐。果真有乐没有呢？我认为无为确实是可乐的，而世俗之人又认为是大苦。所以说："最高的快乐就是无忧无乐，最完美的赞誉就是不赞誉。"天下之是非确实是不定的。虽然这样，无为却可以定是非。最高之快乐与存活自身，唯有无为差不多可以做到。请尝试讲一下：天由于无为而能清虚，地由于无为而得宁静。故而天地两者无为相合，万物都化生出来。恍惚暗昧，不知从何所出！暗昧恍惚，又没有一定形象！万物繁杂众多，都从无为生殖出来。所以说："天地是无为的，又是无不为的。”有几个人能懂得无为之道并竭力去效法啊！

庄子的妻子死了，惠子前往表示吊唁，庄子却正在分开双腿像簸箕一样坐着，一边敲打着瓦缶一边唱歌。惠子说：“你跟死去的妻子生活了一辈子，生儿育女直至衰老而死，人死了不伤心哭泣也就算了，又敲着瓦缶唱起歌来，你也太过分了吧！”庄子说：“不对哩。这个人她初死之时，我怎么能不感慨伤心呢！然而仔细考察她开始原本就不曾出生；不只是不曾出生，而且本来就不曾具有形体；不只是不曾具有形体，而且原本就不曾形成元气。夹杂在恍恍惚惚的境域之中，变化而有了元气，元气变化而有了形体，形体变化而有了生命，如今变化又回到死亡。这就跟春夏秋冬四季运行一样。死去的那个人将安安稳稳地寝卧在天地之间，而我却呜呜地围着她啼哭，自认为这是不能通晓于天命，所以也就停止了哭泣。”

支离叔和滑介叔观光冥伯之丘和昆仑之墟，这都是黄帝曾经休息之处。随即在滑介叔左肘上生出一个瘤子，他表现出惊惧不安好像很厌恶这个肿瘤。支离叔说：“你厌恶它吗？”滑介叔说：“不，我为什么要厌恶它！人生不过是假借众物合成身体。假借而生之身体又生出肿瘤，不过是尘垢罢了。死生好比是昼夜交替。而且我与你观察造化之运行，而化到我的身上，我又为什么要厌恶它！”

庄子到楚国去，途中见到一个骷髅，枯骨突露呈现出原形。庄子用马鞭从侧旁敲了敲，问道：“先生是贪求生命、失却真理，因而成了这样呢？抑或你遇上了亡国的大事，遭受到刀斧的砍杀，因而成了这样呢？抑或有了不好的行为，担心给父母、妻儿留下耻辱，羞愧而死成了这样呢？抑或你遭受寒冷与饥饿的灾祸而成了这样呢？抑或你享尽天年而死去成了这样呢？”庄子说罢，拿过骷髅，用作枕头而睡去。到了半夜，骷髅给庄子显梦说：“你先前谈话的情况真像一个善于辩论的人。看你所说的那些话，全属于活人的拘累，人死了就没有上述忧患了。你愿意听听人死后的有关情况和道理吗？”庄子说：“好。”骷髅说：“人一旦死了，在上没有国君的统治，在下没有官吏的管辖，也没有四季的操劳，从容安逸地把天地的长久看作时令的流逝，即使南面为王的快乐，也不可能超过。”庄子不相信，说：“我让主管生命的神来恢复你的形体，为你重新长出骨肉肌肤，返回到你的父母、妻儿、左右邻里和朋友故交中去，你希望这样做吗？”骷髅皱眉蹙额，深感忧虑地说：“我怎么能抛弃南面称王的快乐而再次经历人世的劳苦呢？”

颜渊东去齐国，孔子面有忧愁之色。子贡离开席位问道：“学生请问老师，颜回东去齐国，先生面有忧色，这是为何呢？”孔子说：“你问得很好。从前管子有句话，我认为讲得很好，他说：‘小袋子不可包藏大物件，短绳子不能汲出深井水。’之所以这样，是因为命运各有所定，形体各有所适宜，是不能增加和减少的。我恐怕颜回和齐侯讲说尧、舜、黄帝之道，又加上燧人、神农之主张。齐侯听了将会内求于心而不能理解，不能理解就要产生惶惑，人惶惑于心忧思不解，就会悒郁而死。况且你难道没有听说过吗？从前有一只海鸟飞落在鲁国都城的郊外，鲁侯把它迎进太庙，用酒宴招待，演奏九韶之乐去娱乐它，设太牢之宴为膳食。而鸟却头晕目眩忧愁悲苦，不敢吃一块肉，不敢饮一杯酒，三天就死了。这是用养己的方式去养鸟，不是用养鸟的方式去养鸟。用养鸟的方式养鸟，应该让它栖息在深林中，漫游在沙洲荒岛，浮沉于江湖水面，捕食泥鳅、白蟠等，随鸟群行列飞行与留止，从容自如地生活着。鸟最厌恶听到人的声音，何以还要做这些喧闹嘈杂之事啊！咸池、九韶一类乐曲，演奏在广漠的旷野，鸟听了要飞去，兽听了要逃跑，鱼听了要潜入水底，众人听了，相互环绕观看。鱼在水里而得生，人在水

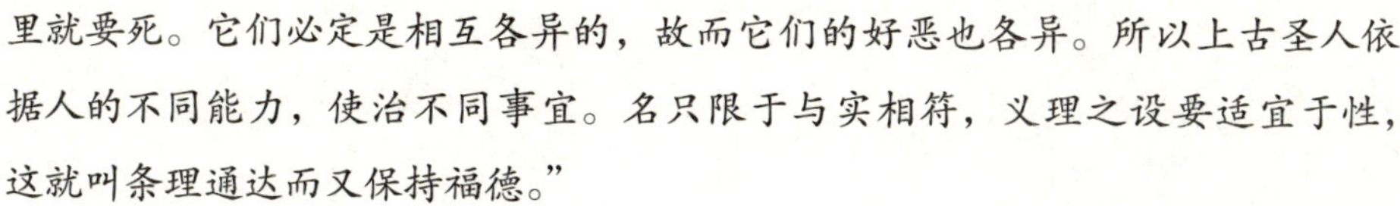
里就要死。它们必定是相互各异的，故而它们的好恶也各异。所以上古圣人依据人的不同能力，使治不同事宜。名只限于与实相符，义理之设要适宜于性，这就叫条理通达而又保持福德。”

列子外出游玩，在道旁吃东西，看见一个上百年的死人的头骨，拔掉周围的蓬草指着骷髅说：“只有我和你知道你是不曾死也不曾生的。你果真忧愁吗？我又果真快乐吗？”物类千变万化源起于微细状态的“几”，有了水的滋养便会长成细如断丝的𪾢草，处于陆地和水面的交接处就形成青苔，生长在山陵高地就成了车前草，车前草获得粪土的滋养长成乌足，乌足的根变化成土蚕，乌足的叶子变化成蝴蝶。蝴蝶很快又变化成为虫，生活在灶下，那样子就像是蜕皮，它的名字叫作灶马。灶马一千天以后变化成为鸟，它的名字叫作干余骨。干余骨的唾沫长出虫子斯弥，斯弥又生出蠛蠓。颐辂从蠛蠓中形成，黄軦从九猷中长出，蠓子则产生于萤火虫，羊奚草跟不长笋的老竹相结合，老竹又生出青宁虫；青宁虫生出豹子，豹子生出马，马生出人，而人又返归造化之初的混沌中。万物都产生于自然的造化，又全都回返自然的造化。

解读

“至乐”是首句中的两个字，意思是人生最大的快乐。人生在世，什么是最大的快乐呢？人应怎样对待生和死呢？篇文的内容就在于讨论、回答这个问题。

人生的最大快乐究竟是什么呢？这是个很现实的问题。可是庄子却说“至乐无乐”：最大的快乐就是忘掉快乐，忘掉世俗间种种因功名利禄的获取所带来的快乐。这样的结论当然是很多人都无法接受的。可是事实就是如此。庄子认为，对于快乐的期待就是获得快乐的最大障碍。因为我们的期待总是很高，一旦结果差强人意，我们就会陷入无尽的痛苦和悲伤之中。一旦我们忘记了对快乐和功名利禄的种种奢求，用一种淡然的态度去面对生活，突然有一天和它们在不经意间相遇时，心里必然会有说不出的惊喜和兴奋。这大概就是庄子所说的“至乐”吧。

达生第十九

【原典】

达生之情者，不务生之所无以为；达命之情者，不务命之所无奈何。养形必先之以物，物有馀而形不养者有之矣；有生必先无离形，形不离而生亡者有之矣。生之来不能却，其去不能止。悲夫！世之人以为养形足以存生，而养形果不足以存生，则世奚足为哉！虽不足为而不可不为者，其为不免矣！夫欲免为形者，莫如弃世。弃世则无累，无累则正平，正平则与彼更生，更生则几矣！事奚足弃而生奚足遗？弃事则形不劳，遗生则精不亏。夫形全精复，与天为一。天地者，万物之父母也，合则成体，散则成始。形精不亏，是谓能移。精而又精，反以相天。

子列子问关尹曰："至人潜行不窒[①]，蹈火不热，行乎万物之上而不栗。请问何以至于此？"关尹曰："是纯气之守也，非知巧果敢之列。居，予语女！凡有貌象声色者，皆物也。物与物何以相远！夫奚足以至乎先？是色而已。则物之造乎不形，而止乎无所化。夫得是而穷之者，物焉得而止焉！彼将处乎不淫之度，而藏乎无端之纪，游乎万物之所终始。壹其性，养其气，合其德，以通乎物之所造。夫若是者，其天守全，其神无郤，物奚自入焉！夫醉者之坠车，虽疾不死。骨节与人同而犯害与人异，其神全也。乘亦不知也，坠亦不知也，死生惊惧不入乎其胸中，是故迕物而不慴[②]。彼得全于酒而犹若是，而况得全于天乎？圣人藏于天，故莫之能伤也。复雠（chóu）者不折镆干，虽有忮心者，不怨飘瓦[③]，是以天下平均。故无攻战之乱，无杀戮之刑者，由此道也。不开人之天，而开天之天。开天者德生，开人者贼生。不厌其天，不忽于人，民几乎以其真。"

仲尼适楚，出于林中，见痀（gōu）偻者承蜩，犹掇之也。仲尼曰：“子巧乎，有道邪?”曰：“我有道也。五六月累丸二而不坠，则失者锱铢[4]；累三而不坠，则失者十一；累五而不坠，犹掇之也。吾处身也，若厥株拘；吾执臂也，若槁木之枝。虽天地之大，万物之多，而唯蜩翼之知。吾不反不侧，不以万物易蜩之翼，何为而不得!”孔子顾谓弟子曰：“用志不分，乃凝于神。其痀偻丈人之谓乎!”

颜渊问仲尼曰：“吾尝济乎觞深之渊，津人操舟若神。吾问焉曰：‘操舟可学邪?’曰：‘可。善游者数能。若乃夫没人，则未尝见舟而便操之也。’吾问焉而不吾告，敢问何谓也?”仲尼曰：“善游者数能，忘水也。若乃夫没人之未尝见舟而便操之也，彼视渊若陵，视舟之覆犹其车却也。覆却万方陈乎前而不得入其舍，恶往而不暇！以瓦注者巧，以钩注者惮，以黄金注者殙[5]。其巧一也，而有所矜，则重外也。凡外重者内拙。”

田开之见周威公，威公曰：“吾闻祝肾学生，吾子与祝肾游，亦何闻焉?”田开之曰：“开之操拔篲（huì）以侍门庭[6]，亦何闻于夫子?”威公曰：“田子无让，寡人愿闻之。”开之曰：“闻之夫子曰：‘善养生者，若牧羊然，视其后者而鞭之。’”威公曰：“何谓也?”田开之曰：“鲁有单豹者，岩居而水饮，不与民共利，行年七十而犹有婴儿之色，不幸遇饿虎，饿虎杀而食之。有张毅者，高门县薄，无不走也，行年四十而有内热之病以死。豹养其内而虎食其外，毅养其外而病攻其内。此二子者，皆不鞭其后者也。”仲尼曰：“无入而藏，无出而阳，柴立其中央。三者若得，其名必极。夫畏涂者，十杀一人，则父子兄弟相戒也，必盛卒徒而后敢出焉，不亦知乎？人之所取畏者，衽席之上[7]，饮食之间，而不知为之戒者，过也！”

祝宗人玄端以临牢策，说彘曰[8]：“汝奚恶死？吾将三月豢（huàn）汝，十日戒，三日齐，藉白茅，加汝肩尻乎雕俎之上[9]，则汝为主乎？”为彘谋，曰：“不如食以糠糟，而错之牢策之中。”自为谋，则苟生有轩冕之尊，死得于腞楯[10]之上、聚偻之中则为之。为彘谋则去之，自为谋则取之，所异彘者何也！

桓公田于泽，管仲御，见鬼焉。公抚管仲之手曰：“仲父何见？”对曰：“臣无所见。”公反，诶诒为病[11]，数日不出。齐士有皇子告敖者，曰：“公则自伤，鬼恶能伤公！夫忿滀之气[12]，散而不反，则为不足；上而不下，则使人善怒；下而不上，则使人善忘；不上不下，中身当心，则为病。”桓公曰：“然则有鬼乎？”曰：“有。峷有履[13]，灶有髻。户内之烦壤，雷霆处之；东北方之下者，倍阿、鲑蛰跃之；西北方之下者，则泆阳处之[14]。水有罔象，丘有峷，山有夔，野有彷徨，泽有委蛇。”公曰：“请问委蛇之状何如？”皇子曰：“委蛇，其大如毂，其长如辕，紫衣而朱冠。其为物也，恶闻雷车之声，则捧其首而立。见之者殆乎霸。”桓公辴[15]然而笑曰：“此寡人之所见者也。”于是正衣冠与之坐，不终日而不知病之去也。

纪渻（shěng）子为王养斗鸡。十日而问：“鸡已乎？”曰：“未也，方虚憍而恃气[16]。”十日又问，曰：“未也，犹应向景。”十日又问，曰：“未也，犹疾视而盛气。”十日又问，曰：“几矣，鸡虽有鸣者，已无变矣，望之似木鸡矣，其德全矣。异鸡无敢应者，反走矣。”

孔子观于吕梁，县水三十仞，流沫四十里，鼋鼍鱼鳖之所不能游也[17]。见一丈夫游之，以为有苦而欲死也，使弟子并流而拯之。数百步而出，被发行歌而游于塘下。孔子从而问焉，曰：“吾以子为鬼，察子则人也。请问，蹈水有道乎？”曰：“亡，吾无道。吾始乎故，长乎性，成乎命。与齐俱入，与汩

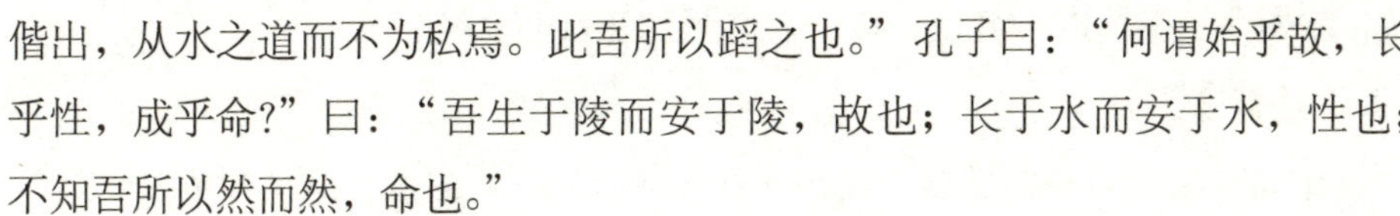

偕出，从水之道而不为私焉。此吾所以蹈之也。”孔子曰：“何谓始乎故，长乎性，成乎命?”曰：“吾生于陵而安于陵，故也；长于水而安于水，性也；不知吾所以然而然，命也。”

梓庆削木为鐻（jù）[18]，鐻成，见者惊犹鬼神。鲁侯见而问焉，曰：“子何术以为焉?”对曰：“臣，工人，何术之有！虽然，有一焉。臣将为鐻，未尝敢以耗气也，必齐以静心。齐三日，而不敢怀庆赏爵禄；齐五日，不敢怀非誉巧拙；齐七日，辄然忘吾有四枝形体也。当是时也，无公朝，其巧专而外骨消。然后入山林，观天性，形躯至矣，然后成见鐻，然后加手焉；不然则已。则以天合天，器之所以疑神者，其是与！”

东野稷以御见庄公，进退中绳，左右旋中规。庄公以为文父弗过也，使之钩百而反。颜阖遇之，入见曰：“稷之马将败。”公密而不应。少焉，果败而反。公曰：“子何以知之?”曰：“其马力竭矣而犹求焉，故曰败。”

工倕旋而盖规矩，指与物化，而不以心稽[19]，故其灵台一而不桎。忘足，履之适也；忘要，带之适也；知忘是非，心之适也；不内变，不外从，事会之适也；始乎适而未尝不适者，忘适之适也。

有孙休者，踵门而诧子扁庆子曰：“休居乡不见谓不修，临难不见谓不勇；然而田原不遇岁，事君不遇世，宾于乡里，逐于州部，则胡罪乎天哉?休恶遇此命也?”扁子曰：“子独不闻夫至人之自行邪?忘其肝胆，遗其耳目，芒然彷徨乎尘垢之外，逍遥乎无事之业，是谓为而不恃，长而不宰。今汝饰知以惊愚，修身以明污，昭昭乎若揭日月而行也。汝得全而形躯，具而九窍，无中道夭于聋盲跛蹇而比于人数[20]，亦幸矣，又何暇乎天之怨哉?子往矣!”孙子出，扁子入。坐有间，仰天而叹。弟子问曰：“先生何为叹乎?”扁子曰：“向者休来，吾告之以至人之德，吾恐其惊而遂至于惑也。”弟子曰：“不然。孙子之所言是邪?先生之所言非邪?非固不能惑是。孙子所言非邪?先生所言是邪?彼固惑而来矣，又奚罪?”扁子曰：“不然。昔者有鸟止于鲁郊，鲁君说之，为具太牢以飨之，奏《九韶》以乐之。鸟乃始忧悲眩视，不敢饮食。此之谓以己养养鸟也。若夫以鸟养养鸟者，宜栖之深林，浮之江湖，食之以委蛇，则平陆而已矣。今休，款启寡闻之民也，吾告以至人之德，譬之若载鼷以车马㉑，乐鷃以钟鼓也，彼又恶能无惊乎哉！”

【注释】

①窒：窒息，停止呼吸。②迕（è）：同“遌”，碰撞。慴（shè）：惊惧。③忮（zhì）：忌恨。④锱铢（zī zhū）：古代一种很小的重量单位。⑤殙（hūn）：心绪昏乱。⑥拔篲：洒水打扫之类的杂务。⑦衽（rèn）席：睡卧之席。⑧彘（zhì）：猪。⑨尻（kāo）：猪臀部上的肉。⑩腞楯（zhuàn shǔn）：送葬用的灵车。⑪诶诒（ēi yí）：因惊吓过度而自言自笑。⑫忿滀（chù）：怒气郁结。滀为水停聚的样子，引申为蓄愤，郁结。⑬峷（shēn）：怪兽，状如狗，有角，身上有五彩花纹。⑭泆（yì）阳：传说中豹头马尾的神。⑮辴（zhěn）然：欢笑开朗的样子。⑯虚憍：内心空虚而神态高傲的样子。⑰鼋（yuán）：个头较大的鳖称为鼋。鼍（tuó）：鳄鱼，有说即扬子鳄。⑱鐻（jù）：悬挂钟鼓之木架，形似虎，上面雕刻有精美生动的图案。⑲稽：存留，牵挂于心。⑳跛蹇（jiǎn）：瘸腿。㉑鼷（xī）：鼷鼠，为鼠类中个头最小的一种。

【译文】

通晓生命真谛的人，不会去努力追求对于生命没有什么好处的东西；通晓命运实情的人，不会去努力追求命运无可奈何的事情。养育身形必定先得备足各种物品，可是物资充裕而身体却不能很好保养的情况是有的；保全生命必定先得使生命不脱离形体，可是形体没有死去而生命却已死亡的情况也是有的。生命的到来不能推却，生命的离去不能留止。可悲啊！世俗的人认为养育身形便足以保存生命，然而养育身形果真不足以保存生命，那么，世间还有什么事情值得去做呢！虽然不值得去做却不得不去做，操劳或勤苦也就不可避免。想要免除操劳形体的情况，不如忘却世事。忘却世事就没有辛苦和劳累，没有辛苦和劳累就算走上了正确的道路，走上了正确的道路就能跟随自然一道生存与变化，跟自然一道生存与变化也就接近于大道了。世俗之事为什么须得舍弃而生命途中的痕迹为什么须得遗忘？舍弃了世俗之事身形就不会劳累，遗忘了生命的涯际，精神就不会亏损。身形得以保全而精神得以复本还原，就跟自然融合为一体。天和地，乃是万物（生长、繁育）的父体和母体，（阴阳二气）一旦结合便形成物体，物体一旦离散又成为新的物体产生的开始。形体保全精神不亏损，这就叫能够随自然的变化而变化。精神汇集达到高度凝聚的程度，返回过来又将跟自然相辅相成。

列子问关尹说："至人在水下潜行而不窒息，踩在火上也不觉得热，在万物之巅峰上行走也不恐惧。请问为什么能达到这样？"关尹说："这是持守纯和之气的结果，不属于智巧果敢之列。坐下吧，我讲给你。凡是有形象、声音、色彩的，都是物。物与物何以差别甚远？都是物，哪个又有资格处先居上？这些都是形色之物而已。而物是由无形之道创生出来，又复归于虚静无为之道体。得此万物生化之理而又能穷尽之人，世俗之物哪能限定他呀！他将处在无过无不及的恰到好处的限度，而又冥合于循环无穷推陈出新之大道纲纪，逍遥于万物之终始。专一持守其自性，存养其精神，使德性与天道相合，以与创生万物之自然相通。如果能做到这样，他持守自然之道就完备无缺，其精神没有空隙，外物又从何处入侵心灵呢！喝醉酒的人从车上摔下来，虽然摔得快速也不会死。他的骨节与别人相同而所受伤害与人不同，就因为他精神凝聚而完备。他乘车时不知，坠车时也不知，死生惊惧这些念头没有进入他的心中，所以与物碰撞而不惊惧。他靠酒使精神凝聚完备还能做到这样，更何况得全于自然之道呢！圣人与天道冥合，所以不能使他受到伤害。复仇的人，不去折断曾伤害自己的宝剑，即使忌恨心极重的人，也不怨恨偶尔吹落砸到自己的瓦片，因此天下才平等无争心。所以没有相互攻战之动乱，没有杀戮之刑罚，都是由于这无为无心之道。不去开启人的智巧，而去开启人的自性。开启人的自性就能培养好的道德，开启人的智巧就会产生贼害之心。不满足于对自性的修养而持之以恒，也不忽略人对天理的认识，这样的人就近于按纯真的本性行事了。"

孔子到楚国去，走出树林，看见一个驼背老人正用竿子粘蝉，就好像在地上拾取一样。孔子说："先生真是巧啊！有门道吗？"驼背老人说："我有我的办法。经过五六个月的练习，在竿头累迭起两个丸子而不会坠落，那么失手的情况已经很少了；迭起三个丸子而不坠落，那么失手的情况十次不会超过一次了；迭起五个丸子而不坠落，也就会像在地面上拾取一样容易。我立定身子，犹如临近地面的断木；我举竿的手臂，就像枯木的树枝。虽然天地很大，万物品类很多，我一心只注意蝉的翅膀，从不思前想后左顾右盼，绝不因纷繁的万物而改变对蝉翼的注意，为什么不能成功呢！”孔子转身对弟子们说：“运用心志不分散，就是高度凝聚精神，恐怕说的就是这位驼背的老人吧！”

颜渊问孔子说：“我曾经渡过觞深之渊，船夫驾船的技艺奇异莫测，我问及此事，说：‘驾船的技艺可以学会吗？’回答说：‘可以。善于游水的人经过多次练习能学会。至于会潜水之人，他们即便未曾见过船，也能操纵自如。’我问及于此，他不肯告诉我，请问这是何意呢？”孔子说：“善于游水的人经多次训练而能，是因为他们遗忘了对水的恐惧。至于会潜水之人，他们即使未见船也能操纵自如，是因为他们把水上和陆上同样看待，把船之覆看成如同车退坡一样。翻船退车等变化无穷的各种事端摆在面前，他们也毫不在意、处之泰然，这样何往而不悠闲从容！以瓦片为赌注而常常碰巧得胜，以衣带环为赌注则害怕心虚，以黄金为赌注则心绪昏乱。他们碰巧得胜的机会都一样，而因为有所畏惧就注重身外之物。凡是注重身外之物，内心必然笨拙。”

田开之拜见周威公。周威公说：“我听说祝肾在学习养生，你跟祝肾交游，从他那儿听到过什么呢？”田开之说：“我只不过拿起扫帚来打扫门庭，

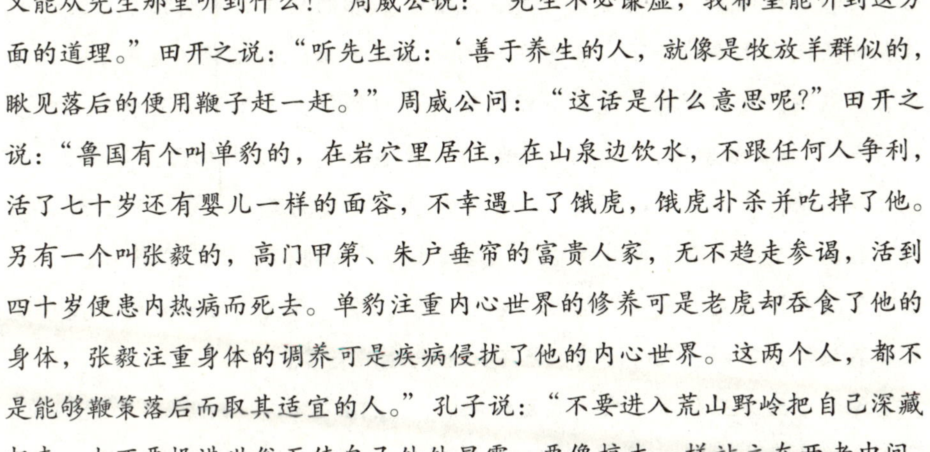

又能从先生那里听到什么！”周威公说：“先生不必谦虚，我希望能听到这方面的道理。”田开之说：“听先生说：‘善于养生的人，就像是牧放羊群似的，瞅见落后的便用鞭子赶一赶。’”周威公问：“这话是什么意思呢？”田开之说：“鲁国有个叫单豹的，在岩穴里居住，在山泉边饮水，不跟任何人争利，活了七十岁还有婴儿一样的面容，不幸遇上了饿虎，饿虎扑杀并吃掉了他。另有一个叫张毅的，高门甲第、朱户垂帘的富贵人家，无不趋走参谒，活到四十岁便患内热病而死去。单豹注重内心世界的修养可是老虎却吞食了他的身体，张毅注重身体的调养可是疾病侵扰了他的内心世界。这两个人，都不是能够鞭策落后而取其适宜的人。”孔子说：“不要进入荒山野岭把自己深藏起来，也不要投进世俗而使自己处处显露，要像槁木一样站立在两者中间。倘若以上三种情况都能具备，他的名声必定最高。使人可畏的道路，十个行人有一个人被杀害，于是父子兄弟相互提醒和戒备，必定要使随行的徒众多起来方才敢于外出，这不是很聪明吗！人所最可怕的，还是枕席上的恣意，饮食间的失度，却不知道为此提醒和戒备，这实在是过错。”

掌管祭祀祝祷之官穿着黑色的斋服，来到猪圈旁对猪说：“你为何要厌恶死？我将要用三个月时间用精料饲养你，还要为你作十日戒，三日斋，铺上白茅草，把你的前槽和后鞧放在雕花的俎上，你愿意这样做吗？”如果真是为猪谋划，就不如放置在猪圈里以糟糠为食更好。为自己谋划，如果活着有高官厚禄之尊贵，死后能有装饰华美的棺椁柩车送葬，就可以去做。为猪谋划而要抛弃的，自己为自己谋划反而要取用，与猪所不同之处在哪里呢？

齐桓公在草泽中打猎，管仲替他驾车，突然桓公见到了鬼。桓公拉住管仲的手说：“仲父，你见到了什么？”管仲回答：“我没有见到什么。”桓公打猎回来，疲惫困怠而生了病，好几天不出门。齐国有个士人叫皇子告敖的对齐桓公说：“你是自己伤害了自己，鬼怎么能伤害你呢？身体内部郁结着气，精魂就会离散而不返归于身，对于来自外界的骚扰也就缺乏足够的精神力量；郁结着的气上通而不能下达，就会使人易怒；下达而不能上通，就会使人健忘；不上通又不下达，郁结内心而不离散，那就会生病。”桓公说：“这样，那么还有鬼吗？”告敖回答：“有。水中污泥里有叫履的鬼，灶里有叫髻的鬼。

门户内的各种烦恼，名叫雷霆的鬼在处置；东北的墙下，名叫倍阿、鲑蠪的神在跳跃；西北方的墙下，名叫泆阳的神住在那里。水里有水鬼罔象，丘陵里有山鬼莘，大山里有山鬼夔，郊野里有神叫彷徨，草泽里还有一种名叫委蛇的鬼。”桓公接着问：“请问，委蛇的形状怎么样？”告敖回答：“委蛇，身躯大如车轮，长如车辕，穿着紫衣戴着红帽。他作为鬼神，最讨厌听到雷车的声音，一听见就两手捧着头站着。见到了他的人恐怕也就成了霸主了。”桓公听了后开怀大笑，说：“这就是我所见到的鬼。”于是整理好衣帽跟皇子告敖坐着谈话，不到一天时间病也就不知不觉地消失了。

纪渻子为齐王驯养斗鸡。十天后来问：“驯成了吗？”回答说：“还没有，现正表现为内心空虚而神态高傲，盛气凌人的样子。”十天后又来问，回答说：“还没有，听到鸡的声音，看到鸡的影子就有反应。”十天后又问，回答说：“还没有，现在还视物敏锐而充满怒气。”十天后再来问，回答说：“差不多了，鸡虽有鸣叫挑战者，也没有什么反应，看上去像个木鸡了，它已精神安定专一，不动不惊了。其他的鸡没有敢与之应战者，都退走了。”

孔子在吕梁观赏，瀑布高悬二三十丈，冲刷而起的激流和水花远达四十里，鼋、鼍、鱼、鳖都不敢在这一带游水。只见一个壮年男子游在水中，还以为是有痛苦而想寻死的，派弟子顺着水流去拯救他。忽见那壮年男子游出数百步远而后露出水面，还披着头发边唱边游在堤岸下。孔子紧跟在他身后而问他，说：“我还以为你是鬼，仔细观察你却是个人。请问，游水也有什么特别的门道吗？”那人回答：“没有，我并没有什么特别的方法。我起初是故常，长大是习性，有所成就在于自然。我跟水里的旋涡一块儿下到水底，又跟向上的涌流一道游出水面，顺着水势而不作任何违拗。这就是我游水的方法。”孔子说：“什么叫作起初是故常，长大是习性，有所成就在于自然呢？”那人又回答：“我出生于山地就安于山地的生活，这就叫作故常；长大了又生活在水边就安于水边的生活，这就叫作习性；不知道为什么会这样而这样生活着，这就叫作自然。”

梓庆刻削木料做成镰，镰做成后，见到的人都惊叹为鬼斧神工。鲁侯见了之后对梓庆说：“你用什么技艺方法做出来的呀？”回答说：“臣是一名工匠，哪

有什么技艺！虽然如此，有一点可以讲一讲。臣将要做鐻时，不敢有一点分散精神，一定要斋戒使心志安静专一。斋戒三日，不敢有思得奖赏官爵俸禄的念头；斋戒五日，不敢想及别人是非难作品笨拙或是赞誉作品精巧；斋戒七日，则木然不动忘记我有四肢和形体的存在。在这个时候，心中不存在朝见君主的想法，专心致志于制作技巧而外界的扰乱全部排除。然后进入山林中，观察木料的自然性能，选取那些自然形态完全合乎标准的，然后一个现成的鐻如同就在眼前了，然后才动手去做；没有这些条件就不去做。这是以己之天性与木之天性相合，器物之所以如同鬼神所造，大概就是这个原因吧！"

东野稷因为善于驾车而得见鲁庄公，他驾车时进退能够在一条直线上，左右转弯形成规整的弧形。庄公认为就是编织花纹图案也未必赶得上，于是要他转上一百圈后再回来。颜阖遇上了这件事，入内会见庄公，说："东野稷的马一定会失败的。"庄公默不作声。不多久，东野稷果然失败而回。庄公问："你为什么事先就知道一定会失败呢？"颜阖回答说："东野稷的马力气已经用尽，可是还要它转圈奔走，所以说必定会失败的。"

工捶旋物而测胜过规矩，他的手指随物而变化，不需存留于心，再作有意度量，所以他的心志专一而没有滞碍。忘掉脚的大小，什么鞋子都合适；忘记腰的粗细，什么带子都合适；忘记了是非，心无所不适；持守自性，不迁变，与外物交接无不适应，本来自性与外物是相适应的，而要达到无所不适应，就忘记为了适应而适应。

有个名叫孙休的人，走到门前就惊叹不已地询问他的老师扁庆子，说："我安居乡里不曾受人说过道德修养差，面临危难也没有人说过不勇敢。然而我的田地里却从未遇上过好收成，为国家出力也未遇上圣明的国君，被乡里所摈弃，受地方官放逐，而我对于上天有什么罪过呢？我怎么会遇上如此命运？"扁子说："你难道没有听说至人的所行吗？忘掉了他的肝胆，忘掉了他的耳目，迷惘无知、徘徊游移于世俗生活之外，逍遥自在于无为之中，这就叫施助万物而不自恃其功，作万物之长而又不加主宰。现在你修饰己智以惊醒愚昧，修养自身以显示别人卑污，光明煊赫的样子就像举着日月行走一样。像你这样的人能得以保全身躯，身体器官完备，没有中途毁损成为聋子、瞎子和瘸腿，与众人并列一起已属侥幸，又哪有闲工夫来抱怨老天啊！你走吧！”孙休离去，扁子进来。坐了一会儿，仰天叹息。弟子问道：“先生为什么叹息呀？”扁子说：“刚才孙休来，我告诉他关于至人之德行，我担心他受到震惊因而至于更加迷惑。”弟子说：“不能这样。如果孙先生所说是对的，先生所说是错的，那么错的本不能使对的迷惑；如果孙先生所说是错的，先生所说是对的，那么他来时本来就是迷惑的，又何能归罪于先生呢？”扁子说：“不是这样的。从前有只海鸟飞到鲁国都城郊外，鲁国国君很喜欢它，用‘太牢’来宴请它，奏‘九韶’乐来让它快乐，海鸟竟忧愁悲伤，眼花缭乱，不敢吃喝。这叫作按自己的生活习性来养鸟。假若是按鸟的习性来养鸟，就应当让它栖息于幽深的树林，浮游于大江大湖，让它吃泥鳅和小鱼，这本是极为普通的道理。如今的孙休，乃是管窥之见、孤陋寡闻的人，我告诉给他道德修养极高的人的德行，就好像用马车来托载小老鼠，用钟鼓的乐声来取悦小鹩雀一样。他又怎么会不感到吃惊啊！”

解读

“达”指通晓、通达，“生”就是生命，“达生”，就是通达生命的意思。以义名篇，本篇的主要内容是讲养生、养神。在文中，庄子指出，要达到“达生”的目的，最重要的就是要摒除各种外欲，要心神宁寂、事事释然。

在文中，围绕着凝神养气这一中心思想，庄子运用生动形象的寓言故事，再加以严谨的论述，让人领悟其中的玄虚之理。全篇各段思想贯通一致，被认为是《庄子》中比较完整的篇目。

庄子认为，养形和养神同样重要，都不可忽视。养形是养神的前提。如果形体不能保全，那么养神也就无从谈起。反过来说，如果养神不到位，那么形体就会出现问题，疾患频生，这样一来，养形也就成了空话。问题是，很多人意识不到这一点，要么只顾养神，要么只顾养形。所以庄子在文中提出养生要做到“忘物”，养神要做到忘记生命的存在，这样才能“形全精复，与天为一”，通俗地讲就是形神兼顾。

山木第二十

【原典】

庄子行于山中，见大木，枝叶盛茂。伐木者止其旁而不取也。问其故，曰：“无所可用。”庄子曰：“此木以不材得终其天年。”夫子出于山，舍于故人之家。故人喜，命竖子杀雁而烹之。竖子请曰：“其一能鸣，其一不能鸣，请奚杀?”主人曰：“杀不能鸣者。”明日，弟子问于庄子曰：“昨日山中之木，以不材得终其天年；今主人之雁，以不材死。先生将何处?”庄子笑曰：“周将处夫材与不材之间。材与不材之间，似之而非也，故未免乎累。若夫乘道德而浮游则不然。无誉无訾[①]，一龙一蛇，与时俱化，而无肯专为。一上一下，以和为量，浮游乎万物之祖。物物而不物于物，则胡可得而累邪！此神农、黄帝之法则也。若夫万物之情，人伦之传则不然。合则离，成则毁，廉则挫，尊则议，有为则亏，贤则谋，不肖则欺。胡可得而必乎哉！悲夫！弟子志之，其唯道德之乡乎！”

市南宜僚见鲁侯[②]，鲁侯有忧色。市南子曰：“君有忧色，何也?”鲁侯曰：“吾学先王之道，修先君之业；吾敬鬼尊贤，亲而行之，无须臾离居。然不免于患，吾是以忧。”市南子曰：“君之除患之术浅矣！夫丰狐文豹，栖于山林，伏于岩穴，静也；夜行昼居，戒也；虽饥渴隐约，犹且胥疏于江湖之上而求食焉，定也。然且不免于罔罗机辟之患[③]。是何罪之有哉？其皮为之灾也。今鲁国独非君之皮邪？吾愿君刳形去皮，洒心去欲，而游于无人之野。南越有邑焉，名为建德之国。其民愚而朴，少私而寡欲；知作而不知藏，与而不求其报；不知义之所适，不知礼之所将，猖狂妄行，乃蹈乎大方。其生可乐，其死可葬。吾愿君去国捐俗，与道相辅而行。”

君曰："彼其遥远而险，又有江山，我无舟车，奈何？"市南子曰："君无形倨[④]，无留居，以为君车。"君曰："彼其道幽远而无人，吾谁与为邻？吾无粮，我无食，安得而至焉？"市南子曰："少君之费，寡君之欲，虽无粮而乃足。君其涉于江而浮于海，望之而不见其崖，愈往而不知其所穷。送君者皆自崖而反，君自此远矣！故有人者累，见有于人者忧。故尧非有人，非见有于人也。吾愿去君之累，除君之忧，而独与道游于大莫之国。方舟而济于河，有虚船来触舟，虽有惼[⑤]心之人不怒。有一人在其上，则呼张歙之。一呼而不闻，再呼而不闻，于是三呼邪，则必以恶声随之。向也不怒而今也怒，向也虚而今也实。人能虚己以游世，其孰能害之！"

北宫奢为卫灵公赋敛以为钟，为坛乎郭门之外。三月而成上下之县。王子庆忌见而问焉，曰："子何术之设？"奢曰："一之间，无敢设也。奢闻之：'既雕既琢，复归于朴。'侗乎其无识[⑥]，傥乎其怠疑；萃乎芒乎，其送往而迎来；来者勿禁，往者勿止；从其强梁，随其曲傅，因其自穷。故朝夕赋敛而毫毛不挫，而况有大涂者乎！"

孔子围于陈蔡之间，七日不火食。大公任往吊之，曰："子几死乎？"曰："然。""子恶死乎？"曰："然。"任曰："予尝言不死之道。东海有鸟焉，名曰意怠。其为鸟也，翂翂翐翐，而似无能[⑦]；引援而飞，迫胁而栖；进不敢为前，退不敢为后；食不敢先尝，必取其绪。是故其行列不斥，而外人卒不得害，是以免于患。直木先伐，甘井先竭。子其意者饰知以惊愚，修身以明污，昭昭乎如揭日月而行，故不免也。昔吾闻之大成之人曰：'自伐者无功，功成者堕，名成者亏。'孰能去功与名，而还与众人！道流而不明居，得行而不名处；纯纯常常，乃比于狂；削迹捐势，不为功名。是故无责于人，人亦无责焉。至人不闻，子何喜哉！"孔子曰："善哉！"辞其交游，去其弟子，逃于大泽，衣裘褐，食杼栗[⑧]，入兽不乱群，入鸟不乱行。鸟兽不恶，而况人乎！

孔子问子桑雽曰[⑨]："吾再逐于鲁，伐树于宋，削迹于卫，穷于商周，围于陈蔡之间。吾犯此数患，亲交益疏，徒友益散，何与？"子桑雽曰："子独不闻假人之亡与？林回弃千金之璧，负赤子而趋。或曰：'为其布与？赤子之布寡矣；为其累与？赤子之累多矣。弃千金之璧，负赤子而趋，何也？'林回

曰：‘彼以利合，此以天属也。’夫以利合者，迫穷祸患害相弃也；以天属者，迫穷祸患害相收也。夫相收之与相弃亦远矣。且君子之交淡若水，小人之交甘若醴；君子淡以亲，小人甘以绝，彼无故以合者，别无故以离。”孔子曰：“敬闻命矣！”徐行翔佯而归，绝学捐书，弟子无挹于前，其爱益加进。异日，桑雽又曰：“舜之将死，直泠禹曰：‘汝戒之哉！形莫若缘，情莫若率。缘则不离，率则不劳。不离不劳，则不求文以待形。不求文以待形，固不待物。’”

庄子衣大布而补之，正緳系履而过魏王[⑩]。魏王曰：“何先生之惫邪？”庄子曰：“贫也，非惫也。士有道德不能行，惫也；衣弊履穿，贫也，非惫也，此所谓非遭时也。王独不见夫腾猿乎？其得楠（nán）梓豫章也，揽蔓其枝而王长其间，虽羿、逢蒙不能眄睨也[⑪]。及其得柘（zhè）棘枳枸（gǒu）之间也，危行侧视，振动悼栗，此筋骨非有加急而不柔也，处势不便，未足以逞其能也。今处昏上乱相之间而欲无惫，奚可得邪？此比干之见剖心，徵也夫！”

孔子穷于陈蔡之间，七日不火食。左据槁木，右击槁枝，而歌猋氏之风，有其具而无其数，有其声而无宫角。木声与人声，犁然有当于人之心。颜回端拱还目而窥之。仲尼恐其广己而造大也，爱己而造哀也，曰：“回，无受天损易，无受人益难。无始而非卒也，人与天一也。夫今之歌者，其谁乎！”回曰：“敢问无受天损易。”仲尼曰：“饥渴寒暑，穷桎不行，天地之行也，运物之泄也，言与之偕逝之谓也。为人臣者，不敢去之。执臣之道犹若是，而况乎所以待天乎！”

“何谓无受人益难？”仲尼曰：“始用四达，爵禄并至而不穷。物之所利，乃非己也，吾命有在外者也。君子不为盗，贤人不为窃，吾若取之，何哉？故曰：鸟莫知于鷾鸸[⑫]，目之所不宜处，不给视，虽落其实，弃之而走。其畏人也，而袭诸人间，社稷存焉尔！”“何谓无始而非卒？”仲尼曰：“化其万物而不知其禅之者，焉知其所终？焉知其所始？正而待之而已耳。”“何谓人与天一邪？”仲尼曰：“有人，天也；有天，亦天也。人之不能有天，性也。圣人晏然体逝而终矣。”

庄周游于雕陵之樊，睹一异鹊自南方来者。翼广七尺，目大运寸，感周之颡[13]，而集于栗林。庄周曰："此何鸟哉！翼殷不逝，目大不睹。"蹇裳躩步[14]，执弹而留之。睹一蝉，方得美荫而忘其身。螳螂执翳（yì）而搏之，见得而忘其形。异鹊从而利之，见利而忘其真。庄周怵然曰："噫！物固相累，二类相召也。"捐弹而反走，虞人逐而谇之[15]。庄周反入，三月不庭。蔺且从而问之："夫子何为顷间甚不庭乎？"庄周曰："吾守形而忘身，观于浊水而迷于清渊。且吾闻诸夫子曰：'入其俗，从其俗。'今吾游于雕陵而忘吾身，异鹊感吾颡，游于栗林而忘真。栗林虞人以吾为戮，吾所以不庭也。"

阳子之宋，宿于逆旅。逆旅人有妾二人，其一人美，其一人恶。恶者贵而美者贱。阳子问其故，逆旅小子对曰："其美者自美，吾不知其美也；其恶者自恶，吾不知其恶也。"阳子曰："弟子记之：行贤而去自贤之行，安往而不爱哉！"

【注释】

①訾（zǐ）：毁谤非议。②市南宜僚：人名，家住市南，姓熊名宜僚。③罔罗：抓捕野兽的网。④倨（jù）：傲慢。⑤惼（biǎn）：心地狭窄。⑥侗（dòng）：幼稚无知的样子。⑦翂（fēn）翂翐（zhì）翐：形容鸟飞得又慢又低。⑧杼（zhù）：橡树的果实。⑨子桑雽（hū）：人名，得道者。⑩縻（xié）：衣服上的带子。⑪眄睨（miǎn nì）：斜视瞄准。言腾猿善跃，羿与蓬蒙也难于瞄准射中。⑫鷾鸸（yì ér）：燕子。⑬颡（sǎng）：领头，带头。⑭躩（jué）步：轻手轻脚地行走。⑮谇（suì）：责骂。

【译文】

庄子行走在山中，看见一棵枝繁叶茂的大树。而伐木之人愣在旁边却不去砍伐。庄子好奇，遂问其原因，伐木的人回答说："没有地方可用。"庄子说："这棵树因为不成材才得以终其自然寿命。"庄子从山中走出，寄宿在友人家中，友人很高兴，命童仆杀鹅招待客人。童仆请示说："有一只鹅能鸣叫，有一只不能鸣叫，请问杀哪一只？"主人说："杀那只不会鸣叫的。"第二天，弟子向庄子问道："昨天山中之树，因为不成材得以终其自然寿命，今天主人之鹅，因不成材而被杀。先生将在这二者之间如何立身自处？"庄子笑着说："我庄周将处在成材与不成材之间。成材与不成材之间，好像与大道相

似，实则非也，所以也不能免于受牵累。如果顺乎自然而茫然无心之漫游就不是这样，既无赞誉也无毁谤，或如龙之显现，或如蛇之潜藏，随时变化，而不肯专注一端。时上时下，以与天地万物和谐为准则，茫然无心漫游于未曾有物的虚突之中。按物之本性去主宰万物而不为物所役使，这样哪里会受到牵累呢！这就是神农、黄帝遵循之法则。至于万物之情理，人世伦理之传习就不是这样。聚合转成分离，成转成毁，刚直则受挫伤，尊贵则遭非议，有作为就有亏缺，贤能就遭暗算，不肖就遭欺侮。怎么可能一定不受牵累呢！可悲呀！弟子们记住了，只有归于自然才是唯一的出路。"

市南宜僚拜见鲁侯，鲁侯正面带忧色。市南宜僚说："国君面呈忧色，为什么呢？"鲁侯说："我学习先王治国的办法，承继先君的事业；我敬仰鬼神，尊重贤能，身体力行，没有短暂的止息。可是仍不能免除祸患，我因为这个而忧虑。"市南宜僚说："你消除忧患的办法太浅薄了！皮毛丰厚的大狐和斑斑花纹的豹子，栖息于深山老林，潜伏于岩穴山洞，这是静心；夜里行动，白天居息，这是警惕；即使饥渴也隐形潜踪，还要远离各种足迹到江湖上觅求食物，这是稳定。然而还是不能免于罗网和机关的灾祸。这两种动物有什么罪过呢？是它们自身的皮毛给它们带来灾祸。如今的鲁国不就是为你鲁君带来灾祸的皮毛吗？我希望你能剖空身形，舍弃皮毛，荡涤心智，摈除欲念，进而逍遥于没有人迹的原野。遥远的南方有个城邑，名字叫作建德之国。那里的人民纯厚而又质朴，很少有私欲；知道耕作而不知道储备，给予别人什么从不希图酬报；不明白义的归宿，不懂得礼的去向，随心所欲任意而为，竟能各自行于大道。他们生时自得而乐，他们死时安然而葬。我希望国君你也能舍去国政捐弃世俗，从而跟大道相辅而行。"

鲁君说："去那里路途遥远而艰险，又有江山阻隔，我没有舟车，怎么办呢？"市南宜僚说："君能不凭借地位傲视于人，不留恋舒适的生活条件，这就是国君通往大道之车。"鲁侯说："到那里道路幽暗辽远而无人烟，我与谁相伴？我没有干粮，没有食品供给，怎么能到达那里呢？"市南宜僚说："减少君之费用，节制君之欲求，虽无粮也可满足。君将渡过江河，浮游大海，一眼望去不见边际，愈往前行而不知道它的尽头。护送君的人都从岸边返回，君从此将远离尘世而进入无限广阔的世界！所以把人民视为己有者必然成为牵累，以治理好人民为己任者必为其役使。故而尧不以天下为己有，任天下自治而不加干预。我愿意去掉君之牵累，除去君之忧愁，而只与大道漫游于广漠空虚之境。并舟而渡河，有空船来冲撞自家之船，虽然心地狭窄之人也不会发怒。有一个人在船上，就一定要呼喊他撑开或并拢过来。一次呼喊没听到，再次呼喊没听到，于是三次呼喊，就一定以责骂之声相伴随。起先不怒而今恼怒，起先是空船，而今是有人在上面。人能把自己变成空虚淡漠，在世上漫游，谁还能加害于他呢！”

北宫奢替卫灵公征集捐款铸造钟器，在外城门设下祭坛，三个月就造好了钟并编组在上下两层钟架上。王子庆忌见到这种情况，便向他问道：“你用的是什么样的办法呀？”北宫奢说：“精诚专一而又顺其自然，不敢假设有其他什么好办法。我曾听说：‘既然已细细雕刻细细琢磨，而又要返归事物的本真。’淳朴无心是那样无知无识，忘却心智是那样从容不疑；财物汇聚而自己却茫然无知，或者分发而去或者收聚而来；送来的不去禁绝，分发的不去阻留；强横不讲理的就从其自便，隐委顺和地加以随应，依照各自的情况而竭尽力量。所以早晚征集捐款而丝毫不损伤他人，何况是遵循大道的人呢！”

孔子一行被围困在陈国与蔡国之间的某地，七天没有生火做饭。大公任前往慰问，说，“先生快要饿死了吧？”回答说：“是啊。”又问：“您厌恶死吗？”回答说：“是的。”大公任说：“我尝试着说不死之道。东海上有一种鸟，它的名字叫意怠。这种鸟飞得又低又慢，好像无能的样子；要别的鸟引导协助而后起飞，与众鸟偎依在一起栖息；前进时不敢在前面，后退时不敢殿后；吃东西不敢先尝，一定要吃剩余的。因此在行列中不被排斥，而外人终不能相害，所以得免于患难。直的树木先被砍伐，甘美的水井先枯竭。您用心于修饰己智以惊醒愚昧，修养自身以显示别人卑污，光明显赫的样子像举着日月行走，所以不免于患难。以前我听道德至高的人说：‘自我夸耀的人没有功绩，功成者必然毁败，名成者必然亏缺。’谁能舍弃功名，而与众人相同！大道变化流行不是明白可见的，德成于身是不可言说的；纯一而恒常，比之于循性无心而行之人；除去形迹抛弃权势，不追求功名。因而无求于人，人亦无求于我。至人不求闻名于世，您又何必喜好闻名于世啊！”孔子说：“说得好啊！”于是辞别朋友，离开弟子，逃往旷野之中，穿粗陋之衣，食橡栗野果，入兽群不被惊扰乱群，入鸟群不被惊扰乱行列。鸟兽都不厌恶他，何况是人呐！

孔子问子桑雽道：“我两次在鲁国被驱逐，在宋国受到伐树的惊辱，在卫国被人铲除足迹，在商、周之地穷愁潦倒，在陈国和蔡国间受到围困。我遭逢这么多的灾祸，亲朋故交越发疏远了，弟子友人更加离散了，这是为什么呢？”子桑雽回答说：“你没有听说过那假国人的逃亡吗？林回舍弃了价值千金的璧玉，背着婴儿就跑。有人议论：‘他是为了钱财吗？初生婴儿的价值太少太少了；他是怕拖累吗？初生婴儿的拖累太多太多了。舍弃价值千金的璧玉，背着婴儿就跑，为了什么呢？’林回说：‘价值千金的璧玉跟我是以利益相合，这个孩子跟我则是以天性相连。’以利益相合的，遇上困厄、灾祸、忧患与伤害就会相互抛弃；以天性相连的，遇上困厄、灾祸、忧患与伤害就会相互包容。相互包容与相互抛弃差别也就太远了。而且君子的交情淡得像清水一样，小人的交情甜得像甜酒一样；君子淡泊却心地亲近，小人甘甜却利断义绝。大凡无缘无故而接近相合的，那么也会无缘无故地离散。”孔子说：“我会由衷地听取你的指教！”于是慢慢地离去，闲放自得地走了回来，终止了学业，丢弃了书简，弟子没有一个侍学于前，可是他们对老师的敬爱反而更加深厚了。有一天，子桑雽又说：“舜将死的时候，用真道晓谕夏禹说：‘你要警惕啊！身形不如顺应，情感不如率真。顺应就不会背离，率真就不会劳苦。不背离不劳神，那么也就不需要用纹饰来装扮身形。无须纹饰来矫造身形，当然也就不必有求于外物。’”

庄子穿着带补丁的粗布衣，扎好腰带，系好鞋子去魏王处。魏王说：“先生为何这样疲困呀？”庄子说：“是贫穷啊，不是疲困。志士有道德不得施行，是疲困；衣服破烂，鞋子磨穿，是贫穷，不是疲困，这是所谓没遇到好世道。王难道未曾见过善于腾跃之猿猴吗？它们在楠梓豫章之类的高大树林中，把握牵扯树枝而怡然自得于其间，就是羿与逄蒙之类的善射者也不能瞄准射中它们。及其在柘棘枳枸之类带刺的灌木丛中，行动谨慎而左顾右盼，内心震

惊畏惧战栗，此时并非由于过度紧张而筋骨不柔软灵活，所处形势不利，不足以施展其本领啊。现在处于昏君与乱相之时而想要不疲困，怎么可能呀？这就是比干被剖心前已见征兆了啊！"

孔子受困于陈国、蔡国之间，整整七天不能生火就食，左手靠着枯树，右手敲击枯枝，而且还唱起了神农时代的歌谣，不过敲击的东西并不能符合音乐的节奏，有了敲击的声响却没有符合五音的音阶。敲木声和咏歌声分得清清楚楚，而且恰如其分地表达了唱歌人的心意。颜回恭敬地在一旁侍立，掉过脸去偷偷地看了看。孔子真担心他把自己的道德看得过于高远而达到最了不起的境界，爱惜自己因而至于哀伤，便说："颜回，不受自然的损害容易，不接受他人的利禄则较困难。世上的事没有什么开始不同时又是终了的，人与自然原本也是同一的。至于现在唱歌的人又将是谁呢？"颜回说："我冒昧地请教什么叫作不受自然的损害容易。"孔子

说："饥饿、干渴、严寒、酷暑，穷困的束缚使人事事不能通达，这是天地的运行，万物的变迁，说的是要随着天地、万物一块儿变化流逝。做臣子的，不敢违拗国君的旨意。做臣子的道理尚且如此，何况是用这样的办法来对待自然呢！"

颜回又问："什么叫不受人加给之利誉难？"孔子说："开始见用于世四面八方无不通达，官爵俸禄并至而不穷尽。这些外物带来的利益，并非关乎己之本性，乃是性外之物，外利得失之命运操纵于外。君子不做强盗，贤人不做窃贼，我要取这些性外之物算是什么人呢？所以说：鸟没有比燕子更聪明的了，看一眼不适宜停留，不再多看即飞去，虽失落了诱饵，也弃之而去。它们害怕人，又入人之宅筑巢以免害。人亦须赖国家以生存。"颜回又问："什么叫没有哪个起点不是终点？"孔子说："万物生灭变化无穷而不知如何相互更迭，哪里知道它的终点？哪里知道它的起点？持守正道以待其变化就是了。"颜回又问："什么叫人与天是同一的？"孔子说："有人事之变化，又无不受天支配；有天道变化，亦出于自然。人不能支配天道，这是其本性决定的，圣人安然体悟天道常行不息之性而终其天命。"

庄子在雕陵的栗树林里游玩，看见一只奇异的怪鹊从南方飞来，翅膀宽达七尺，眼睛大若一寸，碰着庄子的额头而停歇在栗树林里。庄子说："这是什么鸟呀，翅膀大却不能远飞，眼睛大视力却不敏锐？"于是提起衣裳轻手轻脚地上前，拿着弹弓静静地等待着时机。这时突然看见一只蝉，正在浓密的树荫里美美地休息而忘记了自身的安危。一只螳螂用树叶作隐蔽打算见机扑上去捕捉蝉，螳螂眼看即将得手而忘掉了自己形体的存在。那只怪鹊紧随其后认为那是极好的时机，眼看即将捕到螳螂而又丧失了自身的真性。庄子惊恐而警惕地说："啊，世上的物类原本就是这样相互牵累、相互争夺的，两种物类之间也总是以利相吸引！"庄子于是扔掉弹弓转身快步而去，看守栗园的人大惑不解地在后面追着责问。庄子返回家中，接连三日不快意，学生蔺且因而问道："先生近来为何很不快活呀？"庄子说："我静能守形，动却忘身，我能看破世人追名逐利之危险，自己却不知躲避。而且我听先生说：'入乡随俗，服从禁令。'现在我在雕陵中游玩却忘了自身，奇异之鹊触碰我的额头，游于栗林而忘记真性。栗林的看守人因而责骂我，我所以不快意呀。”

阳子到宋国去，住在旅店里。旅店主人有两个妾，其中一个漂亮，一个丑陋，可是长得丑陋的受到宠爱而长得漂亮的却受到冷淡。阳子问其缘故，店主回答：“那个长得漂亮的自以为漂亮，但是我却不觉得她漂亮；那个长得丑陋的自以为丑陋，但是我却不觉得她丑陋。”阳子转对弟子说：“弟子们记住：品行贤良但却不自以为具有贤良的品行，去到哪里不会受到敬重和爱戴啊！”

解读

《山木》一篇，如果从篇名看，会让人觉得不知所云，其实本篇与《人间世》主旨相同，主要讲虚己、无为的人生哲学。虚构了逃避现实的理想境界，把虚己免害的处世方法与物无终始的哲学发展观结合起来，论证天与人之同一。之所以取名“山木”，是因为开篇的一则“山中之木”的寓言故事。

本篇的多组故事，描写生动幽默，寓意深远，很有特色。比如第一段中说庄子入山，见不成材之木得终天年；宿于故人家，见哑鹅被杀，得出要在材与不材间自处的设想。进而指出，人世间处处险象环生，风云莫测，要避免祸患，颐养天年，一味地在“有用”和“无用”之间保持中立是行不通的，最好的办法是修身悟道，“无为而不为”，以不变应万变。

后面一则“螳螂捕蝉，黄雀在后”的寓言也有相同的用意。其中的名言佳句也是流传千古而不衰。

田子方第二十一

【原典】

田子方侍坐于魏文侯，数称谿工。文侯曰："谿工，子之师邪？"子方曰："非也，无择之里人也。称道数当，故无择称之。"文侯曰："然则子无师邪？"子方曰："有。"曰："子之师谁邪？"子方曰："东郭顺子。"文侯曰："然则夫子何故未尝称之？"子方曰："其为人也真，人貌而天虚，缘而葆真，清而容物。物无道，正容以悟之，使人之意也消。无择何足以称之！"子方出，文侯傥然[①]，终日不言，召前立臣而语之曰："远矣，全德之君子！始吾以圣知之言、仁义之行为至矣。吾闻子方之师，吾形解而不欲动，口钳而不欲言。吾所学者，直土梗耳！夫魏真为我累耳！"

温伯雪子适齐，舍于鲁。鲁人有请见之者，温伯雪子曰："不可。吾闻中国之君子，明乎礼义而陋于知人心。吾不欲见也。"至于齐，反舍于鲁，是人也又请见。温伯雪子曰："往也蕲见我，今也又蕲见我[②]，是必有以振我也。"出而见客，入而叹。明日见客，又入而叹。其仆曰："每见之客也，必入而叹，何邪？"曰："吾固告子矣：'中国之民，明乎礼义而陋乎知人心。'昔之见我者，进退一成规、一成矩，从容一若龙、一若虎，其谏我也似子，其道我也似父，是以叹也。"仲尼见之而不言。子路曰："吾子欲见温伯雪子久矣，见之而不言，何邪？"仲尼曰："若夫人者，目击而道存矣，亦不可以容声矣！"

颜渊问于仲尼曰："夫子步亦步，夫子趋亦趋，夫子驰亦驰，夫子奔逸绝尘，而回瞠若乎后矣[③]！"夫子曰："回，何谓邪？"曰："夫子步，亦步也；夫子言，亦言也；夫子趋，亦趋也；夫子辩，亦辩也；夫子驰，亦驰也；夫子言道，回亦言道也；及奔逸绝尘而回瞠若乎后者，夫子不言而信，不比而周，无器而民滔乎前，而不知所以然而已矣。”仲尼曰：“恶！可不察与！夫哀莫大于心死，而人死亦次之。日出东方而入于西极，万物莫不比方。有目有趾者，待是而后成功，是出则存，是入则亡，万物亦然，有待也而死，有待也而生。吾一受其成形，而不化以待尽。效物而动，日夜无隙，而不知其所终。薰然其成形，知命不能规乎其前，丘以是日徂[④]。吾终身与女交一臂而失之，可不哀与？女殆著乎吾所以著也。彼已尽矣，而女求之以为有，是求马于唐肆也。吾服女也甚忘；女服吾也甚忘。虽然，女奚患焉！虽忘乎故吾，吾有不忘者存。”

孔子见老聃，老聃新沐，方将被发而干，慹然似非人[⑤]。孔子便而待之，少焉见，曰：“丘也眩与，其信然与？向者先生形体掘若槁木，似遗物离人而立于独也。”老聃曰：“吾游于物之初。”孔子曰：“何谓邪？”曰：“心困焉而不能知，口辟焉而不能言。尝为汝议乎其将：至阴肃肃，至阳赫赫。肃肃出乎天，赫赫发乎地；两者交通成和而物生焉，或为之纪而莫见其形。消息满虚，一晦一明，日改月化，日有所为，而莫见其功。生有所乎萌，死有所乎归，始终相反乎无端，而莫知乎其所穷。非是也，且孰为之宗？”

孔子曰：“请问游是。”老聃曰：“夫得是，至美至乐也。得至美而游乎至乐，谓之至人。”孔子曰：“愿闻其方。”曰：“草食之兽，不疾易薮，水生之虫，不疾易水。行小变而不失其大常也，喜怒哀乐不入于胸次。夫天下也者，万物之所一也。得其所一而同焉，则四支百体将为尘垢，而死生终始将为昼夜，而莫之能滑，而况得丧祸福之所介乎！弃隶者若弃泥涂，知身贵于隶也。贵在于我，而不失于变。且万化而未始有极也，夫孰足以患心！已为道者解乎此。”孔子曰：“夫子德配天地，而犹假至言以修心。古之君子，孰能脱焉！”老聃曰：“不然。夫水之于汋也[⑥]，无为而才自然矣；至人之于德也，不修而物不能离焉。若天之自高，地之自厚，日月之自明，夫何修焉！”孔子出，以告颜回曰：“丘之于道也，其犹醯鸡与[⑦]！微夫子之发吾覆也，吾不知天地之大全也。”

庄子见鲁哀公，哀公曰：“鲁多儒士，少为先生方者。”庄子曰：“鲁少儒。”哀公曰：“举鲁国而儒服，何谓少乎？”庄子曰：“周闻之，儒者冠圜冠者，知天时；履句屦者，知地形；缓佩玦者，事至而断。君子有其道者，未必为其服也；为其服者，未必知其道也。公固以为不然，何不号于国中曰：‘无此道而为此服者，其罪死！’”于是哀公号之五日，而鲁国无敢儒服者。独有一丈夫儒服而立乎公门。公即召而问以国事，千转万变而不穷。庄子曰：“以鲁国而儒者一人耳，可谓多乎？”

百里奚爵禄不入于心，故饭牛而牛肥，使秦穆公忘其贱，与之政也。有虞氏死生不入于心，故足以动人。宋元君将画图，众史皆至，受揖而立，舐笔和墨[⑧]，在外者半。有一史后至者，儃儃然不趋，受揖不立，因之舍。公使人视之，则解衣般礴，臝（luǒ）。君曰：“可矣，是真画者也。”

文王观于臧，见一丈夫钓，而其钓莫钓；非持其钓有钓者也，常钓也。文王欲举而授之政，而恐大臣父兄之弗安也；欲终而释之，而不忍百姓之无天也。于是旦而属之大夫曰：“昔者寡人梦见良人，黑色而颜，乘驳马而偏朱蹄，号曰：‘寓而政于臧丈人，庶几乎民有瘳（chōu）乎！’”诸大夫蹴然曰：“先君王也。”文王曰：“然则卜之？”诸大夫曰：“先君之命，王其无它，又何卜焉。”遂迎臧丈人而授之政。典法无更，偏令无出。三年，文王观于国，则列士坏植散群，长官者不成德，斔斛不敢入于四竟[⑨]。列士坏植散群，则尚同也；长官者不成德，则同务也；斔斛不敢入于四竟，则诸侯无二心也。文王于是焉以为大师，北面而问曰：“政可以及天下乎？”臧丈人昧然而不应，泛然而辞，朝令而夜遁，终身无闻。颜渊问于仲尼曰：“文王其犹未邪？又何以梦为乎？”仲尼曰：“默，汝无言。夫文王尽之也，而又何论刺焉！彼直以循斯须也。”

列御寇为伯昏无人射，引之盈贯，措杯水其肘上，发之，适矢复沓，方矢复寓。当是时，犹象人也。伯昏无人曰：“是射之射，非不射之射也。尝与汝登高山，履危石，临百仞之渊，若能射乎？”于是无人遂登高山，履危石，临百仞之渊，背逡巡，足二分垂在外，揖御寇而进之。御寇伏地，汗流至踵。伯昏无人曰：“夫至人者，上窥青天，下潜黄泉，挥斥八极，神气不变。今汝怵然有恂目之志[⑩]，尔于中也殆矣夫！”

肩吾问于孙叔敖曰："子三为令尹而不荣华，三去之而无忧色。吾始也疑子，今视子之鼻间栩栩然，子之用心独奈何？"孙叔敖曰："吾何以过人哉！吾以其来不可却也，其去不可止也。吾以为得失之非我也，而无忧色而已矣。我何以过人哉！且不知其在彼乎？其在我乎？其在彼邪，亡乎我；在我邪，亡乎彼。方将踌躇，方将四顾，何暇至乎人贵人贱哉！"仲尼闻之曰："古之真人，知者不得说，美人不得滥，盗人不得劫，伏羲、黄帝不得友。死生亦大矣，而无变乎己，况爵禄乎！若然者，其神经乎大山而无介，入乎渊泉而不濡，处卑细而不惫，充满天地，既以与人，己愈有。"

楚王与凡君坐，少焉，楚王左右曰凡亡者三。凡君曰："凡之亡也，不足以丧吾存。夫'凡之亡不足以丧吾存'，则楚之存不足以存存。由是观之，则凡未始亡，而楚未始存也。"

【注释】

①傥然：若有所失的样子。②蕲（qí）：祈求，请求。③瞠（chēng）：睁大眼睛看。④徂（cú）：往昔，过往。⑤ 慹（zhé）然：木然不动的样子。⑥汋（zhuó）：水澄澈透明。⑦醯（xī）鸡：醋变质生出的小飞虫。⑧舐（shì）笔：用唾沫把笔润湿。⑨庾（yǔ）：又作"庾"，古代的容量单位，六斛四斗为庾。⑩怵然：惊惧的样子。恂目：心惊目眩。

【译文】

田子方陪坐在魏文侯身旁，多次称赞谿工。文侯说："谿工，是你的老师吗？"田子方说："不是老师，是我的邻里。他的言论谈吐总是十分中肯恰当，所以我称赞他。"文侯说："那你没有老师吗？"子方说："有。"文侯说："你的老师是谁呢？"田子方说："东郭顺子。"文侯说："那么先生为什么不曾称赞过他呢？"田子方回答："他的为人十分真朴，相貌跟普通人一样而内心却合于自然，顺应外在事物而且能保持固有的真性，心境清虚宁寂而且能包容外物。外界事物不能符合'道'，便严肃指出使之醒悟，从而使人的邪恶之念自然消除。我做学生的能够用什么言辞去称赞老师呢？"田子方走了出来，魏文侯若有所失地整天不说话，召来在跟前侍立的近臣对他们说："实在是深不可测呀，德行完备的君子！起初我总认为圣智的言论和仁义的品行算是最为高尚的了，如今我听说了田子方老师的情况，我真是身形怠堕而不知道该做什么，嘴巴像被钳住一样而不能说些什么。我过去所学到的不过都是些泥塑偶像似的毫无真实价值的东西，至于魏国也只是我的拖累罢了！”

温伯雪子往齐国去，途中寄宿于鲁国。鲁国有个人请求见他，温伯雪子说：“不可以。我听说中原的君子，明于礼义而浅于知人心，我不想见他。”到齐国后，返回时又住宿鲁国，那个人又请相见。温伯雪子说：“往日请求见我，今天又请求见我，此人必定有启示于我。”出去见客，回来就慨叹一番。明天又见客，回来又慨叹不已。他的仆人问：“每次见此客人，必定入而慨叹，为何呢？”回答说：“我本来已告诉过你：‘中原之人明于知礼义而浅于知人心。’刚刚见我的这个人，出入进退一一合乎礼仪，动作举止蕴含龙虎般不可抵御之气势。他对我直言规劝像儿子对待父亲般恭顺，他对我指导又像父亲对儿子般严厉，所以我才慨叹。”孔子见到温伯雪子一句话也不说。子路问：“先生想见温伯雪子很久了，见了面却不说话，为何呀？”孔子说：“像这样的人，用眼睛一看而知大道存之于身，也不容再用语言了。”

颜渊向孔子问道：“先生行走我也行走，先生快步我也快步，先生奔跑我也奔跑，先生脚不沾地迅疾飞奔，学生只能干瞪着眼落在后面了！”孔子说：“颜回，你这些话是什么意思呢？”颜回说：“先生行走，我也跟着行走；先生说话，我也跟着说话；先生快步，我也跟着快步；先生辩论，我也跟着辩论；先生奔跑，我也跟着奔跑；先生谈论大道，我也跟着谈论大道；等到先生快步如飞、脚不沾地迅速奔跑而学生干瞪着眼落在后面，是说先生不说什么却能够取信于大家，不表示亲近却能使情意传遍周围所有的人，不居高位、不获权势却能让人民像滔滔流水那样涌聚于身前，而我却不懂得先生为什么能够这样。”孔子说：“噢！不可不明察呀！悲哀没大过心死，而身死还在其次。太阳从东方出来而入于西天尽头，万物莫不顺从太阳的方向而作为。凡有眼有脚的，必待日出而后有所作为。日出则操作，日入无事可做则休息。万物亦是这样，待造化之往来而有生有死。我一秉受天赋之形体，就不会转化为他物而等待着穷尽天年。随着外物而运动，日夜不停息，而不知终极之处。和气自动聚合成形体，知命的人也不能测度将来的命运，我每天的变化跟往常一样。我终身与你在一起，这极好机会却当面错过而不能使你了解这个道理，可不悲哀吗？你只是着眼于我显著的方面，而那些显著有形迹的东西已经过去了，你还着意追寻以为实有，这就如同在空虚市场上寻求马一样不可能。我之所习，你要把它全部遗忘；你之所习，我也把它全部遗忘。虽然如此，你又何必担忧！虽然忘记了过去的我，我还有永存的，不被忘记的东西在。”

孔子去见老聃，老聃刚洗完头发，正在披散头发晾干，木然而立，不像一个活人。孔子蔽于隐处等待，过一会儿入见，说：“是我眼花呢，还是真的呢？刚才先生身体独立不动像槁木，像遗弃万物离开众人而独立自存的样子。”老聃说：“我在神游物初生之混沌虚无之境。”孔子说：“这是何意呢？”老聃说：“心困惑于它而不能知，口对它开而不合不能言说。尝试为你议论一下它的大略：地之极致为阴冷之气，天之极致为炎热之气。阴冷之气根于天，炎热之气本于地；两者相互交通和合而生成万物，谁为这一切的纲纪而又不见它的形体。消亡又生息，盈满又空虚，一暗一明，日日改变，月月转化，每日有所作为而不见其功效。生有所萌发之处，死有所归往之地，始终相反没有边际，而不知其穷尽。没有它，谁来主宰啊？”

孔子说：“请问神游大道之情形。”老聃说：“能得神游于此为至美至乐。能得至美而游于至乐，就叫作至人。”孔子说：“请问达于至美至乐之道。”老聃说：“食草的兽类不担忧更换生活的草泽，水生的虫类不害怕改变生活的水域。这是因为只进行了小小的变化而没有失去惯常的生活环境，这样喜怒哀乐的各种情绪就不会进入内心。普天之下，莫不是万物共同生息的环境。获得这共同生活的环境而又混同其间，那么人的四肢以及众多躯体都将最终变成尘垢，而死生终结、开始也将像昼夜更替一样没有什么力量能够扰乱它，更何况去介意那些得失祸福呢！舍弃得失祸福之类附属于己的东西就像丢弃泥土一样，懂得自身远比这些附属于自己的东西更为珍贵，珍贵在于我自身而不因外在变化而丧失。况且宇宙间的千变万化从来就没有过终极，怎么值得使内心忧患！已经体察大道的人便能通晓这个道理。”孔子说：“先生的德行合于天地，仍然借助于至理真言来修养心性，古时候的君子，又有谁能够

免于这样做呢！”老聃说：“不是这样的。水激涌而出，不借助于人力方才自然。道德修养高尚的人对于德行，无须加以培养，万物也不会脱离他的影响。就像天自然高，地自然厚，太阳与月亮自然光明，又哪里用得着修养呢！”孔子从老聃那儿走出，把见到老聃的情况告诉了颜回，说：“我对于大道，就好像瓮中的小飞虫对于瓮外的广阔天地啊！不是老聃的启迪揭开了我的蒙昧，我完完全全不知道天地之大。”

庄子拜见鲁哀公，哀公说：“鲁国多儒学之士，很少有从事先生之道术的。”庄子说：“鲁国儒学之士很少。”哀公说：“全鲁国的人都穿儒者服装，怎么说少呢?”庄子说：“我听说，儒者中戴圆帽的通晓天时，穿方形鞋子的懂得地理，佩戴五彩丝带系玉玦的，事至而能决断。君子怀有其道术的，未必穿戴那样的服饰；穿戴那样服饰的，未必真有道术。公一定以为不是这样，何不号令于国中说：‘不懂此种道术而穿戴此种服饰的，要处以死罪！’”于是哀公发布这样的命令，五天以后鲁国没有敢穿儒服的人。唯独有一位男子，身穿儒服立在哀公门外。哀公即刻召见他以国事相问，千转万变发问也不能难住他。庄子说：“以鲁国之大只有一个儒者，可以说多吗?”

百里奚从不把爵位和俸禄放在心上，所以饲养牛时牛喂得很肥，使秦穆公忘记了他地位的卑贱，而把国事交给他。有虞氏从不把死生放在心上，所以能够打动人心。宋元君要画画，众位画师都来了，受君命拜揖而立，润笔调墨准备着，门外面还有一大半的人。有一位后到的画师，舒缓闲适、不慌不忙地走着，受命拜揖后也不在那里站着，而往馆舍走去。元公派人去看，见他脱掉上衣赤着上身盘腿而坐。元公说：“可以了，这位就是真正的画师。”

文王在臧地游览，看见一位老人在水边垂钓，可是他身在垂钓却不像是在钓鱼；不是手拿钓竿而有心钓鱼，钓钩总是悬在水面上。文王一心要起用他并把朝政委托给他，可是又担心大臣和宗族放心不下；打算就此作罢，放弃这个念头，却又不忍心天下的百姓得不到天子的恩泽。于是大清早便召来诸大夫嘱咐说：“昨晚我梦见了一位非常贤良的人，他长着黑黑的面孔，长长的胡须，骑着一匹斑驳的杂色马，而且四只马蹄半侧是红的，他对我大声呼喊说：‘把你的朝政托付给那位臧地的老人，恐怕你的百姓也就差不多解除了痛苦啦!'”诸位大夫惊恐不安地说:“这个显梦的人就是君王的父亲!”文王说:“既然如此,那么我们还是卜问这件事吧。”诸位大夫说:“这是先君的命令,君王还是不必多虑,又哪里用得着再行卜问呢!”于是就迎接臧地老者,授给国事。这个人掌政,以往典章法令没有更改,一篇新政令也未发出。三年之后,文王巡视国内,则见各种文士武士结成的私党都散掉了,官长们也不建立个人功德,标准不一的量器也不敢进入国境之内。文士武士们的私党散掉,则上同于君主;官长不建立个人功德,则能同以国事为务;标准不一的量器不入境,则诸侯们也就没有二心了。文王于是把臧丈人当作老师,北面而立请教说:“这样的政事可以推行于天下吗?”臧丈人默然不回答,淡漠无心地告辞而去,早晨还接受文王指令,晚上就逃走了,再也没有消息。颜渊问孔子说:“文王还不足以取信于人吗?何必要假托于梦呢?”孔子说:“别作声,你不要说了。文王已经做得很完美了,你又何必议论讥刺呢!他只是在短暂时刻顺应众人罢了。”

列御寇为伯昏无人表演射箭,把弓拉得满满的,放一杯水在左肘上,发射出去,箭射出后又有一支扣在弦上,刚刚射出又一支寄在弦上,连续不停。在那个时候,他就像一个木偶一般纹丝不动。伯昏无人说:“这是有心于射的射法,不是无心之射的射法。尝试和你登上高山,踏着险石,对着百仞深渊,你能射吗?”于是伯昏无人就登上高山,脚踏险石,背对着百仞深渊向后退,直到脚下有三分之二悬空在石外,在那里揖请列御寇退至相同位置表演射箭。列御寇惊惧得伏在地上,冷汗流到脚跟。伯昏无人说:“作为至人,上可探测青天,下可潜察黄泉,纵放自如于四面八方,而神情没有变化。现在你有惊恐目眩之意,你于精神已经疲困了!”

肩吾向孙叔敖问道:“你三次出任令尹却不显出荣耀,你三次被罢官也没有露出忧愁的神色。起初我对你确实不敢相信,如今看见你容颜是那么欢畅自适,你的心里究竟是怎样的呢?”孙叔敖说:“我哪里有什么过人之处啊!我认为官职爵禄的到来不必去推却,它们的离去也不可以去阻止。我认为得与失都不是出自我自身,因而没有忧愁的神色罢了。我哪里有什么过人之处啊!况且我不知道这官爵是落在他人身上呢,还是落在我身上呢?落在他人

身上，那就与我无关；落在我的身上，那就与他人无关。我正心安理得悠闲自在，我正踌躇满志四处张望，哪里有闲暇去顾及人的尊贵与卑贱啊！”孔子听到这件事，说：“古时候的真人，最有智慧的人不能说服他，最美的女人不能使他淫乱，强盗不能够抢劫他，就是伏羲和黄帝也无法跟他结为朋友。死与生也算得上是大事情了，却不能使他有什么改变，更何况是爵位与俸禄呢？像这样的人，他精神穿越大山不会有阻碍，潜入深渊不会沾湿，处身卑微不会感到困乏，他的精神充满于天地，将全部奉献给他人，自己却越发感觉到充实富有。”

楚王和凡国之君共坐，过了一会儿，楚王左右之臣多次来讲凡国已经灭亡了。凡国之君说：“凡国灭亡，不足以丧失我之存在。而凡国之灭亡既不足以丧失我之存，而楚国之存在也不足以丧失我之存。由此看来，则凡国未曾灭亡而楚国未曾存在。”

解读

“田子方”是魏国一个贤人的名字，该篇是以人名为篇名，与篇义无关。全篇内容比较杂，具有随笔、杂记的特点，宗旨与《至乐》《达生》《山木》等篇相近，不过从一些重要章节看，重在表现虚怀无为、随应自然，不受外物束缚的思想。

庄子一向对人原本纯真的本性赞美有加，抵制一切虚伪的形式上的东西。通过文中的几则寓言故事都可以看到庄子的这种人生态度或者说是哲学思想。在田子方与魏文侯对话的过程中，魏文侯作为霸气十足的一国之君，竟对田子方所说的“全德君子”的真性情所感动，可见本真的事物力量是多么强大。“温伯雪子适齐”的故事讽刺了某些儒士们总是摆出一副教诲别人的架势，而他们的内心却缺乏真诚，虚伪充数。

庄子认为，真性的品德是真正的圣贤们所必须具备的，只有在这样悟道得道的过程中才能享受到恒久的快乐。而对于普通人而言，这也是修身养性的一个境界、一个目标，虽然做不到完美，但重要的是有没有努力。

知北游第二十二

【原典】

知北游于玄水之上，登隐弅之丘①，而适遭无为谓焉。知谓无为谓曰：“予欲有问乎若：何思何虑则知道？何处何服则安道？何从何道则得道？”三问而无为谓不答也。非不答，不知答也。知不得问，反于白水之南，登狐阕之上②，而睹狂屈焉。知以之言也，问乎狂屈。狂屈曰：“唉！予知之，将语若，中欲言而忘其所欲言。”知不得问，反于帝宫，见黄帝而问焉。黄帝曰：“无思无虑始知道，无处无服始安道，无从无道始得道。”知问黄帝曰：“我与若知之，彼与彼不知也，其孰是邪？”黄帝曰：“彼无为谓真是也，狂屈似之，我与汝终不近也。夫知者不言，言者不知，故圣人行不言之教。道不可致，德不可至。仁可为也，义可亏也，礼相伪也。故曰：‘失道而后德，失德而后仁，失仁而后义，失义而后礼。’礼者，道之华而乱之首也。故曰：‘为道者日损，损之又损之，以至于无为。无为而无不为也。’今已为物也，欲复归根，不亦难乎！其易也，其唯大人乎！生也死之徒，死也生之始，孰知其纪！人之生，气之聚也。聚则为生，散则为死。若死生为徒，吾又何患！故万物一也。是其所美者为神奇，其所恶者为臭腐。臭腐复化为神奇，神奇复化为臭腐。故曰：‘通天下一气耳。’圣人故贵一。”知谓黄帝曰：“吾问无为谓，无为谓不应我，非不我应，不知应我也；吾问狂屈，狂屈中欲告我而不我告，非不我告，中欲告而忘之也；今予问乎若，若知之，奚故不近？”黄帝曰：“彼其真是也，以其不知也；此其似之也，以其忘之也；予与若终不近也，以其知之也。”狂屈闻之，以黄帝为知言。

天地有大美而不言，四时有明法而不议，万物有成理而不说。圣人者，

原天地之美，而达万物之理。是故至人无为，大圣不作，观于天地之谓也。今彼神明至精，与彼百化。物已死生方圆，莫知其根也。扁然而万物，自古以固存。六合为巨，未离其内。秋毫为小，待之成体。天下莫不沉浮，终身不故。阴阳四时运行，各得其序。惛然若亡而存，油然不形而神，万物畜而不知，此之谓本根，可以观于天矣。

啮缺问道乎被衣，被衣曰："若正汝形，一汝视，天和将至；摄汝知，一汝度，神将来舍。德将为汝美，道将为汝居，汝瞳焉，如新生之犊而无求其故。"言未卒，啮缺睡寐。被衣大说，行歌而去之，曰："形若槁骸，心若死灰，真其实知，不以故自持。媒媒晦晦[③]，无心而不可与谋。彼何人哉！"

舜问乎丞曰："道可得而有乎？"曰："汝身非汝有也，汝何得有夫道！"舜曰："吾身非吾有也，孰有之哉？"曰："是天地之委形也；生非汝有，是天地之委和也；性命非汝有，是天地之委顺也；孙子非汝有，是天地之委蜕也。故行不知所往，处不知所持，食不知所味。天地之强阳气也，又胡可得而有邪？"

孔子问于老聃曰："今日晏闲，敢问至道。"老聃曰："汝齐戒，疏瀹而心，澡雪而精神，掊击而知。夫道，窅然难言哉[④]！将为汝言其崖略。夫昭昭生于冥冥，有伦生于无形，精神生于道，形本生于精，而万物以形相生。故九窍者胎生，八窍者卵生。其来无迹，其往无崖，无门无房，四达之皇皇也。邀于此者，四肢强，思虑恂达[⑤]，耳目聪明；其用心不劳，其应物无方。天不得不高，地不得不广，日月不得不行，万物不得不昌，此其道与！且夫博之不必知，辩之不必慧，圣人以断之矣！若夫益之而不加益，损之而不加损者，圣人之所保也。渊渊乎其若海，魏魏乎其若山，终则复始也，运量万物而不匮。则君子之道，彼其外与！万物皆往资焉而不匮。此其道与！中国有人焉，非阴非阳，处于天地之间，直且为人，将反于宗。自本观之，生者，喑醷（yīn yì）物也[⑥]。虽有寿夭，相去几何？须臾之说也，奚足以为尧、桀之是非！果蓏有理[⑦]，人伦虽难，所以相齿。圣人遭之而不违，过之而不守。调而应之，德也；偶而应之，道也。帝之所兴，王之所起也。人生天地之间，若白驹之过郤，忽然而已。注然勃然，莫不出焉；油然漻（liú）然，莫不入焉。已化而生，又化而死。生物哀之，人类悲之。解其天弢，堕其天袠（zhì），纷乎宛乎，魂魄将往，乃身从之，乃大归乎！不形之形，形之不形，是人之所同知也，非将至之所务也，此众人之所同论也。彼至则不论，论则不至；明见无值，辩不若默；道不可闻，闻不若塞：此之谓大得。”

东郭子问于庄子曰：“所谓道，恶乎在？”庄子曰：“无所不在。”东郭子曰：“期而后可。”庄子曰：“在蝼蚁。”曰：“何其下邪？”曰：“在稊稗（bài）。”曰：“何其愈下邪？”曰：“在瓦甓。[8]”曰：“何其愈甚邪？”曰：“在屎溺。”东郭子不应。庄子曰：“夫子之问也，固不及质。正获之问于监市履狶也，‘每下愈况’。汝唯莫必，无乎逃物。至道若是，大言亦然。周、遍、咸三者，异名同实，其指一也。尝相与游乎无何有之宫，同合而论，无所终穷乎！尝相与无为乎！澹而静乎！漠而清乎！调而闲乎！寥已吾志，无往焉而不知其所至，去而来而不知其所止，吾已往来焉而不知其所终。彷徨乎冯闳[9]，大知入焉而不知其所穷。物物者与物无际，而物有际者，所谓物际者也。不际之际，际之不际者也。谓盈虚衰杀，彼为盈虚非盈虚，彼为衰杀非衰杀，彼为本末非本末，彼为积散非积散也。”

婀（ē）荷甘与神农，同学于老龙吉。神农隐几，阖户昼瞑[10]。婀荷甘日中奓户而入曰[11]：“老龙死矣！”神农隐几拥杖而起，嚗然放杖而笑[12]，曰：“天知予僻陋谩诞，故弃予而死。已矣！夫子无所发予之狂言而死矣夫！”弇堈（yǎn’gāng）吊闻之，曰：“夫体道者，天下之君子所系焉。今于道，秋毫之端万分未得处一焉，而犹知藏其狂言而死，又况夫体道者乎！视之无形，听之无声，于人之论者，谓之冥冥，所以论道，而非道也。”

于是泰清问乎无穷，曰：“子知道乎？”无穷曰：“吾不知。”又问乎无为，无为曰：“吾知道。”曰：“子之知道，亦有数乎？”曰：“有。”曰：“其数若何？”无为曰：“吾知道之可以贵、可以贱、可以约、可以散，此吾所以知道之数也。”泰清以之言也问乎无始，曰：“若是，则无穷之弗知与无为之知，孰是而孰非乎？”无始曰：“不知深矣，知之浅矣；弗知内矣，知之外矣。”于是泰清仰而叹曰：“弗知乃知乎，知乃不知乎！孰知不知之知？”无始曰：“道不可闻，闻而非也；道不可见，见而非也；道不可言，言而非也。知形形之不形乎！道不当名。”无始曰：“有问道而应之者，不知道也；虽问道

者，亦未闻道。道无问，问无应。无问问之，是问穷也；无应应之，是无内也。以无内待问穷，若是者，外不观乎宇宙，内不知乎大初。是以不过乎昆仑，不游乎太虚。”

光曜问乎无有曰：“夫子有乎？其无有乎？”光曜不得问，而孰视其状貌，窅然空然，终日视之而不见，听之而不闻，搏之而不得也。光曜曰：“至矣，其孰能至此乎！予能有无矣，而未能无无也。及为无有矣，何从至此哉！”

大马之捶钩者，年八十矣，而不失豪芒⑬。大马曰：“子巧与！有道与？”曰：“臣有守也。臣之年二十而好捶钩，于物无视也，非钩无察也。是用之者假不用者也，以长得其用，而况乎无不用者乎！物孰不资焉！”

冉求问于仲尼曰：“未有天地可知邪？”仲尼曰：“可，古犹今也。”冉求失问而退。明日复见，曰：“昔者吾问‘未有天地可知乎？’夫子曰：‘可，古犹今也。’昔日吾昭然，今日吾昧然，敢问何谓也？”仲尼曰：“昔之昭然也，神者先受之；今之昧然也，且又为不神者求邪！无古无今，无始无终。未有子孙而有子孙，可乎？”冉求未对。仲尼曰：“已矣，未应矣！不以生、生死，不以死、死生。死生有待邪？皆有所一体。有先天地生者，物邪？物物者非物，物出不得先物也，犹其有物也。犹其有物也，无已！圣人之爱人也终无已者，亦乃取于是者也。”

颜渊问乎仲尼曰：“回尝闻诸夫子曰：‘无有所将，无有所迎。’回敢问其游。”仲尼曰：“古之人外化而内不化，今之人内化而外不化。与物化者，一不化者也。安化安不化，安与之相靡，必与之莫多。狶韦氏之囿，黄帝之圃，有虞氏之宫，汤武之室。君子之人，若儒墨者师，故以是非整也，而况今之人乎！圣人处物不伤物。不伤物者，物亦不能伤也。唯无所伤者，为能与人相将迎。山林与，皋壤与⑭，使我欣欣然而乐与！乐未毕也，哀又继之。哀乐之来，吾不能御，其去弗能止。悲夫，世人直为物逆旅耳！夫知遇而不知所不遇，能能而不能所不能。无知无能者，固人之所不免也。夫务免乎人之所不免者，岂不亦悲哉！至言去言，至为去为。齐知之所知，则浅矣。”

【注释】

①隐弅（fèn）：庄子虚设的地名。②狐阕：虚拟的山名。③媒媒晦晦：懵懂无知的样子。“媒”在这里作“昧”解。④窅（yǎo）然：高深莫测。⑤恂（xún）达：通达顺畅。⑥喑醷（yīn yì）：把气聚集起来。⑦果蓏（luǒ）：蔬菜瓜果的总称。⑧甓（pì）：砖头。⑨冯闳（hóng）：广阔空虚之境。⑩婀（ē）荷甘、神农、老龙吉：都是庄子虚构的人名。⑪奓（zhà）：推开。⑫曝（pào）然：手杖落地发出的声音。⑬豪芒：锋利有光芒。⑭皋壤：平原。

【译文】

知一路北行，来到玄水岸边，登上名叫隐弅的山丘时，正巧在那里遇上了无为谓。知对无为谓说：“我想请教你几个问题，怎样思索、怎样考虑才能准确地理解和认识‘道’？如何居处、如何行事则可持守道？由何种途径，用何种方法则可获得道？”问了三次无为谓都不回答。不是不回答，而是不知道回答。知从无为谓那里得不到解答，便返回到白水的南岸，登上名叫狐阕的山丘，在那里见到了狂屈。知把先前的问话向狂屈提出请教，狂屈说：“唉，我知道怎样回答这些问题，我将告诉给你，可是心中正想说话却又忘记了那些想说的话。”知从狂屈那里也没有得到解答，便转回到黄帝的住所，见到黄帝向他再问。黄帝说：“不思索不考虑才能了解道，不居处不行事才能符合道，不用任何途径和方法才能获得道。”知问黄帝说：“我和你知道这些，无为谓和狂屈却不知道，四个人到底谁对呢？”黄帝说：“那个无为谓是真正对的，狂屈接近于正确，我和你终究与道不相近。知道者不言，言道者不知，所以圣人推行不言之教化。道是不能获取的，德是不能达到的。仁可以去做，义可以损弃，礼是相互欺骗的。所以说：‘失去道而后才有德，失去德而后才有仁，失去仁而后才有义，失去义而后才有礼。’礼只是道华丽的外表，而为祸乱之开端。所以说：‘从事于道要天天减损，减损而又减损，以达到无为，无为而后方能无不为。’现已成为有形之物，要想返回虚无之本根，不也是很难的么！如果说容易做到的话，那只有得道之至人啊！生为死之同类，死为生之开始，谁能知道其条理伦序！人之出生是气之聚合。气聚合则得生，气消散就死亡。如果死生是同类的，我还有什么担心呢！所以万物是一体的。人们把自己认为美好的称神奇，把自己厌恶的称臭腐。臭腐可以转化为神奇，神奇可以转化为臭腐。所以说：‘贯通天下只是一气而已。’因而圣人重视同一。”知又对黄帝说：“我问无为谓，无为谓不回答我，不是不回答我，是不知道回答我；我问狂屈，狂屈内心里正想告诉我却没有告诉我，不是不告诉我，是心里正想告诉我又忘掉了怎样告诉我。现在我想再次请教你，你懂得我所提出的问题，为什么又说回答了我便不是接近于道呢？”黄帝说：“无为谓他是真正了解大道的，因为他什么也不知道；狂屈他是接近于道的，因为他忘记了；我和你终究不能接近于道，因为我们什么都知道。”狂屈听说了这件事，认为黄帝的话是最了解道的谈论。

天地有最大的美而不言说，四时有明确的规律而不议论，万物有明确的生成之理而无须解说。圣人推究天地之美德而通达万物生成之理。所以至人自然无为，大圣人不造作，观察天地之道加以效法而已。现今天地之神明极精微，参与万物的无穷变化。物，发生或生或灭或方或圆的变化，没有办法知道它的根源。万物自古以来原本就这样普遍存在着。“六合”虽然巨大，未超出道之外；秋毫虽小，待道而成形体。天下万物无不在升降变化，终生都不会陈旧。阴阳四时运行，各得其秩序。大道暗昧模糊似亡而存，流动变化没有形状而神妙莫测，万物为其畜养而不知，这就叫作本根，可以由此观见自然之道。

啮缺向被衣请教道，被衣说：“你得端正你的形体，集中你的视力，自然的和气便会到来；收敛你的心智，集中你的思忖，精神就会来你这里停留。玄德将为你而显得美好，大道将居处于你的心中，你那瞪着圆眼稚气无邪的样子就像初生的小牛犊而不会去探求外在的事物。”被衣话还没说完，啮缺便已睡着。被衣见了十分高兴，唱着歌儿离去，说：“身形犹如枯骸，内心犹如死灰，朴实的心思返归本真，而且并不因为这个缘故而有所矜持。浑浑噩噩，昏昏暗暗，没有心计而不能与之共谋。那将是什么样的人啊！”

舜问丞说：“道可以获得和拥有吗？”回答说：“你的身体都不是你所拥有，你怎么能拥有道呢！”舜说：“我的身体非我所有，归谁所有呢？”回答说：“是天地寄托给你一个形体；生命非你所有，是天地寄托给你和气；性命非你所有，是天地寄托给你顺应自然之属性；子孙非你所有，是天地寄托给你繁衍子孙的能力。所以行时不知往哪里去，住时不知持守什么，吃东西不知味道。这一切都受强健运动之气所支配，又怎么能获得和拥有呢！”

孔子对老聃说：“今天安居闲暇，我冒昧地向你请教至道。”老聃说：“你先得斋戒静心，再疏通你的心灵，清扫你的精神，破除你的才智！大道，真是深奥神妙，难以言表啊！不过我将为你说个大概。明亮的东西产生于昏暗，具有形体的东西产生于无形，精神产生于道，形质产生于精微之气，而万物全都凭借形体而诞生。所以，具有九个孔窍的动物是胎生的，具有八个孔窍的动物是卵生的。它的来临没有踪迹，它的离去没有边界，不知从哪儿进出、在哪儿停留，通向广阔无垠的四面八方。遵循这种情况的人，四肢强健，思虑通达，耳目灵敏；运用心思不会劳顿，顺应外物不拘定规。天不从那儿获得什么便不会高远，地不从那儿获得什么便不会广大，太阳和月亮不能从那儿获得什么便不会运行，万物不能从那儿获得什么便不会昌盛，可以说这就是道啊！况且，博学之人不一定真知，善辩之人不一定有智慧，圣人是断弃这些的。如那想增加也无法增加，想减少也不能减少之道，是圣人之所信守的。渊深啊，它就像大海，高大巍峨啊，它在终而复始地运行，运用计量万物而不穷竭。然而君子遵行之道，岂能自外于它啊！万物都前往资取，它也不匮乏，这就是道啊！国中有这样的人，既不是阴性，也不是阳性，住在天地之间，只是暂且把他称作人，他将要返回他的本根去。从本始观察，所谓生，不过是气之聚集而已。

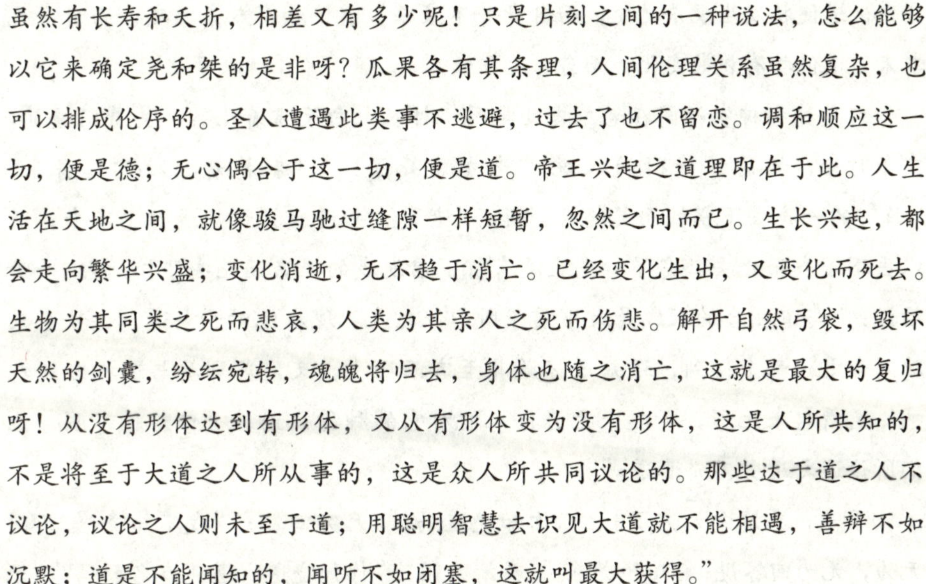

虽然有长寿和夭折，相差又有多少呢！只是片刻之间的一种说法，怎么能够以它来确定尧和桀的是非呀？瓜果各有其条理，人间伦理关系虽然复杂，也可以排成伦序的。圣人遭遇此类事不逃避，过去了也不留恋。调和顺应这一切，便是德；无心偶合于这一切，便是道。帝王兴起之道理即在于此。人生活在天地之间，就像骏马驰过缝隙一样短暂，忽然之间而已。生长兴起，都会走向繁华兴盛；变化消逝，无不趋于消亡。已经变化生出，又变化而死去。生物为其同类之死而悲哀，人类为其亲人之死而伤悲。解开自然弓袋，毁坏天然的剑囊，纷纭宛转，魂魄将归去，身体也随之消亡，这就是最大的复归呀！从没有形体达到有形体，又从有形体变为没有形体，这是人所共知的，不是将至于大道之人所从事的，这是众人所共同议论的。那些达于道之人不议论，议论之人则未至于道；用聪明智慧去识见大道就不能相遇，善辩不如沉默；道是不能闻知的，闻听不如闭塞，这就叫最大获得。”

东郭子向庄子请教说：“人们所说的道，究竟存在于什么地方呢?”庄子说：“大道无所不在。”东郭子曰：“必定得指出具体存在的地方才行。”庄子说：“在蝼蚁之中。”东郭子说：“怎么处在这样低下卑微的地方?”庄子说：“在稻田的稗草里。”东郭子说：“怎么越发低下了呢?”庄子说：“在瓦块砖头中。”东郭子说：“怎么越来越低下呢?”庄子说：“在大小便里。”东郭子听了后不再吭声。庄子说：“先生所问的，本来就没有接触道的实质。管理市场之官正获问他的助手如何踩猪腿检验猪的肥瘦，告知他越是往下面踩越能了解清楚。你不必要求证实道在哪个物上，所有的物都未逃离道外。最高之道是这样，表达至道的大言也是这样。周、遍、咸三个词，名不同而实相同，它们所指之实是同一的。尝试相互游历至道虚无之境，把你的言论合同于至道之言，就不会有所穷尽了！试着相互顺任自然无为啊！淡漠而清静啊！寂寞而清虚啊！调和而安闲啊！吾心虚空寂寥，本无所往，故往而不知所至何处，去了又来不知止于哪里，我已在其间来来往往，而不知哪里是终点。逍遥自在于广漠空虚之中，大知之人进入此境也不知它的边际。创生万物者与物没有分界，而物是有分界的，就是物之界限。由没有分界之道转成有形之物，又由有形之物复归没有分界之道。所谓盈满、空虚、衰败、消杀，道使物发生盈虚变化，而自身却没有盈虚分别；道使物发生衰杀之变，而自身并不衰杀；道使物有本末之变，而自身无本末；道使物有积散变化，而自身无积散。”

婀荷甘和神农一同在老龙吉处学习。神农大白天靠着几案、关着门睡觉。中午时分，婀荷甘推门而入说：“老龙吉死了！”神农抱着拐杖站起身来，“啪”的一声丢下拐杖而笑起来，说：“老龙吉知道我见识短浅心志不专，所以丢下了我而死去。完了，先生没有留下启发我的至言而死去了！”弇堈吊听后说：“与道相合的人，是天下君子所归依之人。现在他对于大道，连秋毫末端万分之一都未得到，还知道怀藏其至言而死去，又何况那些与道相合的人呐！道看起来无形，听起来无声，人们对它的种种议论，叫作暗昧不明，他们所论述之道并不是真道。”

于是，泰清向无穷请教：“你知晓道吗？”无穷回答：“我不知晓。”又问无为，无为回答说：“我知晓道。”泰清又问：“你知晓道，道也有名数吗？”无为说：“有。”泰清说：“道的名数怎么样呢？”无为说：“我知道道可以处于尊贵，也可以处于卑贱，可以聚合，也可以离散，这就是我所了解的道的名数。”泰清把这话来问无始，说：“如果是这样，则无穷之不知道与无为之知道，究竟谁是谁非呢？”无始说：“不知是对道知之甚深，知是对道所知极浅；不知是内心悟道，知是只了解一点道的外在形式。”于是泰清仰天而叹说：“不知就是知呀！知就是不知呀！谁能知道不用名言相状表述之知是什么？”无始说：“道不可闻知，所闻知的都不是道；道不可见，所见者都不是道；道不可言说，被言说出来的都不是道。需知创生有形万物的东西是无形的呀！道与它的名是不相应的。”无始说：“有人问道而给予应答的，就是不知道；就是那个问道之人，也是没听说过道。道是不能问的，有问也不应回答。本不可问又要问，这种问是空洞的；本不应回答而回答，这种回答是没有内容的。以没有真实内容的回答去对空问，如果这样，对外不能观察宇宙之无限，对内不能了解道之根本。因此他不能超越有形之界域，不能逍遥于广漠之虚空。”

光曜问无有说：“先生是有呢，还是无有呢？”光曜没有得到回答而仔细观察其状貌，隐晦空寂的样子，整天看也看不见，听也听不到，摸也摸不着。光曜说：“最高的境界啊，谁能够达到这种境界呢！我能够做到‘无’，却未能达到‘无无’，等到做到了‘无’却仍然是在基于‘有’，从哪儿能够达到这种境界啊!”

大司马家锻制带钩的人，年纪虽然已经八十，却一点儿也不会出现差误。大司马说：“你是特别灵巧呢，还是有什么门道呀?”锻制带钩的老人说：“我遵循着道。我二十岁时就喜好锻制带钩，对于其他外在的事物我什么也看不见，不是带钩就不会引起我的专注。锻制带钩这是得用心专一的事，借助这一工作便不再分散自己的用心，而且锻制出的带钩得以长期使用，更何况对于那些无可用心之事啊！能够这样，外物有什么不会予以资助呢?”

冉求问孔子说：“未有天地以前的情形可以知道吗?”孔子说：“可以。古代和现今相同。”冉求不想再问而退去。第二天又来相见，说：“昨天我问‘没有天地以前的情形可以知道吗’，先生说：‘可以。古代和今天相同’。昨天我还明白，今天我又糊涂了，请问这是为何呢?”孔子说：“昨天你明白，是用空虚之心神去接受和领会它；今天又糊涂，则是向外界事物道理寻求验证之故啊！没有古也没有今，没有开始也没有终结。如果说以前没有子孙而今天有了子孙，这样说可以吗?”冉求没有回答。孔子说：“算了，先不要应答！死者自死，新生者不能使已死者复生；生者自生，死者也不能使新生者死去。死生是相互依赖吗？它们并不依赖而各有体系。有先于天地就生成之物吗？生成物的那个东西一定不是物自身，被生成之物不得先于生成它的物而存在，生成物上面仍然还有生成者，生成者上面仍然有生成者，是没有止境的呀！圣人爱人类没有止境，也就是取法于此自然之理。”

颜渊问孔子说：“我曾听先生说过：‘不要有所送，也不要有所迎。’请问先生，一个人应该怎样居处与闲游。”孔子说：“古时候的人，外表适应环境变化但内心世界却持守凝寂，现在的人，内心世界不能凝寂持守而外表又不能适应环境的变化。随应外物变化的人，必定内心纯一凝寂而不离散游移。对于变化与不变化都能安然听任，安闲自得地跟外在环境相顺应，必定会与外物一道变化而不有所偏移。狶韦氏的苑囿，黄帝的果林，虞舜的宫室，商汤、周武王的房舍，都是他们养心任物的好处所。那些称作君子的人，如像儒家、墨家之流，以是非好坏来相互诋毁，何况现时的人呢！圣人与外物相处却不损伤外物。不伤害外物的人，外物也不会伤害他。正因为无所伤害，因而能够与他人自然相送或相迎。山林呢，还是旷野呢，这都使我感到无限欢乐啊！可是欢乐还未消逝，悲哀又接着到来。悲哀与欢乐的到来，我无法阻挡，悲哀与欢乐的离去，我也不可能制止。可悲啊，世上的人们只不过是外物临时栖息的旅舍罢了。人们知道遇上了什么却不知道遇不上什么，能够做自身能力所及却不能做自身能力所不及的事。不知道与不能够，本来就是人们所不可回避的，一定要避开自己所不能避开的事，难道不可悲吗！最好的言论是什么也没说，最好的行动是什么也没做。要想把每个人所知道的各种认识全都等同起来，那就实在是浅陋了。”

解读

本篇是外篇的最后一篇，取开头三字“知北游”作为篇名，“知”是庄子虚构的人名，北游就是到北方游历。北方历来被认为是幽远的玄幻之地。庄子的用意很明显，就是想以此来说明“道”之“玄”的本质中所展现给人们的不可知性。

在正文中，庄子论述了道家哲学的宇宙论、认识论，提出道是万物之本，既产生万物，又在万物之中，并主宰其运动变化，天地万物都不能离开道，并对事物矛盾对立、新故相除、死生交替的发展观作了多方面阐述，这些思想对后代哲学发展有多方面影响。

根据具体内容，全篇也可分为几个部分。一开始，庄子说明大道本不可知，“知者不言，言者不知”，接着基于上一段的论述，进一步提出“至人无为，大圣不作”，一切“观于天地”的主张，即一切顺其自然。接下来是齧缺问道、舜与丞的对话、老聃和孔子的谈论，通过他们的谈话，庄子借以说明大道的特点。接着又是关于“有”“无”之间关系的讨论，庄子认为，“有”与“无”的相对性仍是基于“有”，只有“无无”才是真正基于“无”。最后通过孔子对颜渊的谈话，讨论变化与安于变化，指出要“无知”“无能”“去言”“去为”。

《知北游》在“外篇”中具有重要地位，对于窥探整个《庄子》的哲学思想体系也较为重要。

杂 篇

庚桑楚第二十三

【原典】

老聃之役有庚桑楚者[①]，偏得老聃之道，以北居畏垒之山，其臣之画然知者去之，其妾之挈然仁者远之；拥肿之与居，鞅掌之为使[②]。居三年，畏垒大壤。畏垒之民相与言曰："庚桑子之始来，吾洒然异之。今吾日计之而不足，岁计之而有馀。庶几其圣人乎！子胡不相与尸而祝之，社而稷之乎？"庚桑子闻之，南面而不释然。弟子异之。庚桑子曰："弟子何异于予？夫春气发而百草生，正得秋而万宝成。夫春与秋，岂无得而然哉？天道已行矣。吾闻至人，尸居环堵之室，而百姓猖狂不知所如往。今以畏垒之细民，而窃窃焉欲俎豆予于贤人之间，我其杓之人邪[③]？吾是以不释于老聃之言。"

弟子曰："不然。夫寻常之沟，巨鱼无所还其体，而鲵鳝为之制[④]；步仞之丘陵，巨兽无所隐其躯，而孽狐为之祥。且夫尊贤授能，先善与利，自古尧、舜以然，而况畏垒之民乎！夫子亦听矣！"庚桑子曰："小子来！夫函车之兽，介而离山，则不免于网罟之患；吞舟之鱼，砀（dàng）而失水，则蚁能苦之。故鸟兽不厌高，鱼鳖不厌深。夫全其形生之人，藏其身也，不厌深眇而已矣。且夫二子者，又何足以称扬哉！是其于辩也，将妄凿垣墙而殖蓬蒿也，简发而栉[⑤]，数米而炊，窃窃乎又何足以济世哉！举贤则民相轧，任知则民相盗。之数物者，不足以厚民。民之于利甚勤，子有杀父，臣有杀君，正昼为盗，日中穴阫[⑥]。吾语女，大乱之本，必生于尧、舜之间，其末存乎千世之后。千世之后，其必有人与人相食者也！"

南荣趎蹴然正坐曰[⑦]："若趎之年者已长矣，将恶乎托业以及此言邪？"庚桑子曰："全汝形，抱汝生，无使汝思虑营营。若此三年，则可以及此言矣！”南荣趎曰：“目之与形，吾不知其异也，而盲者不能自见；耳之与形，吾不知其异也，而聋者不能自闻；心之与形，吾不知其异也，而狂者不能自得。形之与形亦辟矣，而物或间之邪？欲相求而不能相得？今谓趎曰：‘全汝形，抱汝生，无使汝思虑营营。’趎勉闻道，达耳矣！”庚桑子曰：“辞尽矣。曰奔蜂不能化藿蠋[⑧]，越鸡不能伏鹄卵，鲁鸡固能矣！鸡之与鸡，其德非不同也，有能与不能者，其才固有巨小也。今吾才小，不足以化子。子胡不南见老子？”南荣趎赢粮，七日七夜，至老子之所。老子曰：“子自楚之所来乎？”南荣趎曰：“唯。”老子曰：“子何与人偕来之众也？”南荣趎惧然顾其后。老子曰：“子不知吾所谓乎？”南荣趎俯而惭，仰而叹，曰：“今者吾忘吾答，因失吾问。”老子曰：“何谓也？”南荣趎曰：“不知乎人谓我朱愚，知乎反愁我躯；不仁则害人，仁则反愁我身；不义则伤彼，义则反愁我己。我安逃此而可？此三言者，趎之所患也。愿因楚而问之。”老子曰：“向吾见若眉睫之间，吾因以得汝矣，今汝又言而信之。若规规然若丧父母，揭竿而求诸海也。女亡人哉，惘惘乎[⑨]！汝欲反汝情性而无由入，可怜哉！”

南荣趎请入就舍，召其所好，去其所恶。十日自愁，复见老子。老子曰：“汝自洒濯（zhuó），熟哉郁郁乎！然而其中津津乎犹有恶也。夫外韄（hù）者不可繁而捉[⑩]，将内揵；内韄者不可缪而捉，将外揵[⑪]。外内韄者，道德不能持，而况放道而行者乎！”南荣趎曰：“里人有病，里人问之，病者能言其病，然其病病者犹未病也。若趎之闻大道，譬犹饮药以加病也，趎愿闻卫生之经而已矣。”老子曰：“卫生之经，能抱一乎？能勿失乎？能无卜筮而知吉凶乎？能止乎？能已乎？能舍诸人而求诸己乎？能翛然乎？能侗然乎？能儿子乎？儿子终日嗥（háo）而嗌不嗄（shà）[⑫]，和之至也；终日握而手不掜，共其德也；终日视而目不瞚[⑬]，偏不在外也。行不知所之，居不知所为，与物委蛇，而同其波。是卫生之经已。”南荣趎曰：“然则是至人之德已乎？”曰：“非也。是乃所谓冰解冻释者，能乎？夫至人者，相与交食乎地而交乐乎天，不以人物利害相撄，不相与为怪，不相与为谋，不相与为事，翛然而往，侗然而来，是谓卫生之经已。”曰：“然则是至乎？”曰：“未也。吾固告汝曰：‘能儿子乎？’儿子动不知所为，行不知所之，身若槁木之枝而心若死灰。若

是者，祸亦不至，福亦不来。祸福无有，恶有人灾也！”

宇泰定者，发乎天光。发乎天光者，人见其人。人有修者，乃今有恒；有恒者，人舍之，天助之。人之所舍，谓之天民；天之所助，谓之天子。学者，学其所不能学也；行者，行其所不能行也；辩者，辩其所不能辩也。知止乎其所不能知，至矣！若有不即是者，天钧败之。备物以将形，藏不虞以生心，敬中以达彼。若是而万恶至者，皆天也，而非人也，不足以滑成，不可内于灵台。灵台者有持，而不知其所持，而不可持者也。不见其诚己而发，每发而不当，业入而不舍，每更为失。为不善乎显明之中者，人得而诛之；为不善乎幽闲之中者，鬼得而诛之。明乎人，明乎鬼者，然后能独行。券内者，行乎无名；券外者，志乎期费。行乎无名者，唯庸有光；志乎期费者，唯贾人也。人见其跂，犹之魁然。与物穷者，物入焉；与物且者，其身之不能容，焉能容人！不能容人者无亲，无亲者尽人。兵莫憯于志[14]，镆铘为下；寇莫大于阴阳，无所逃于天地之间。非阴阳贼之，心则使之也。

道通，其分也，成也，其成也，

毁也。所恶乎分者，其分也以备；所以恶乎备者，其有以备。故出而不反，见其鬼；出而得，是谓得死。灭而有实，鬼之一也。以有形者象无形者而定矣！出无本，入无窍。有实而无乎处，有长而无乎本剽。有所出而无窍者有实。有实而无乎处者，宇也。有长而无本剽者，宙也。有乎生，有乎死，有乎出，有乎入，入出而无见其形，是谓天门。天门者，无有也，万物出乎无有。有不能以有为有，必出乎无有，而无有一无有。圣人藏乎是。古之人，其知有所至矣。恶乎至？有以为未始有物者，至矣，尽矣，弗可以加矣！其次以为有物矣，将以生为丧也，以死为反也，是以分已。其次曰始无有，既而有生，生俄而死；以无有为首，以生为体，以死为尻。孰知有无死生之一守者，吾与之为友。是三者虽异，公族也，昭景也，著戴也；甲氏也，著封也，非一也。

有生黬也[15]，披然曰移是。尝言移是，非所言也。虽然，不可知者也。腊者之有膍胲（pí hǎi），可散而不可散也；观室者周于寝庙，又适其偃焉，为是举移是。请尝言移是：是以生为本，以知为师，因以乘是非。果有名实，因以己为质，使人以为己节，因以死偿节。若然者，以用为知，以不用为愚，以彻为名，以穷为辱。移是，今之人也，是蜩与学鸠同于同也。

蹍市人之足[16]，则辞以放骜[17]，兄则以妪，大亲则已矣。故曰，至礼有不人，至义不物，至知不谋，至仁无亲，至信辟金。彻志之勃，解心之谬，去德之累，达道之塞。贵、富、显、严、名、利六者，勃志也；容、动、色、理、气、意六者，缪心也；恶、欲、喜、怒、哀、乐六者，累德也；去、就、取、与、知、能六者，塞道也。此四六者不荡胸中则正，正则静，静则明，明则虚，虚别无为而无不为也。道者，德之钦也；生者，德之光也；性者，生之质也。性之动谓之为，为之伪谓之失。知者，接也；知者，谟也。知者之所不知，犹睨也。动以不得已之谓德，动无非我之谓治，名相反而实相顺也。

羿工乎中微，而拙乎使人无己誉。圣人工乎天，而拙乎人。夫工乎天而俍乎人者[18]，唯全人能之。唯虫能虫，唯虫能天。全人恶天？恶人之天；而况吾天乎人乎！一雀适羿，羿必得之，或也；以天下为之笼，则雀无所逃。是故汤以胞人笼伊尹，秦穆公以五羊之皮笼百里奚。是故非以其所好笼之而可得者，无有也。介者拸画[19]，外非誉也；胥靡登高而不惧，遗死生也。夫复謵（xí）不馈而忘人，忘人，因以为天人矣！故敬之而不喜，侮之而不怒者，唯同乎天和者为然。出怒不怒，则怒出于不怒矣；出为无为，则为出于无为矣。欲静则平气，欲神则顺心。有为也欲当，则缘于不得已。不得已之类，圣人之道。

【注释】

①庚桑楚：老聃的弟子，庚桑是姓，名楚。②鞅掌：失容的样子。③杓（biāo）：标准。④鲵鳝：一种小鱼。⑤栉（zhì）：梳篦的总称，此处为动词，梳头发。⑥穴阫（péi）：在墙上打洞。⑦南荣趎（chú）：姓南荣名趎，庚桑楚的弟子。⑧蠋（zhú）：豆虫。⑨惘（wǎng）惘：心中若有所失而迷惘的样子。⑩韄（hù，又读 huò）：作“护”解。⑪揵（jiàn）：闭塞，堵塞。⑫嗄（shà）：嘶哑。⑬瞚（shùn）：眨眼。⑭憯（cǎn）：作“惨”解。⑮黬（yǎn）：黑疵。⑯蹍（zhǎn）：踩踏。⑰謷（ào）：同“傲”。⑱俍（liáng）：同“良”，善良之意。⑲拸（chǐ）：遗弃，放弃。

【译文】

老聃的弟子中有个叫庚桑楚的，独得老聃真传，居住在北边的畏垒山，奴仆中着力炫耀才智的他就让他们纷纷离去，侍婢中着力标榜仁义的他就让他们远离自己；只有敦厚朴实的人跟他住在一起，只有任性自得的人作为他的役使。居住三年，畏垒山一带大丰收。畏垒山一带的人民相互传言：“庚桑子刚来畏垒山，我们都微微吃惊，感到诧异。如今我们一天天地计算收入虽然还嫌不足，但一年总的计算收益也还富足有余。庚桑子恐怕就是圣人了吧！大家何不共同像供奉神灵一样供奉他，像对待国君一样地敬重他？”庚桑子听到这种议论，面南而坐思考老聃的教导之言，心中感到不快。弟子们很奇怪。庚桑子说：“你们对我有什么感到奇怪的呢？春天阳气上升而百草禾苗生长，正逢功德的秋天而各种果实成熟。春季与秋季，难道无故就能这样吗？这是天道自然运行的必然结果。我听说，至人寂静地居住在方丈的小室之中，而百姓纵恣迷妄地不知其所往。现在畏垒山区的人民，都窃窃私语想把我奉于贤人之间，我难道是那种标准的人吗？我面对老聃的教导而感到焦虑。”

弟子说：“不是这样，在小水沟里，大鱼无法转体，而小鱼回旋自如；六八尺高的小土丘，巨兽无法藏身，而妖狐却为之得意。况且尊贤授能，赏善施利，自古尧、舜已是如此，何况畏垒山区人民呢？先生就听他们的吧！”庚桑子说：“小子你过来！口能含车的巨兽，孤零零地离开山野，那就不能免于罗网的灾祸；口能吞舟的大鱼，一旦被水波荡出水流，小小的蚂蚁也会使它困苦不堪。所以鸟兽不厌山高，鱼鳖不厌水深。保全身形本性的人，隐匿自己的身形，不厌深幽高远罢了。至于尧与舜两个人，又哪里值得加以称赞和褒扬呢！尧与舜那样分辨世上的善恶贤愚，就像是在胡乱地毁坏好端端的垣墙而去种上没有什么用处的蓬蒿，选择头发来梳理，点数米粒来烹煮，计较于区区小事又怎么能够有益于世啊！举荐贤才人民就会相互出现伤害，任用智能百姓就会相互出现伪诈。这数种做法，不足以给人民带来好处。人们对于追求私利向来十分迫切，为了私利，有的儿子杀了父亲，有的臣子杀了国君，大白天抢人，光天化日之下在别人的墙上打洞。我告诉你，天下大乱的根源，必定是产生于尧、舜的时代，而它的流毒和遗害又一定会留存于千年之后。千年之后，还将会出现人与人相食的情况呀！”

南荣趎显出不安的样子，正容端坐着说：“像我的年龄已经这样大了，要怎样学点学业才能达到你所说的精神境界呢？”庚桑子说：“不伤你的身体，不失你的天性，不使你的思虑穿凿。如此三年，就可以达到我所说的精神境界了。”南荣趎说：“眼睛的外形，我看不出它们有什么差异，而盲人却视而不见；耳朵的外形，我看不出它们有什么区别，而聋子却听而不闻；心的外形，我也看不出它们有什么不同，而疯狂的人却思而不得。形体与形体之间本是相通的，而对外物的感受却有分别，想相互求得心心相通却不能相得。现在你对我说：‘不伤你的身体，不失你的天性，不使你的思虑穿凿。’我只能勉强听到耳朵里！”庚桑子说：“我的话说尽了。小土蜂不能孵化出豆叶虫，越鸡不能孵化天鹅蛋，而鲁鸡却能够做到。鸡与鸡，它们的禀赋并没有什么不同，有的能做到有的不能做到，是因为它们的本领原本就有大有小。拿现在说我的才干就很小，不足以使你受到感化，你何不到南方去拜见老子？”南荣趎带足干粮，走了七天七夜来到老子的住所。老子说："你是从楚地那儿来的吧?"南荣趎说："是的。"老子说："怎么跟你一块儿来的人如此多呢?"南荣趎恐惧地回过头来看看自己的身后。老子说："你不知道我所说的意思吗?"南荣趎低下头来羞惭满面，而后仰面叹息说："现在我已忘记了我应该怎样回答，因为我忘掉了我的提问。"老子说："什么意思呢?"南荣趎说："不聪明人们说我愚昧无知，聪明反而给身体带来愁苦和危难；不具仁爱之心便会伤害他人，推广仁爱之心反而给自身带来愁苦和危难；不讲信义便会伤害他人，推广信义反而给自己带来愁苦和危难。我怎样才能避免这种处境呢?这三句话所说的情况，正是我忧患的事，希望因为庚桑子的引介而获得赐教。"老子说："刚来时我察看你眉宇之间，也就借此了解了你的心思，如今你的谈话更证明了我的观察。你失神的样子真像是失去了父母，又好像在举着竹竿探测深深的大海。你确实是一个丧失了真性的人啊，是那么迷惘而又昏昧！你一心想返归你的真情与本性，却不知道从哪里做起，实在是值得同情啊!"

南荣趎回到寓所，求取自己所喜好的东西，舍弃自己所讨厌的东西。整整十天愁思苦想，再去拜见老子。老子说："你自己洗涤，为什么还忧郁不乐呢！然而心中还有恶的自然流露。缠护于外，利害纷繁，无从把握它，于是关闭内心以控制；缠护于内，思虑就会产生谬结，也无从把握它，于是关闭外物以杜绝其因缘。外内缠护的人，即使有道德也不能自己守持，何况是听任道德而行事的人呢!"南荣趎说："屯里的人有病，邻人问他，病人能讲清自己的病情，能把病当作病，他的病还未达到病甚的程度。像我听了大道，好像吃药加重了病一样，我只想听听保身全生之术就够了。"老子说："保身全生之术，能弃多知而抱朴吗?能不丧失本性吗?能不占卜而知道吉凶吗?能不止于本分吗?能不再追求已经过去的东西吗?能舍弃于人而求之于己吗?能自由自在吗?能纯真无知吗?能像婴儿吗?婴儿整天号哭而喉咙却不哽塞嘶哑，这是和谐所致；婴儿整天握拳而手不曲拳，这是共守他的本性；整天睁眼而目不转睛，是心不偏向外求。行走不知所去的方向，停下来不知要做什么事情。因顺自然，随波逐流。这就是保身全生之术。"南荣趎说："那么这就是至人的道了吗？”答说：“不是。这乃是所说的冰解冻释那样解除症结而使心性灵通，你能做到吗？那种至人，因顺自然而求食于大地，因顺自然而同乐于天，不因人事利害而纠缠，不相互怪异，不相互图谋，不相互务事，自由自在而去，无知无虑而来，这就是保身全生之术了。”问说：“那么，这就是达到至道了吗？”答说：“没有。我曾告诉你说：‘能像婴儿吗？’婴儿的举动不知干什么，行走不知所去的方向，身体像槁木枝而心灵像死灰。像这样，祸也不会到，福也不会来。没有祸福，哪里还有人力的灾害呢？”

心境安泰镇定的人，就会发出自然的光芒。发出自然光芒的，人各自显其为人。注重修养的人，才能保持较高的道德修养境界；保持较高的道德修养境界，人们就会自然地向往他，上天也会帮助他。人们所向往的，称他为天民；上天辅佐的，称他为天子。学习的人，是想要学习那些不能学到的东西；行走的人，是想要去到那些不能去到的地方；辩论的人，想辩他不能辩论的问题。知道停留于所不知道的境域，便达到了知道的极点。假如有人不是这样，那么自然的禀性一定会使他败亡。具备形成耳目之物以养形体，深藏不虑之地生心神，敬修于心而通达于形。如果达到这种境界还有种种灾祸到来，那都是天命流行，而不是人事所不修，不足以扰乱德行，不能纳入高于万物的内心。心灵有主见而行之又无主见，不可有意把持。还看不见诚成于己就向外发作，每次发作都是不恰当的，习已成性的外事侵入内心而不舍弃，每变一次丧失就愈甚一次。行为不善在显明之中的，人们因此而责难他；行为不善在隐蔽之处的，会受到鬼的谴责。光明正大于人非，光明正大于鬼责，然后才能独往独来。契合于内的人，行为不留名迹；契合于外的人，志向在于求用。行为不拘于名迹的人，虽庸常而有光辉；志向在于求用的人，只是商人。人看到他的跂足，像是高大的样子。能尽物之性的，人物而无间；和外物苟且的，连自身都不能相容，怎能容人呢？不能容人的人就没人亲近他，没人亲近的人周围就空无一人。武器没有比心志更毒的，莫邪那样的利剑也在其下；伤害没有大于阴阳的，人们无法逃脱天地之间。不是阴阳伤害他，而是人心驱使他如此。

从道的观点来看是齐一无别的，万物总体的分就是总体的成，新事物的成又是旧事物的毁。因此，不管怎样分散，它的分散是完备的；所以不管怎样完备，还是追求更大的完备。所以心神离散外逐欲情而不能返归，就会徒具形骸而显于鬼形；心神离散外逐欲情而能有所得，这就叫作接近于死亡。迷灭本性而徒有外形，也就跟鬼一个样。把有形的东西看作无形，那么内心就会得到安宁。产生没有根本，消逝没有踪迹。具有实在的形体却看不见确切的处所，有成长却见不到成长的始末。有所产生却没有产生的孔窍的情况又实际存在着。具有实在的形体而看不见确切的处所的，是因为处在四方上下没有边际的空间中。有成长却见不到成长的始末，是因为处在古往今来没有极限的时间里。存在着生，存在着死，存在着出，存在着入，入与出都没有具体的形迹，这就叫作自然之门。所谓自然之门，就是“无有”，万事万物都出自“无有”。“有”不可能用“有”来产生“有”，必定要出自“无有”，而“无有”就是一切全都没有。圣人就藏身于这样的境域。古时候的人，他们的认识有最高的境界。什么是最高的境界？他们认为宇宙未曾形成万物的初始时刻，认识是最高的，尽美尽善的，再不能增加什么认识了！其次，则认为宇宙开始有了万物时，把生当作丧失，把死视为返本，这已经有分了。再次，有的说宇宙形成时就是无有外物，后来有了生命，顷刻间而又归于死亡；把无有当头颅，把生命当躯干，把死亡当屁股。谁知道有无死生，守持一体的，我就和他交朋友。这三者虽然有差别，但却属于一个家族，昭氏、景氏因尊奉先人而著称；甲氏因封地而著称，虽然同为公族又有区别。

有面生黑痣的人，有蔓延分散的性质，称为移此而达彼，是非不定。试说这是非不定的问题，并不是能说得清楚的。虽然说了，还不能为常人所了解。腊祭时祭品中有牛肚代表五脏四肢的牲品，不一定非放在一起，但又是非陈列不可散的；又如游观屋室的人周游于东西厢的寝庙和无东西厢的寝室，又到厕所，这就是非常移的道理。让我说说是非不定的道理：这是以生为根本，以认识为标准，因而能驾驭是非。果真有名实之别，因而以自己为主来定是非，人都以自己为节操，以至于用死偿节。像这样，凡举用的就是智，举不用的为愚，通达向上的就有名声，穷塞在下的就是耻辱。是非的转移，是现今人的问题，这正如蜩与学鸠一样，是同样无知的。

踩了路上行人的脚，就要道歉说不小心，兄长踩了弟弟的脚就要怜惜抚慰，父母踩了子女的脚也就算了。因此说，最好的礼仪就是不分彼此视人如己，最好的道义就是不分物我各得其宜，最高的智慧就是无须谋虑，最大的仁爱就是对任何人也不表示亲近，最大的诚信就是无须用贵重的东西作为凭证。毁除意志的干扰，解脱心灵的束缚，遗弃道德的牵累，打通大道的阻碍。高贵、富有、尊显、威严、声名、利禄六种情况，全是扰乱意志的因素；容貌、举止、美色、辞理、气调、情意六种情况，全是束缚心灵的因素；憎恶、欲念、欣喜、愤怒、悲哀、欢乐六种情况，全部牵累道德的因素；离去、靠拢、贪取、施与、智虑、技能六种情况，全是堵塞大道的因素。这四个方面各六种情况不至于震荡胸中，内心就会平正，内心平正就会宁静，宁静就会明澈，明澈就会虚空，虚空就能恬适顺应无所作为而又无所不为。大道，是自然的敬仰；生命，是盛德的光华；禀性，是生命的本根。合乎本性的行动，称为率真的作为；受伪情驱使而行动，称为失却本性。知识，出自与外物的应接；智慧，出自内心的谋划。具有智慧的人也会有不了解的知识，就像斜着眼睛看，所见必定有限。有所举动却出于不得已叫作德，有所举动却不是为了自我叫作治，追求名声必定适得其反，而讲求实际就会事事顺应。

羿精于射中微细之物而拙于人们不称誉自己。圣人精于顺应自然而拙于人为。精于顺应自然而又善于周旋人世，只有“全人”能够这样。虽然虫能像虫，虫能顺乎自然。全人厌恶自然，是厌恶人为的自然，何况我把天人对立起来呢！一只山雀飞过羿的地方，羿一定能捕到它，这是他的威力；把天下当作笼子，那么所有的山雀就无法逃脱了。所以商汤用庖人来笼络伊尹，秦穆公用五只羊的皮笼络百里奚。所以不用他们的所好来笼络住他们是没有过的，断足的人离弃规矩礼法，是把毁掉名誉置之度外；囚徒登到高处而不恐惧，是在于遗弃了死生。熟习道而无内疚于己而忘却人事，忘却人事，便可以因此而成为接近自然的天人了。所以，尊敬他，他也不高兴；侮辱他，他也不因此而愤怒。只有同于自然的人才能成为这样。超出愤怒而不算愤怒，愤怒是由不愤怒产生的；超出有为而无所作为，则有为产生于无为。要想安静就要平静和气，要想奋起精神就要顺应心意。有为要得当，这种有为由于不得已而为。一切都出于不得已，便是圣人之道。

解读

《庚桑楚》是以人名为篇。有人曾怀疑历史上是否真的有庚桑楚其人，而《史记·老子列传》确有记载。《史记》是正史，庄子以其人名作为篇名，应该是确有其人。

庄子在《庚桑楚》中谈到了多方面的内容，但多数段落还是以讨论养生为主。首先写庚桑楚与弟子的谈话，指出一切都有其自然的规律。其次通过老聃的谈话说明养生之道“藏身于无”以及随物而应、处之无为的生活态度。再次讨论了万物的生成与变化，讨论人认识的局限，说明是与非不是永远不变的，可以转移和变化。最后讨论修身养性，指出扰乱人心的诸多情况，把养生之道归纳到“平气”“顺心”的基本要求上来。

徐无鬼第二十四

【原典】

徐无鬼因女商见魏武侯[①]，武侯劳之曰："先生病矣，苦于山林之劳，故乃肯见于寡人。"徐无鬼曰："我则劳于君，君有何劳于我！君将盈耆欲，长好恶，则性命之情病矣；君将黜耆欲，掔（qiān）好恶[②]，则耳目病矣。我将劳君，君有何劳于我！"武侯超然不对。少焉，徐无鬼曰："尝语君吾相狗也。下之质执饱而止，是狸德也；中之质，若视日；上之质，若亡其一。吾相狗，又不若吾相马也。吾相马，直者中绳，曲者中钩，方者中矩，圆者中规，是国马也，而未若天下马也。天下马有成材，若卹若失，若丧其一。若是者，超轶绝尘[③]，不知其所。"武侯大说而笑。

徐无鬼出，女商曰："先生独何以说吾君乎？吾所以说吾君者，横说之则以《诗》《书》《礼》《乐》，从说之则以《金板》《六弢》，奉事而大有功者不可为数，而吾君未尝启齿。今先生何以说吾君，使吾君说若此乎？"徐无鬼曰："吾直告之吾相狗马耳。"女商曰："若是乎？"曰："子不闻夫越之流人乎？去国数日，见其所知而喜；去国旬月，见所尝见于国中者喜；及期年也，见似人者而喜矣。不亦去人滋久，思人滋深乎？夫逃虚空者，藜藋柱乎鼪鼬之径[④]，踉位其空，闻人足音，跫（qióng）然而喜矣，又况乎昆弟亲戚之謦欬其侧者乎[⑤]！久矣夫，莫以真人之言謦欬吾君之侧乎！"

徐无鬼见武侯，武侯曰："先生居山林，食芧栗[⑥]，厌葱韭，以宾寡人，久矣夫！今老邪？其欲干酒肉之味邪？其寡人亦有社稷之福邪？"徐无鬼曰："无鬼生于贫贱，未尝敢饮食君之酒肉，将来劳君也。"君曰："何哉！奚劳寡人？"曰："劳君之神与形。"武侯曰："何谓邪？"徐无鬼曰："天地之养也一，登高不可以为长，居下不可以为短。君独为万乘之主，以苦一国之民，以养耳目鼻口，夫神者不自许也。夫神者，好和而恶奸。夫奸，病也，故劳之。唯君所病之，何也?”武侯曰：“欲见先生久矣。吾欲爱民而为义偃兵，其可乎?”徐无鬼曰：“不可。爱民，害民之始也；为义偃兵，造兵之本也。君自此为之，则殆不成。凡成美，恶器也。君虽为仁义，几且伪哉！形固造形，成固有伐，变固外战。君亦必无盛鹤列于丽谯之间[7]，无徒骥于锱坛之宫，无藏逆于得，无以巧胜人，无以谋胜人，无以战胜人。夫杀人之士民，兼人之土地，以养吾私与吾神者，其战不知孰善？胜之恶乎在？君若勿已矣，修胸中之诚，以应天地之情而勿撄。夫民死已脱矣，君将恶乎用夫偃兵哉！”

黄帝将见大隗（wěi）乎具茨（cí）之山，方明为御，昌寓骖乘，张若、謵朋前马，昆阍、滑稽后车。至于襄城之野，七圣皆迷，无所问涂。适遇牧马童子，问涂焉，曰：“若知具茨之山乎?”曰：“然。”“若知大隗之所存乎?”曰：“然。”黄帝曰：“异哉小童！非徒知具茨之山，又知大隗之所存。请问为天下?”小童曰：“夫为天下者，亦若此而已矣，又奚事焉！予少而自游于六合之内，予适有瞀病[8]，有长者教予曰：‘若乘日之车而游于襄城之野。'今予病少痊，予又且复游于六合之外。夫为天下亦若此而已。予又奚事焉！"黄帝曰："夫为天下者，则诚非吾子之事。虽然，请问为天下。"小童辞。黄帝又问。小童曰："夫为天下者，亦奚以异乎牧马者哉！亦去其害马者而已矣！"黄帝再拜稽首[⑨]，称天师而退。

知士无思虑之变则不乐，辩士无谈说之序则不乐，察士无凌谇之事则不乐，皆囿于物者也。招世之士兴朝，中民之士荣官，筋力之士矜难，勇敢之士奋患，兵革之士乐战，枯槁之士宿名，法律之士广治，礼教之士敬容，仁义之士贵际。农夫无草莱之事则不比，商贾无市井之事则不比。庶人有旦暮之业则劝，百工有器械之巧则壮。钱财不积则贪者忧，权势不尤则夸者悲。势物之徒乐变，遭时有所用，不能无为也。此皆顺比于岁，不物于易者也。驰其形性，潜之万物，终身不反，悲夫！

庄子曰："射者非前期而中，谓之善射，天下皆羿也，可乎？"惠子曰："可。"庄子曰："天下非有公是也，而各是其所是，天下皆尧也，可乎？"惠子曰："可。"庄子曰："然则儒墨杨秉四，与夫子为五，果孰是邪？或者若鲁遽者邪？其弟子曰：'我得夫子之道矣，吾能冬爨鼎而夏造冰矣[⑩]。'鲁遽曰：'是直以阳召阳，以阴召阴，非吾所谓道也，吾示子乎吾道。'于是为之调瑟，废一于堂，废一于室，鼓宫宫动，鼓角角动，音律同矣。夫或改调一弦，于五音无当也；鼓之，二十五弦皆动，未始异于声，而音之君已形也。且若是者邪？"惠子曰："今夫儒墨杨秉，且方与我以辩，相拂以辞，相镇以声，而未始吾非也，则奚若矣？"庄子曰："齐人蹢（zhí）子于宋者，其命阍也不以完，其求钘钟也以束缚，其求唐子也而未始出域，有遗类矣！夫楚人寄而蹢阍者，夜半于无人之时而与舟人斗，未始离于岑[⑪]，而足以造于怨也。"

庄子送葬，过惠子之墓，顾谓从者曰："郢人垩（è）慢其鼻端若蝇翼，使匠石斫之。匠石运斤成风，听而斫之[⑫]，尽垩而鼻不伤，郢人立不失容。宋元君闻之，召匠石曰：'尝试为寡人为之。'匠石曰：'臣则尝能斫之。虽然，臣之质死久矣！'自夫子之死也，吾无以为质矣，吾无与言之矣！"

管仲有病，桓公问之，曰："仲父之病病矣，不可讳云，至于大病，则寡人恶乎属国而可？"管仲曰："公谁欲与？"公曰："鲍叔牙。"曰："不可。其为人絜廉，善士也。其于不已若者不比之，又一闻人之过，终身不忘。使之治国，上且钩乎君，下且逆乎民。其得罪于君也，将弗久矣！”公曰：“然则孰可？”对曰：“勿已，则隰朋可[13]。其为人也，上忘而下畔，愧不若黄帝，而哀不己若者。以德分人谓之圣，以财分人谓之贤。以贤临人，未有得人者也；以贤下人，未有不得人者也。其于国有不闻也，其于家有不见也。勿已，则隰朋可。”

吴王浮于江，登乎狙之山，众狙见之，恂然弃而走[14]，逃于深蓁（zhēn）。有一狙焉，委蛇攫搔，见巧乎王。王射之，敏给搏捷矢。王命相者趋射之，狙执死。王顾谓其友颜不疑曰：“之狙也，伐其巧，恃其便，以敖予，以至此殛也[15]。戒之哉！嗟乎，无以汝色骄人哉？”颜不疑归，而师董梧，以助其色，去乐辞显，三年而国人称之。

南伯子綦隐几而坐，仰天而嘘。颜成子游入见曰：“夫子，物之尤也。形固可使若槁骸，心固可使若死灰乎？”曰：“吾尝居山穴之中矣。当是时也，田禾一睹我，而齐国之众三贺之。我必先之，彼故知之；我必卖之，彼故鬻之[16]。若我而不有之，彼恶得而知之？若我而不卖之，彼恶得而鬻之？嗟乎！我悲人之自丧者，吾又悲夫悲人者，吾又悲夫悲人之悲者，其后而日远矣！”

仲尼之楚，楚王觞之。孙叔敖执爵而立，市南宜僚受酒而祭，曰：“古之人乎！于此言已。”曰：“丘也闻不言之言矣，未之尝言，于此乎言之。市南宜僚弄丸而两家之难解，孙叔敖甘寝秉羽而郢人投兵。丘愿有喙三尺。”彼之谓不道之道，此之谓不言之辩。故德总乎道之所一，而言休乎知之所不知，至矣。道之所一者，德不能同也。知之所不能者，辩不能举也。名若儒、墨而凶矣。故海不辞东流，大之至也。圣人并包天地，泽及天下，而不知其谁氏。是故生无爵，死无谥，实不聚，名不立，此之谓大人。狗不以善吠为良，人不以善言为贤，而况为大乎！夫为大不足以为大，而况为德乎！夫大备矣，莫若天地，然奚求焉而大备矣。知大备者，无求，无失，无弃，不以物易己也。反己而不穷，循古而不摩，大人之诚！

子綦有八子，陈诸前，召九方歅（yīn）曰：“为我相吾子孰为祥。”九方歅曰：“梱也为祥。”子綦瞿然喜曰[17]：“奚若？”曰：“梱也，将与国君同食以

终其身。”子綦索然出涕曰：“吾子何为以至于是极也？”九方歅曰：“夫与国君同食，泽及三族，而况于父母乎！今夫子闻之而泣，是御福也。子则祥矣，父则不祥。”子綦曰：“歅，汝何足以识之？而梱祥邪，尽于酒肉，入于鼻口矣，而何足以知其所自来？吾未尝为牧，而牂生于奥[18]；未尝好田而鹑生于宎；若勿怪，何邪？吾所与吾子游者，游于天地。吾与之邀乐于天，吾与之邀食于地，吾不与之为事，不与之为谋，不与之为怪。吾与之乘天地之诚，而不以物与之相撄；吾与之一委蛇，而不与之为事所宜。今也然有世俗之偿焉！凡有怪征者，必有怪行。殆乎，非我与吾子之罪，几天与之也！吾是以泣也。”无几何而使梱之于燕，盗得之于道，全而鬻之则难，不若刖之则易。于是乎刖而鬻之于齐，适当渠公之街，然身食肉而终。

齧缺遇许由，曰：“子将奚之？”曰：“将逃尧。”曰：“奚谓邪？”曰：“夫尧畜畜然仁，吾恐其为天下笑，后世其人与人相食与！夫民不难聚也，爱之则亲，利之则至，誉之则劝，致其所恶则散。爱利出乎仁义，捐仁义者寡，利仁义者众。夫仁义之行，唯且无诚，且假夫禽贪者器。是以一人之断制利天下，譬之犹一覕（piē）也[19]。夫尧知贤人之利天下也，而不知其贼天下也，夫唯外乎贤者知之矣。”

有暖姝者，有濡需者，有卷娄者。所谓暖姝者，学一先生之言，则暖暖姝姝而私自说也，自以为足矣，而未知未始有物也，是以谓暖姝者也。濡需者，豕虱是也，择疏鬣长毛，自以为广宫大囿[20]，奎蹄曲隈，乳间股脚，自以为安室利处。不知屠者之一旦鼓臂布草操烟火，而己与豕俱焦也。此以域进，此以域退，此其所谓濡需者也。卷娄者，舜也。羊肉不慕蚁，蚁慕羊肉，羊肉羶也。舜有羶行，百姓悦之，故三徙成都，至邓之虚而十有万家。尧闻舜之贤，举之童土之地，曰冀得其来之泽。舜举乎童土之地，年齿长矣，聪明衰矣，而不得休归，所谓卷娄者也。是以神人恶众至，众至则不比，不比则不利也。故无所甚亲，无所甚疏，抱德炀（yáng）和以顺天下，此谓真人。于蚁弃知，于鱼得计，于羊弃意。

以目视目，以耳听耳，以心复心。若然者，其平也绳，其变也循。古之真人，以天待之，不以人入天。古之真人，得之也生，失之也死；得之也死，失之也生。药也，其实堇（jǐn）也，桔梗也，鸡痈也，豕零也，是时为帝者也，何可胜言！句践也以甲循三千栖于会稽，唯种也能知亡之所以存，唯种也不知其身之所以愁。故曰鸱目有所适，鹤胫有所节，解之也悲。故曰风之过河也有损焉，日之过河也有损焉。请只风与日相与守河，而河以为未始其撄也，恃源而往者也。故水之守土也审，影之守人也审，物之守物也审。故目之于明也殆，耳之于聪也殆，心之于殉也殆，凡能其于府也殆，殆之成也不给改。祸之长也兹萃，其反也缘功，其果也待久。而人以为己宝，不亦悲乎！故有亡国戮民无已，不知问是也。

故足之于地也践，虽践，恃其所不蹍而后善博也；人之于知也少，虽少，恃其所不知而后知天之所谓也。知大一，知大阴，知大目，知大均，知大方，知大信，知大定，至矣。大一通之，大阴解之，大目视之，大均缘之，大方体之，大信稽之，大定持之。尽有天，循有照，冥有枢，始有彼。则其解之也似不解之者，其知之也似不知之也，不知而后知之。其问之也，不可以有崖，而不可以无崖。颉滑有实，古今不代，而不可以亏，则可不谓有大扬搉乎[21]！阖不亦问是已？奚惑然为？以不惑解惑，复于不惑，是尚大不惑。

【注释】

①徐无鬼：人名，姓徐名无鬼，战国时魏国的隐士，缗山人。②掔（qiān）：牵。③超轶（yì）：超越。④藜藋（lí huò）：灰菜，一种野草。鼪鼬（shēng yòu）：黄鼠狼。⑤謦欬（qǐng kài）：咳嗽。⑥芧（xù）：橡树的果实。⑦丽谯：高楼。⑧瞀（mào）：眼花目眩。⑨稽（qǐ）首：叩头点地。⑩爨:烧。⑪岑（cén）：岸边。⑫斫（zhuó）：砍。⑬隰（xí）朋：人名，齐国的公族大夫。⑭恂（xún）：恐惧、害怕。⑮殛（jí）：死。⑯鬻（yù）：卖。⑰瞿然：惊喜的样子，兴奋的样子。⑱牂（zāng）：母羊。⑲焚（piē）：宰割。⑳鬣（liè）：猪颈上的长毛。㉑大扬推（què）：大体轮廓。

【译文】

徐无鬼在女商的引荐之下得以见到魏武侯，武侯慰问他说："先生一定是困乏到极点了！为隐居山林的劳累所困苦，所以方才肯前来会见我。"徐无鬼说："我是来慰问你的，你对于我有什么慰问！你想要满足嗜好和欲望，增多喜好和憎恶，那么性命攸关的心灵就会弄得疲惫不堪；你想要废弃嗜好和欲望，退却喜好和憎恶，那么耳目的享用就会困顿乏厄。我正打算来慰问你，你对于我有什么可慰问的！"武侯听了怅然若失，不能应答。过了一会儿，徐无鬼说："我是告诉你我的相狗术。下等狗的才智，只是捕兽得食而止，这是山猫的德行；中等才智的狗，眼睛看得高望得远；上等才智的狗好像忘掉自己的身体。我的观狗术，又不如我的观马术。我观察马，直的地方与绳墨相符合，弯曲的地方与钩相符合，方的地方与矩相符合，圆的地方与规相符合，这就是国家最好的马，然而还赶不上天下最好的马。天下的好马有天生的材质，走起路来像有忧思，又像丧其一偶。像这样的，超越绝尘，不知所止，不知去向。"武侯很高兴地笑了。

徐无鬼走出宫廷，女商说："先生究竟是用什么办法使国君高兴的呢？我用来使国君高兴的办法是，从远处说向他介绍《诗》《书》《礼》《乐》，从近处说向他谈论《金板》《六弢》，侍奉国君而大有功绩的人不可计数，而国君从不曾有过笑脸。如今你究竟用什么办法来取悦国君，竟使国君如此高兴呢？"徐无鬼说："我只不过告诉他我怎么相狗、相马罢了。"女商说："就是这样吗?”徐无鬼说:“你没有听说过越地流亡人的故事吗?离开都城几天,见到故交旧友便十分高兴;离开都城十天整月,见到在国都中所曾经见到过的人便大喜过望;等到过了一年,见到好像是同乡的人便欣喜若狂。不就是离开故人越久,思念故人的情意越深吗?逃向空旷原野的人,丛生的野草堵塞了黄鼠狼出入的路径,却能在杂草丛中的空隙里跌跌撞撞地生活,听到人的脚步声就高兴起来,更何况是兄弟亲戚在身边说笑呢?很久很久了,没有谁用真人纯朴的话语在国君身边说笑了啊!”

徐无鬼去见魏武侯,魏武侯说:“先生身居深山老林,吃橡子,食葱韭,你摒弃我已很长时间了。你现在老了吗?是想求得酒肉的滋味呢,还是为我的国家造福呢?”徐无鬼说:“无鬼出身贫穷低贱,不曾敢想享用你的酒肉,是来慰劳你的。”武侯说:“怎么?你怎样来慰劳我?”徐无鬼说:“慰劳你的精神和形体。”武侯说:“什么意思?”徐无鬼说:“天地的养育之功是一视同仁的,身居高位不可自以为长,身居低位不可自以为短。你独自为万乘的君主,奴役一国的人民,用以奉养耳目鼻口的私欲,而心神不能自得。心神喜好和德而厌恶悖道。悖道是一种毛病,所以来慰劳你。只有你犯这种毛病,为什么呢?”武侯说:“想见先生很久了。我想爱民,为了义而停止用兵,可以吗?”徐无鬼说:“不可以。爱民,是害民的开始;为了义而停止用兵,是制造战争的祸根。你从这里去做,就会危险而不会成功。凡是成就美名的,就是作恶的工具。你虽然要行仁义,但接近作伪啊!仁义的形迹必定要造成作伪的形态,成功了必定要自夸,有变乱必定有公开的战争。你一定不要将盛大的军队像鹤群一样排列在高楼之间,不要集合步骑兵于锱坛的宫内,不要隐藏矛盾去妄取,不要用巧诈去胜人,不要以阴谋去胜人。那种杀害别人的士兵和民众,夺取养育别人的土地,用来奉养我们的私欲和满足我们的心神需要的战争,不知有什么好处?不知胜利在什么地方?你不如停止战争,修养胸中的诚心,来顺应天地的自然情意,而不搅扰他物。人民这样却能免除死亡,你哪里还用得着讲什么停止战争呢!”

黄帝到具茨山去拜见大隗,方明赶车,昌寓作陪乘,张若、謵朋在马前导引,昆阍、滑稽在车后跟随。来到襄城的旷野,七位圣人都迷失了方向,

而且没有什么地方可以问路。正巧遇上一位牧马的少年，便向牧马少年问路，说：“你知道具茨山吗？”少年回答：“是的。”又问：“你知道大隗居住在什么地方吗？”少年回答：“是的。”黄帝说：“真是奇怪啊，这位少年！不只是知道具茨山，而且知道大隗居住的地方。请问怎样治理天下？”少年说：“治理天下，也就像牧马一样罢了，又何须多事呢！我幼小时独自在宇宙范围内游玩，碰巧生了头眼眩晕的病，有位长者教导我说：‘你还是乘坐太阳车去襄城的旷野里游玩。’如今我的病已经有了好转，我又将到宇宙之外去游玩。至于治理天下，恐怕也就像牧马一样罢了，我又何须去多事啊！”黄帝说：“治理天下，固然不是你操心的事。虽然如此，我还是要向你请教怎样治理天下。”少年听了拒绝回答。黄帝又问。少年说：“治理天下，跟牧马哪里有什么不同呢！也就是去除过分、任其自然罢了！”黄帝听了叩头至地行了大礼，口称“天师”而退去。

善用智谋的人没有思虑的变换就不高兴，善辩论的人没有言谈的条理就不高兴，善于苛求的人没有凌辱责骂之辞就不高兴，这些人都是为外物所局限的人。出类拔萃的人振兴朝政，中等的人只想营一官职，身强力壮的人以解难自豪，勇敢的人奋起除患，武装在身的人乐于征战，隐于山林的人喜好恃守名誉，讲求法律的人希望推广法治，讲求礼乐的人注重仪表，施用仁义的人注重交际。农民没有开垦田地的事就不能安居乐业，商人没有经商的事也不能安居乐业。庶人有朝夕的事业就会自勉，百工有器械的技巧就会气壮。钱财不能积聚而贪图的人就会忧虑，权势不大却贪图虚名的人就会悲哀。迷于权势财物的人喜欢变乱，这些人遇到有所用时是不能无所作为的。这些人都是顺时投机，为一种事物束缚而不能变易。无限地使用他的形体和心性，沉没在万物之中，终身执迷不悟，真可悲啊！

庄子说：“射箭的人不是预先瞄准而误中靶的，称他是善于射箭，那么普天下都是羿那样善射的人，可以这样说吗？”惠子说：“可以。”庄子说：“天下本没有共同认可的正确标准，却各以自己认可的标准为正确，那么普天下都是唐尧那样圣明的人，可以这样说吗？”惠子说：“可以。”庄子说：“那么郑缓、墨翟、杨朱、公孙龙四家，跟先生你一道便是五家，到底谁是正确的

呢？或者都像是周初的鲁遽那样吗？鲁遽的弟子说：‘我学得了先生的学问，我能够在冬天生火烧饭，在夏天制出冰块。’鲁遽说：‘这只不过是用具有阳气的东西来招引出具有阳气的东西，用具有阴气的东西来招引出具有阴气的东西，不是我所倡导的学问。我告诉给你我所主张的道理。’于是当着大家调整好瑟弦，放一张瑟在堂上，放一张瑟在内室，弹奏起这张瑟的宫音而那张瑟的宫音也随之应和，弹奏那张瑟的角音而这张瑟的角音也随之应和，调类相同的缘故啊。如果其中任何一根弦改了调，五个音不能和谐；弹奏起来，二十五根弦都发出震颤，然而却始终不会发出不同的声音，方才是乐音之王了。而你恐怕就是像鲁遽那样的人吧？”惠子说：“如今郑缓、墨翟、杨朱、公孙龙，他们正跟我一道辩论，相互间用言辞进行指责，相互间用声望压制对方，却从不曾认为自己是不正确的，那么将会怎么样呢？”庄子说：“齐国有个人使自己的儿子滞留于宋国，命令守门人守住他而不让他有完整的身形返回来；他获得一只长颈的小钟唯恐破损而包了又包，捆了又捆；他寻找远离家门的儿子却不曾出过郊野，这就像辩论的各家忘掉了跟自己相类似的情况！楚国有个人寄居别人家而怒责守门人，半夜无人时走出门来又跟船家打了起来，还不曾离开岸边就又结下了怨恨。”

庄子给亲朋送葬，经过惠子的坟墓，回头对随从的人说：“郢人在他的鼻尖上涂像苍蝇翅膀那样大小的白土，让匠石把白土砍掉。匠石运斧如成风，声声作响地砍它，砍尽了白土而没伤鼻子，郢人站立面不改色。宋元君听到此事，召匠石说：‘试试为我砍一次看看。’匠石说：‘我以前砍过，但是，我砍的对象已经死很久了。’自从先生死了后，我没有对手了，我没有辩论的对象了！”

管仲生了病，齐桓公问他：“仲父的病已经很重了，不避讳地说，一旦病危不起，我将把国事托付给谁才合适呢？”管仲说：“你想要交给谁呢？”齐桓公说：“鲍叔牙。”管仲说：“不可以。鲍叔牙算得上是清白廉正的好人。他对于不如自己的人从不去亲近，而且一听到别人的过错，一辈子也忘不掉。让他治理国家，对上势必约束国君，对下势必忤逆百姓。一旦得罪于国君，也就不会长久执政了！”齐桓公说：“那么谁可以呢？”管仲回答说：“要不，隰朋还可以。隰朋为人，对上不显示位尊而对下不分别卑微，自愧不如黄帝又能怜悯不如自己的人。能用道德去感化他人的称作圣人，能用财物去周济他人的称作贤人。以贤人自居而驾临于他人之上，不会获得人们的拥戴；以贤人之名而能谦恭待人，不会得不到人们的拥戴。他对于国事一定不会事事听闻，他对于家庭也一定不事事看顾。不得已，那么还是隰朋可以。”

吴王泛舟于江上，登上狝猴山。群猴看见他，恐惧地弃地跑掉，逃到榛材丛中。有一只猴子，从容自得地攀搏抓取，向吴王显示灵巧。吴王射它，它敏捷地接取箭头。吴王命令随从上前一齐射它，狝猴中箭抱树而死。吴王回头对他的朋友颜不疑说：“这只狝猴，夸它的灵巧，依靠它的灵便来傲视我，以至于这样死去！要引以为戒啊！唉！不要用你的骄傲的态度对待别人啊！”颜不疑回去而拜董梧为师，除去傲色，去享乐，就贫苦，辞显贵，甘淡漠，三年而国人都称赞他。

南伯子綦靠着几案静静地坐着，然后又仰着头缓缓地吐气。颜成子进屋来看见后说：“先生，你真是了不起的人物！人的形体固然可以使它像枯槁的骸骨，心灵难道也可以像死灰一样吗？”南伯子綦说：“我曾在山林洞穴里居住。正当这个时候，齐太公田禾来看望我，因而齐国的民众再三向他表示祝贺。我必定是名声在先，他所以能够知道我；我必定是名声张扬，他所以能利用我的名声。假如我不具有名声，他怎么能够知道我呢？假如我不是名声张扬于外，他又怎么能够利用我的名声呢？唉，我悲悯自我迷乱失却真性的人，我又悲悯那些悲悯别人的人，我还悲悯那些悲悯人们的悲悯者，从那以后我便一天天远离人世沉浮而达到心如死灰的境界。”

孔子去楚国，楚王请他喝酒。孙叔敖拿着酒器而站立，市南宜僚洒酒而祭祀，说：“古代的人啊！在这里说说罢。”孔子说：“我也听到过不说的言论了。未曾说过的话，在这里说说它。市南宜僚玩弄弹丸，而解决了两家的危难；孙叔敖安寝摇扇而卧，而使楚人停止用兵。我希望有三尺长的嘴不说话。”他们所说的是不言之道，孔子所说的是不言之辩。故而归根到底是德与道的齐一，而言语停止在知所不至的地方，就是极点了。道的同一，德不能同。知道所不能知道的，善辩的人也不能尽举。名声像儒墨，那就危险了。所以大海不制止河水东流，才能大到极点。圣人并不包容天地，恩泽到天下，而不知他的姓氏名谁。所以，他活时无爵位，死后无谥号，实利不集聚，名声不建立，这就是大人。狗不因为善于叫唤便是好的，人不因为会说教便是贤人，何况成就大名的人呢！大名，不足以成为大名，何况成德呢！最大而完备的，莫如天地，然而没有什么追求的，它却最大而完备了。知道大而完备的，是无所追求，无所丧失，无所舍弃，不用外物改变自己。返回自己的本性而不穷尽，因循常道行事而不磨灭，这就是大人的至诚无息。

子綦有八个儿子，排列在子綦身前，叫来九方歅说：“给我八个儿子看看相，谁最有福气。”九方歅说：“梱最有福气。”子綦惊喜地说：“怎么最有福气呢？”九方歅回答：“梱将会跟国君一道饮食而终了一生。”子綦泪流满面地说：“我的儿子为什么会达到这样的境遇！”九方歅说：“跟国君一道饮食，恩泽将施及三族，何况只是父母啊！如今先生听了这件事就泣不成声，这是拒绝要降临的福禄。你的儿子倒是有福气，你做父亲的却是没有福分了。”子綦说：“歅，你怎么能够知道，你所说的梱有福，享尽酒肉，只不过从口鼻进到肚腹里，又哪里知道这些东西从什么地方来？我不曾牧养而羊却出现在我屋子的西南角，不曾喜好打猎而鹌鹑却出现在我屋子的东南角，假如不把这看作怪事，又是为了什么呢？我和我的儿子所游乐的地方，只在于天地之间。

我跟他一道在苍天里寻乐，我跟他一道在大地上求食，我不跟他建功立业，不跟他出谋划策，不跟他标新立异。我只和他一道随顺天地的实情，而不因外物便相互背违；我只和他顺其自然，而不为任何外事所左右。如今我却得到了世俗的回报啊！大凡有了怪异的征兆，必定会有怪异的行为。实在是危险啊，并不是我和我儿子的罪过，大概是上天降下的罪过！我因此泣不成声。”没过多久派遣梱到燕国去，强盗在半道上劫持了他，想要保全其身形而卖掉实在担心他跑掉，不如截断他的脚容易卖掉些，于是截断他的脚卖到齐国，正好齐国的富人渠公买了去给自己看守街门，仍能够一辈子吃肉而终了一生。

齧缺遇见许由，说：“你要到哪里去?”许由说：“要逃避尧的让位。”齧缺说：“为什么呢?”许由说：“尧孜孜不倦地推行仁政，我恐怕他被天下人所讥笑，后世将要人和人相食！民众，不难聚集，爱他们便亲近，有利给他们就来到，奖励他们就劝勉，致使他们厌恶就离散。爱和利都出于仁义，舍弃仁义的少，取利于仁义的多。仁义的行动，只要没有诚意，就会成为禽兽一样贪婪的工具。这是以一个人的独断专行来取利天下，就犹如宰割一样。尧只知道贤人有利于天下，而不知道他也会有害于天下，只有在贤人以外的人才能了解这些事情!”

有沾沾自喜的人，有不偷安矜持的人，有弯腰驼背、勤苦不堪的人。所谓沾沾自喜的人，懂得了一家之言，就沾沾自喜地私下里暗自得意，自以为满足了，却不知道从未曾有过丝毫所得，所以称他为沾沾自喜的人。所谓偷安矜持的人，就像猪身上的虱子一样，选择稀疏的鬃毛，自以为就是广阔的宫廷与园林，后腿和蹄子间弯曲的部位，乳房和腿脚间的夹缝，就认为是安宁的居室和美好的处所，殊不知屠夫一旦挥动双臂布下柴草生起烟火，便跟随猪身一块儿烧焦。这就是依靠环境而安身，这又是因为环境而毁灭，而这也就是所说的偷安矜持的人。所谓弯腰驼背、勤苦不堪的人，就是舜那样的人。羊肉不会爱慕蚂蚁，蚂蚁则喜爱羊肉，因为羊肉有羶腥味。舜有羶腥的行为，百姓都十分喜欢他，所以他多次搬迁居处都自成都邑，去到邓的废址就聚合了十万家人。尧了解到舜的贤能，从荒芜的土地上举荐了他，说是希望他能把恩泽布施百姓。舜从荒芜的土地上被举荐出来，年岁逐渐老了，敏捷的听力和视力衰退了，还不能退回来休息，这就是所说的弯腰驼背、勤苦不堪的人。所以超凡脱俗的神人讨厌众人跟随，众人跟随就不会亲密和睦，不亲密和睦也就不会带来好处。因此没有什么特别的亲密，没有什么格外的疏远，持守德行、温暖和气以顺应天下，这就叫作真人。就像是蚂蚁不再追慕羶腥、鱼儿得水似的悠闲自在，羊肉也清除了羶腥的气味。

用眼睛看眼睛能看见的，用耳朵听耳朵能听到的，用心灵领悟心灵能领悟的。像这样，他的心既平静又直率，他的行为既变化也因顺。古代的真人，以自然之道对待人事，不以人事之道对待自然。古代的真人，得到它就生，失掉它就死；得到它就死，失掉它就生。药物，其实不过就是乌头、桔梗、鸡头草、猪苓根等，这些药物随时作为主药，怎么可以说尽呢！勾践以士兵三千栖身于会稽山，唯有文种能知道在即将灭亡中求得生存的谋略，也唯有文种不知道自身未来的忧患。所以说，猫头鹰的眼睛只有在夜晚才适用，鹤的小腿长有所适宜，截短了就会悲哀。所以说风吹过河水就有所损失，太阳照过河水也会有损失。如果说风和太阳相互一起吹晒河水，而河水不曾受它们干扰的话，这是由于依靠源头不断地往来。所以水流在土上的安定，影守住人就得以显现，物守住物就融合不离。所以，眼睛过于求明就危险了，耳朵过于求聪就危险了，心思过于虑物就危险了。凡是智能藏于内心就会危险，危险的形成就来不及改悔。祸患的产生和滋长是集聚的，再返回来就需要修养功夫，它的成果就得时间持久。而人们自以为可贵，不也悲哀吗！因此有亡国杀人不止，是不知道问个根源啊。

所以，脚对于地的践踏很小很小，虽然很小，仰赖所不曾践踏的地方而后才可以去到更为博大、旷远的地方；人对于各种事物的了解也很少很少，虽然很少，仰赖所不知道的知识而后才能够知道自然所称述的道理。知道“天”，知道“地”，知道“大目”，知道“大均”，知道“大方”，知道“大信”，知道“大定”，这就达到了认识的极限。“天”加以贯通，“地”加以化解，万物各视其所见，顺其本性令其自得，各得其宜自成轨迹，各守其实无使超逸，顺任安定持守不渝。万物之中全都有其自然，顺应就会逐渐明朗清晰，深奥的道理之中都存在着枢要，而任何事物产生的同时又必然出现相应的对立面。那么，自然的理解好像是没有理解似的，自然的知晓好像是没有知晓，但这“不知”之后方才会有真知。深入一步问一问，本不可能有什么界限，然而又不可以没有什么界限。万物虽然纷扰杂乱却有它的根本，古今不能相互替换，但是无古无今、无今无古谁也不能缺少，这能不说是仅只显露其概略吗！何不再深入一步探问这博大玄妙的道理，为什么会迷惑成这个样呢？用不迷惑去解除迷惑，再回到不迷惑，这恐怕还是当初的不迷惑。

解读

“徐无鬼”是开篇的人名，徐无鬼，魏国的隐士。本篇由十余个各不相关的故事组成，并夹带少量的议论。全篇内容很杂，中心不明朗，故事之间也缺乏关联，但大部分篇幅仍然是倡导无为思想。

一开篇，写徐无鬼拜见魏武侯，用相马之术引发魏武侯的喜悦，借此讥讽《诗》《书》《礼》《乐》的无用。在“黄帝将见大隗乎具茨之山”“管仲有病”“仲尼之楚”“子綦有八子”和“以目视目”诸段中，庄子宣扬了因任自然的无为而治的政治主张。在“徐无鬼见武侯”“知士无思虑之变则不乐”“庄子曰：‘射者非前期而中’”“啮缺遇许由”“有暖姝者”诸段中，庄子批判了有为的思想和有为的政治。在“吴王浮于江”“南伯子綦隐几而坐”段落中，庄子指出了有为与无为的关系以及达到无为的途径。有的人认为“庄子送葬”写庄子对惠子的怀念，与前后文不相连属，似乎是后人勉强添加的部分，这种看法值得商榷。因为，庄子与惠子辩论的一个重要问题就是有为无为的问题，所以庄子怀念惠子，为失去一位主张有为的辩论对象而感叹是自然的。最后一部分是杂论，也可以看作总结，主要是阐明顺任自适的思想。

则阳第二十五

【原典】

则阳游于楚[①]，夷节言之于王，王未之见。夷节归。彭阳见王果曰：“夫子何不谭我于王?”王果曰：“我不若公阅休。”彭阳曰：“公阅休奚为者邪?”曰：“冬则擉鳖于江[②]，夏则休乎山樊。有过而问者，曰：‘此予宅也。’夫夷节已不能，而况我乎！吾又不若夷节。夫夷节之为人也，无德而有知，不自许，以之神其交，固颠冥乎富贵之地。非相助以德，相助消也。夫冻者假衣于春，暍者反冬乎冷风[③]。夫楚王之为人也，形尊而严；其于罪也，无赦如虎。非夫佞人正德，其孰能桡焉。故圣人其穷也，使家人忘其贫；其达也，使王公忘其爵禄而化卑；其于物也，与之为娱矣；其于人也，乐物之通而保己焉。故或不言而饮人以和，与人并立而使人化父子之宜。彼其乎归居，而一间其所施。其于人心者，若是其远也。故曰待公阅休。”

圣人达绸缪[④]，周尽一体矣，而不知其然，性也。复命摇作，而以天为师，人则从而命之也。忧乎知，而所行恒无几时，其有止也若之何！生而美者，人与之鉴，不告则不知其美于人也。若知之，若不知之，若闻之，若不闻之，其可喜也终无已，人之好之亦无已，性也。圣人之爱人也，人与之名，不告则不知其爱人也。若知之，若不知之，若闻之，若不闻之，其爱人也终无已，人之安之亦无已，性也。旧国旧都，望之畅然。虽使丘陵草木之缗，入之者十九，犹之畅然，况见见闻闻者也，以十仞之台县众间者也。

冉相氏得其环中以随成[⑤]，与物无终无始，无几无时。日与物化者，一不化者也，阖尝舍之！夫师天而不得师天，与物皆殉，其以为事也若之何？夫圣人未始有天，未始有人，未始有始，未始有物，与世偕行而不替，所行之备而不洫，其合之也若之何？汤得其司御、门尹登恒为之傅之。从师而不囿，得其随成。为之司其名，之名嬴（yíng）法，得其两见。仲尼之尽虑，为之傅之。容成氏曰："除日无岁，无内无外。"

魏莹与田侯牟约[6]，田侯牟背之。魏莹怒，将使人刺之。犀首公孙衍闻而耻之，曰："君为万乘之君也，而以匹夫从仇。衍请受甲二十万，为君攻之，虏其人民，系其牛马，使其君内热发于背，然后拔其国。忌也出走，然后抶其背[7]，折其脊。"季子闻而耻之，曰："筑十仞之城，城者既十仞矣，则又坏之，此胥靡之所苦也。今兵不起七年矣，此王之基也。衍，乱人，不可听也。"华子闻而丑之，曰："善言伐齐者，乱人也；善言勿伐者，亦乱人也；谓'伐之与不伐乱人也'者，又乱人也。"君曰："然则若何？"曰："君求其道而已矣。"惠子闻之，而见戴晋人。戴晋人曰："有所谓蜗者，君知之乎？"曰："然。""有国于蜗之左角者，曰触氏；有国于蜗之右角者，曰蛮氏。时相与争地而战，伏尸数万，逐北旬有五日而后反。"君曰："噫！其虚言与？"曰："臣请为君实之。君以意在四方上下有穷乎？"君曰："无穷。"曰："知游心于无穷，而反在通达之国，若存若亡乎？"君曰："然。"曰："通达之中有魏，于魏中有梁，于梁中有王，王与蛮氏有辩乎？"君曰："无辩。"客出而君惝然若有亡也。客出，惠子见。君曰："客，大人也，圣人不足以当之。"惠子曰："夫吹管也，犹有嗃（xiāo）也；吹剑首者，吷而已矣[8]。尧、舜，人之所誉也。道尧、舜于戴晋人之前，譬犹一吷也。"

孔子之楚，舍于蚁丘之浆，其邻有夫妻臣妾登极者，子路曰："是稯（zǒng）稯何为者邪[9]？"仲尼曰："是圣人仆也。是自埋于民，自藏于畔。其声销，其志无穷，其口虽言，其心未尝言，方且与世违，而心不屑与之俱。是陆沉者也，是其市南宜僚邪？"子路请往召之。孔子曰："已矣！彼知丘之著于己也，知丘之适楚也，以丘为必使楚王之召己也。彼且以丘为佞人也。夫若然者，其于佞人也，羞闻其言，而况亲见其身乎！而何以为存！"子路往视之，其室虚矣。

长梧封人问子牢曰："君为政焉，勿卤莽，治民焉，勿灭裂。昔予为禾，耕而卤莽之，则其实亦卤莽而报予；芸而灭裂之，其实亦灭裂而报予。予来

年变齐，深其耕而熟耰之[10]，其禾繁以滋，予终年厌飧[11]。”庄子闻之曰：“今人之治其形，理其心，多有似封人之所谓：遁其天，离其性，灭其情，亡其神，以众为。故卤莽其性者，欲恶之孽，为性萑（huán）苇，蒹葭[12]始萌，以扶吾形，寻擢吾性；并溃漏发，不择所出，漂疽疥痈，内热溲膏是也。”

柏矩学于老聃，曰：“请之天下游。”老聃曰：“已矣！天下犹是也。”又请之，老聃曰：“汝将何始?”曰：“始于齐。”至齐，见辜人焉，推而强之，解朝服而幕之，号天而哭之，曰：“子乎！子乎！天下有大菑，子独先离之，曰莫为盗，莫为杀人。荣辱立，然后睹所病；货财聚，然后睹所争。今立人之所病，聚人之所争，穷困人之身，使无休时，欲无至此得乎?古之君人者，以得为在民，以失为在己；以正为在民，以枉为在己。故一形有失其形者，退而自责。今则不然，匿为物而愚不识，大为难而罪不敢，重为任而罚不胜，远其涂而诛不至。民知力竭，则以伪继之。日出多伪，士民安取不伪。夫力不足则伪，知不足则欺，财不足则盗。盗窃之行，于谁责而可乎?”

蘧伯玉行年六十而六十化[13]，未尝不始于是之，而卒诎之以非也，未知今之所谓是之，非五十九非也。万物有乎生而莫见其根，有乎出而莫见其门。

人皆尊其知之所知，而莫知恃其知之所不知而后知，可不谓大疑乎！已乎！已乎！且无所逃，此则所谓然与然乎！

仲尼问于大（tài）史大弢、伯常骞、狶韦曰：“夫卫灵公饮酒湛乐，不听国家之政；田猎毕弋，不应诸侯之际。其所以为灵公者何邪？”大弢曰：“是因是也。”伯常骞曰：“夫灵公有妻三人，同滥而浴。史鳝奉御而进[14]，所搏币而扶翼。其慢若彼之甚也，见贤人若此其肃也，是其所以为灵公也。”狶韦曰：“夫灵公也，死，卜葬于故墓，不吉；卜葬于沙丘而吉。掘之数仞，得石椁焉，洗而视之，有铭焉，曰：‘不冯其子，灵公夺而里之。’夫灵公之为灵也久矣，之二人何足以识之！”

少知问于大公调曰：“何谓丘里之言？”大公调曰：“丘里者，合十姓百名而以为风俗也，合异以为同，散同以为异。今指马之百体而不得马，而马系于前者，立其百体而谓之马也。是故丘山积卑而为高，江河合水而为大，大人合并而为公。是以自外入者，有主而不执；由中出者，有正而不距。四时殊气，天不赐，故岁成；五官殊职，君不私，故国治；文武殊能，大人不赐，故德备；万物殊理，道不私，故无名。无名故无为，无为而无不为。时有终始，世有变化，祸福淳淳至，有所拂者而有所宜；自殉殊面，有所正者有所差。比于大泽，百材皆度；观乎大山，木石同坛。此之谓丘里之言。”少知曰：“然则谓之道，足乎？”大公调曰：“不然，今计物之数，不止于万，而期曰万物者，以数之多者号而读之也。是故天地者，形之大者也；阴阳者，气之大者也；道者为之公。因其大以号而读之，则可也。已有之矣，乃将得比哉！则若以斯辩，譬犹狗马，其不及远矣。”

少知曰：“四方之内，六合之里，万物之所生恶起？”大公调曰：“阴阳相照相盖相治，四时相代相生相杀。欲恶去就，于是桥起，雌雄片合，于是庸有。安危相易，祸福相生，缓急相摩，聚散以成。此名实之可纪，精微之可志也。随序之相理，桥运之相使，穷则反，终则始，此物之所有。言之所尽，知之所至，极物而已。睹道之人，不随其所废，不原其所起，此议之所止。”少知曰：“季真之莫为，接子之或使。二家之议，孰正于其情，孰偏于其理？”大公调曰：“鸡鸣狗吠，是人之所知。虽有大知，不能以言读其所自化，又不

能以意测其所将为。斯而析之，精至于无伦，大至于不可围。或之使，莫之为，未免予物而终以为过。或使则实，莫为则虚。有名有实，是物之居；无名无实，在物之虚。可言可意，言而愈疏。未生不可忌，已死不可阻。死生非远也，理不可睹。或之使，莫之为，疑之所假。吾观之本，其往无穷；吾求之末，其来无止。无穷无止，言之无也，与物同理。或使莫为，言之本也，与物终始。道不可有，有不可无。道之为名，所假而行。或使莫为，在物一曲，夫胡为于大方！言而足，则终日言而尽道；言而不足，则终日言而尽物。道物之极，言默不足以载。非言非默，议有所极？”

【注释】

①则阳：人名，姓彭，名阳。②擉（chuò）：戳。③暍（yē）：中暑，伤暑。④绸缪（móu）：纠葛、缠绵。⑤冉相氏：传说中远古时代的帝王。⑥魏莹：魏惠王的名字。⑦抶（chì）：鞭打。⑧吷（xuè）：小声。⑨稯（zǒng）稯：有秩序地聚集在一起。⑩熟耰（yōu）：细致地反复除草。⑪厌飧（sūn）：吃得饱。⑫萑（huán）：一种形似芦苇的草。蒹（jiān）：没有出穗的芦苇。葭（jiā），初生的芦苇。⑬蘧伯玉：人名，姓蘧，名瑗，字伯玉，卫国的大夫。⑭史鳝：人名，即史鱼，卫国的大夫。

【译文】

则阳游历到楚国，夷节把这个消息告诉了楚王，楚王却不予接见，夷节无奈只好回家。彭阳拜见王果时，说："先生为什么在楚王面前不推荐我呢？"王果说："我不如公阅休。"彭阳说："公阅休是干什么的？"王果说："冬天在江中刺鳖，夏天在山上樊圃里休息。过客有人问他，他说：'这是我的住宅。'夷节也不能做到这点，何况是我呢！我又不如夷节。夷节的为人，没有德行，而有智巧，不自甘抛弃，以智巧神化自己的交结，因此早就把富贵之地看成什么也没有。不能以德相助别人，还能使别人消除吝啬的心意。像受冻的人盼天暖当衣服，中暑的人反求冬天的冷风散热一样。楚王的为人，形貌尊严；对于罪过，不宽恕犹如凶狠的老虎。不是有才能的人端正他的德行，谁能使他屈服呢！因此，当圣人在穷困时，能使家人忘掉自己的贫困；当他通达时，能使王公大人忘掉高官厚禄而与卑贱同化；他对于外物，共处为快；他对于人，快乐相处而保存自己的天性。所以，有时不言语而能以中和之道对待人，与人相处用不了多久就能使人同化，像父子相处相宜一样。他回去隐居了，而一味闲暇，无所事事。他入于人心有这么深远。所以说还得等待公阅休。"

圣人通达于人世间的各种纷扰和纠葛，周遍而又透彻地了解万物混同一体的状态，却并不知道为什么会是这样，这是出于自然的本性。为回返真性而又有所动作，也总是把师法自然作为榜样，人们随后方才称呼他为圣人。忧心于智巧与谋虑，而行动常常不宜持久，时而有所中止又将能怎样呢！生来就漂亮的人，是因为别人给他作了一面镜子，如果不通过比较他也不会知道自己比别人漂亮。好像知道，又好像不知道，好像听见了，又好像没有听见，他内心的喜悦就不会有所终止，人们对他的好感也不会有所终止，这就是出于自然的本性。圣人抚爱众人，是因为人们给予了他相应的名字，如果人们不这样称誉他，圣人也不知道自己怜爱他人。好像知道，又好像不知道，好像听见了，又好像没有听见，他给予人们的爱就不会有所终止，人们安于这样的抚爱也不会有所终止，这就是出于自然的本性。祖国与家乡，一看到她就分外喜悦。即使是丘陵草木使她显得面目不清，甚至掩没了十之八九，心里还是十分欣喜，更何况亲身见闻到她的真面目、真情况，就像是数丈高台高悬于众人的面前让人崇敬、仰慕啊！

冉相氏得到了虚无之道，听任外物随顺而成长，所以能和万物无终无始、无时无刻地相处。虽然天天与外物一起变化，但是内在的精神是不变的。何曾尝试离开过虚空呢！效法天而得不到效法天的效果，与外物变化皆牺牲自身，这样还怎能做到顺应人事呢？圣人不知道有天，不知道有人，不知道有开始，不知道有外物，与世道同行而不知偏废，所行完备而不知忧虑，他和自然如此契合又怎样呢？商汤得到司御门尹登恒，拜为老师。随师学习而又不受其局限，得到他的随顺成物的本性，称举老师的大名，而自己却不在意。孔子最后弃绝了谋虑，因此对自然才有所辅助。容成氏说："除掉每一天就没有年了，这就像离开内就没有外一样。"

魏惠王与齐威王订立盟约，而齐威王违背了盟约。魏王大怒，打算派人刺杀齐威王，将军公孙衍知道后认为可耻，说："您是大国的国君，却用普通百姓的手段去报仇！我愿统带二十万部队，替你攻打齐国，俘获齐国的百姓，牵走他们的牛马，使齐国的国君心急如焚，热毒发于背心，然后我就攻占齐国的土地。齐国的大将田忌望风逃跑，于是我再鞭打他的背，折断他的脊骨。"季子知道后又认为公孙衍的做法可耻，说："建筑七八丈高的城墙，筑城已经七八丈高了，接着又把它毁掉，这是役使之人所苦的事。如今战争不起已经七年了，这是你王业的基础。公孙衍实在是挑起祸乱的人，不可听从他的主张。"华子知道以后又鄙夷公孙衍和季子的做法，说："极力主张讨伐齐国的人，是拨弄祸乱的人；极力劝说不要讨伐齐国的人，也是拨弄祸乱的人；评说讨伐齐国还是不讨伐齐国为拨弄祸乱之人的人，他本身就是拨弄祸乱的人。"魏王说："既然如此，那将怎么办呢？"华子说："你还是求助于清虚淡漠、物我兼忘的大道吧！"惠子听了，而引见戴晋人。戴晋人说："有所谓蜗牛，君主你知道吗？"魏惠王说："知道。""有个国家在蜗牛的左角，叫触氏；有个国家在蜗牛的右角，叫蛮氏。他们时常相争地盘而战争，横尸数万，追逐败兵十五天而后返回。"魏惠王说："唉！这是虚话吗？"说："臣请为君证实它。君主你想在四方上下有穷尽吗？"魏惠王说："没有穷尽。"说：

“知道游心于无穷的境域，而返于通达的国土，若有若无吗?”魏惠王说：“是这样。”说：“通达的国土中有魏国，魏国中有梁都，在梁都中有君王，君王与蛮氏有区别吗?”魏惠王说：“没有区别。”客人走了，惠子进见。魏惠王说：“这位客人是位伟大人物，圣人也不足以抵挡了他。”惠子说：“吹竹管的，还有洪亮的声音，吹剑环的，只有小声而已。尧、舜是人所称誉的。在戴晋人面前称道尧、舜，就好比一丁点儿微弱的声音罢了。”

孔子到楚国去，寄宿在蚁丘的卖浆人家，看到卖浆人家的邻居夫妻、奴仆全都登上了屋顶，子路说：“这么多人聚集在一起是干什么呢?”孔子说：“这些人都是圣人的仆从。这个圣哲之人把自己隐藏在百姓之中，藏身于田园生活里。他的声音从世上消失了，他的志向却是伟大的，他嘴里虽然在说着话，心里却好像不曾说过什么，处处与世俗相违背而且心里总不屑与世俗为伍。这是隐遁于世俗中的隐士，这个人恐怕就是楚国的市南宜僚吧?”子路请求前去召见他。孔子说：“算了吧！他知道我对他十分了解，又知道我到了楚国，认为我必定会让楚王来召见他，他将把我看成是巧言献媚的人。如果真是这样，他对于巧言献媚的人一定会羞于听其言谈，更何况是亲自见到其人呢！你凭什么认为他还会留在那里呢?”子路前往探视，市南宜僚的居室已经空无一人了。

长梧封人问子牢说：“你处理政务不要鲁莽，治理人民不要乱来。过去我种庄稼，耕作鲁莽从事，则果实也因鲁莽而报复我；除草乱来，其果实也因乱来而报复我。我第二年变更方法，深耕细作，禾苗繁盛滋壮，我得到终年饱食。”庄子听到这件事，说：“现在，人们对待自己的身体，修养自己的心神，很多像封人所说的，失掉天命，离开本性，灭绝真情，丧失精神，以从众俗行为。所以对本性鲁莽的，喜好厌恶的孽生，就如同荻苇没有秀穗本性一样，开始以此来扶养我的形体，渐渐地拔苗助长我的本性；四处溃烂漏发，不选择处所而流动，脓疮疥疽，心血发热，排泄带脂膏的尿，就是如此。”

柏矩就学于老聃，说：“请求老师同意我到天下去游历。”老聃说：“算了，天下就像这里一样。”柏矩再次请求，老聃说：“你打算先去哪里?”柏矩说：“先从齐国开始。”柏矩到了齐国，见到一个处以死刑而抛尸示众的人，

推推尸体把他摆正，再解下朝服覆盖在尸体上，仰天号啕大哭地诉说："你呀你呀！天下出现如此大的灾祸，偏偏你先碰上了。人们常说不要做强盗，不要杀人！世间一旦有了荣辱的区别，然后各种弊端就显示出来；财货日渐聚积，然后各种争斗也就表露出来。如今树立人们所厌恶的弊端，聚积人们所争夺的财物，贫穷困厄的人疲于奔命便没有休止之时，想要不出现这样的遭遇，怎么可能呢？古时候统治百姓的人，把社会清平归于百姓，把管理不善归于自己；把正确的做法归于百姓，把各种过错归于自己。所以只要有一个人其身形受到损害，便私下总是责备自己。如今却不是这样，隐匿事物的真情却责备人们不能了解，扩大办事的困难却归罪于不敢克服困难，加重承受的负担却处罚别人不能胜任，把路途安排得十分遥远却谴责人们不能达到。人民耗尽了智慧和力量，就用虚假来继续应付，天天出现那么多虚假的事情，百姓怎么会不弄虚作假。力量不够便作假，智巧不足就欺诈，财力不济便行盗。盗窃的行径，对谁加以责备才合理呢？"

蘧伯玉在经历六十年中有六十次修善德行的变化，开始肯定的，后来又否定它，很难说今天所认为是对的就不是五十九年来所认为是错误的。万物有它的生而看不见生它的根源，有它的出处却看不见它的门径。人们都重视他的智慧所能知道的，而不能凭他的智慧所不知道而后知道的道理，可不是所谓大疑惑吗！算了吧！算了吧！况且没有能逃避得了的，这就是你说这样，他说那样吗！

孔子向大史大弢、伯常骞、狶韦请教：“卫灵公饮酒作乐荒淫无度，不愿处理国家政务；经常出外张网打猎射杀飞鸟，又不参与诸侯间的交往与盟会。他死之后为什么还追谥为灵公呢？”大弢说：“这样的谥号就是因为他具有这样的德行。”伯常骞说：“那时候卫灵公有三个妻子，他们在一个盆池里洗澡。卫国的贤臣史鳝奉召进到卫灵公的寓所，只得急忙接过衣裳来相互帮助遮掩。他对待大臣是多么的傲慢，而他对贤人又是如此的肃敬，这就是他死后追谥为灵公的原因。”狶韦则说：“当年卫灵公死了，占卜问葬说是葬在原墓地不吉利，而葬在沙丘上就能吉利。于是挖掘沙丘数丈，发现有一石制外棺，洗去泥土一看，上面还刻有一段文字，说：‘不靠子孙，灵公将得此为冢。’灵公被叫作‘灵’看来已经很久很久了，大弢和伯常骞怎么能够知道！”

少知问大公调说：“什么叫丘里之言？”大公调说：“所谓丘里之言，就是集合群众而形成的风俗，聚合不同形成相同，分散相同形成不同。现在，专指马的各个部分而不得称为马，而将马像悬于面前，人人看到马的各个部分组成马体才可称为马。所以，丘山是积累低卑而成为高的，江河是汇合许多支流而成为大川的，得道的人是合并众人的意见才成为公的。所以，道理从别人那里吸收到自己心中，有主见而不固执成见；道理由自己内心说出，虽正确而不拒绝别人的意见。四时有不同的气候，天不偏私某个季节，所以岁序形成；五官有不同的职责，君主不偏私某一官职，所以国家才能得到治理；文武有不同的才能，大人不偏私某一方，所以文治武功之德齐备；万物有不同的规律，天道不偏私某物，所以没有名状。无所名状就无所作为，无所作为也就无所不为。时间有终始，世事有变化，祸福转化难测，有所违背就有所适宜；各自追求有不同的方向，有正确的就有错误的。比如盖大宅，各种树木都有它的用途。再看看大山，树木和石头同做封禅的祭坛。这就是所谓的丘里之言。”少知问：“既然如此，那么称为道，可以吗？”大公调说：“不可以。现在计算一下物的种数，不止于一万，而只限于称作万物，是用数目字最多的来称述它。所以，天和地，是形体中最大的；阴与阳，是元气中最大的；而大道却把天地、阴阳相贯通。因为它大就用‘道’来称述它是可以的。已经有了‘道’的名称，还能够用什么来与它相提并论呢？假如用这样的观点来寻求区别，就好像狗与马，其间的差别也就太大了！”

少知问：“四境之内，宇宙之间，万物的产生从哪里开始？”大公调说：“阴阳互相辉映、互相伤害又互相调治，四季互相更替、互相产生又互相衰减。欲念、憎恶、离弃、靠拢，于是像桥梁一样相互连接相互兴起，雌性、雄性的分开、交合，于是相互为常相互具有。安全与危难相互变易，灾祸与幸福相互生存，寿延与夭折相互交接，生还与死亡因此而形成。这些现象的名称与实际都能理出端绪，精细微妙之处都能记载下来。随物变化的次序相互更替总是遵循着一定的轨迹，又像桥梁连接彼此两方那样地运动而又彼此相互制约，到了尽头就会折回，有了终结就有开始，这都是万物所共有的规律。言语所能致意的，智巧所能达到的，只限于人们所熟悉的少数事物罢了。体察大道的人，不追逐事物的消亡，不探究事物的源起，这就是言语评说所限止的境界。”少知又问：“季真的‘莫为’观点，接子的‘或使’主张，两家的议论，谁最合乎事物的真情，谁又偏离了客观的规律？”大公调说：“鸡鸣狗叫，这是人人都能了解的现象。可是，即使是具有超人的才智，也不能用言语来称述其自我变化的原因，同样也不能臆断它们将会怎么样。用这样的启发来加以推论和分析，精妙达到了无与伦比，浩大达到了不可围量，事物的产生有所支持，还是事物的产生全出于虚无，两种看法各持一端均不能免于为物所拘滞，因而最终只能是过而不当。‘或使’的主张过于执滞，‘莫为’的观点过于虚空。有名有实，这就构成物的具体形象。无名无实，事物的存在也就显得十分虚无。可以言谈也可以测度，可是越是言谈距离事物的真情也就越疏远。没有产生的不能禁止其产生，已经死亡的不能阻挡其死亡。死与生并不相距很远，其中的规律却是不易察见的。事物的产生有所支使，还是事物的产生全都出于虚无，两者都是因为疑惑而借此生出的偏执之见。我观察事物的原本，事物的过去没有穷尽；我寻找事物的末绪，事物的将来不可限止。没有穷尽又没有限止，言语的表达不能做到，这就跟事物具有同一的规律；而‘或使’‘莫为’的主张，用言谈各持一端，又跟事物一样有

了外在的终始。道不可以用‘有’来表达，‘有’也不可以用‘无’来描述。大道之所以称为‘道’，只不过是借用了‘道’的名称。‘或使’和‘莫为’的主张，各自偏执于事物的一隅，怎么能称述于大道呢？言语圆满周全，那么整天说话也能符合于道；言语不能圆满周全，那么整天说话也都滞碍于物。道是阐释万物的最高原理，言语和缄默都不足以称述。既不说话也不缄默，评议有极限而大道却是没有极限的。”

解读

“则阳”是篇首的人名。全篇的中心是“论道”，反映了庄子以及道家学说的世界观。内容较为庞杂，大体可以分成前后两大部分，前一部分主要是几个小故事，通过故事中人物的对话来说明恬淡、清虚、顺任的旨趣和生活态度，同时也对醉心于俗世，贪恋功名利禄的人给予了无情抨击。后一部分主要是论述部分，讨论宇宙万物的基本规律，讨论宇宙的起源，讨论对世间万物的认识和理解等。

前一部分几个小故事可以说是杂论，而本篇的亮点也在这几个小故事上，无论从哪个角度去看，都写得非常精彩。

在“旧国旧都”“冉相氏得其环中以随成”的故事中，说明归还自然本性不仅畅然，而且“得其环中以随成”才能达到天人合一，与物偕行，善于自处。在“魏莹与田侯牟约”段中，以虚静之道讥讽战国之争，实即以无为斥有为。“孔子之楚”中又以隐士的无为而斥孔子及楚君的有为为佞人。在“长梧封人问子牢”“柏矩学于老聃”段中，指责为政鲁莽和君主作伪的问题，说他们之所以如此，是丧失本性、徇逐俗事的必然结果。最后写少知与大公调的对话，借大公调之口，从讨论宇宙整体与万物之个体间“合异”“散同”的关系入手，指出各种事物都有其自身的规律，各种变化也都会向自己的反面转化，同时还讨论了宇宙万物的起源问题，最后的总结把“浑一的道”提升到了一个新的高度。

外物第二十六

【原典】

外物不可必，故龙逢诛，比干戮，箕子狂，恶来死，桀、纣亡。人主莫不欲其臣之忠，而忠未必信，故伍员流于江，苌弘死于蜀[①]，藏其血三年而化为碧。人亲莫不欲其子之孝，而孝未必爱，故孝己忧而曾参悲。木与木相摩则然，金与火相守则流。阴阳错行，则天地大絯，于是乎有雷有霆，水中有火，乃焚大槐。有甚忧两陷而无所逃，螴蜳不得成[②]，心若县于天地之间，慰暋（mǐn）沉屯，利害相摩，生火甚多，众人焚和，月固不胜火，于是乎有僓然而道尽[③]。

庄周家贫，故往贷粟于监河侯。监河侯曰："诺，我将得邑金，将贷子三百金，可乎?"庄周忿然作色曰："周昨来，有中道而呼者。周顾视车辙中，有鲋（fù）鱼焉。周问之曰：'鲋鱼来！子何为者耶?'对曰：'我东海之波臣也。君岂有斗升之水而活我哉?'周曰：'诺，我且南游吴越之王，激西江之水而迎子，可乎?'鲋鱼忿然作色曰：'吾失我常与，我无所处。吾得斗升之水然活耳，君乃言此，曾不如早索我于枯鱼之肆。'"

任公子为大钩巨缁，五十犗以为饵[④]，蹲乎会稽，投竿东海，旦旦而钓，期年不得鱼。已而大鱼食之，牵巨钩，錎没而下，骛扬而奋鬐[⑤]，白波若山，海水震荡，声侔鬼神，惮赫千里。任公子得若鱼，离而腊之，自制河以东，苍梧以北，莫不厌若鱼者。已而后世辁（quán）才讽说之徒，皆惊而相告也。夫揭竿累，趣灌渎，守鲵鲋，其于得大鱼难矣！饰小说以干县令，其于大达亦远矣。是以未尝闻任氏之风俗，其不可与经于世亦远矣！

儒以《诗》《礼》发冢。大儒胪传曰："东方作矣，事之何若?"小儒曰：

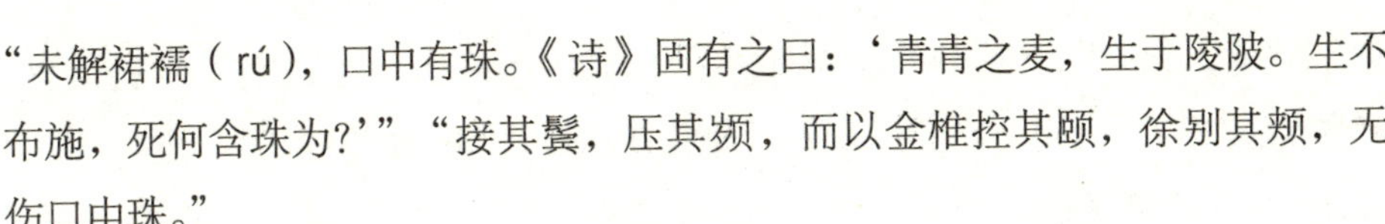

“未解裙襦（rú），口中有珠。《诗》固有之曰：‘青青之麦，生于陵陂。生不布施，死何含珠为？’”“接其鬓，压其顪，而以金椎控其颐，徐别其颊，无伤口中珠。”

老莱子之弟子出薪[6]，遇仲尼，反以告，曰：“有人于彼，修上而趋下，末偻而后耳，视若营四海，不知其谁氏之子。”老莱子曰：“是丘也，召而来。”仲尼至。曰：“丘，去汝躬矜与汝容知，斯为君子矣。”仲尼揖而退，蹙然改容而问曰[7]：“业可得进乎？”老莱子曰：“夫不忍一世之伤而骜万世之患，抑固窭邪[8]，亡其略弗及邪？惠以欢为骜，终身之丑，中民之行进焉耳！相引以名，相结以隐。与其誉尧而非桀，不如两忘而闭其所誉。反无非伤也，动无非邪也。圣人踌躇以兴事，以每成功。奈何哉其载焉终矜尔！”

宋元君夜半而梦人被发窥阿门，曰：“予自宰路之渊，予为清江使河伯之所，渔者余且得予。”元君觉，使人占之，曰：“此神龟也。”君曰：“渔者有余且乎？”左右曰：“有。”君曰：“令余且会朝。”明日，余且朝。君曰：“渔何得？”对曰：“且之网得白龟焉，其圆五尺。”君曰：“献若之龟。”龟至，君再欲杀之，再欲活之。心疑，卜之，曰：“杀龟以卜吉。”乃刳龟[9]，七十二钻而无遗策。仲尼曰：“神龟能见梦于元君，而不能避余且之网；知能七十二钻而无遗策，不能避刳肠之患。如是，则知有所困，神有所不及也。虽有至知，万人谋之。鱼不畏网而畏鹈鹕（tí hú）。去小知而大知明，去善而自善矣。婴儿生无硕师而能言，与能言者处也。”

惠子谓庄子曰[10]：“子言无用。”庄子曰：“知无用而始可与言用矣。天地非不广且大也，人之所用容足耳。然则厕足而垫之，致黄泉，人尚有用乎？”惠子曰：“无用。”庄子曰：“然则无用之为用也亦明矣。”

庄子曰：“人有能游，且得不游乎？人而不能游，且得游乎！夫流遁之志，决绝之行，噫，其非至知厚德之任与！覆坠而不反，火驰而不顾。虽相与为君臣，时也，易世而无以相贱。故曰，至人不留行焉。夫尊古而卑今，学者之流也。且以狶韦氏之流观今之世，夫孰能不波！唯至人乃能游于世而不僻，顺人而不失己。彼教不学，承意不彼。

“目彻为明，耳彻为聪，鼻彻为颤，口彻为甘，心彻为知，知彻为德。凡道不欲壅，壅则哽，哽而不止则跈（jiàn），跈则众害生。物之有知者恃息，其不殷，非天之罪。天之穿之，日夜无降，人则顾塞其窦。胞有重阆（láng）[11]，心有天游。室无空虚，则妇姑勃豀；心无天游，则六凿相攘。大林丘山之善于人也，亦神者不胜。德溢乎名，名溢乎暴，谋稽乎誸[12]，知出乎争；柴生乎守官，事果乎众宜。春雨日时，草木怒生，铫鎒于是乎始修[13]，草木之到植者过半而不知其然。

“静然可以补病，眦㧔可以休老[14]，宁可以止遽。虽然，若是劳者之务也，佚者之所尝过而问焉。圣人之所以駴（hài）天下，神人未尝过而问焉；贤人所以駴世，圣人未尝过而问焉；君子所以駴国，贤人未尝过而问焉；小人所以合时，君子未尝过而问焉。演门有亲死者，以善毁爵为官师，其党人毁而死者半。尧与许由天下，许由逃之；汤与务光，务光怒之，纪他闻之，帅弟子而踆于窾水[15]，诸侯吊之。三年，申徒狄因以踣河。荃者所以在鱼，得鱼而忘荃；蹄者所以在兔，得兔而忘蹄；言者所以在意，得意而忘言。吾安得夫忘言之人而与之言哉！”

【注释】

①苌弘：人名，周景王、周敬王时刘文公的大夫。②螴（chén）：不安。蜳（yǔn）：忧虑。③僓（tuí）：败坏。④犗（jiè）：阉割的牛。⑤鬐（qí）：鱼背部和腹部的鳍。⑥老莱子：人名。楚国的贤人、隐者。⑦蹵（cù）然：局促不安的样子。⑧窭（jù）：简陋，不足。⑨刳（kū）：剖空。⑩惠子：惠施，宋人，庄子的朋友，名家代表人物。⑪阆（làng）：空旷的地带。⑫誸（xián）：急。⑬铫（yáo）鎒（nòu）：均为除草的农具。⑭眦㧔（miè）：按摩眼角。⑮踆（qūn）：同“遁”，逃隐之意。窾（kuǎn）水：地名。

【译文】

外在事物不可能有个定准，所以忠良之士龙逢被斩杀，比干遭杀害，箕子被迫装疯，而谀臣恶来同样不能免于一死，暴君夏桀和殷纣也同样身毁国亡。国君无不希望他的臣子效忠于己，可是竭尽忠心未必能够取得信任，所以伍子胥被赐死而且漂尸江中，苌弘被流放西蜀而死，西蜀人珍藏他的血液三年后竟化作碧玉。做父母的无不希望子女孝顺，可是竭尽孝心未必能够受

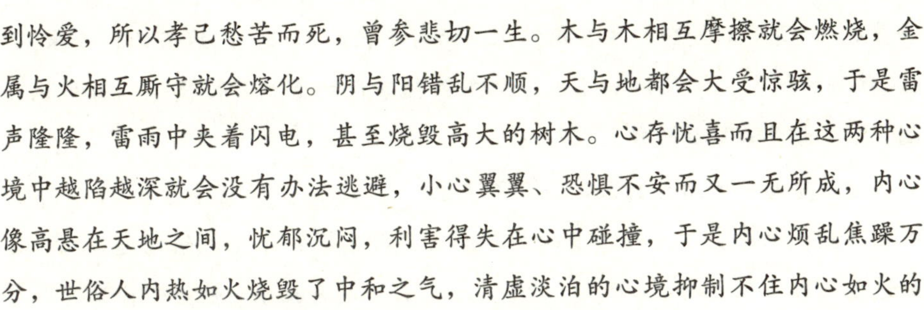

到怜爱，所以孝己愁苦而死，曾参悲切一生。木与木相互摩擦就会燃烧，金属与火相互厮守就会熔化。阴与阳错乱不顺，天与地都会大受惊骇，于是雷声隆隆，雷雨中夹着闪电，甚至烧毁高大的树木。心存忧喜而且在这两种心境中越陷越深就会没有办法逃避，小心翼翼、恐惧不安而又一无所成，内心像高悬在天地之间，忧郁沉闷，利害得失在心中碰撞，于是内心烦乱焦躁万分，世俗人内热如火烧毁了中和之气，清虚淡泊的心境抑制不住内心如火的焦虑，于是便精神颓然玄理荡然无存。

庄周家庭贫穷，所以向监河侯借粮。监河侯说：“行，等我得到一邑租赋金，借你三百金，可以吗?”庄周显出不高兴的样子，脸色一沉说：“我昨天来时，在中途有喊叫我的，我回头向车辙中一看，有条鲫鱼，我问它说：‘鲫鱼呀！你在这里做什么?’鲫鱼回答说：‘我是东海波荡冲来而失水的水族仆臣，你难道不能用升斗的水来救活我吗?’我说：‘行，等我游历吴越说服两国的国王，请他们把西江的水引来迎接你，可以吗?’鲫鱼不高兴地改变脸色说：‘我失去与我常处的水，我没有容身的处所。我得到升斗的水就可活命，你竟这样说，就不如早点到干鱼市场去找我！’”

任公子做了个大鱼钩系上粗大的黑绳，用五十头牛牲做钓饵，蹲在会稽山上，把钓竿投向东海，每天都这样钓鱼，整整一年一条鱼也没钓到。后来大鱼食吞鱼饵，牵着巨大的钓钩，急速沉没海底，又迅疾地扬起脊背腾身而起，掀起如山的白浪，海水剧烈震荡，吼声犹如鬼神，震惊千里之外。任公子钓得这样一条大鱼，将它剖开制成鱼干，从浙江以东到苍梧以北，没有谁不饱饱地吃上这条鱼的。这以后那些浅薄之人和喜好品评议论之士，都大为吃惊，奔走相告。他们举着钓竿丝绳，奔跑在山沟小渠旁，守候小鱼上钩，至于想得到大鱼那就很难很难了。修饰浅薄的言辞以求得高高的美名，对于达到通晓大道的境界来说距离也就很远很远了，因此说不理解任公子那种大志趣的人，恐怕也不可以说是善于治理天下人，而且其间的差距也是很远很远了。

儒士引用《诗》《礼》词句去盗发坟墓。大儒士传话说：“东方亮了，事办得怎样了?”小儒士说：“衣裙还没有脱下来，口中含有珍珠。《诗》中有一首说：‘青青的麦苗，生在山坡上。活时不接济别人，死后何必含珍珠！’”“拖住他的鬓发，按住他的下巴，你用铁锤敲他的面颊，慢慢地别开他的两腮，不要损伤口中的珍珠！”

老莱子的弟子出外打柴，遇上了孔子，打柴归来告诉老莱子，说：“有个人在那里，上身长下身短，伸颈曲背而且两耳后贴，眼光敏锐周遍四方，不知道他是姓什么的人。”老莱子说：“这个人一定是孔子。快去叫他来见我。”孔子来了，老莱子说：“孔子，去掉你仪态上的矜持和容颜上的睿智之态，那就可以成为君子了。”孔子听了后谦恭地作揖而退，面容顿改心悸不安地问道：“我所追求的仁义之学可以修进并为世人所用吗?”老莱子说：“不忍心一世的损伤却会留下使后世奔波不息的祸患，你是本来就孤陋蔽塞，还是才智赶不上呢？布施恩惠以博取欢心并因此自命不凡，这是终身的丑恶，是庸人的行为罢了，这样的人总是用名声来相互招引，用私利来相互勾结。与其称赞唐尧非议夏桀，不如两种情况都能遗忘而且堵住一切称誉。背逆事理与物性定会受到损伤，心性被搅乱就会邪念顿起。圣哲的人顺应事理，稳妥行事，因而总是事成功就。你执意推行仁义而且以此自矜又将会怎么样呢?”

宋元君半夜梦见一个披散头发的人在偏门窥视，说：“我来自宰路的深渊，我做清江的使者到河神那里，被打鱼人余且捉到了我。”宋元君醒来，使人占梦，说：“这是神龟。”宋元君说：“打鱼的有余且这个人吗?”左右说：“有。”宋元君说：“令余且来朝见。”第二天，余且来朝。宋元君说：“捕鱼得到了什么?”回答说：“我的网得到一个白龟，周圆五尺。”宋元君说：“献上你的龟。”龟送到，宋元君要想杀了它，又想养活它，心里犹豫，叫人占卜，说：“杀龟来卜卦吉。”于是剖空龟占卜，钻七十二孔而没有不应验的。孔子说：“神龟能托梦于宋元君，而不能逃避余且的渔网；智能钻七十二孔而无不应验，不能逃避割肠的祸患。如此看来，智能也有穷困的时候，神也有不灵的地方。虽然有最高的智慧，也要上万人谋划它。鱼不怕网而怕鹈鹕。除掉小智而大智明，去掉善而自善了。婴儿生来没有匠师而能说话，这是与会说话的人在一起的缘故。”

惠子对庄子说：“你的言论没有用处。”庄子说：“懂得没有用处方才能够

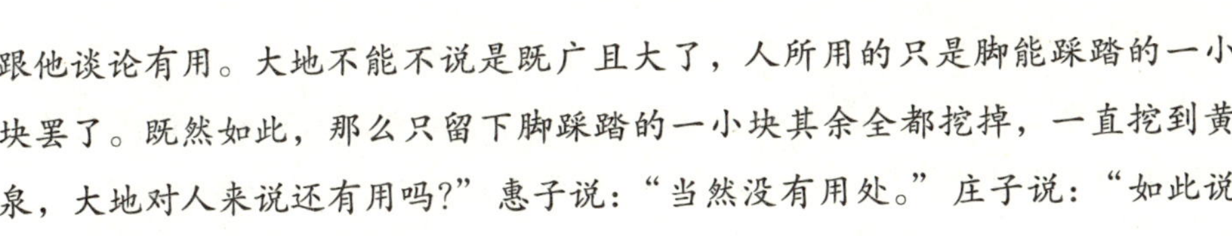

跟他谈论有用。大地不能不说是既广且大了，人所用的只是脚能踩踏的一小块罢了。既然如此，那么只留下脚踩踏的一小块其余全都挖掉，一直挖到黄泉，大地对人来说还有用吗？”惠子说：“当然没有用处。”庄子说：“如此说来，没有用处的用处也就很明白了。”

庄子说：“人若能优游自乐，哪有得不到自得自适的呢？人如果不能优游自乐，哪能得道自得自适呢？人流亡逃遁的心志，弃世绝尘的行为，唉，那都不是真智大德以天下为己任的人！陷落而不返，火急而不顾，虽然相互易置君臣的位置，只是一时之间的事情，世代更替而不能因此相互轻贱。所以说，得道的人是能随世而行不固执的人。尊崇古代而鄙视当今是学者之流的短见。况且用狶韦氏的观点观察当今时代，谁能不偏颇呢？唯有得道的人才能游心于世而不偏僻，顺乎人情而不丧失自己的本性。他们作为教者不知学，学者承受教者的意见不敢违背他们。

“眼光敏锐叫作明，耳朵灵敏叫作聪，鼻子灵敏叫作膻，口感灵敏叫作甘，心灵透彻叫作智，聪明贯达叫作德。大凡道德总不希望有所壅塞，壅塞就会出现梗阻，梗阻而不能排除就会出现相互践踏，相互践踏那么各种祸害就会随之而起。物类有知觉靠的是气息，假如气息不盛，那么绝不是自然禀赋的过失。自然的真性贯穿万物，日夜不停，可是人们却反而堵塞自身的孔窍。腹腔有许多空旷之处因而能容受五脏怀藏胎儿，内心虚空便会没有拘束地顺应自然而游乐。屋里没有虚空感，婆媳之间就会争吵不休；内心不能虚空而且游心于自然，那么六种官能就会出现纷扰。森林与山丘之所以适宜于人，也是因为人们的内心促狭、心神不爽。德行的外溢是由于名声，名声的外溢是由于张扬，谋略的考究是由于危急，才智的运用是由于争斗，闭塞的出现是由于执滞，官府事务处理果决是由于顺应了民众。春雨应时而降，草木勃然而生，锄地的农具开始整修，田地里杂草锄后再生超过半数，而人们往往并不知道为什么会这样。

“内心沉静可以调养疾病，适度的活动按摩可以防止衰老，宁寂安定可以止息内心的急促。虽然这样，劳碌的人还要去做，而心里安闲的人不去过问。圣人所以震惊天下，而神人不去过问；贤人所以震惊天下，而圣人不去过问；

君子所以惊震国家，贤人不去过问；人小所以顺应时令，君子不去过问。演门有双亲死了的人，以善于哀毁而封显官师，他的邻里人也学哀毁而死的过半。尧把天下让给许由，许由逃避；汤把天下让给务光，务光发怒投水而死；纪他听到这些事，带着弟子到窾水隐居，诸侯都去安慰他。过了三年，申徒狄因仰慕纪他而投河。竹笼是用来捕鱼的，捕到鱼就遗忘了竹笼；兔网是用来捕兔的，捕到兔就遗忘了兔网；语言是用来表达思想意识的，掌握了思想意识就忘了语言。我到哪里去寻找遗忘语言的人来和他交谈呢！”

解读

《外物》用篇首的两个字来作为篇名。这种给著作命名的方法在很多古籍中都很常见。如《商君书》的《靳令》篇则取“靳令则治不留”的篇首二字名篇。《管子》的《禁藏》篇篇名亦取“禁藏于胸胁之内”篇首的“禁藏”二字。

所谓“外物”，从字面上解释就是外在的事物。这一篇的内容依旧很杂，但大部分内容的主题仍然是讨论养生处世，倡导顺应自然，反对多余的矫饰和做作，最终达到“虚己而忘言”的境界。

在一开篇，外在事物不可能有个定准，指出世俗人追逐于利害得失之间，到头来只会精神崩溃，玄理丧尽。接着就写了周家贫前往借贷的故事，借以说明顺应自然、依其本性的必要。而任公子钓大鱼的故事，则巧妙地讽刺眼光短浅、好发议论的浅薄之士，比喻治理世事的人必须立志有所大成。之后在“庄子曰”“目彻为明”段落中，庄子表明了自己的处世方法是“游于世而不僻，顺人而不失己”，以及“心有天游”的顺应自然的思想。在“德谥乎名”“静然不以补病”等最后几个小段中，进一步阐述了“得意忘言”的忘人忘我而因顺自然的道理。

寓言第二十七

【原典】

寓言十九，重言十七，卮言日出[1]，和以天倪。寓言十九，藉外论之。亲父不为其子媒。亲父誉之，不若非其父者也。非吾罪也，人之罪也。与己同则应，不与己同则反；同于己为是之，异于己为非之。重言十七，所以已言也，是为耆艾[2]。年先矣，而无经纬本末以期年耆者，是非先也。人而无以先人，无人道也。人而无人道，是之谓陈人。卮言日出，和以天倪，因以曼衍[3]，所以穷年。不言则齐，齐与言不齐，言与齐不齐也。故曰："无言。"言无言，终身言，未尝言；终身不言，未尝不言。有自也而可，有自也而不可；有自也而然，有自也而不然。恶乎然？然于然；恶乎不然？不然于不然。恶乎可？可于可；恶乎不可？不可于不可。物固有所然，物固有所可。无物不然，无物不可。非卮言日出，和以天倪，孰得其久！万物皆种也，以不同形相禅，始卒若环，莫得其伦，是谓天均。天均者，天倪也。

庄子谓惠子曰："孔子行年六十而六十化。始时所是，卒而非之。未知今之所谓是之非五十九非也。"惠子曰："孔子勤志服知也。"庄子曰："孔子谢之矣，而其未之尝言也。孔子云：'夫受才乎大本，复灵以生，鸣而当律，言而当法。利义陈乎前，而好恶是非直服人之口而已矣。使人乃以心服而不敢蘁[4]立，定天下之定。'已乎，已乎！吾且不得及彼乎！"

曾子再仕而心再化，曰："吾及亲仕，三釜而心乐；后仕，三千钟不洎（jì），吾心悲。"弟子问于仲尼曰："若参者，可谓无所县其罪乎？"曰："既已县矣！夫无所县者，可以有哀乎？彼视三釜、三千钟，如观雀蚊虻相过乎前也。"

颜成子游谓东郭子綦曰："自吾闻予之言，一年而野，二年而从，三年而通，四年而物，五年而来，六年而鬼入，七年而天成，八年而不知死、不知生，九年而大妙。生有为，死也。劝公以其私，死也有自也；而生阳也，无自也。而果然乎？恶乎其所适，恶乎其所不适？天有历数，地有人据，吾恶乎求之？莫知其所终，若之何其无命也？莫知其所始，若之何其有命也？有以相应也，若之何其无鬼邪？无以相应也，若之何其有鬼邪？"

众罔两问于景曰[5]："若向也俯而今也仰，向也括而今也被发，向也坐而今也起，向也行而今也止，何也？"景曰："搜搜也，奚稍问也！予有而不知其所以。予，蜩甲也，蛇蜕也，似之而非也。火与日，吾屯也；阴与夜，吾代也。彼吾所以有待邪，而况乎以无有待者乎！彼来则我与之来，彼往则我与之往，彼强阳则我与之强阳。强阳者，又何以有问乎！"

阳子居南之沛，老聃西游于秦。邀于郊，至于梁而遇老子。老子中道仰天而叹曰："始以汝为可教，今不可也。"阳子居不答。至舍，进盥[6]漱巾栉（zhì），脱屦户外，膝行而前曰："向者弟子欲请夫子，夫子行不闲，是以不敢。今闲矣，请问其过。"老子曰："而睢睢盱盱[7]，而谁与居！大白若辱，盛德若不足。"阳子居蹴然变容曰："敬闻命矣！"其往也，舍者迎将其家，公执席，妻执巾栉，舍者避席，炀者避灶。其反也，舍者与之争席矣。

【注释】

①卮（zhī）言：有成见、主观臆断的言论。②耆艾：六十为耆，五十为艾，此处泛指老年人。③曼衍：发展变化。④蘁（wù）：违背，违逆。⑤罔两：影子之外的微影。⑥盥（guàn）：洗脸，洗手。栉（zhì）：梳子。⑦睢（huī）睢：仰目而视，骄傲。盱（xū）盱：张目而视，也有傲慢之意。

【译文】

寓言故事十句有九句让人相信，引用前辈圣哲的言论十句有七句让人相信，随心表达、无有成见的言论天天变化更新，跟自然的区分相吻合。寓言故事十句有九句让人相信，是因为借助于客观事物的实际来进行论述。做父亲的不给自己的儿子做媒。做父亲的夸赞儿子，总不如别人来称赞显得真实

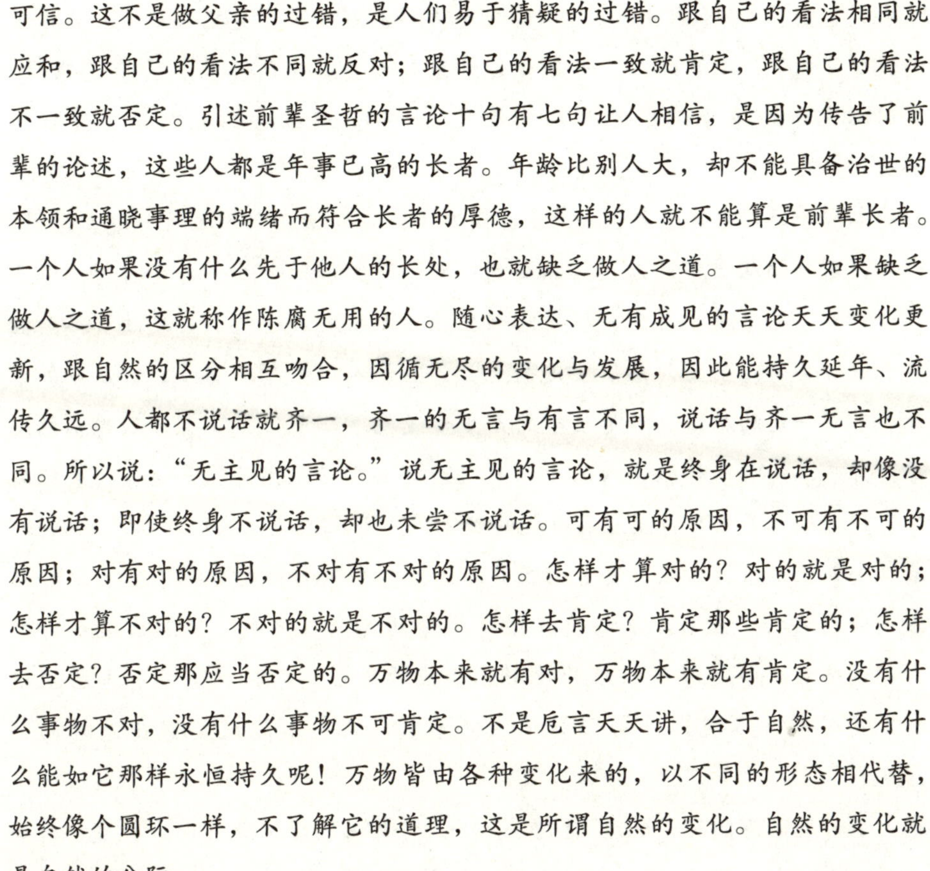

可信。这不是做父亲的过错，是人们易于猜疑的过错。跟自己的看法相同就应和，跟自己的看法不同就反对；跟自己的看法一致就肯定，跟自己的看法不一致就否定。引述前辈圣哲的言论十句有七句让人相信，是因为传告了前辈的论述，这些人都是年事已高的长者。年龄比别人大，却不能具备治世的本领和通晓事理的端绪而符合长者的厚德，这样的人就不能算是前辈长者。一个人如果没有什么先于他人的长处，也就缺乏做人之道。一个人如果缺乏做人之道，这就称作陈腐无用的人。随心表达、无有成见的言论天天变化更新，跟自然的区分相互吻合，因循无尽的变化与发展，因此能持久延年、流传久远。人都不说话就齐一，齐一的无言与有言不同，说话与齐一无言也不同。所以说："无主见的言论。"说无主见的言论，就是终身在说话，却像没有说话；即使终身不说话，却也未尝不说话。可有可的原因，不可有不可的原因；对有对的原因，不对有不对的原因。怎样才算对的？对的就是对的；怎样才算不对的？不对的就是不对的。怎样去肯定？肯定那些肯定的；怎样去否定？否定那应当否定的。万物本来就有对，万物本来就有肯定。没有什么事物不对，没有什么事物不可肯定。不是卮言天天讲，合于自然，还有什么能如它那样永恒持久呢！万物皆由各种变化来的，以不同的形态相代替，始终像个圆环一样，不了解它的道理，这是所谓自然的变化。自然的变化就是自然的分际。

庄子对惠子说："孔子活了六十岁，而六十年来随年变化与日俱新。当初所肯定的，最终又作了否定。不知道现今所认为是对的不就是五十九岁时所认为是不对的。"惠子说："孔子勤于励志用心学习。"庄子说："孔子励志用心的精神已经大为减退，你不必再妄自评说。孔子说过：'禀受才智于自然，回复灵性以全生。如今发出的声音合于乐律，说出的话语合于法度。如果将利与义同时陈列于人们的面前，进而分辨好恶与是非，这仅仅只能使人口服罢了。要使人们能够内心诚服，而且不敢有丝毫违逆，还得确立天下的规定。'算了算了，我还比不上他呢！"

曾子第二次出来做官时心情又有变化，他说："我父母双亲在世时，做官只有三釜俸禄而心情很愉悦；后来做官得三千钟俸禄而不能奉养双亲，我心里感到悲伤。”弟子问孔子说：“像曾参那样，可以算是没把心悬系在俸禄上的过错了吧？”孔子说：“还是心有悬系。如要心无所悬系，会有悲哀吗？那种心无所悬系于俸禄的人看三釜、三千钟，就像看鸟雀蚊虻飞过眼前一样。”

颜成子游对东郭子綦说：“自从我听了你的谈话，一年之后就返归质朴，两年之后就顺从世俗，三年豁然贯通，四年与物混同，五年神情自得，六年灵会神悟，七年融于自然，八年忘却生死，九年之后达到了玄妙的境界。生前驰逐外物恣意妄为，必然要走向死亡，劝诫人们事事求取平正。生命的终结，有它一定的原因；可是生命的产生却是感于阳气，并没有什么显明的迹象。你果真能够这样认识人的生与死吗？那么生与死何处算是适宜，又何处不算适宜呢？天有日月星辰和节气的变化，地有人们居住区域和寓所的划分，我又去哪里追求什么呢？没有人能够真正懂得生命的归向与终了，怎么能说没有命运安排？没有人能够真正懂得生命的起始与形成，又怎么能说存在命运的安排？有时候可以跟外物形成相应的感召，怎么能说没有鬼神主使呢？有时候又不能跟外物形成相应的感召，又怎么能说是存在鬼神的驱遣呢？”

影外的暗影问影子说：“你过去低头而今仰头，过去束发而今披发，过去坐着而今站起，过去行走而今停步，为什么呢？”影子说：“你们嗖嗖地摇动，为什么贸然来问我？我活动而不知道为什么这样。我，像蝉壳吗？像蛇皮吗？像是而又不是。火光和阳光，使我顿聚；阴天和黑夜，使我消失。形体，是我所依赖的吗？何况那有依赖的东西呢！形体来我就随它来，形体去我就随它去，形体运动不止我就随它运动不止。运动不息，又有什么问的呢！”

阳子居往南到沛地去，正巧老聃到西边的秦地闲游。阳子居估计将在沛地的郊野遇上老聃，可是到了梁城方才见上面。老子在半路上仰天长叹说：“当初我把你看作可以教诲的人，如今看来你是不可受教的。”阳子居一句话也没说。到了旅店，阳子居进上各种盥洗用具，把鞋子脱在门外，双脚跪着上前说道：“刚才弟子正想请教先生，正赶上先生旅途中没有空闲，所以不敢

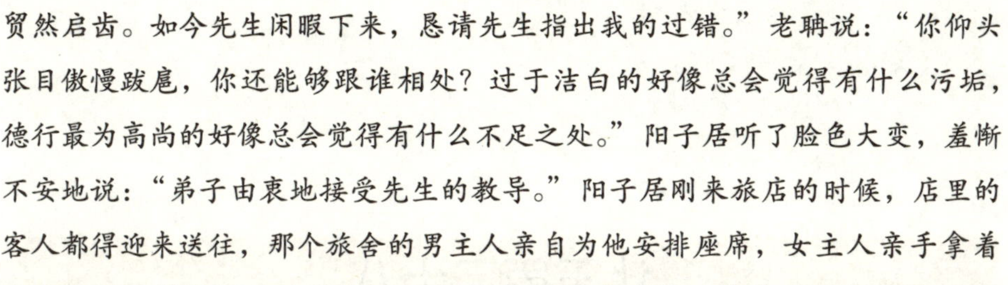

贸然启齿。如今先生闲暇下来，恳请先生指出我的过错。”老聃说：“你仰头张目傲慢跋扈，你还能够跟谁相处？过于洁白的好像总会觉得有什么污垢，德行最为高尚的好像总会觉得有什么不足之处。”阳子居听了脸色大变，羞惭不安地说：“弟子由衷地接受先生的教导。”阳子居刚来旅店的时候，店里的客人都得迎来送往，那个旅舍的男主人亲自为他安排座席，女主人亲手拿着毛巾梳子侍候他盥洗，旅客们见了他都得让出座位，烤火的人见了也远离火边。等到他离开旅店的时候，旅店的客人已经跟他无拘无束，争席而坐了。

解读

《寓言》一篇的篇名来自篇首的两个字。同时，“寓言”也是庄子在这一篇中重点论述的内容。在一开篇，庄子就说了，所谓寓言，就是寄寓的言论，就是假托他人之言来阐发自己的想法。常假托于故事人物，巧妙地利用寓言来阐述道家的治学智慧，正是《庄子》一书的一大语言特色。

全文大体分成六个部分，第一部分开头至“天均者，天倪也”，庄子把言论分成寓言、重言和卮言三种。其中只有无言之言的“卮言”才是符合自然的。只有卮言才有自然之理，才有万物齐一。第二部分至“吾且不得及彼乎”，评说孔子不再励志用心，指出言论不过是些表面的东西，并不能真正使人心悦诚服。第三部分至“如观雀蚊虻相过乎前也”，写曾参两次做官心情不一样，但都不能做到心无牵挂，所以还是不能摆脱外物的拘系。第四部分至“若之何其有鬼邪”，表述体悟大道的过程，指出这其间最为重要的是忘却死生。第五部分至“强阳者，又何以有问乎”，写影外微阴问影子变化不定的故事，指出无所依恃才能随心而动。第六部分说的是老子对阳子居的批评以及阳子居的悔改之意，借此说明谦虚平和，胸纳万物，才能达到修身养性的目的。

让王第二十八

【原典】

尧以天下让许由，许由不受。又让于子州支父，子州支父曰："以我为天子，犹之可也。虽然，我适有幽忧之病，方且治之，未暇治天下也。"夫天下至重也，而不以害其生，又况他物乎！唯无以天下为者，可以托天下也。舜让天下于子州支伯，子州支伯曰："予适有幽忧之病，方且治之，未暇治天下也。"故天下大器也，而不以易生，此有道者之所以异乎俗者也。舜以天下让善卷，善卷曰："余立于宇宙之中，冬日衣皮毛，夏日衣葛絺[①]；春耕种，形足以劳动；秋收敛，身足以休食。日出而作，日入而息，逍遥于天地之间，而心意自得。吾何以天下为哉！悲夫，子之不知余也。"遂不受。于是去而入深山，莫知其处。舜以天下让其友石户之农。石户之农曰："卷卷乎后之为人，葆力之士也[②]。"以舜之德为未至也，于是夫负妻戴，携子以入于海，终身不反也。

大王亶（dǎn）父居邠[③]，狄人攻之。事之以皮帛而不受，事之以犬马而不受，事之以珠玉而不受。狄人之所求者土地也。大王亶父曰："与人之兄居而杀其弟，与人之父居而杀其子，吾不忍也。子皆勉居矣！为吾臣与为狄人臣奚以异。且吾闻之，不以所用养害所养。"因杖策而去之。民相连而从之，遂成国于岐山之下。夫大王亶父可谓能尊生矣。能尊生者，虽贵富不以养伤身，虽贫贱不以利累形。今世之人居高官尊爵者，皆重失之，见利轻亡其身，岂不惑哉！

越人三世弑其君，王子搜患之，逃乎丹穴[④]，而越国无君。求王子搜不得，从之丹穴。王子搜不肯出，越人熏之以艾。乘以王舆。王子搜援绥登车，仰天而呼曰："君乎，君乎，独不可以舍我乎！"王子搜非恶为君也，恶为君之患也。若王子搜者，可谓不以国伤生矣！此固越人之所欲得为君也。

韩、魏相与争侵地，子华子见昭僖侯，昭僖侯有忧色。子华子曰："今使天下书铭于君之前，书之言曰：'左手攫之则右手废[5]，右手攫之则左手废。然而攫之者必有天下。'君能攫之乎？"昭僖侯曰："寡人不攫也。"子华子曰："甚善！自是观之，两臂重于天下也，身亦重于两臂。韩之轻于天下亦远矣！今之所争者，其轻于韩又远。君固愁身伤生以忧戚不得也！"僖侯曰："善哉！教寡人者众矣，未尝得闻此言也。"子华子可谓知轻重矣！

鲁君闻颜阖得道之人也，使人以币先焉。颜阖守陋闾，苴布之衣，而自饭牛。鲁君之使者至，颜阖自对之。使者曰："此颜阖之家与？"颜阖对曰："此阖之家也。"使者致币。颜阖对曰："恐听谬而遗使者罪，不若审之。"使者还反审之，复来求之，则不得已！故若颜阖者，真恶富贵也。故曰："道之真以治身，其绪余以为国家，其土苴以治天下[6]。由此观之，帝王之功，圣人之余事也，非所以完身养生也。"今世俗之君子，多危身弃生以殉物，岂不悲哉！凡圣人之动作也，必察其所以之与其所以为。今且有人于此，以随侯之珠，弹千仞之雀，世必笑之。是何也？则其所用者重而所要者轻也。夫生者，岂特随侯之重哉！

子列子穷，容貌有饥色。客有言之于郑子阳者，曰："列御寇，盖有道之士也，居君之国而穷，君无乃为不好士乎？"郑子阳即令官遗之粟。子列子见使者，再拜而辞。使者去，子列子入，其妻望之而拊心曰[7]："妾闻为有道者之妻子，皆得佚乐。今有饥色，君过而遗先生食，先生不受，岂不命邪？"子列子笑，谓之曰："君非自知我也，以人之言而遗我粟；至其罪我也，又且以人之言，此吾所以不受也。"其卒，民果作难而杀子阳。

楚昭王失国，屠羊说走而从于昭王。昭王反国，将赏从者，及屠羊说。屠羊说曰："大王失国，说失屠羊。大王反国，说亦反屠羊。臣之爵禄已复矣，又何赏之有。"王曰："强之。"屠羊说曰："大王失国，非臣之罪，故不敢伏其诛；大王反国，非臣之功，故不敢当其赏。"王曰："见之。"屠羊说曰："楚国之法，必有重赏大功而后得见。今臣之知不足以存国，而勇不足以死寇。吴军入郢，说畏难而避寇，非故随大王也。今大王欲废法毁约而见说，此非臣之所以闻于天下也。”王谓司马子綦曰：“屠羊说居处卑贱而陈义甚高，子綦为我延之以三旌之位。”屠羊说曰：“失三旌之位，吾知其贵于屠羊之肆也；万钟之禄，吾知其富于屠羊之利也。然岂可以贪爵禄而使吾君有妄施之名乎？说不敢当，愿复反吾屠羊之肆。”遂不受也。

原宪居鲁，环堵之室，茨以生草[8]，蓬户不完，桑以为枢，而瓮牖二室，褐以为塞，上漏下湿，匡坐而弦。子贡乘大马，中绀而表素[9]，轩车不容巷；往见原宪。原宪华冠縰履[10]，杖藜而应门。子贡曰：“嘻！先生何病？”原宪应之曰：“宪闻之，无财谓之贫，学而不能行谓之病。今宪贫也，非病也。”子贡逡巡而有愧色。原宪笑曰：“夫希世而行，比周而友，学以为人，教以为己，仁义之慝[11]，舆马之饰，宪不忍为也。”

曾子居卫，缊袍无表，颜色肿哙[12]，手足胼胝（pián zhī），三日不举火，十年不制衣。正冠而缨绝，捉衿而肘见，纳屦而踵决。曳縰而歌《商颂》[13]，声满天地，若出金石。天子不得臣，诸侯不得友。故养志者忘形，养形者忘利，致道者忘心矣。

孔子谓颜回曰：“回，来！家贫居卑，胡不仕乎？”颜回对曰：“不愿仕。回有郭外之田五十亩，足以给馇粥[14]；郭内之田十亩，足以为丝麻；鼓琴足以自娱，所学夫子之道者足以自乐也。回不愿仕。”孔子愀然变容[15]，曰：“善哉，回之意！丘闻之：‘知足者，不以利自累也；审自得者，失之而不惧；行修于内者，无位而不怍。’丘诵之久矣，今于回而后见之，是丘之得也。”

中山公子牟谓瞻子曰：“身在江海之上，心居乎魏阙之下，奈何？”瞻子曰：“重生。重生则利轻。”中山公子牟曰：“虽知之，未能自胜也。”瞻子曰：“不能自胜则从，神无恶乎！不能自胜而强不从者，此之谓重伤。重伤之人，无寿类矣。”魏牟，万乘之公子也，其隐岩穴也，难为于布衣之士，虽未至乎道，可谓有其意矣！

孔子穷于陈蔡之间，七日不火食，藜羹不糁，颜色甚惫，而弦歌于室。颜回择菜，子路、子贡相与言曰：“夫子再逐于鲁，削迹于卫，伐树于宋，穷于商周，围于陈蔡。杀夫子者无罪，藉夫子者无禁。弦歌鼓琴，未尝绝音，

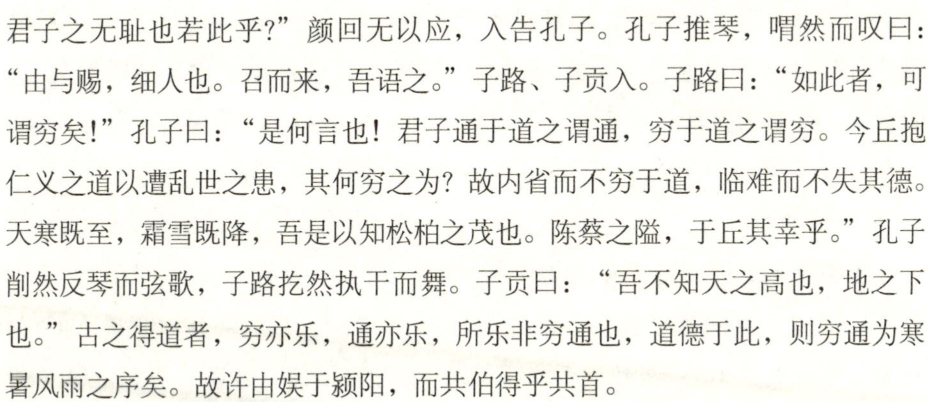

君子之无耻也若此乎?”颜回无以应，入告孔子。孔子推琴，喟然而叹曰：“由与赐，细人也。召而来，吾语之。”子路、子贡入。子路曰：“如此者，可谓穷矣!”孔子曰：“是何言也！君子通于道之谓通，穷于道之谓穷。今丘抱仁义之道以遭乱世之患，其何穷之为？故内省而不穷于道，临难而不失其德。天寒既至，霜雪既降，吾是以知松柏之茂也。陈蔡之隘，于丘其幸乎。”孔子削然反琴而弦歌，子路扢然执干而舞。子贡曰：“吾不知天之高也，地之下也。”古之得道者，穷亦乐，通亦乐，所乐非穷通也，道德于此，则穷通为寒暑风雨之序矣。故许由娱于颍阳，而共伯得乎共首。

舜以天下让其友北人无择，北人无择曰：“异哉后之为人也，居于畎（quǎn）亩之中，而游尧之门。不若是而已，又欲以其辱行漫我。吾羞见之。”因自投清泠之渊。

汤将伐桀，因卞随而谋，卞随曰：“非吾事也。”汤曰：“孰可?”曰：“吾不知也。”汤又因瞀光而谋[16]，瞀光曰：“非吾事也。”汤曰：“孰可?”曰：“吾不知也。”汤曰：“伊尹何如?”曰：“强力忍垢，吾不知其他也。”汤遂与伊尹谋伐桀，剋之，以让卞随。卞随辞曰：“后之伐桀也谋乎我，必以我为贼也；胜桀而让我，必以我为贪也。吾生乎乱世，而无道之人再来漫我以其辱行，吾不忍数闻也!”乃自投稠水而死[17]。汤又让瞀光，曰：“知者谋之，武者遂之，仁者君之，古之道也，吾子胡不立乎?”瞀光辞曰：“废上，非义也；杀民，非仁也；人犯其难，我享其利，非廉也。吾闻之曰：‘非其义者，不受其禄；无道之世，不践其土。’况尊我乎！吾不忍久见也。”乃负石而自沉于庐水。

昔周之兴，有士二人处于孤竹，曰伯夷、叔齐。二人相谓曰：“吾闻西方有人，似有道者，试往观焉。”至于岐阳，武王闻之，使叔旦往见之，与之盟曰：“加富二等，就官一列。”血牲而埋之。二人相视而笑，曰：“嘻，异哉！此非吾所谓道也。昔者神农之有天下也，时祀尽敬而不祈喜；其于人也，忠信尽治而无求焉。乐与政为政，乐与治为治，不以人之坏自成也，不以人之卑自高也，不以遭时自利也。今周见殷之乱而遽为政，上谋而行货，阻兵而保威，割牲而盟以为信，扬行以说众，杀伐以要利。是推乱以易暴也。吾闻古之士，遭治世不避其任，遇乱世不为苟存。今天下暗，周德衰，其并乎周以涂吾身也，不如避之，以絜[18]吾行。”二子北至于首阳之山，遂饿而死焉。若伯夷、叔齐者，其于富贵也，苟可得已，则必不赖。高节戾行，独乐其志，不事于世，此二士之节也。

【注释】

①葛絺（chī）：细葛布。②葆（bǎo）：珍视，重视。③邠（bīn）：亦作“豳”，地名，在陕西省邵县（即彬县）。④丹穴：山洞的名称。⑤攫（jué）：夺取。⑥土苴（jū）：糟粕。⑦拊（fǔ）：拍，击，捶。⑧茨：房顶。⑨中绀（gàn）：内穿青红色衣服。⑩缌履：无后跟的鞋。⑪慝（tè）：忒。⑫肿哙（kuài）：浮肿。⑬曳缌：拖拉着鞋。⑭饘（zhān）粥：黏粥，稠粥。⑮愀（qiǎo）然：神色欣然。⑯瞀光：即务光，夏人。⑰稠（chóu）水：即桐水，河流名，在颍川。⑱絜：洁。

【译文】

尧要把天下让给许由，许由不接受。又让给子州支父，子州支父说：“让我做天子，还可以。但是，我正有隐忧之患，刚要治疗它，没有闲暇时间去治理天下。”天下的地位最贵重，而不以这种地位危害本性，何况是其他事物呢！只有不把治理天下当作一回事的人，才可以把天下委托给他。舜要把天下让给子州支伯。子州支伯说：“我正有隐忧之患，刚要治疗它，没有闲暇时间去治理天下。”治理天下的权位是大器物，而不以本性来换取它，这是有道的人之所以和世俗不同之处。舜要把天下让给善卷，善卷说：“我站在宇宙之中，冬天穿皮毛，夏天穿细布；春天耕田种地，身体足可以负担这种劳动；秋天收获，足可以休养安食。太阳出来去劳动，太阳落了就休息，逍遥自在于天地之间而心情悠然自得。我何必去治理天下呢！可悲啊，你是不了解我的。”便没有接受。于是离开舜而进入深山，没有人知道他的去处。舜要把天下让给他的朋友，一位名叫石户的农民，石户说：“真用力啊！国君的为人，是保持勤劳的人！”他认为舜的德还没达到最高的境界，于是丈夫背着东西，妻子顶着东西，携带子女隐居大海之中，终身没有返回。

大王亶父居住在邠地，狄人常来侵扰。敬献兽皮和布帛狄人不愿意接受，

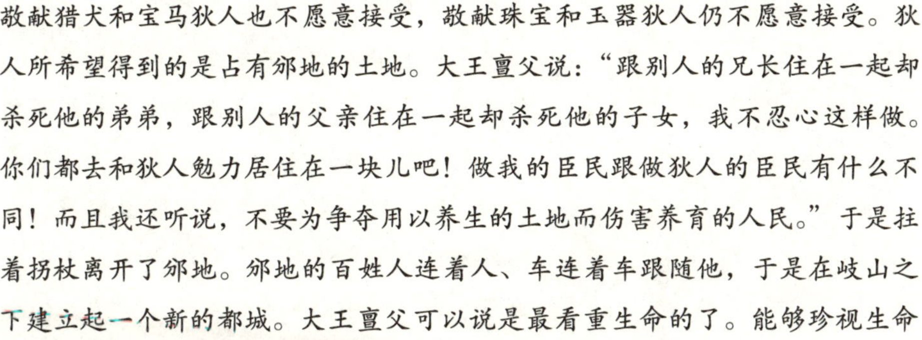

敬献猎犬和宝马狄人也不愿意接受，敬献珠宝和玉器狄人仍不愿意接受。狄人所希望得到的是占有邠地的土地。大王亶父说："跟别人的兄长住在一起却杀死他的弟弟，跟别人的父亲住在一起却杀死他的子女，我不忍心这样做。你们都去和狄人勉力居住在一块儿吧！做我的臣民跟做狄人的臣民有什么不同！而且我还听说，不要为争夺用以养生的土地而伤害养育的人民。"于是拄着拐杖离开了邠地。邠地的百姓人连着人、车连着车跟随他，于是在岐山之下建立起一个新的都城。大王亶父可以说是最看重生命的了。能够珍视生命的人，即使富贵也不会贪恋俸养而伤害身体，即使贫贱同样也不会追逐私利而拘累形躯。当今世上的人们居于高官显位的，都时时担忧失去它们，见到利禄就轻率地为之贴上了自己的性命，这难道不很迷惑吗？

越人先后三代杀掉自己的国君，王子搜忧患此事，逃到丹穴中。越国没有国君，寻找王子搜没有找到，一直找到丹穴。王子搜不肯出来，越人用艾蒿烟熏丹穴。让他乘坐玉辇。王子搜攀着拉手上车，仰天呼号说："王位呀！王位呀！难道不肯放过我吗！"王子搜并不是厌恶做国君，而是厌恶做国君的祸患。像王子搜这样的人，可以说是不以国君的地位伤害生命了，这正是越人想要得到的国君。

韩国和魏国相互争夺边界上的土地。子华子拜见昭僖侯，昭僖侯正面带忧色。子华子说："如今让天下所有人都来到你面前书写铭记，书写的言辞说：'左手抓取东西那么右手就砍掉，右手抓取东西那么左手就砍掉，不过抓取东西的人一定会拥有天下。'君侯会抓取吗？"昭僖侯说："我是不会去抓取的。"子华子说："很好！由此观之，两只手臂比天下更为重要，而人的自身又比两只手臂重要。韩国比起整个天下实在是微不足道的了，如今两国所争夺的土地，比起韩国来又更是微不足道的了。你又何苦愁坏身体、损害生命而担忧得不到那边界上的弹丸之地呢！"昭僖侯说："好啊！劝我的人很多很多了，却不曾听到过如此高明的言论。"子华子真可说是懂得谁轻谁重的了。

鲁国国君听说颜阖是得道的人，派人带着币帛去致意。颜阖住在简陋的巷子里，穿着粗麻布的衣裳，自己在喂牛。鲁君的使者来了，颜阖亲自接待他。使者说："这是颜阖的家吗？"颜阖回答说："这是颜阖的家。"使者送上

币帛，颜阖又说："恐怕听错了而给你带来罪过，不如回去把鲁君命令再审核个明白。"使者回去，反复核实，再来找他，却找不到了。所以像颜阖这样的人，才真是厌恶富贵的人。所以说，道的精髓可以用来修身，它的残余可以用来治国，它的糟粕可以用来平天下。由此可见，帝王的功业，是圣人的余事，并不是用来全身养生的。现在世俗的君子，多是危害身体抛弃生命以追求物欲，难道不可悲吗！凡是圣人的行动和作为，一定要观察它所追求的目的和之所以这样做的原因。现在如果有这样一个人，用随侯的珍珠做弹丸去射千仞之上的雀鸟，世人一定会嘲笑他。这是为什么呢？这是因为他所用的是贵重的东西而要求取的则是非常轻贱的东西。生命这东西，怎么能赶不上随侯的珍珠贵重呢！

列子生活贫困，面容常有饥色。有人对郑国的上卿子阳说起这件事："列御寇是一位有道的人，居住在你治理的国家却是如此贫困，你恐怕不喜欢贤达的士人吧？"子阳立即派官吏送给列子米粟。列子见到派来的官吏，再三辞谢不接受子阳的赐予。官吏离去后，列子进到屋里，列子的妻子埋怨他并且拍着胸脯伤心地说："我听说作为有道的人的妻子儿女，都能够享尽安乐。如今我们面有饥色，郑相子阳瞧得起先生方才会把食物赠送给先生，可是先生却拒不接受，这难道不是命里注定要忍饥挨饿吗！"列子笑着对她说："郑相子阳并不是自己了解了我，他因为别人的谈论而派人赠予我米粟，等到他

想加罪于我时必定仍会凭借别人的谈论，这就是我不愿接受赠予的原因。”后来，百姓果真发难而杀死了子阳。

楚昭王逃离国土，屠羊说也跟着昭王出走。楚昭王返回国土，要赏赐跟随的人，赏到屠羊说。屠羊说说：“大王丧失国土，我丧失了宰羊的工作。大王返回国家，我也回来宰羊。我宰羊的爵禄已经恢复了，又有什么可赏赐的呢。”昭王说：“强令赏他。”屠羊说说：“大王逃离国土，不是我的罪过，所以不敢伏案就杀；大王返回国家，也不是我的功劳，所以不敢受赏。”昭王说：“我要见他。”屠羊说说：“楚国的法令规定，必有重赏大功的人而后才得接见。现在我的智慧不足以保存国家，而勇敢不足以战死敌寇。吴国的军队侵入郢都，我畏惧危难而逃避敌寇，并不是有意追随大王。现在大王要不顾楚国约法的规定而接见我，这不是我所愿传闻天下的事。”昭王对司马子綦说：“屠羊说身处地位卑贱而陈说义理很高明，你为我请他任卿的职位。”屠羊说说：“卿的职位，我知道它贵于屠羊的职业；万钟的俸爵，我知道它富于屠羊的利益。但是我怎么可以贪图爵禄而使我的君主有行赏不当的名声呢？我不敢接受这高官厚禄，还是愿意恢复到我宰羊的职业。”终于没有接受奖赏。

原宪住在鲁国，家居方丈小屋，盖着新割下的茅草，蓬草编成的门四处透亮，折断桑条作为门轴，用破瓮做窗隔出两个居室，再将粗布衣堵在破瓮口上，屋子上漏下湿，而原宪却端端正正地坐着弹琴唱歌。子贡驾着高头大马，穿着暗红色的内衣外罩素雅的大褂，小小的巷子容不下这高大华贵的马车，前去看望原宪。原宪戴着裂开口子的帽子，穿着破了后跟的鞋，拄着藜杖应声开门，子贡说：“哎呀！先生得了什么病吗？”原宪回答：“我听说，没有财物叫作贫，学习了却不能付诸实践叫作病。如今我原宪是贫困，而不是生病。”子贡听了退后数步，面有羞愧之色。原宪又笑着说：“迎合世俗而行事，比附周旋而交朋结友，勤奋学习用以求取别人的夸赞，注重教诲是为了炫耀自己，用仁义作为奸恶勾当的掩护，讲求高车大马的华贵装饰，我原宪是不愿去做的。”

曾子住在卫国，缊袍无罩，颜色浮肿，手脚老趼。三天不做饭，十年不做衣。整理帽子而帽缨断绝，提起领子而袖裂露，穿着麻鞋而后跟裂开。拖拉着鞋而唱《商颂》，声音洪亮满天地，像出自金石那样清脆。天子不能使他为臣子，诸侯不能和他交朋友。所以养志的人忘了形体，养形的人忘了利禄，求道的人忘了心思了。

孔子对颜回说："颜回，你过来！你家境贫寒居处卑微，为什么不外出做官呢？"颜回回答说："我无心做官，城郭之外我有五十亩地，足以供给我食粮；城郭之内我有四十亩地，足够用来种麻养蚕；拨动琴弦足以使我欢娱，学习先生所教给的道理足以使我快乐。因此我不愿做官。"孔子听了深受感动，改变面容说："实在好啊，颜回的心愿！我听说：'知道满足的人不会因为利禄而使自己受到拘累，真正安闲自得的人明知失去了什么也不会畏缩焦虑，注意内心修养的人没有什么官职也不会因此惭愧。'我吟咏这样的话已经很久很久了，如今在你身上才算真正看到了它，这也是我的一点收获哩。"

中山公子牟对瞻子说："身在江湖之中，而心念念不忘朝廷，怎么办呢？"瞻子说："重视生命，重视生命就轻视利禄。"中山公子牟说："虽然知道，但是不能克制自己。"瞻子说："不能自己克制就任从去做，精神不厌恶吗？不能克制自己而勉强不任从做事的人，这就叫受双重伤害。受双重伤害的人，就不能与长寿的人并列了。"魏牟是万乘大国的公子，他隐居岩穴，比平民更为困难，虽然没有得道，但可以说有了得道的心意了。

孔子在陈、蔡之间遭受困厄，七天不能生火做饭，野菜汤里没有一粒米屑，脸色疲惫，可是还在屋里不停地弹琴唱歌。颜回在室外择菜，子路和子贡相互谈论："先生两次被赶出鲁国，在卫国遭受铲削足迹的污辱，在宋国受到砍掉大树的羞辱，在商、周后裔居住的地方弄得走投无路，如今在陈、蔡之间又陷入如此困厄的境地。图谋杀害先生的没有治罪，凌辱先生的没有禁阻。可是先生还不停地弹琴吟唱，不曾中断过乐声，君子不懂得羞辱竟达到这样的地步吗？"颜回在旁没有应声，进屋告诉孔子。孔子推开琴，唉声叹气，说："子路和子贡都是见识浅的人。叫他们进来，我告诉他们。"子路、子贡进入。子路说："像现在这样，可以说是穷困了！"孔子说："这是什么话！君子能通达道理的叫作通，不通达道理的才叫作穷。现在我孔子坚守仁

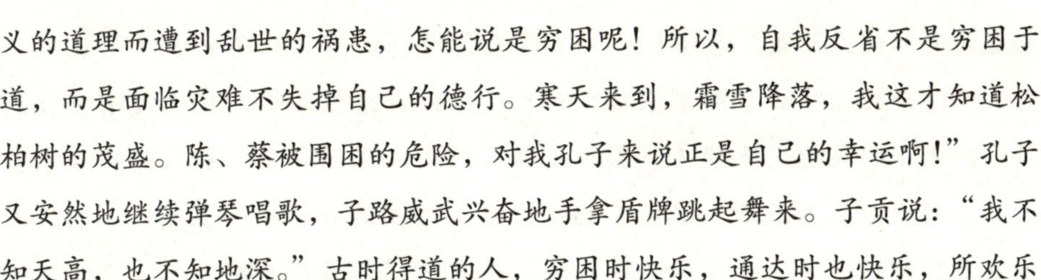

义的道理而遭到乱世的祸患，怎能说是穷困呢！所以，自我反省不是穷困于道，而是面临灾难不失掉自己的德行。寒天来到，霜雪降落，我这才知道松柏树的茂盛。陈、蔡被围困的危险，对我孔子来说正是自己的幸运啊！”孔子又安然地继续弹琴唱歌，子路威武兴奋地手拿盾牌跳起舞来。子贡说：“我不知天高，也不知地深。”古时得道的人，穷困时快乐，通达时也快乐，所欢乐的原因并不是穷困通达。明白了这种道理，那么穷困通达就变成为寒暑风雨的规律了。所以许由能自娱于颍水之上，而共伯可自得于共丘山之下。

舜把天下让给他的朋友北人无择，北人无择说：“奇怪啊，国王的为人，处于田亩之中，而游历于尧帝之门。不就是如此而已，还要用他的耻辱行为来玷污于我。我见到他感到羞耻。”于是跳入名叫清泠的深渊而死去。

商汤打算讨伐夏桀，拿这事跟卞随商量，卞随说：“这不是我该做的事。”商汤问：“谁才可以呢?”卞随回答：“我不知道。”商汤又拿这件事跟瞀光商量，瞀光说：“这不是我该做的事。”商汤问：“谁才可以呢?”瞀光回答：“我不知道。”商汤说：“伊尹怎么样?”瞀光说：“伊尹这个人毅力坚强而且能够忍受耻辱，至于其他方面我便不知道了。”商汤于是跟伊尹商量讨伐夏桀的事，打败桀之后，商汤又想把天下让给卞随。卞随推辞说：“君王讨伐夏桀曾经跟我商量，必定是把我看作凶残的人；战胜桀王之后想要禅让天下给我，必定是把我看作贪婪的人。我生活在天下大乱的年代，而且不明大道的人两次用他的丑行玷污我，我不能忍受如此频繁的言谈。”于是就自己跳入稠水而死去。商汤又让位给瞀光，说：“有智慧的人策谋之，武勇的人完成之，仁义的人来就位，这是自古以来的道理，你为什么不即位呢?”瞀光推辞说：“废黜君上，不是义；杀害人民，不是仁；别人犯难，我享其利，不是廉。我听说：‘不合于义的，不接受它的利禄；无道的社会，不踏它的土地。’何况是把我尊奉君位呢！我不忍心长久地目睹这种情况。”于是背负石头而自沉于庐水。

当年周朝兴起的时候，孤竹国有两位贤人，名叫伯夷和叔齐。两人相互商量：“听说西方有个人，好像是有道的人，我们前去看看。”他们来到岐山的南面，周武王知道了，派他的弟弟旦前去拜见，并且跟他们结下誓盟，说：“增加俸禄二等，授予一等官职。”然后用牲血涂抹在盟书上埋入地下。二人相视而笑，说：“咦，奇怪啊！这不是我们所说的道。从前神农氏治理天下时，四时祭祀竭尽诚敬而不求福；对于民众，以忠信尽心治理而没有什么祈求。乐于正的人就同他同正，乐于治的人就同他同治。不以别人的失败来显示自己的成功，不以别人卑下而抬高自己，不以逢好时运而谋图私利。现在周朝看到殷朝的混乱而急速夺取政权，崇尚计谋用爵禄收买人心，专靠武力而保持威势，杀牲畜立盟作为信誓，宣扬自己的美行哗众取宠，屠杀攻伐来追求利益。这是推行乱政来代替暴政。我们听说古代的贤士，时逢治世不逃避自己的责任，时遇乱世不苟且偷生。现在，天下昏暗，殷德衰败，与其和周朝并存污辱我们，不如避开它，以洁净我们的德行。”二人向北到首阳山，便饿死在那里。像伯夷、叔齐这样的人，对于富贵，如果可以得到，那么一定不去获取，而表现高尚的气节和不平凡的行为，独乐自己的志向，不用于世事，这就是二位贤士的节操。

解读

“让王”即禅让王位的意思，本篇是通过开篇的一个小故事来命名的长篇之作。全篇宗旨在于阐明庄子的“轻外物，重养生”和“无为而治”的思想。

庄子认为，功名利禄不可贪，王位可以让，这种养生悟道的至高境界全在于个体对生命的认识和理解。

全文的主体由多个小故事组成，通过大体内容和论述的思想，可划分为几个部分。在“尧以天下让许田”至“韩、魏相与争侵地”诸段中，写许由、子州支父、善卷和石户之农不愿接受禅让的故事，庄子着重阐述了重生的思想，在“鲁君闻颜阖得道之人也”至“楚昭王失国”诸段中，庄子认为富贵名利是一个人颐养天年的最大羁绊，只有弃权势，舍利禄，才能达到重生和养生的目的。在“原宪居鲁”至“孔子穷于陈蔡之间”诸段中，着重说明养志忘形、养形忘利、致道忘心的思想。在“舜以天下让其友北人无择”至“昔周之兴”几段中，庄子对几位隐士和贤者鄙视地位权势而轻利忘身的做法表示了肯定和赞扬。

盗跖第二十九

【原典】

孔子与柳下季为友，柳下季之弟名曰盗跖①。盗跖从卒九千人，横行天下，侵暴诸侯。穴室枢户，驱人牛马，取人妇女，贪得忘亲，不顾父母兄弟，不祭先祖。所过之邑，大国守城，小国入保，万民苦之。孔子谓柳下季曰："夫为人父者，必能诏其子；为人兄者，必能教其弟。若父不能诏其子，兄不能教其弟，则无贵父子兄弟之亲矣。今先生，世之才士也，弟为盗跖，为天下害，而弗能教也，丘窃为先生羞之。丘请为先生往说之。"柳下季曰："先生言为人父者必能诏其子，为人兄者必能教其弟，若子不听父之诏，弟不受兄之教，虽今先生之辩，将奈之何哉？且跖之为人也，心如涌泉，意如飘风，强足以距敌，辩足以饰非，顺其心则喜，逆其心则怒，易辱人以言。先生必无往。"孔子不听，颜回为驭，子贡为右，往见盗跖。

盗跖乃方休卒徒大山之阳，脍人肝而餔之②。孔子下车而前，见谒者曰："鲁人孔丘，闻将军高义，敬再拜谒者。"谒者入通。盗跖闻之大怒，目如明星，发上指冠，曰："此夫鲁国之巧伪人孔丘非邪？为我告之：尔作言造语，妄称文、武，冠枝木之冠，带死牛之胁，多辞谬说，不耕而食，不织而衣，摇唇鼓舌，擅生是非，以迷天下之主，使天下学士不反其本，妄作孝弟，而侥幸于封侯富贵者也。子之罪大极重，疾走归！不然，我将以子肝益昼餔之膳。'"孔子复通曰："丘得幸于季，愿望履幕下。"谒者复通。盗跖曰："使来前！"孔子趋而进，避席反走，再拜盗跖。盗跖大怒，两展其足，案剑瞋目③，声如乳虎，曰："丘来前！若所言顺吾意则生，逆吾心则死。"孔子曰："丘闻之，凡天下有三德：生而长大，美好无双，少长贵贱见而皆说之，此上德也；知维天地，能辩诸物，此中德也；勇悍果敢，聚众率兵，此下德也。凡人有此一德者，足以南面称孤矣。今将军兼此三者，身长八尺二寸，面目有光，唇如激丹，齿如齐贝，音中黄钟，而名曰盗跖，丘窃为将军耻不取焉。将军有意听臣，臣请南使吴越，北使齐鲁，东使宋卫，西使晋楚，使为将军造大城数百里，立数十万户之邑，尊将军为诸侯，与天下更始，罢兵休卒，收养昆弟，共祭先祖。此圣人才士之行，而天下之愿也。”

盗跖大怒曰：“丘来前！夫可规以利而可谏以言者，皆愚陋恒民之谓耳。今长大美好，人见而说之者，此吾父母之遗德也。丘虽不吾誉，吾独不自知邪？且吾闻之，好面誉人者，亦好背而毁之。今丘告我以大城众民，是欲规我以利，而恒民畜我也，安可久长也！城之大者，莫大乎天下矣。尧、舜有天下，子孙无置锥之地；汤、武立为天子，而后世绝灭。非以其利大故邪？且吾闻之，古者禽兽多而人少，于是民皆巢居以避之，昼拾橡栗，暮栖木上，故命之曰‘有巢氏之民’。古者民不知衣服，夏多积薪，冬则炀之，故命之曰‘知生之民’。神农之世，卧则居居，起则于于，民知其母，不知其父，与麋鹿共处，耕而食，织而衣，无有相害之心。此至德之隆也。然而黄帝不能致德，与蚩尤战于涿鹿之野，流血百里。尧、舜作，立群臣，汤放其主，武王杀纣。自是之后，以强凌弱，以众暴寡。汤、武以来，皆乱人之徒也。

“今子修文、武之道，掌天下之辩，以教后世。缝衣浅带，矫言伪行，以迷惑天下之主而欲求富贵焉，盗莫大于子。天下何故不谓子为盗丘，而乃谓我为盗跖？子以甘辞说子路而使从之。使子路去其危冠，解其长剑，而受教于子，天下皆曰‘孔丘能止暴禁非’。其卒之也，子路欲杀卫君而事不成，身菹于卫东门之上④，是子教之不至也。子自谓才士圣人邪，则再逐于鲁，削迹于卫，穷于齐，围于陈、蔡，不容身于天下。子教子路菹此患。上无以为身，下无以为人，子之道岂足贵邪？世之所高，莫若黄帝，黄帝尚不能全德，而战涿鹿之野，流血百里。尧不慈，舜不孝，禹偏枯，汤放其主，武王伐纣，文王拘羑（yǒu）里。此六子者，世之所高也。孰论之，皆以利惑其真而强反其情性，其行乃甚可羞也。

“世之所谓贤士伯夷、叔齐。伯夷、叔齐辞孤竹之君，而饿死于首阳之山，骨肉不葬。鲍焦饰行非世，抱木而死。申徒狄谏而不听，负石自投于河，为鱼鳖所食。介子推至忠也，自割其股以食文公。文公后背之，子推怒而去，抱木而燔死。尾生与女子期于梁下，女子不来，水至不去，抱梁柱而死。此六子者，无异于磔犬流豕操瓢而乞者[5]，皆离名轻死，不念本养寿命者也。世之所谓忠臣者，莫若王子比干、伍子胥。子胥沉江，比干剖心，此二子者，世谓忠臣也，然卒为天下笑。自上观之，至于子胥、比干，皆不足贵也。丘之所以说我者，若告我以鬼事，则我不能知也；若告我以人事者，不过此矣，皆吾所闻知也。今吾告予以人之情：目欲视色，耳欲听声，口欲察味，志气欲盈。人上寿百岁，中寿八十，下寿六十，除病瘦死丧忧患，其中开口而笑者，一月之中不过四五日而已矣。天与地无穷，人死者有时，操有时之具，而托于无穷之间，忽然无异骐骥之驰过隙也。不能说其志意，养其寿命者，皆非信道者也。丘之所言，皆吾之所弃也，亟去走归，无复言之！子之道，狂狂汲汲，诈巧虚伪事也，非可以全真也，奚足论哉！”

孔子再拜趋走，出门上车，执辔[6]三失，目芒然无见，色若死灰，据轼低

头，不能出气。归到鲁东门外，适遇柳下季。柳下季曰："今者阙然，数日不见，车马有行色，得微往见跖邪？"孔子仰天而叹曰："然！"柳下季曰："跖得无逆汝意若前乎？"孔子曰："然。丘所谓无病而自灸也。疾走料虎头，编虎须，几不免虎口哉！"

子张问于满苟得曰："盍不为行？无行则不信，不信则不任，不任则不利。故观之名，计之利，而义真是也。若弃名利，反之于心，则夫士之为行，不可一日不为乎！"满苟得曰："无耻者富，多信者显。夫名利之大者，几在无耻而信。故观之名，计之利，而信真是也。若弃名利，反之于心，则夫士之为行，抱其天乎！"子张曰："昔者桀、纣贵为天子，富有天下。今谓臧聚曰：'汝行如桀、纣。'则有怍色[7]，有不服之心者，小人所贱也。仲尼、墨翟，穷为匹夫，今谓宰相曰：'子行如仲尼、墨翟。'则变容易色，称不足者，士诚贵也。故势为天子，未必贵也；穷为匹夫，未必贱也。贵贱之分，在行之美恶。"满苟得曰："小盗者拘，大盗者为诸侯。诸侯之门，义士存焉。昔者，桓公小白杀兄入嫂，而管仲为臣；田成子常杀君窃国，而孔子受币。论则贱之，行则下之，则是言行之情悖战于胸中也，不亦拂乎！故书曰：'孰恶孰美，成者为首，不成者为尾。'"

子张曰："子不为行，即将疏戚无伦，贵贱无义，长幼无序。五纪六位，将何以为别乎？"满苟得曰："尧杀长子，舜流母弟，疏戚有伦乎？汤放桀，武王杀纣，贵贱有义乎？王季为适，周公杀兄，长幼有序乎？儒者伪辞，墨者兼爱，五纪六位，将有别乎？且子正为名，我正为利。名利之实，不顺于理，不监于道。吾日与子讼于无约，曰：'小人殉财，君子殉名。其所以变其情、易其性则异矣；乃至于弃其所为而殉其所不为则一也。'故曰，无为小人，反殉而天；无为君子，从天之理。若枉若直，相而天极。面观四方，与时消息。若是若非，执而圆机。独成而意，与道徘徊。无转而行，无成而义，将失而所为。无赴而富，无殉而成，将弃而天。比干剖心，子胥抉眼[8]，忠之祸也；直躬证父，尾生溺死，信之患也；鲍子立干，申子不自理，廉之害也；孔子不见母，匡子不见父，义之失也。此上世之所传，下世之所语，以为士者正其言，必其行，故服其殃，离其患也。"

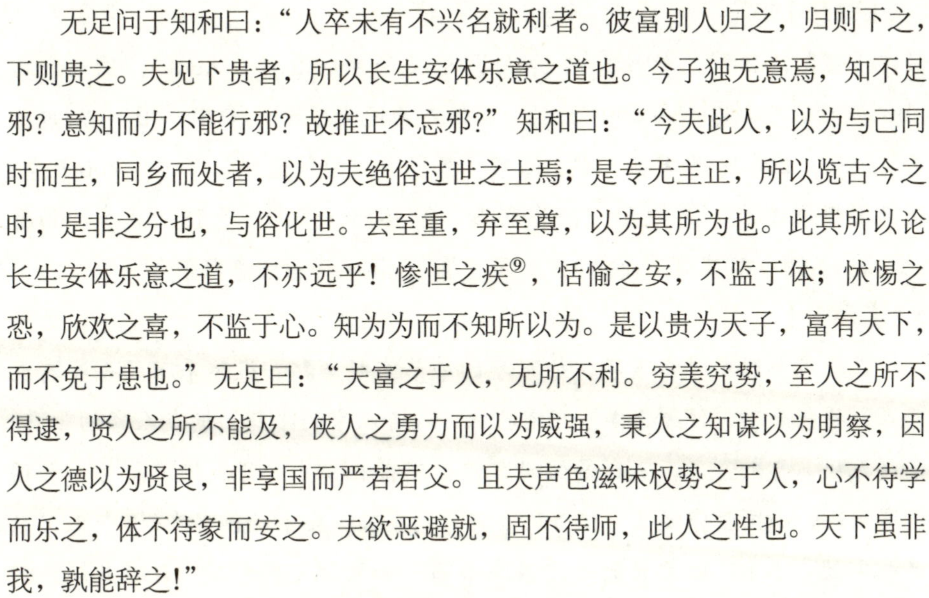

无足问于知和曰："人卒未有不兴名就利者。彼富别人归之，归则下之，下则贵之。夫见下贵者，所以长生安体乐意之道也。今子独无意焉，知不足邪？意知而力不能行邪？故推正不忘邪？"知和曰："今夫此人，以为与己同时而生，同乡而处者，以为夫绝俗过世之士焉；是专无主正，所以览古今之时，是非之分也，与俗化世。去至重，弃至尊，以为其所为也。此其所以论长生安体乐意之道，不亦远乎！惨怛之疾[9]，恬愉之安，不监于体；怵惕之恐，欣欢之喜，不监于心。知为为而不知所以为。是以贵为天子，富有天下，而不免于患也。"无足曰："夫富之于人，无所不利。穷美究势，至人之所不得逮，贤人之所不能及，侠人之勇力而以为威强，秉人之知谋以为明察，因人之德以为贤良，非享国而严若君父。且夫声色滋味权势之于人，心不待学而乐之，体不待象而安之。夫欲恶避就，固不待师，此人之性也。天下虽非我，孰能辞之！"

知和曰："知者之为，故动以百姓，不违其度，是以足而不争，无以为，故不求。不足，故求之，争四处而不自以为贪；有馀，故辞之，弃天下而不自以为廉。廉贪之实，非以迫外也，反监之度。势为天子，而不以贵骄人；富有天下，而不以财戏人。计其患，虑其反，以为害于性，故辞而不受也，非以要名誉也。尧、舜为帝而雍，非仁天下也，不以美害生也；善卷、许由得帝而不受，非虚辞让也，不以事害己。此皆就其利，辞其害，而天下称贤焉，则可以有之，彼非以兴名誉也。"无足曰："必持其名，苦体绝甘，约养以持生，则亦久病长厄而不死者也。"知和曰："平为福，有馀为害者，物莫不然，而财其甚者也。今富人，耳营钟鼓筦籥之声，口嗛于刍豢醪醴之味[10]，以感其意，遗忘其业，可谓乱矣；侅（gāi）溺于冯气，若负重行而上也，可谓苦矣；贪财而取慰，贪权而取竭，静居则溺，体泽则冯，可谓疾矣；为欲富就利，故满若堵耳而不知避，且冯而不舍，可谓辱矣；财积而无用，服膺而不舍，满心戚醮[11]，求益而不止，可谓忧矣；内则疑劫请之贼，外则畏寇盗之害，内周楼疏，外不敢独行，可谓畏矣。此六者，天下之至害也，皆遗忘而不知察。及其患至，求尽性竭财，单以反一日之无故而不可得也。故观之名则不见，求之利则不得，缭意绝体而争此，不亦惑乎！"

【注释】

①盗跖（zhí）：春秋末年的人民起义领袖。②脍（kuài）：细切。餔（bū）：食，吃。③瞋（chēn）目：因愤怒而瞪大眼睛。④菹（zū）：剁成肉酱。⑤磔（zhé）：分尸，车裂。⑥辔：驾驭牲口用的缰绳。⑦怍（zuò）色：面部因愤怒变色。⑧抉眼：剜出眼睛。⑨惨怛（dá）：悲伤，痛苦。⑩醪（láo）：美酒。⑪戚醮（qiáo）：醮同“憔”，因某事而焦急悲伤。

【译文】

孔子有个朋友叫柳下季，柳下季的弟弟名叫盗跖。盗跖手下的士卒有九千人，横行天下，侵袭诸侯。穿室破户，赶走人家的牛马，掳夺人家的妇女，贪得无厌，忘却亲友，不顾忌父母兄弟，不祭祀祖先。所到过的地方，大国严守城池，小国坚守城堡，亿万民众都感到痛苦。孔子对柳下季说：“做父亲的一定教导儿子，做兄长的一定教育弟弟。如果做父亲的不能教导儿子，做兄长的不能教育弟弟，就没有人看重父子兄弟的亲属关系了。现在，先生是当世的才智之士，而弟弟却是盗跖，成为天下的祸害，你不能教育他，我私下为你感到羞愧！我请你允许我为你前去说服他。”柳下季说：“先生谈到做父亲的必定能告诫自己的子女，做兄长的必定能教育自己的弟弟，假如子女不听从父亲的告诫，兄弟不接受兄长的教育，即使像先生今天这样能言善辩，又能拿他怎么样呢？而且盗跖的为人，思想活跃犹如喷涌的泉水，感情变化就像骤起的暴风，勇武强悍足以抗击敌人，巧言善辩足以掩盖过失，顺从他的心意他就高兴，违背他的意愿他就发脾气，容易用言语侮辱别人。先生千万不要去见他。”孔子不听柳下季的劝说，让颜回驾车，子贡陪乘，去会见盗跖。

盗跖正在大山的阳面休整士卒，切碎人肝而食之。孔子下车走上前，跟负责通报的守卫说：“鲁国人孔子，听说将军高尚正义，敬请传令官传达。”守卫听罢入内通报。盗跖听说孔子求见勃然大怒，双目圆睁亮如明星，头发怒起直冲帽顶，说：“这不就是那鲁国的巧伪之人孔子吗？替我告诉他：‘你矫造语言，托伪于文王、武王的主张；你头上戴着树杈般的帽子，腰上围着宽宽的牛皮带，满口的胡言乱语，你不种地却吃得不错，不织布却穿得讲究，你整天摇唇鼓舌，专门制造是非，用以迷惑天下的诸侯，使天下的读书人全都不能返归自然的本性，而且虚妄地标榜尽孝尊长的主张以侥幸得到封侯的赏赐而成为富贵的人。你实在是罪大恶极，快些滚回去！要不然，我将把你的心肝挖出来改善我们午餐的伙食！'”孔子再一次通报说：“我幸运地得到柳下季的介绍，希望到帐幕下拜见。”传令官又通报。盗跖说：“让他到前面来！”孔子快步而进，避开席位，又退了几步，再拜盗跖。盗跖大怒，叉开两脚，握剑瞪眼，声如母虎，说：“孔子，你往前来！你要说的，顺着我的意思就活，违逆我的心思就死！”孔子说：“我听说，凡天下的人有三种美德：生就而身躯魁梧，容貌美好无双，不分老幼贵贱，见到都喜欢他，这是上德；智慧能包容天地，才能足以辨别各种事物，这是中德；勇猛、强悍、果敢，聚众率兵，这是下德。凡是人具有这一种德的，就足以南面称帝了。如今将军同时具备了上述三种美德，你高大魁梧身长八尺二寸，面容和双眼熠熠有光，嘴唇鲜红犹如朱砂，牙齿整齐犹如编贝，声音洪亮合于黄钟，然而名字却叫盗跖，我暗暗为将军感到羞耻并且认为将军不应有此恶名。将军如果有意听从我的劝告，我将南边出使吴国越国，北边出使齐国鲁国，东边出使宋国卫国，西边出使晋国楚国，派人为将军建造数百里的大城，确立数十万户人家的封邑，尊将军为诸侯，跟天下各国更除旧怨开启新的一页，弃置武器休养士卒，收养兄弟，供祭祖先。这才是圣人贤士的作为，也是天下人的心愿。”

盗跖大怒说：“孔子，你往前来！凡是可以用利禄来规劝的，可以用语言来谏正的，都可以把他们叫作愚陋的平民。现在，身体高大，面目美好，人人见到都喜欢，这是我父母所遗留的德行。孔子你虽然不赞美我，难道我自己不知道吗？况且，我听说：‘好当面赞美人的人，也是好背后毁谤人的人。’现在孔子你告诉我有大城民众，是想要用利禄规劝我，而言养我当顺民，怎么可以长久呢！城再大，也没有比天下更大的了。尧、舜虽然有天下，但子孙没有立锥的地方；商汤和周武王立为天子，而后代灭绝。不正是他们贪大利的缘故吗？况且，我还听说，古代禽兽多而人少，于是人民都住在树巢中以躲避禽兽，白天捡橡栗充饥，夜晚栖于树上，所以叫他们是有巢氏的民众。

古代人不知穿衣服，夏天积蓄薪材，冬天就用来烧火取暖，所以叫他们是只知生存的民众。神农时代，躺下时安静，起来时舒缓，人只知自己的母亲，不知道自己的父亲，和野兽共同相处，耕地吃饭，织布穿衣，没有相害的心，这是道德的极盛时代。然而黄帝不能达到这种德，与蚩尤交战于涿鹿的郊野，流血百里。尧、舜做天子，设群臣，商汤流放他的君主，周武王杀殷纣。自此以后，以强大欺凌弱小，以势众侵暴寡少。商汤、周武王以来，都是害人之徒。

“现在你修习周文王、周武王治国之道，掌握天下的舆论，用来教化后代。宽大的衣裳，浅薄的腰带，矫揉的言论，虚伪的行为，用以迷惑天下的君主而求取富贵，强盗之中再也没有比你更大的了。天下为什么不叫你作盗丘，反而竟称我是盗跖呢？你用甜言蜜语说服了子路让他死心塌地地跟随你，使子路去掉了勇武的高冠，解除了长长的佩剑，受教于你的门下，天下人都说你孔子能够制止暴力禁绝不轨。可是后来，子路想要杀掉篡逆的卫君却不能成功，而且自身还在卫国东门上被剁成了肉酱，这就是你那套说教的失败。你不是自称才智的学士、圣哲的人物吗？却两次被逐出鲁国，在卫国被人铲削掉所有足迹，在齐国被逼得走投无路，在陈国蔡国之间遭受围困，不能容身于天下。而你所教育的子路却又遭受如此祸患，做师长的没有办法在社会上立足，做学生的也就没有办法在社会上为人，你的那套主张难道还有可贵之处吗？世上所尊崇的，莫过于黄帝，黄帝尚且不能保全德行，而征战于涿鹿的郊野，流血百里。唐尧不慈爱，虞舜不孝顺，大禹半身不遂，商汤放逐了他的君主，武王出兵征讨商纣，文王曾经被囚禁在羑里。以上这六个人都是世人所尊崇的，但是仔细评论起来，都是因为追求功利迷惑了真性而强迫自己违反了自然的禀赋，他们的做法实在是极为可耻的。

“世上所说的贤士伯夷、叔齐。伯夷、叔齐辞去孤竹国的君主地位，而饿死在首阳山上，尸骨得不到埋葬。鲍焦行为矫饰非议当世，抱着树木而死。申徒狄谏正国君而不听，背着石头投河自尽，为鱼鳖所食。介子推是最忠贞的，自己割下自己大腿上的肉给晋文公吃，文公回国后却背弃他，子推一怒之下而离开，抱着树而被烧死。尾生和女子相约在桥下，女子没来，河水来到，也不离开，抱着桥柱而死。这六个人，与分尸的狗、漂流的死猪和持瓢乞丐，没有什么区别，都是重于名而轻于死，不惦念本真保养寿命的人。世上所说的忠臣，莫如王子比干、伍子胥。伍子胥被杀死尸沉入江中，比干被挖心而死，这两个人是世上所谓的忠臣，然而最终遭到天下人的耻笑。从上述来看，伍子胥、比干，都是不足推崇的。你孔子用来说服我的，假如告诉我怪诞离奇的事，那我是不可能知道的；假如告诉我人世间实实在在的事，不过如此而已，都是我所听闻的事。现在让我来告诉你人之常情：眼睛想要看到色彩，耳朵想要听到声音，嘴巴想要品尝滋味，志气想要满足、充沛。人生在世高寿为一百岁，中寿为八十岁，低寿为六十岁，除掉疾病、死丧、忧患的岁月，其中开口欢笑的时光，一月之中不过四五天罢了。天与地是无穷尽的，人的死亡却是有时限的，拿有时限的生命托付给无穷尽的天地之间，迅速地消逝就像是千里良驹从缝隙中骤然驰去一样。凡是不能够使自己心境获得愉快而

颐养寿命的人，都不能算是通晓常理的人。你孔子所说的，全都是我想要废弃的，你赶快离开这里滚回去，不要再说了！你的那套主张，癫狂失性钻营奔逐，全都是巧诈、虚伪的东西，不可能用来保全真性，有什么好谈论的呢!"

孔子再次拜谢之后急忙跑出门外，上车离去，缰绳三次脱手，眼睛茫然不见，面色如同死灰，按着车轼低头，不能喘出气来。回到鲁国东门之外，正好遇见柳下季。柳下季说："近日怎么好几天没见到你，车马有出发的样子，莫非去见跖了吗?"孔子仰天而叹说："是的。"柳下季说："跖是不是像我从前所说的违背了你的意愿呢?"孔子说："是的。我此举是没病而自己针灸，急跑挑弄虎头，编织虎须，几乎不能免于虎口啊!"

子张向满苟得问道："怎么不推行合于仁义的德行呢? 没有德行就不能取得别人的信赖，不能取得别人的信赖就不会得到任用，不能得到任用就不会得到利益。所以，从名誉的角度来观察，从利禄的角度来考虑，能够实行仁义就真是这样的。假如弃置名利，只在内心求得反思，那么士大夫的所作所为，也不可能一天不讲仁义啊!"满苟得说："没有羞耻的人才会富有，善于吹捧的人才会显贵。大凡获得名利最大的，几乎全在于无耻而多言。所以，从名誉的角度来观察，从利禄的角度来考虑，能够吹捧就真是这样的。假如弃置名利，只在内心求得反思，那么士大夫的所作所为，也就只有保持他的天性了啊!"子张说："当年桀与纣贵为天子，富有到占有天下，如今对地位卑贱的奴仆说：'你的品行如同桀纣。'那么他们定会惭愧不已，产生不服气的思想，这是因为桀纣的所作所为连地位卑贱的人也瞧不起。孔子和墨翟穷困到跟普通百姓一样，如今对官居宰相地位的人说：'你的品行如同孔子和墨翟。'那么他一定会除去傲气谦恭地说自己远远比不上，这是因为士大夫确实有可贵的品行。所以说，势大为天子，未必就尊贵；穷困为普通百姓，未必就卑贱。尊贵与卑贱的区别，决定了德行的美丑。"满苟得说："小的盗贼被拘捕，大的强盗却成了诸侯。诸侯的门内，方才存有道义之士。当年齐桓公小白杀了兄长、娶了嫂嫂，而管仲却做了他的臣子；田成子常杀了齐简公自立为国君，而孔子却接受了他赠予的布帛。谈论起来总认为桓公、田常之流的行为卑下，做起来又总是使自己的行为更加卑下，这就是说言语和行动的实情在胸中相互矛盾和斗争，岂不是情理上极不相合吗！所以古书上说：'谁坏谁好？成功的居于尊上之位，失败的沦为卑下之人。'"

子张说："你不修养品行，将会亲疏没有伦常，贵贱没有准则，长幼没有等次，五伦六位，将如何区别呢？"满苟得说："尧杀掉大儿子，舜流放亲弟弟，亲疏有伦常吗？汤放逐桀，武王杀纣，有标准吗？王季代替嫡位，周公杀掉哥哥，长幼有序吗？儒者的虚伪言辞，墨子的兼爱，五伦六位还有区别吗？况且你正在求名，我正在求利。其实名利既不顺于理，又不明于道。我过去和你在无约面前争论，说：'小人为财而死，君子为名而死，他们之所以改变自己的真情、变更自己的本性则不相同；乃至于抛弃自己所应当做的而殉难自己所不应当做的却是相同的。'所以说，不要做小人，要反求于自然；不要做君子，要顺从自然的规律。是曲是直，看其自然规律。面向四方，随时变化，是是非非，保持你的圆转枢机。独自顺遂你的意愿，与道周旋。不要专执你的行为，不要成就你的仁义，这将会失掉你的本能。不要追求你的富贵，不要用殉难换取你的成功，这样将会舍弃你的天性。比干被剖心，伍子胥遗嘱挖眼，这是忠的祸患；直躬证实父亲偷羊，尾生被水淹死，这是守信用的祸患；鲍焦站立枯死，申徒狄投河自杀，这是清廉的祸患；孔子见不到母亲，匡子见不到父亲，这是义的过失。这些事情从上代传下来，下代还要传下去，以此为士大夫，端正言论，必定实行，所以才遭到它的灾殃，受到它的祸患。"

无足向知和问道："人们终究没有谁不想树立名声并获取利禄的。那个人富有了人们就归附他，归附他也就自以为卑下，以自己为卑下就更会尊崇富有者。受到卑下者的尊崇，就是人们用来延长寿命、安康体质、快乐心意的办法。如今唯独你在这方面没有欲念，是才智不够用呢，还是有了念头而力量不能达到呢？抑或推行正道而一心不忘呢？"知和说："如今有这么一个兴名就利的人，就认为跟自己是同时生、同乡处，而且认为是超越了世俗的人了；其实这样的人内心里全无主心，用这样的办法去看待古往今来和是非的不同，只能是混同流俗而融合于世事。舍弃了贵重的生命，离开了最崇高的大道，而追求他一心想要追求的东西。这就是他们所说的延长寿命、安康体质、快乐心意的办法，不是跟事理相去太远吗！悲伤所造成的痛苦，愉快所带来的安适，对身体的影响自己不能看清；惊慌所造成的恐惧，欢欣所留下的喜悦，对于心灵的影响自己也不可能看清。知道一心去做自己想要去做的事却不知道为什么要这样去做。所以尊贵如同天子，富裕到占有天下，却始终不能免于忧患。”无足说：“富有对于人，无所不利。穷尽完美和究尽权势，至人不能得到，圣人也不能达到。挟持别人勇敢和力量来增加威势，拿别人的智谋来增强观察问题的能力，用别人的品德当作贤良，不享有国土而威严如君主。况且声色、滋味、权势对于人，心不等学习就爱好它，身体不等模仿就感到安适。欲求、厌恶、避害、就利，本来不用老师教导，这是人的本性。天下人即使都认为我的看法不对，但谁又能失掉这些呢！”

知和说：“有智慧的人做事，行动以百姓为基础，不违背民众为原则，因此知足而不相争，无所作为，所以不贪求。不知足，所以才贪求它，争夺声、色、味、权而自己却不认为是贪求；有剩余，所以有辞让，抛弃占据的天下之财而自己也不认为是清廉。清廉和贪求的实质，并不是受迫于外物，反过来要察看内心是否有度。权势达到天子，而不拿权贵作为资本，骄傲对待别人；财富占有天下，而不拿财富戏弄人。计算其祸患，考虑其反面，认为有害于本性，所以推辞而不接受，并不是要以此追求名誉。尧、舜做帝王而和睦，并不是在天下推行仁政，而是不以追求美而损害性；善卷、许由可得帝位而不接受，并不是虚伪地对待辞让，而是不以政事损害自己。这些都是趋利避害，而天下人称赞他们是贤人，就是说他们虽然有趋利避害的思想，他们并不是以兴名沽誉为目的。”无足说：“必定要保持自己的名声，即使劳苦身形、谢绝美食、俭省给养以维持生命，那么这一定是个长期疾病困乏而没有死去的人。”知和说：“均平就是幸福，有余便是祸害，物类莫不是这样，而财物更为突出。如今富有的人，耳朵谋求钟鼓、箫笛的乐声，嘴巴满足于肉食、佳酿的美味，因而触发了他的欲念，遗忘了他的事业，真可说是迷乱极了；深深地陷入了愤懑的盛气之中，像背着重荷爬行在山坡上，真可说是痛苦极了；贪求财物而招惹怨恨，贪求权势而耗尽心力，安静闲居就沉溺于

嗜欲，体态丰腴光泽就盛气凌人，真可说是发病了；为了贪图富有追求私利，获取的财物堆得像齐耳的高墙也不知满足，而且越是贪婪就越发不知收敛，真可说是羞辱极了；财物囤积却没有用处，念念不忘却又不愿割舍，满腹的焦心与烦恼，企求增益永无休止，真可说是忧愁极了；在家内总担忧窃贼的伤害，在外面总害怕寇盗的残杀，在内遍设防盗的塔楼和射箭的孔道，在外不敢独自行走，真可说是畏惧极了。以上的六种情况，是天下最大的祸害，全都遗忘不求审察，等到祸患来临，想要倾家荡产保全性命，只求返归贫穷求得一日的安宁也不可能。所以，从名声的角度来观察却看不见，从利益的角度来探求却得不到，使心意和身体受到如此困扰地竭力争夺名利，岂不迷乱吗！”

解读

“盗跖”是一个名叫跖的江湖大盗，本篇是一篇以人名篇的佳作。《盗跖》的内容再一次毫不留情地抨击了儒家的一些思想和观点，指出了它们的虚伪性和欺骗性，主张返归原始，顺其自然。

在“孔子与柳下季为友”至“孔子再拜趋走”的几段中，庄子通过盗跖与孔子的对话，孔子规劝盗跖，反被盗跖严加指斥，称为“巧伪”之人，讥斥儒家是“不耕而食，不织而衣”的人。在“子张问于满苟得曰”和“无足问于知和曰”的段落中，庄子又通过子张和满苟得的辩论，揭露了当时那个社会的混乱和黑暗，批判儒家伦理道德的实质是贵贱无等、长幼无序，造成了天下之至害。在最后一部分，通过无足和知和的对话和讨论，进一步明确提出“不以美害生”“不以事害己”的主张。这些论述和观点对儒墨的尊先王的思想都是严厉的批判。从中可以看出庄子代表的道家与儒墨学派思想观点的明显不同。

有人认为本篇是伪作，与庄子无关，这种看法虽有一定道理，但不可轻信。

说剑第三十

【原典】

昔赵文王喜剑，剑士夹门而客三千馀人，日夜相击于前，死伤者岁百馀人。好之不厌。如是三年，国衰，诸侯谋之。太子悝患之[①]，募左右曰："孰能说王之意止剑士者，赐之千金。"左右曰："庄子当能。"太子乃使人以千金奉庄子。庄子弗受，与使者俱往见太子，曰："太子何以教周，赐周千金？"太子曰："闻夫子明圣，谨奉千金以币从者。夫子弗受，悝尚何敢言！"庄子曰："闻太子所欲用周者，欲绝王之喜好也。使臣上说大王而逆王意，下不当太子，则身刑而死，周尚安所事金乎？使臣上说大王，下当太子，赵国何求而不得也！"太子曰："然。吾王所见，唯剑士也。"庄子曰："诺。周善为剑。"太子曰："然吾王所见剑士，皆蓬头突鬓，垂冠，曼胡[②]之缨，短后之衣，瞋目而语难，王乃说之。今夫子必儒服而见王，事必大逆。"庄子曰："请治剑服。"治剑服三日，乃见太子。太子乃与见王，王脱白刃待之[③]。庄子入殿门不趋，见王不拜。王曰："子欲何以教寡人，使太子先？"曰："臣闻大王喜剑，故以剑见王。"王曰："子之剑何能禁制？"曰："臣之剑十步一人，千里不留行。"王大悦之，曰："天下无敌矣！"庄子曰："夫为剑者，示之以虚，开之以利，后之以发，先之以至。愿得试之。"王曰："夫子休，就舍待命，令设戏，请夫子。"

王乃校剑士七日，死伤者六十馀人，得五六人，使奉剑于殿下，乃召庄子。王曰："今日试使士敦剑。"庄子曰："望之久矣！"王曰："夫于所御杖，长短何如？"曰："臣之所奉皆可。然臣有三剑，唯王所用，请先言而后试。"王曰："愿闻三剑。"曰："有天子剑，有诸侯剑，有庶人剑。"王曰："天子

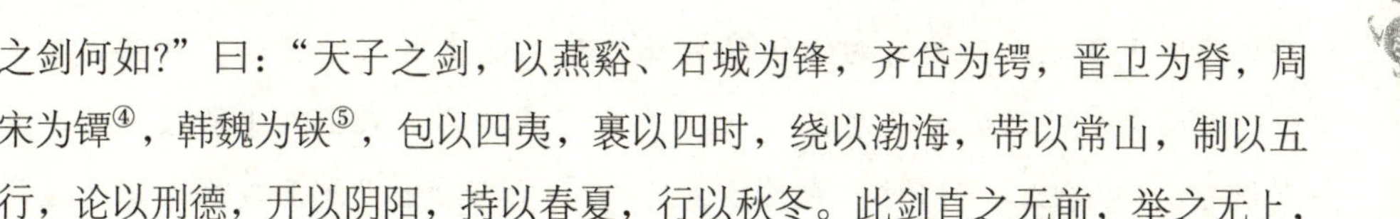

之剑何如?”曰:“天子之剑，以燕谿、石城为锋，齐岱为锷，晋卫为脊，周宋为镡[④]，韩魏为铗[⑤]，包以四夷，裹以四时，绕以渤海，带以常山，制以五行，论以刑德，开以阴阳，持以春夏，行以秋冬。此剑直之无前，举之无上，案之无下，运之无旁。上决浮云，下绝地纪。此剑一用，匡诸侯，天下服矣。此天子之剑也。”文王芒然自失，曰:“诸侯之剑何如?”曰:“诸侯之剑，以知勇士为锋，以清廉士为锷，以贤良士为脊，以忠圣士为镡，以豪杰士为铗。此剑直之亦无前，举之亦无上，案之亦无下，运之亦无旁。上法圆天，以顺三光；下法方地，以顺四时；中和民意，以安四乡。此剑一用，如雷霆之震也，四封之内，无不宾服而听从君命者矣。此诸侯之剑也。”王曰:“庶人之剑何如?”曰:“庶人之剑，蓬头突鬓，垂冠，曼胡之缨，短后之衣，瞋目而语难，相击于前，上斩颈领，下决肝肺。此庶人之剑，无异于斗鸡，一旦命已绝矣，无所用于国事。今大王有天子之位，而好庶人之剑，臣窃为大王薄之。”王乃牵而上殿。宰人上食，王三环之。庄子曰:“大王安坐定气，剑事已毕奏矣!”于是文王不出宫三月，剑士皆服毙其处也[⑥]。

【注释】

①悝（kuī）：赵惠文王的太子，名悝。②曼胡：模糊，不清楚。③脱白刃：拔出锋利的剑。④镡（xín）：剑环，剑鼻。⑤铗（jiá）：剑把。⑥服毙：伏剑自杀。

【译文】

过去，赵惠文王喜欢剑术，住在宫门左右的剑客有三千余人，日夜相互击剑于文王面前，死伤的一年有一百多人。而赵文王仍然喜好剑术而不厌恶。如此下去三年，国势衰危，诸侯必图谋攻取它。太子悝感到忧患，召集左右臣僚，说:“谁能说服国王使他停止剑士的活动，便赐他千金。”左右臣僚说:“庄子能做到。”太子于是派人将千金送给庄子。庄子不接受，和使者一起前往拜见太子，说:“太子叫我做什么，是要赐给我千金重礼吗?”太子说:“听说先生明达圣哲，谨奉上千金用以犒赏从者。先生不接受，我还怎么敢说。”庄子说:“听说太子之所以用我，是要杜绝国王的喜好。假使我向上劝说大王而违逆了国王的心意，下又有负太子的委任，那就会遭到刑戮而死去，我还怎么使用千金呢？假如我对上说服大王，对下能完成太子交给的任务，那么我向赵国要求什么会得不到呢！”太子说：“是这样。我们大王所接见的，只有剑士。”庄子说：“好吧。我善于使用剑。”太子说：“但是我们大王所接见的剑士，都是蓬头突鬓，戴着重冠，冠缨模糊，穿后身短的衣服，怒目瞪眼而相互诘难，大王就高兴。现在，先生一定要穿上儒士的服装去拜见大王，此事必然不顺当。”庄子说：“请制作剑士的服装。”制作剑士服装用了三天，随后就去拜见太子。太子便和庄子一起去拜见国王，国王拔剑等待他。庄子不急不忙地进入殿内，见到赵王也不行跪拜之礼。赵王说：“你想用什么话来开导我，而且让太子先作引荐。”庄子说：“我听说大王喜好剑术，特地用剑术来参见大王。”赵王说：“你的剑术怎样能遏阻剑手、战胜对方呢？”庄子说：“我的剑术，十步之内可杀一人，行走千里也不会受人阻留。”赵王听了大喜，说：“天下没有谁是你的对手了！”庄子说：“击剑的要领是，有意把弱点显露给对方，再用有机可乘之处引诱对方，后于对手发起攻击，同时要抢先击中对手。希望有机会能试试我的剑法。”赵王说：“先生暂回馆舍休息等待通知，我将安排好击剑比武的盛会再请先生出面比武。”

赵王于是用七天时间让剑士们比武较量，死伤六十多人，从中挑选出五六人，让他们拿着剑在殿堂下等候，这才召见庄子。赵王说：“今天请与剑士对剑。”庄子说：“期待很久了。”赵王说：“先生所使用的剑，长短怎么样？”庄子说：“我用什么剑都可以。然而我有三种剑，听凭大王使用，请允许我先谈谈而后再比武。”赵王说：“愿意听到三剑。”庄子说：“有天子剑，有诸侯剑，有庶人剑。”赵王说：“天子的剑什么样？”庄子说：“天子的剑，把燕溪、石城当作剑端，把齐国的泰山当作剑刃，把晋国和卫地当作剑背，把周地、宋国当作剑环，把韩国、魏国当作剑把，用四夷包着，用四时裹着，用渤海缠着，用恒山做带，用五行制衡，用生杀论断，用阴阳开变，用春夏持延，用秋冬运行。这种剑，直伸无前，举它无上，按它无下，运行无旁。向上可以决断浮云，向下可断绝地基。这种剑一旦使用，就可以匡正诸侯，使天下顺服了。这是天子的剑。”赵王惘然自失，说：“诸侯的剑怎样？”庄子说：“诸侯的剑，以知勇之士做剑端，以清廉之士做剑刃，以贤良之士做剑

背，以忠圣之士做剑环，以豪杰之士做剑把。这种剑直伸去也无前，举它无上，按它也无下，运转亦无旁。在上效法圆天，以顺应日月星三光；在下效法方地，以顺应四时；在中间和顺民意，来安顿四方。这种剑一旦用起来，犹如雷霆震撼，四境之内，没有不听从国君的命令的了。这是诸侯的剑。”赵王说：“百姓之剑又怎么样呢？”庄子说：“百姓之剑，全都头发蓬乱、鬓毛突出，帽子低垂，帽缨粗实，衣服紧身，瞪大眼睛而且气喘语塞。相互在人前争斗刺杀，上能斩断脖颈，下能剖裂肝肺。这就是百姓之剑，跟斗鸡没有什么不同，一旦命尽气绝，对于国事就什么用处也没有。如今大王拥有夺取天下的地位却喜好百姓之剑，我私下认为大王应当鄙薄这种做法。”赵文王于是牵着庄子来到殿上。厨师献上食物，赵王绕着座席惭愧地绕了三圈。庄子说：“大王安坐下来定定心气，有关剑术之事我已启奏完毕。”于是赵文王三月不出宫门，剑士们都在自己的住处自刎而死。

解读

顾名思义，《说剑》一篇的中心思想是围绕着“剑”展开的。赵文王喜欢剑，喜欢剑术，整天与剑士为伍，甚至可以因此不料理朝政，把自己的本职工作抛在脑后，典型的玩物丧志。庄子前往游说，面对赵文王的剑拔弩张，庄子从容应对，说剑有三种，即天子之剑、诸侯之剑和庶民之剑，委婉地指出赵文王的所为实际上是庶民之剑，而希望他以天下为己任，能成为天子之剑。

很多人说《说剑》为后人的伪作，虽然还无定论，但此篇的思想对于道家学说来说也并非一无是处。其中也有为政当无事，以无为而治的思想，可以说是《应帝王》篇观点的继续。

渔父第三十一

【原典】

孔子游乎缁帷之林，休坐乎杏坛之上。弟子读书，孔子弦歌鼓琴。奏曲未半，有渔父者，下船而来，须眉交白，被发揄袂[①]，行原以上，距陆而止，左手据膝，右手持颐以听。曲终，而招子贡、子路，二人俱对。客指孔子曰："彼何为者也?"子路对曰："鲁之君子也。"客问其族。子路对曰："族孔氏。"客曰："孔氏者何治也?"子路未应，子贡对曰："孔氏者，性服忠信，身行仁义，饰礼乐，选人伦。上以忠于世主，下以化于齐民，将以利天下。此孔氏之所治也。"又问曰："有土之君与?"子贡曰："非也。""侯王之佐与?"子贡曰："非也。"客乃笑而还，行言曰："仁则仁矣，恐不免其身。苦心劳形以危其真。呜呼！远哉，其分于道也。"子贡还，报孔子。孔子推琴而起，曰："其圣人与?"乃下求之，至于泽畔，方将杖拏而引其船[②]，顾见孔子，还乡而立。孔子反走，再拜而进。客曰："子将何求?"孔子曰："曩者先生有绪言而去，丘不肖，未知所谓，窃待于下风，幸闻咳唾之音，以卒相丘也。"客曰："嘻！甚矣，子之好学也!"孔子再拜而起，曰："丘少而修学，以至于今，六十九岁矣，无所得闻至教，敢不虚心!"

客曰："同类相从，同声相应，固天之理也。吾请释吾之所有，而经子之所以。子之所以者，人事也。天子、诸侯、大夫、庶人，此四者自正，治之美也；四者离位而乱莫大焉。官治其职，人忧其事，乃无所陵。故田荒室露，衣食不足，征赋不属，妻妾不和，长少无序，庶人之忧也；能不胜任，官事不治，行不清白，群下荒怠，功美不有，爵禄不持，大夫之忧也；廷无忠臣，国家昏乱，工技不巧，贡职不美，春秋后伦，不顺天子，诸侯之忧也；阴阳不和，寒暑不时，以伤庶物，诸侯暴乱，擅相攘伐[3]，以残民人，礼乐不节，财用穷匮，人伦不饬，百姓淫乱，天子有司之忧也。今子既上无君侯有司之势，而下无大臣职事之官，而擅饰礼乐，选人伦，以化齐民，不泰多事乎？且人有八疵，事有四患，不可不察也。非其事而事之，谓之摠[4]；莫之顾而进之，谓之佞；希意道言，谓之谄；不择是非而言，谓之谀；好言人之恶，谓之谗；析交离亲，谓之贼；称誉诈伪以败恶人，谓之慝[5]；不择善否，两容颊适，偷拔其所欲，谓之险。此八疵者，外以乱人，内以伤身，君子不友，明君不臣。所谓四患者：好经大事，变更易常，以挂功名，谓之叨[6]；专知擅事，侵人自用，谓之贪；见过不更，闻谏愈甚，谓之很；人同于已则可，不同于已，虽善不善，谓之矜。此四患也。能去八疵，无行四患，而始可教已。"

孔子愀然[7]而叹，再拜而起，曰："丘再逐于鲁，削迹于卫，伐树于宋，围于陈蔡。丘不知所失，而离此四谤者何也？"客凄然变容曰："甚矣，子之难悟也！人有畏影恶迹而去之走者，举足愈数而迹愈多，走愈疾而影不离身，自以为尚迟，疾走不休，绝力而死。不知处阴以休影，处静以息迹，愚亦甚矣！子审仁义之间，察同异之际，观动静之变，适受与之度，理好恶之情，和喜怒之节，而几于不免矣。谨修而身，慎守其真，还以物与人，则无所累矣。今不修之身而求之人，不亦外乎？"孔子愀然曰："请问何谓真？"客曰："真者，精诚之至也。不精不诚，不能动人。故强哭者，虽悲不哀；强怒者，虽严不威；强亲者，虽笑不和。真悲无声而哀，真怒未发而威，真亲未笑而和。真在内者，神动于外，是所以贵真也。其用于人理也，事亲则慈孝，事君则忠贞，饮酒则欢乐，处丧则悲衷。忠贞以功为主，饮酒以乐为主，处丧以哀为主，事亲以适为主。功成之美，无一其迹矣，事亲以适，不论所以矣；饮酒以乐，不选其具矣；处丧以哀，无问其礼矣。礼者，世俗之所为也；真者，所以受于天也，自然不可易也。故圣人法天贵真，不拘于俗。愚者反此，不能法天而恤于人，不知贵真，禄禄而受变于俗，故不足。惜哉，子之蚤[8]湛于人伪而晚闻大道也！"

孔子又再拜而起曰："今者丘得遇也，若天幸然。先生不羞而比之服役，而身教之。敢问舍所在，请因受业而卒学大道。”客曰：“吾闻之，可与往者与之，至于妙道；不可与往者，不知其道，慎勿与之，身乃无咎。子勉之，吾去子矣，吾去子矣！”乃刺船而去，延缘苇间。

颜渊还车，子路授绥，孔子不顾，待水波定，不闻拏音而后敢乘。子路旁车而问曰：“由得为役久矣，未尝见夫子遇人如此其威也。万乘之主，千乘之君，见夫子未尝不分庭伉礼⑨，夫子犹有倨傲之容。今渔父杖拏逆立，而夫子曲要磬折，言拜而应，得无太甚乎！门人皆怪夫子矣，渔父何以得此乎！”孔子伏轼而叹曰：“甚矣，由之难化也！湛于礼义有间矣，而朴鄙之心至今未去。进，吾语汝：夫遇长不敬，失礼也；见贤不尊，不仁也。彼非至人，不能下人。下人不精，不得其真，故长伤身。惜哉！不仁之于人也，祸莫大焉，而由独擅之。且道者，万物之所由也。庶物失之者死，得之者生。为事逆之则败，顺之则成。故道之所在，圣人尊之。今渔父之于道，可谓有矣，吾敢不敬乎！”

【注释】

①揄：挥舞。袂（mèi）：衣袖。②拏：船桨。③擅相攘伐：擅自相互攻伐。④揔（zǒng）：总揽，包揽。⑤慝（tè）：邪恶。⑥叨（tāo）：同“饕”，贪婪。⑦愀（qiǎo）然：神色严肃的样子。⑧蚤：同“早”。⑨分庭伉礼：古代宾主之礼。主人在门外迎接客人，客人从庭之西侧经西阶升堂，主人从庭之东侧经东阶升堂，入门和升堂时皆揖，叫分庭；升堂之后，客人让，主人也让，客人拜，主人也拜，叫做伉礼。

【译文】

孔子到缁帷林中游玩，坐在杏坛上休息。弟子们读书，孔子弹琴瑟唱诗歌。弹琴奏曲不到一半，有位渔父下船而来，胡须和眉毛皆白，披散头发，摇着袖子，从水边的平原向上走，走到高的地方停下身来，左手捂着膝盖，右手拄着面颊，听孔子弹琴。曲子奏完，便呼唤子贡、子路，二人来酬对。渔父指着孔子问道：“他是做什么的？”子路回答说：“鲁国的君子。”渔父问姓氏。子路回答说：“姓孔氏。”渔父说：“孔氏从事什么职业？”子路没有回答，子贡回答说：“孔氏这个人，心性守忠信，亲身践履仁义，修饰礼乐，撰

定道德规范，对上效忠于当世君主，对下教化平民，要以此谋利天下。这就是孔氏的从业。”又问：“是有领土的君主吗？”子贡说：“不是。”“是诸侯的辅臣吗？”子贡说：“不是。”渔翁笑着往回走，自言自语说：“仁也就是仁了，恐怕难免其身之累。用心良苦而操劳形体，以危害他的本性。唉！他离道太远了！”子贡回来，把跟渔父的谈话报告给孔子。孔子推开身边的琴站起身来说：“恐怕是位圣人吧！”于是走下杏坛寻找渔父，来到湖泽岸边，渔父正操起船桨撑船而去，回头看见孔子，转过身来面对孔子站着。孔子连连后退，再次行礼上前。渔父说：“你来找我有什么事？”孔子说：“刚才先生留下话尾而去，我实在是不聪明，不能领受其中的意思，私下在这里等候先生，希望能有幸听到你的谈吐，以便最终有助于我！”渔父说：“咦，你实在是好学啊！”孔子又一次行礼后站起身说：“我少小时就努力学习，直到今天，已经六十九岁了，没有能够听到过真理的教诲，怎么敢不虚心请教！”

渔父说：“同类相互汇聚，同声相互应和，这本是自然的道理。请让我说明我的看法，从而分析你所从事的活动。你所从事的活动，也就是跻身于尘俗的事务。天子、诸侯、大夫、庶人，这四种人能自己端正，是治道的美德；这四种人离开本位就会产生莫大的混乱。官吏各管其职，人民各虑其事，不相凌犯，所以田地荒芜，房屋破漏，衣食不足，赋税不收，妻妾不和睦，长幼没次序，这是庶人的忧虑；能力不能胜任，职务之内的事没有做好，行为不清白，下属疏荒怠惰，功绩不有，爵禄不保，这是大夫的忧虑；朝廷没有忠臣，国家昏乱，工技不精巧，贡事不完美，春秋朝觐无伦次，不顺从天子，这是诸侯的忧虑；阴阳不调和，寒暑不按时令，以伤害众物，诸侯暴乱，擅自相互攻伐，以残害人民，礼乐没有节制，财用穷困匮乏，人伦不正规，百姓淫乱，这是天子有司牧民的忧虑。现在你既上没有君主诸侯执政的权势，而下又无大臣掌管事务的官职，而擅自修饰礼乐，撰制人伦，以教化平民，不是太多事了么！况且人有八种毛病，事有四种祸患，不可以不加明察。不是他应当做的事情而去做它，叫作总揽；人家不理睬还要去进言相劝，叫作佞言；迎合人意去导言，叫作谄媚；不辨是非而附和，叫作阿谀；好说别人的坏话，叫作谗言；离间亲友，叫作贼害；奸诈虚伪败坏别人，叫作邪恶；

不辨善恶，两种面孔投合他人，暗中助长私欲，叫作阴险。这八种毛病，对外扰乱别人，对内伤害自身，君子不和他交朋友，明君不用他做大臣。所谓四种祸患：好管理大事，变更常规，心挂功名，叫作叨贪；独断专行，凌驾人上自以为是，叫作贪夺；有错不改，越听劝谏越甚，叫作执拗；人附和于自己的意见就肯定，人不附和于自己的意见就否定，叫作自矜。这就是四种祸患。能够除去八种毛病，不行四种祸患，才可以教育了。”

孔子凄凉悲伤地长声叹息，再次行礼后站起身来，说：“我在鲁国两次受到冷遇，在卫国被铲削掉所有的足迹，在宋国遭受砍掉坐荫之树的羞辱，又被久久围困在陈国、蔡国之间。我不知道我有什么过失，遭到这样四次诋毁的原因究竟是什么呢？”渔父悲悯地改变面容，说：“你实在是难以醒悟啊！有人害怕自己的身影、厌恶自己的足迹，想要避离而逃跑开去，举步越频繁足迹就越多，跑得越来越快而影子却总不离身，自以为还跑得慢了，于是快速奔跑而不休止，终于用尽力气而死去。不懂得停留在阴暗处就会使影子自然消失，停留在静止状态就会使足迹不复存在，这也实在是太愚蠢了！你仔细推究仁义的道理，考察事物同异的区别，观察动静的变化，掌握取舍的分寸，疏通好恶的情感，调谐喜怒的节度，却几乎不能免于灾祸。认真修养你的身心，谨慎地保持你的真性，把身外之物还与他人，那么也就没有什么拘系和累赘了。如今你不修养自身反而要求他人，这不是本末颠倒了吗？”孔子凄凉地说，“请问什么叫作真？”渔翁说：“真是精诚的极点。不精不诚，就不能感动人。所以勉强哭泣的人，虽然悲痛而不哀伤；勉强发怒的人，虽然严厉而不威严；勉强亲热的人，虽然发笑而不和蔼。真正的悲痛没有声音而哀伤，真正的愤怒没有发作而威严，真正的亲热没有笑容而和蔼。真性在内心，神情流动于外表，这就是珍重精诚的道理，把这种道理运用于人伦，侍奉父母就孝顺，侍奉君主就忠贞，饮酒就欢乐，处丧就悲哀。忠贞以功名为主，饮酒以欢乐为主，处丧以悲哀为主，事亲以顺适为主。功名成就是完美，不需要一种途径。事父母以安适，不论什么方法；饮酒以欢乐，不选择器具；处丧的哀伤，不讲究什么礼仪。礼仪是世俗所做的；真性是享受于天的，自然是不可以改变的。所以，圣人效法天道珍视真性，不拘泥于世俗。愚蠢的人与此相反，不能够效法天道而体恤于人事，不懂得珍视真性，平凡而受世俗的影响来变化，所以不知满足。可惜啊！你过早地逸乐无度于世俗的礼乐之中而听到大道太晚了！”

孔子再一次叩拜而起说：“现在我有机会遇到先生，真是天赐幸运。先生不嫌羞辱把我当作弟子而亲身教导我。请问住在哪里，让我受业而学到大道。”渔父说：“我听说，可以传授的，传授达到妙道；不可以传授的，不懂得其道理。谨慎不授给他，自身也就没有什么罪过了。你自勉吧，我要离开你了，我要离开你了！”于是撑船离开，沿着芦苇之间的水路缓慢地走了。

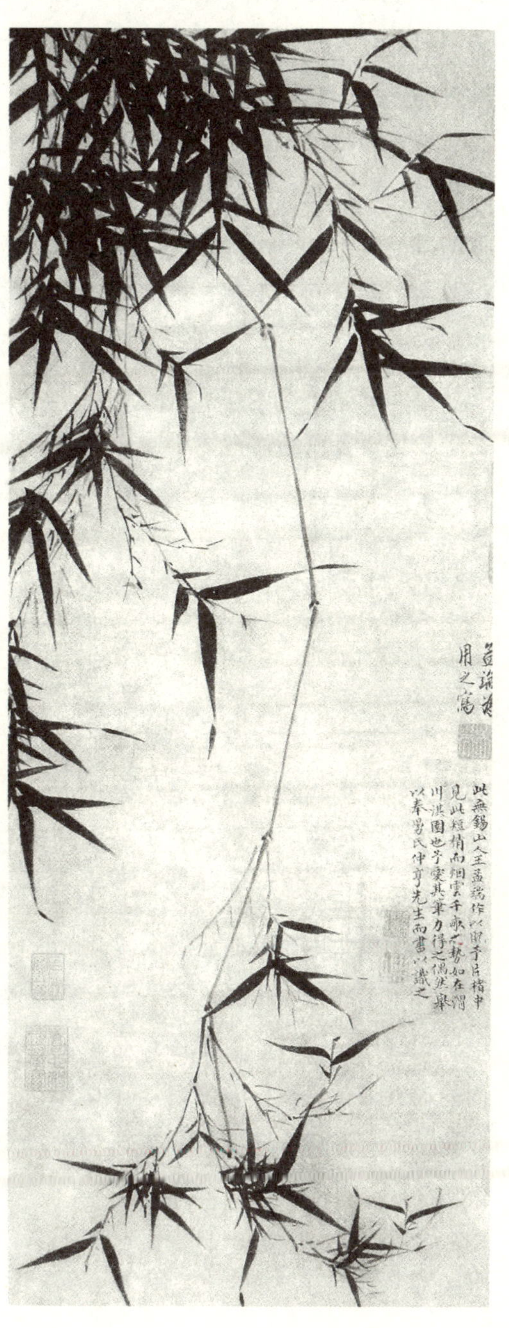

颜渊掉转车头，子路递过拉着上车的绳索，孔子看定渔父离去的方向头也不回，直到水波平定，听不见桨声方才登上车子。子路依傍着车子而问道：“我能够为先生服务已经很久了，不曾看见先生对人如此谦恭尊敬。大国的诸侯，小国的国君，见到先生历来都是平等相待，先生还免不了流露出傲慢的神情。如今渔父手拿船桨对面而站，先生却像石磬一样弯腰鞠躬，听了渔父的话一再行礼后再作回答，恐怕是太过分了吧？弟子们都认为先生的态度不同于往常，一个捕鱼的人怎么能够获得如此厚爱呢？”孔子伏身在车前的横木上叹息说：“你实在是难于教化啊！你沉湎于礼义已经有些时日了，可是粗野卑下的心态时至今日也未能除去。上前来，我对你说！但凡遇到长辈而不恭敬，就是失礼；见到贤人而不尊重，就是不仁。他倘若不是一个道德修养臻于完善的人，也就不能使人自感谦卑低下。对人谦恭卑下却不至精至诚，定然不能保持本真，所以久久伤害身体。真是可惜啊！不能见贤对于人们来说，祸害再没有比这更大的了，而你子路却偏偏就有这一毛病。况且大道，是万物产生的根源，各种物类失去了道就会死亡，获得了道便会成功。所以大道之所在，圣人就尊崇。如今渔父对于大道，可以说是已有体悟，我怎么能不尊敬他呢？”

解读

“渔父”是一个捕鱼的老人，人名是庄子虚拟的，在这里作了本篇的篇名。

在一开篇，庄子就指出孔子所宣扬的“仁”是“苦心劳形以危害其真”的有害的观点，距自然之道相差很远。在“子贡还，报孔子”段中批评孔子是属于八疵四患的人，只有去掉这种种毛病，而后才能教育他。在“孔子愀然而叹”段中，着重说明了庄子的自然本真的观点。在“颜渊还车”段中，说明孔子接受了教育而崇敬渔父的主张，并教育颜渊不要执迷不悟顽固不化。

在学术界，有很多人认为这一篇是伪作，但细细分析就可以发现，篇中的思想跟庄子一贯的主张还是有很多共通之处的，虽然对儒家的指责不如前面的篇目那么直接、激烈，但守真和受于天的思想也基本上与内篇的观点相一致，而且渔父本身就是一派典型的道家风骨，因而仍不失为庄子学说的代表作。

列御寇第三十二

【原典】

列御寇之齐[①]，中道而反，遇伯昏瞀人。伯昏瞀人曰[②]：“奚方而反?”曰：“吾惊焉。”曰：“恶乎惊?”曰：“吾尝食于十浆，而五浆先馈。”伯昏瞀人曰：“若是，则汝何为惊已?”曰：“夫内诚不解，形谍成光；以外镇人心，使人轻乎贵老，而𩐋其所患。夫浆人特为食羹之货，多余之赢，其为利伞薄，其为权也轻，而犹若是，而况于万乘之主乎！身劳于国而知尽于事，彼将任我以事，而效我以功。吾是以惊。”伯昏瞀人曰：“善哉观乎！女处已，人将保女矣！”无几何而往，则户外之屦满矣。伯昏瞀人北面而立，敦杖蹙之乎颐。立有间，不言而出。宾者以告列子，列子提屦，跣[③]而走，暨乎门，曰：“先生既来，曾不发药乎?”曰：“已矣，吾固告汝曰人将保汝，果保汝矣。非汝能使人保汝，而汝不能使人无保汝也，而焉用之感豫出异也。必且有感，摇而本才，又无谓也。与汝游者，又莫汝告也。彼所小言，尽人毒也。莫觉莫悟，何相孰也。巧者劳而知者忧，无能者无所求，饱食而遨游，汎若不系之舟，虚而敖游者也！”

郑人缓也，呻吟裘氏之地。祗三年而缓为儒[④]。河润九里，泽及三族，使其弟墨。儒、墨相与辩，其父助翟（zhái）。十年而缓自杀。其父梦之，曰：“使而子为墨者，予也，阖胡尝视其良，既为秋柏之实矣。”夫造物者之报人也，不报其人而报其人之天。彼固使彼。夫人以己为有以异于人，以贱其亲。齐人之井饮者相捽也。故曰今之世皆缓也。自是有德者，以不知也，而况有道者乎！古者谓之遁天之刑。圣人安其所安，不安其所不安；众人安其所不安，不安其所安。

庄子曰："知道易，勿言难。知而不言，所以之天也。知而言之，所以之人也。古之人，天而不人。"朱泙漫学屠龙于支离益[5]，单千金之家，三年技成而无所用其巧。圣人以必不必，故无兵；众人以不必必之，故多兵。顺于兵，故行有求。兵，恃之则亡。小夫之知，不离苞苴竿牍[6]，敝精神乎蹇浅，而欲兼济道物，太一形虚。若是者，迷惑于宇宙，形累不知太初。彼至人者，归精神乎无始，而甘冥乎无何有之乡。水流乎无形，发泄乎太清。悲哉乎！汝为知在毫毛，而不知大宁。

宋人有曹商者，为宋王使秦。其往也，一得车数乘。王说之，益车百乘。反于宋，见庄子曰："夫处穷闾阨巷，困窘织屦，槁项黄馘者[7]，商之所短也；一悟万乘之主而从车百乘者，商之所长也。"庄子曰："秦王有病召医，破痈溃痤者得车一乘[8]，舐痔者得车五乘，所治愈下，得车愈多。子岂治其痔邪？何得车之多也？子行矣！"

鲁哀公问乎颜阖曰："吾以仲尼为贞幹，国其有瘳乎[9]？"曰："殆哉圾乎仲尼！方且饰羽而画，从事华辞。以支为旨，忍性以视民，而不知不信。受乎心，宰乎神，夫何足以上民！彼宜女与？予颐与？误而可矣。今使民离实学伪，非所以视民也。为后世虑，不若休之。难治也。"施于人而不忘，非天布也，商贾不齿。虽以事齿之，神者弗齿。为

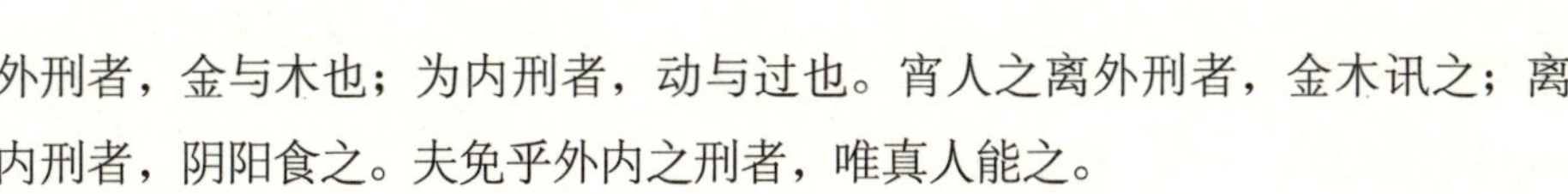

外刑者，金与木也；为内刑者，动与过也。宵人之离外刑者，金木讯之；离内刑者，阴阳食之。夫免乎外内之刑者，唯真人能之。

孔子曰：“凡人心险于山川，难于知天。天犹有春秋冬夏旦暮之期，人者厚貌深情。故有貌愿而益，有长若不肖，有顺懁而达[10]，有坚而缦，有缓而釬（hàn）。故其就义若渴者，其去义若热。故君子远使之而观其忠，近使之而观其敬，烦使之而观其能，卒然问焉而观其知，急与之期而观其信，委之以财而观其仁，告之以危而观其节，醉之以酒而观其侧，杂之以处而观其色。九徵至，不肖人得矣。”

正考父一命而伛[11]，再命而偻，三命而俯，循墙而走，孰敢不轨！如而夫者，一命而吕钜，再命而于车上儛，三命而名诸父，孰协唐许？贼莫大乎德有心而心有睫，及其有睫也而内视，内视而败矣！凶德有五，中德为首。何谓中德？中德也者，有以自好也而吡其所不为者也。穷有八极，达有三必，形有六府。美、髯、长、大、壮、丽、勇、敢，八者俱过人也，因以是穷。缘循，偃佒（yǎng），困畏不若人，三者俱通达。知慧外通，勇动多怨，仁义多责，六者所以相刑也。达生之情者傀[12]，达于知者肖；达大命者随，达小命者遭。

人有见宋王者，锡车十乘。以其十乘骄稚庄子。庄子曰：“河上有家贫恃纬萧而食者，其子没于渊，得千金之珠。其父谓其子曰：‘取石来锻之！夫千金之珠，必在九重之渊而骊龙颔下。子能得珠者，必遭其睡也。使骊龙而寤，子尚奚微之有哉！’今宋国之深，非直九重之渊也，宋王之猛，非直骊龙也。子能得车者，必遭其睡也；使宋王而寤，子为整粉夫[13]。”

或聘于庄子，庄子应其使曰：“子见夫牺牛乎？衣以文绣，食以刍叔[14]，及其牵而入于大庙，虽欲为孤犊，其可得乎！”

庄子将死，弟子欲厚葬之。庄子曰：“吾以天地为棺椁，以日月为连壁，星辰为珠玑，万物为赍送[15]。吾葬具岂不备邪？何以加此！”弟子曰：“吾恐乌鸢（yuān）之食夫子也。”庄子曰：“在上为乌鸢食，在下为蝼蚁食，夺彼与此，何其偏也。”以不平平，其平也不平；以不徵徵，其徵也不徵。明者唯为之使，神者徵之。夫明之不胜神也久矣，而愚者恃其所见，入于人，其功外也，不亦悲乎！

【注释】

①列御寇：人名，人称列子，郑国人，先秦道家学派的先驱。②伯昏瞀人：人名，楚国的贤人，隐者。③跣（xiǎn）：光着脚。④祇（zhī）：合适，正好。⑤朱泙（píng）漫：人名。支离益：人名，复姓支离，名益。⑥苞苴（jū）：用茅苇叶包着鱼肉，用以赠人。⑦槁项：干瘦的脖子。馘（xù）：脸。⑧痈：化脓的毒疮。⑨瘳（chōu）：病愈。⑩儇（xuān）：急性子，急躁。⑪正考父：孔子的七世祖，宋国的大夫。⑫傀（guī）：伟大，不平凡。⑬虀（jī）粉：粉身碎骨。⑭叔：同“菽”，大豆。⑮赍（jī）：送葬品。

【译文】

列御寇到齐国去，半路上又折了回来，遇上伯昏瞀人。伯昏瞀人问道：“什么事情使你又折了回来？”列御寇说：“我感到惊惶不安。”伯昏瞀人又问：“什么原因使你惊惶不安？”列御寇说：“我曾在十家卖饮料的店里饮用，却有五家事先就给我送来。”伯昏瞀人说：“像这样的事，你怎么会惊惶不安呢？”列御寇说：“内心至诚却又未能从流俗中解脱出来，外部身形就会有所宣泄而呈现出神采；用外在的东西镇服人心，对自己的尊重胜过尊重年老的人，必然会招致祸患。那卖饮料的人只不过是为了卖掉饮用的羹汤，没有多少赢利，他们获利是很微薄的，他们预先送来饮料时的内心打算也是微不足道的，可是还如此地对待我，何况那大国的国君呢？国君亲身操劳于国家而才智耗尽于政事，他们定会把重任托付给我并检验我的功绩。我正因为这个缘故才惊惶不已。”伯昏瞀人说：“你的观察与分析实在是好啊！你安处自身吧，人们一定会归附于你了！”没过几天，伯昏瞀人又到列子住处，门外的鞋摆满了。伯昏瞀人面北站着，手杖顿地拄着面颊，站了一会儿，没有说话就走了。接待宾客的人告诉列子，列子提着鞋，光着脚走出来，到门口，说：“先生既然来了，却不说点药石之言吗？”回答说：“算了吧，我本来告诉你说人们要归附你，果然归附你了。不是你能使人归附你，而是你不能使人归附你，你何必因为这种事感到愉快而显出与众不同呢！一定要使人们感动，就会动摇你的本性，又是无所谓的事。与你一起交游的人又不告诉你，他们所

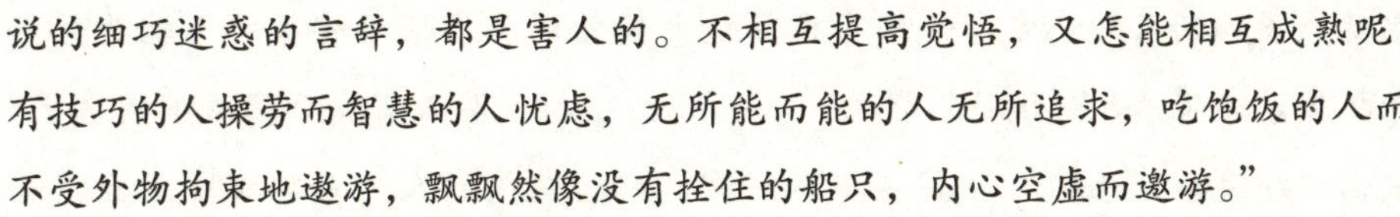

说的细巧迷惑的言辞，都是害人的。不相互提高觉悟，又怎能相互成熟呢！有技巧的人操劳而智慧的人忧虑，无所能而能的人无所追求，吃饱饭的人而不受外物拘束地遨游，飘飘然像没有拴住的船只，内心空虚而遨游。”

郑国有一个名叫缓的人，在裘氏的地方读书。正好三年便成为儒者，像河水一样滋润九里，恩泽三族，又让他的弟弟学墨。兄弟二人以儒墨观点相互辩论，他父亲站在墨家的立场上。过了十年缓愤而自杀，他的父亲梦见他说：“让你的儿子成为墨家，还是我的功劳。怎么不看看我的坟墓，我已变成秋天的柏树而结出了果实！”造物者所给予人们的，不会赋予人的才智和能力而是赋予人们的自然本性。缓的弟弟具备了墨家的禀赋因而能使他成为墨家学人。缓总认为自己有什么与众不同的地方才这样轻侮他的父亲，就跟齐人自以为挖井有功而与饮水的人抓扯扭打一样，看来如今社会上的人差不多都是像缓这样贪天之功以为己有的人。自以为生活中总是这样，有德行的人却并不知道这样的情况，更何况是有道的人啊！古时候人们称这种贪天之功的做法是违背自然规律而受到刑戮。圣人安于自然天性，不安于人为自是；一般人安他所不安的人为自是，不安于他所当安的自然天性。

庄子说：“认识道容易，默不作声而成道困难。认识道而默不作声，才合于自然；认识道而说出来，这是合于人为。古时候的至人合于天道自然而不合于人道人为。”朱泙漫跟支离益学屠龙，花尽了千金的家产，三年学成技术却无处使用这种技巧。圣人以必可用而不去用，所以没有争端；一般人以不必用而必去用它，所以引起许多纷争。顺从于争端，所以行为有贪求。面对纷争，依靠它就会什么也得不到。世人的智慧，离不开苞苴简牍，把精神消耗在短浅的小事上，而想成道又成物，一贯形虚。像这样，会为宇宙所迷惑，为形体劳累而不知道的本体。那种至人，把精神归属于万物没产生之前，而酣睡于虚无的境地。水流于无形，发泄于太虚清静的自然。可悲啊！列子所为，把智慧放在毫毛的小事上，而不知道大的宁静的境界。

宋国有个叫曹商的人，为宋王出使秦国。他前往秦国的时候，得到宋王赠予的数辆车子。秦王十分高兴，又加赐车辆一百乘。曹商回到宋国，见了庄子说：“身居偏僻狭窄的里巷，贫困到自己编织麻鞋，脖颈干瘪面色饥黄，这是我不如别人的地方；一旦有机会使大国的国君省悟而随从的车辆达到百乘之多，这又是我超过他人之处。”庄子说：“听说秦王有病召请属下的医生，破出脓疮溃散疖子的人可获得车辆一乘，舔治痔疮的人可获得车辆五乘，凡是疗治的部位越是低下，所能获得的车辆就越多。你难道给秦王舔过痔疮吗，怎么获奖的车辆如此之多呢？你走开吧！”

鲁哀公问颜阖说：“我要让孔子做辅相，国家可以得治吗？”颜阖说：“危险啊！危险！孔子喜欢文过饰非，办事花言巧语，以枝叶代替旨美，矫饰性情以夸示民众而不智不诚。受心指使，以精神为主宰，怎能在民上呢！他如果适合你和我的养生，就是错了也是可以的！现在让民众离开朴实而学虚伪，不足以教育民众。为后世考虑，不如停止这件事。不可以让他治理国家！”施恩于民众而不忘其功，不是天然的布施，商人是人们不愿相提并论的，虽然因事务不得不与他们打交道，但思想上仍不愿与他们相提并论。体外刑罚的工具是金属与木制品，内心刑罚的工具则是轻举妄动所引起的过失。小人遭到体外的刑罚，用金木刑具拷问他；遭受内心的刑罚，则是用阴阳之气来蚕食他。能够免于外内刑罚的，只有真人才能做到。

孔子说："人心比山川还要险恶，比预测天象还要困难。自然界尚有春夏秋冬和早晚变化的一定周期，可是人却面容复杂多变，情感深深潜藏。所以有的人貌似老实却内心骄溢，有的人貌似长者却心术不正，有的人外表拘谨内心急躁却通达事理，有的人外表坚韧却懈怠涣散，有的人表面舒缓而内心却很强悍。所以人们趋赴仁义犹如口干舌燥思饮泉水，而他们抛弃仁义也像是逃离炽热避开烈焰。因此君子总是让人远离自己任职而观察他们是否忠诚，让人就近办事而观察他们是否恭敬，让人处理纷乱事务观察他们是否有能力，对人突然提问观察他们是否有心智，交给期限紧迫的任务观察他们是否守信用，把财物托付给他们观察是否清廉，把危难告诉他们观察是否持守节操，用醉酒的方式观察他们的仪态，用男女杂处的办法观察他们对待女色的态度。上述九种表现一一得到证验，不好的人也就自然挑拣出来了。"

正考父首次被任命为士便逢人躬着背，再次任命为大夫便深深地弯着腰，第三次任命为卿更谦恭地俯下身子，总是让开大道顺着墙根快步急走，态度如此谦下谁还敢干出不轨之事！如果是凡夫俗子，首次任命为士就会傲慢矜持，再次任命为大夫就会在车上手舞足蹈，第三次任命为卿就要人呼叔称伯了，像这样谁还会成为唐尧、许由那样谦让的人呢？祸害莫过于私心求得，

而心有睫毛遮盖，到了心有睫毛遮盖而产生了主观成见，有了主观成见就导致败坏了。凶恶得之有五种，内心私欲为首。什么叫作中德？所谓中德，就是自以为是而责难自己所认为不是的。穷困有八个极端，通达有三项必要条件，形有六种集聚点。美姿、长须、身高、形大、体壮、艳丽、勇猛、果敢，这八种都超过别人，便因此而穷困。因循自然，随俗应付，懦弱谦下，这三项都可畅通无阻。智、慧表露通于外物，勇猛、妄动多结怨恨，行仁、施义多遭责难，这六者相克。通晓生命实情的人心胸开阔，通晓真知的人内心虚空豁达；通晓长寿之道的人随顺自然，通晓寿命短暂之理的人随遇而安。

有个拜会过宋王的人，宋王赐给他车马十乘，倚仗这些车马在庄子面前炫耀。庄子说："河上有一个家庭贫穷靠编织苇席为生的人家，他的儿子潜入深渊，得到一枚价值千金的宝珠，父亲对儿子说：'拿过石块来锤坏这颗宝珠！价值千金的宝珠，必定出自深深的潭底，黑龙的下巴下面，你能轻易地获得这样的宝珠，一定是正赶上黑龙睡着了。倘若黑龙醒过来，你还想活着回来吗？'如今宋国的险恶，远不只是深深的潭底；而宋王的凶残，也远不只是黑龙那样。你能从宋王那里获得十乘车马，也一定是遇上宋王睡着了。倘若宋王醒过来，你也就必将粉身碎骨了。"

楚国有人来聘请庄子。庄子回答使者说："你见过祭祀的牛吗？披着纹彩锦绣，喂着饲草大豆，等到把它牵入太庙去，要想做只无人豢养的牛犊，怎能办得到呢！"

庄子快要死了，弟子们打算用很多东西作为陪葬。庄子说："我把天地当作棺椁，把日月当作连璧，把星辰当作珠玑，万物都可以成为我的陪葬。我陪葬的东西难道还不完备吗？哪里用得着再加上这些东西！"弟子说："我们担忧乌鸦和老鹰啄食先生的遗体。"庄子说："弃尸地面将会被乌鸦和老鹰吃掉，深埋地下将会被蚂蚁吃掉，夺过乌鸦老鹰的吃食再交给蚂蚁，怎么如此偏心。"用偏见去追求均平，这样的均平绝对不是自然的均平；用人为的感应去应验外物，这样的应验绝不是自然的感应。自以为明智的人只会被外物所驱使，精神世界完全超脱于物外的人才会自然地感应。自以为明智的人早就比不上精神世界完全超脱的人，可是愚昧的人还总是自恃偏见而沉溺于世俗和人事，他们的功利只在于追求身外之物，这不很可悲吗！

解读

《列御寇》以人名篇。列御寇，人称列子，道家学派的先驱者。全篇由列御寇说起，并引申出许多小故事夹着议论组合而成。内容很杂，其间也无内在联系，不过从主要段落看，主要是阐述忘我的思想，人生在世不应炫耀于外，不应求仕求禄，不应追求智巧，不应贪功图报。

在"列御寇之齐"段中，庄子通过列子说明要达到自忘、忘我"虚而邀游"的思想境界。在"郑人缓也，呻吟裘氏之地"段中，肯定了朱泙漫的天而不人的无用之用的观点，否定了郑人缓的人而不天的自以为是的思想。在"宋人有曹商者"段中，否定了曹商的追势得利的观点和孔子的"使民离实学伪"的观点，而肯定只有真人才能达到"负乎内外之刑"。在"孔子曰"段中，指出了处世的方法就是因顺自然，而不要着眼于人事。这是一种虚无主义的处世哲学。

顺应自然，不为外物所拖累和羁绊，这是道家思想的精华，也是庄子在前面的内容中一再阐述的重中之重，在这里又得到进一步的强化。

天下第三十三

【原典】

天下之治方术者多矣[①]，皆以其有为不可加矣。古之所谓道术者，果恶乎在？曰："无乎不在。"曰："神何由降？明何由出？""圣有所生，王有所成，皆原于一。"不离于宗，谓之天人；不离于精，谓之神人；不离于真，谓之至人。以天为宗，以德为本，以道为门，兆于变化，谓之圣人；以仁为恩，以义为理，以礼为行，以乐为和，薰然慈仁[②]，谓之君子；以法为分，以名为表，以参为验，以稽为决，其数一二三四是也，百官以此相齿，以事为常，以衣食为主，蕃息蓄藏[③]，老弱孤寡为意，皆有以养，民之理也。

古之人其备乎！配神明，醇天地，育万物，和天下，泽及百姓，明于本数，系于末度，六通四辟，小大精粗，其运无乎不在。其明而在数度者，旧法、世传之史尚多有之；其在于《诗》《书》《礼》《乐》者，邹鲁之士、搢绅先生多能明之。《诗》以道志，《书》以道事，《礼》以道行，《乐》以道和，《易》以道阴阳，《春秋》以道名分。其数散于天下而设于中国者，百家之学时或称而道之。天下大乱，贤圣不明，道德不一。天下多得一察焉以自好。譬如耳目鼻口，皆有所明，不能相通。犹百家众技也，皆有所长，时有所用。虽然，不该不遍，一曲之士也。判天地之美，析万物之理，察古人之全，寡能备于天地之美，称神明之容。是故内圣外王之道，暗而不明，郁而不发，天下之人各为其所欲焉以自为方。悲夫，百家往而不反，必不合矣！后世之学者，不幸不见天地之纯，古人之大体，道术将为天下裂。

不侈于后世，不靡于万物[④]，不晖于数度，以绳墨自矫，而备世之急。古之道术有在于是者，墨翟、禽滑釐闻其风而说之，为之太过，已之太循。作

为“非乐”，命之曰“节用”；生不歌，死无服。墨子泛爱兼利而非斗[5]，其道不怒。又好学而博，不异，不与先王同，毁古之礼乐。黄帝有《咸池》，尧有《大章》，舜有《大韶》，禹有《大夏》，汤有《大濩》，文王有《辟雍》之乐，武王、周公作《武》。古之丧礼，贵贱有仪，上下有等，天子棺椁七重，诸侯五重，大夫三重，士再重。今墨子独生不歌，死无服，桐棺三寸而无椁，以为法式。以此教人，恐不爱人；以此自行，固不爱已。未败墨子道，虽然，歌而非歌，哭而非哭，乐而非乐，是果类乎？其生也勤，其死也薄，其道大觳[6]；使人忧，使人悲，其行难为也，恐其不可以为圣人之道，反天下之心，天下不堪。墨子虽独能任，奈天下何！离于天下，其去王也远矣！

墨子称道曰：“昔者禹之湮洪水，决江河而通四夷九州也，名山三百，支川三千，小者无数。禹亲自操橐耜而九杂天下之川[7]。腓无胈，胫无毛，沐甚雨，栉疾风，置万国。禹大圣也，而形劳天下也如此。”使后世之墨者，多以裘褐为衣，以跂跻（qiáo）为服，日夜不休，以自苦为极，曰：“不能如此，非禹之道也，不足为墨。”相里勤之弟子五侯之徒，南方之墨者苦获、已齿、邓陵子之属，俱诵《墨经》，而倍谲不同[8]，相谓别墨；以坚白同异之辩相訾，以觭偶不仵之辞相应[⑨]，以巨子为圣人，皆愿为之尸，冀得为其后世，至今不决。墨翟、禽滑釐之意则是，其行则非也。将使后世之墨者，必自苦以腓无胈、胫无毛相进而已矣。乱之上也，治之下也。虽然，墨子真天下之好也，将求之不得也，虽枯槁不舍也，才士也夫！

不累于俗，不饰于物，不苟于人，不忮于众，愿天下之安宁，以活民命，人我之养，毕足而止，以此白心。古之道术有在于是者，宋钘、尹文闻其风而悦之。作为华山之冠以自表，接万物以别宥为始。语心之容，命之曰心之行。以聏合驩[⑩]，以调海内，请欲置之以为主。见侮不辱，救民之斗；禁攻寝兵，救世之战。以此周行天下，上说下教，虽天下不取，强聒（guō）而不舍者也。故曰上下见厌而强见也。虽然，其为人太多，其自为太少；曰："请欲固置五升之饭足矣。"先生恐不得饱，弟子虽饥，不忘天下。日夜不休，曰："我必得活哉！"图傲乎救世之士哉！曰："君子不为苛察，不以身假物。"以为无益于天下者，明之不如已也。以禁攻寝兵为外，以情欲寡浅为内。其小大精粗，其行适至是而止。

公而不党，易而无私，决然无主，趣物而不两，不顾于虑，不谋于知，于物无择，与之俱往。古之道术有在于是者，彭蒙、田骈、慎到闻其风而说之。齐万物以为首，曰："天能覆之而不能载之，地能载之而不能覆之，大道能包之而不能辩之。”知万物皆有所可，有所不可，故曰：“选则不遍，教则不至，道则无遗者矣。”是故慎到弃知去己，而缘不得已。泠汰于物，以为道理[11]。曰：“知不知，将薄知而后邻伤之者也。”謑髁无任[12]，而笑天下之尚贤也；纵脱无行，而非天下之大圣。椎拍輐断[13]，与物宛转；舍是与非，苟可以免。不师知虑，不知前后，魏然而已矣。推而后行，曳而后往，若飘风之还，若羽之旋，若磨石之隧，全而无非，动静无过，未尝有罪。是何故？夫无知之物，无建己之患，无用知之累，动静不离于理，是以终身无誉。故曰：“至于若无知之物而已，无用贤圣，夫块不失道。”豪桀相与笑之，曰：“慎到之道，非生人之行，而至死人之理，适得怪焉。”田骈亦然，学于彭蒙，得不教焉。彭蒙之师曰：“古之道人，至于莫之是、莫之非而已矣。其风窢然，恶可而言。”常反人，不见观，而不免于魭（yuán）断。其所谓道非道，而所言之韪，不免于非[14]。彭蒙、田骈、慎到不知道。虽然，概乎皆尝有闻者也。

以本为精，以物为粗，以有积为不足，澹然独与神明居[15]。古之道术有在于是者，关尹、老聃闻其风而悦之。建之以常无有，主之以太一，以濡弱谦下为表，以空虚不毁万物为实。关尹曰：“在己无居，形物自著。”其动若水，其静若镜，其应若响。芴乎若亡，寂乎若清。同焉者和，得焉者失。未尝先人，而常随人。”老聃曰：“知其雄，守其雌，为天下谿[16]；知其白，守其辱，为天下谷。”人皆取先，己独取后，曰“受天下之垢”。人皆取实，己独取虚，无藏也故有馀，岿然而有馀。其行身也，徐而不费，无为也而笑巧。人皆求福，己独曲全。曰“苟免于咎”。以深为根，以约为纪，曰“坚则毁矣，锐则挫矣”。常宽容于物，不削于人，可谓至极。关尹、老聃乎，古之博大真人哉！

芴漠无形，变化无常，死与生与，天地并与，神明往与！芒乎何之，忽乎何适，万物毕罗，莫足以归。古之道术有在于是者，庄周闻其风而悦之。以谬悠之说，荒唐之言，无端崖之辞，时恣纵而不傥，不以觭见之也[17]。以天下为沉浊，不可与庄语。以卮言为曼衍，以重言为真，以寓言为广。独与天地精神往来，而不敖倪于万物。不谴是非，以与世俗处。其书虽瑰玮，而连犿（fān）无伤也。其辞虽参差，而諔诡可观[18]。彼其充实，不可以已。上与造物者游，而下与外死生、无终始者为友。其于本也，宏大而辟，深闳（hóng）而肆；其于宗也，可谓稠适而上遂矣。虽然，其应于化而解于物也，其理不竭，其来不蜕，芒乎昧乎，未之尽者。

惠施多方，其书五车，其道舛驳[19]，其言也不中。历物之意，曰："至大无外，谓之大一；至小无内，谓之小一。无厚，不可积也，其大千里。天与地卑，山与泽平。日方中方睨[20]，物方生方死。大同而与小同异，此之谓'小同异'；万物毕同毕异，此之谓'大同异'。南方无穷而有穷。今日适越而昔来。连环可解也。我知天下之中央，燕之北、越之南是也。泛爱万物，天地一体也。"惠施以此为大，观于天下而晓辩者，天下之辩者，相与乐之：卵有毛；鸡三足；郢有天下；犬可以为羊；马有卵；丁子有尾；火不热；山出口；轮不蹍地；目不见；指不至，至不绝；龟长于蛇；矩不方，规不可以为圆；凿不围枘；飞鸟之景，未尝动也；镞（zú）矢之疾而有不行、不止之时；狗非犬；黄马骊牛三；白狗黑；孤驹未尝有母；一尺之捶，日取其半，万世不竭。辩者以此与惠施相应，终身无穷。

桓团、公孙龙辩者之徒，饰人之心，易人之意，能胜人之口，不能服人之心，辩者之囿也。惠施日以其知与人之辩，特与天下之辩者为怪，此其柢也。然惠施之口谈，自以为最贤，曰："天地其壮乎！"施存雄而无术。南方有倚人焉曰黄缭，问天地所以不坠不陷，风雨雷霆之故。惠施不辞而应，不虑而对，遍为万物说。说而不休，多而无已，犹以为寡，益之以怪。以反人为实，而欲以胜人为名，是以与众不适也。弱于德，强于物，其涂隩矣㉑。由天地之道观惠施之能，其犹一蚊一虻之劳者也。其于物也何庸！夫充一尚可，曰愈贵道，几矣！惠施不能以此自宁，散于万物而不厌，卒以善辩为名。惜乎！惠施之才，骀荡而不得㉒，逐万物而不反，是穷响以声，形与影竞走也，悲夫！

【注释】

①方术：特殊的学问。②薰然：温和的风轻轻地吹。③蕃：繁殖。④靡（mí）：浪费。⑤泛爱：爱一切人。⑥觳（hú）：苛刻。⑦橐（tuó）：盛土的器具。耜（sì）：掘土工具。⑧谲（jué）：矛盾，相反。⑨觭（jī）：单数。⑩聏（ér）：调和。驩：同"欢"。⑪泠（líng）汰：听从自然，任其自然。⑫謑髁（xǐ kē）：儿戏，随便的样子。⑬輐（wàn）：与下文鲩断同意，即没有棱角。⑭韪（wěi）：是。⑮澹（dàn）然：指了无牵挂的样子。⑯豁：沟壑。⑰不以觭见：不偏不倚。⑱諔（chù）诡：奇异，变幻。⑲舛（chuǎn）：差错，错字。⑳睨（nì）：偏斜。㉑隩（yù）：曲折，狭窄。㉒骀（dài）荡：放纵，放荡。

【译文】

天下研究特殊学问的人非常多，并且多数人都认为自己所学到的东西无以复加了。古代所谓普遍的道术，到底何在呢？回答说："是无处不在的。"问说："天道从何处降临，地道从何处产生？"回答说："圣有所生，王有所成，都来源于道。"不背离大道本质的，称为天人；不背离大道精纯的，称为神人；不背离大道本真的，称为至人。以自然为主宰，以德行为根本，以大道为门径，预知变化的征兆，称为圣人；以仁爱来施行恩惠，以义来分别事理，以礼来规范行动，以音乐来调和性情，充溢着温和仁慈的言行，称为君子；以法度分别各自不同的名分，以名号标明各自不同的实际，用比较的方法来验证事物，用考察的方法来决断事物，就像一二三四数列那样分明，百官的序列就是如此确定的，把耕作劳动作为常业，把衣食作为关注的主要问题，用心于繁衍生息和积蓄储存，关注老弱孤寡的生活，让他们都能得到抚养，这是民生的道理。

古时的圣人是很完备的了，他们配合神明，效法自然，养育万物，泽及百姓，以天道为根本，以法度为末节，六合通达而四时顺畅，无论小大精粗，其作用无所不在。古时候的礼乐制度，很多还保存在传世的史书中。那些保存在《诗》《书》《礼》《乐》的，邹鲁的士绅儒者先生们大多能明白了。《诗》是表达志向的，《书》是记载政事的，《礼》是规范道德行为的，《乐》是陶冶情操的，《易经》是预测阴阳变化的，《春秋》是讲述名分的。这些数度散布于天下而设置于中国，百家学说时常宣扬它。战国天下大乱，贤圣不能明察，道德规范不能统一，天下的学者多是各得一偏而自以为是。这就好像耳目口鼻一样，各种器官都有它的知觉功能，但却不能相互贯通。好像各种各样的技艺一样，都有一技之长，不时都有所用。虽然如此，却既不完备也不全面，都是些片面看问题的人。分割天地的完美，离析万物的常理，放散古人的全理，很少具备天地的完美，不能相称于天道地道的包容。所以内圣外王的道理，幽暗不明，抑郁不发，天下的人各自以自己的想法为自己的方术。可悲啊！百家皆各尽迷途而不知返，也就不能合于大道了！后世的学者，不幸在于不能看到天地的纯真，不能看到古圣人的全貌，道术将要为天下所割裂。

不要用奢侈教育后世，不要浪费万物，不要炫耀于等级制度，用规矩勉励自己而备于当世之急务。古代的道术存在于这方面的，墨翟、禽滑釐听到这种治学风气就非常喜欢它，实行泛爱兼利太过分了，非乐、节用也太过分了。作《非乐》篇，讲《节用》篇；活时不唱歌，死时无丧服。墨子泛爱一切人，使一切人都得到利益而反对侵略战争，他讲对人不怨怒。他又好学而博闻，不立异，也不求与先王相同，主张毁弃古代的礼乐。黄帝时有《咸池》，尧时有《大章》，舜时有《大韶》，禹时有《大夏》，汤时有《大濩》，文王时有《辟雍》的乐章，武王、周公时作《武》乐。古代的丧礼，贵贱有不同的制度，上下有不同的等次，天子的棺椁七层，诸侯五层，大夫三层，士二层。现今墨子唯独主张生时不唱歌，死时无丧服，桐木棺材只三寸而无外椁，作为效法的样式。用这种主张教人，恐怕不是爱人；用这种主张自行其是，当然也不是爱护自己。莫毁墨子的学说，虽然如此，当唱歌时而反对唱歌，当哭泣时而反对哭泣，当奏乐时而反对奏乐，这样果真合乎人的感情吗？人活着时勤劳，死后那样瘠薄，他的学说太苛刻了；使人忧伤，使人悲哀，他的主张难以实行，恐怕这种主张不可以成为圣人之道，违反天下的人心，天下人不堪忍受。虽然墨子能独自实行，然而他把天下人又能怎样呢！背离于天下的人，这种做法离开外工之道也太远了。

墨子宣扬说：“过去大禹堵塞洪水，疏通江河而沟通四夷九州，大川三百，支流三千，小沟无数。禹亲自拿着盛土的器具和掘土的工具，而聚合于天下的河流。累得腿上没有肉，小腿上没有汗毛，暴雨淋身，疾风梳发，安定了万国。禹是个大圣人，他的身体为民劳苦到如此地步。”使后代的墨者，多用粗布做衣服，穿着木屐草鞋，日夜不息，以吃苦耐劳为准则，有人却说：“不能这样，不是禹的道，不足以把他称为墨者。”北方墨者相里勤的弟子、五侯的门徒，南方的墨者苦获、已齿、邓陵子一派，都诵读《墨经》，然而却相互背离，相互矛盾不相同，相互指责对方是“别墨”；以坚白同异的辩论相互诽谤非议，用奇偶不合的言论相互应对；把巨子当作圣人，却愿意为他而尽死，希望为他的后世继承人，但至今没有决断。墨翟、禽滑釐的心意是好的，但他们的作为却是错的。他使后代的墨者必定要刻苦自励，搞得腿上没有肉，小腿上没有汗毛，相互争进罢了。这样乱天下有余，治天下不足。虽然这样，墨子是真想把天下治理好的人，即使求之不得，虽然累得形容憔悴不堪也不弃自己的主张，真是一位治国的贤能之士啊！

不受世俗所牵累，不以外物来掩饰，不苟从别人，不违逆众志，希望天下安宁，以蓄养民生，他人与自己的奉养够用就可以了，用这种主张来表白心意。古代的道术有关这方面的，宋钘、尹文听说了这种古代的道德风尚便欣悦不已。他们制作了状似华山的帽子，以此来表白自己主张平均的心迹，应接万物先去除藩篱偏见。他们强调心的包容，把这叫作心的行为。认为要以柔顺的态度迎合他人的欢心，以此来调和海内，还请求大家做事要以心的包容为主。认为被欺侮时不应感到羞辱，力将百姓从争斗的苦海中解救出来；禁止攻伐杜绝用兵，平息世间的战争。带着这种主张遍行天下，对上说服诸侯，对下教诲百姓，虽天下的百姓并不接受，但他们却为此而游说不止。所以上上下下的人都厌烦他们，但却都勉强接近他们。虽然如此，他们为别人做得太多，而为自己做得太少了；他们说：“姑且给我五升米，我能吃饱饭就足够了。”宋、尹先生恐怕不得吃饱，弟子们虽然在饥饿中，也不忘天下人。他们日日夜夜不知道休止。他们说：“我们必须得活下去呀！”精神境界之高好似救世之人！他们还说：“君子不用不合理的观点明察万物，不使自身受外物的役使。”认为对天下没有益处的，阐明它还

不如停止不做。他们把禁止攻伐停止战争作为对外的活动，以减少情欲作为内心的修养。他们学说有的小大精粗，及其所述所行也就如此罢了。

公正而不偏党，平易而无私欲，随和而无主见，随物而趋不有二意，不虑过去，不谋未来，对事物无选择，参与事物的变化。古代道术有属于这方面的，彭蒙、田骈、慎到听到这种治学风气而喜好它。齐同万物以为首要，说："天能覆盖万物而不能承载万物，地能承载万物而不能覆盖万物，大道能包容万物而不能分辨万物。"他们认识到万物都有可以肯定的，也有可以否定的，所以说："选择就不能周全，教化就不能备至，按照道就不会有遗漏了。"所以慎到主张抛弃知识和主观成见，却因顺于不得已，任其自然，作为他的道理。说："知识就是无知，要鄙薄知识然后把它毁掉。"随随便便，无能为力而讥笑天下的尚贤，放任解脱不修德行而非难天下的大圣。刑罚的轻重，顺从事物婉曲相应变化；舍弃是与非，且可免于拖累。不用智巧谋虑，不知什么是前后，巍然独立不动就是了。推动而后前进，拖曳而后前往，像飘风的往还，像羽毛的旋转，像磨石的转动，自全而无非难，动静而无过失，未曾有什么罪责。这是什么原因呢？没有智慧的东西，也就没有树立自己之敌的忧患，没有使用智慧的拖累，运动和静止是离不开规律的，因此要终身去掉名誉。所以说：“达到像没有智虑的东西罢了，用不着圣贤，哪个土块都有自己的规律。”豪杰们都讥笑他说：“慎到的学说，不是活人能施行的，却是死人的道理，应该得到责怪。”田骈也是这样，求学于彭蒙，学得不言之教。彭蒙说：“古代得道的人，达到无所谓是非罢了。好像风迅速刮过一样，哪还用得着说什么呢？”经常违反人的意愿，不为人欣赏，仍然不免于无棱无角。他们所宣扬的道并非是道，而所肯定的东西也不免于错误。彭蒙、田骈、慎到不知道的实质是道。虽然如此，他们还是知道一些道的概要的。

将天德看作精要，将具体的物视作粗犷，将积蓄看作不足，没有牵挂的样子单独与神明共处一体。这是古代道术的内涵之一，关尹、老聃听到这种治学风气就非常喜好它。常常建立有、无的观点，并归之于道，以柔弱谦下为表现，以空虚不毁弃万物为实质。关尹说：“在主观上不囿于成见，有形的物体让其自行显露。其运动像水，其静止像镜，其反应像回声。恍惚像无有，寂郁像清虚。有得就等于有失。未曾争在人先，而常常随在人后。”老聃说：“认识雄性之强，不如坚守雌性之弱，成为天下的沟壑；认识光彩，不如坚守黑暗，成为天下的山谷。”别人都争先，自己独居后，叫作甘受天下的垢辱。别人都求实际，唯独自己求空虚，没有储藏因而就是有余。高大独立而充实，他全身行事，舒缓而不浪费，无所作为却讥笑机巧。别人祈求福佑，唯独自己委曲求全，这叫作苟且免于祸害。以深藏为根本，以隐约为纲纪，叫作坚硬就是毁坏，锐利就会受挫折。经常宽容对待事物，不损害别人，可以说达到最高境界了。关尹、老聃，古代的博大真人！

空寂广漠无形的道的本体，变化无常的道的运用，死呀生呀，与天地并存，与神明同位！惚惚恍恍向什么地方去，万物与我为一，不知哪里是归宿。古代的道术有属于这方面的，庄周听到这种治学风气就很喜欢。他用虚远不可捉摸的理论，广大不可测度的言论，不着边际的词汇，有时放纵无拘，不用一隅之见来表述。他认为天下一派浑浊，不能用庄重的言论来评论它，所以就用卮言肆意推衍，用重言揭示本意，用寓言加以阐发道理。只身跟天地精神相沟通，从不轻视其他万物。不追究孰是孰非，力求跟世俗共处。他的著述虽然奇伟怪丽，然而婉转随和不会伤人。他遣词造句虽然参差错落，然而奇异好看。他的内心世界充实，喷发出来难以抑制。他上跟造物者同游，下跟已将生死置之度外、不计较终结开始的人做朋友。他对于本原的认识是，博大旁通，深广通达；他对于宗主的认识是，可以叫作调和适合上通大道。当然，他对事物变化的反应和对事物的分析，由于事理会层出不穷，事物的出现也会连绵不断，因而他只能在茫茫然、昏昏然之中探索，还没探寻到尽头。

惠子懂多种学问，他的著作能装五车，他讲的道理错综驳杂，他的言辞不当于道。观察分析事理，说：“达到没有外部的无限大，叫作大一；达到没有内部的无限小，叫作小一。没有厚度，不能积累，却可大到千里。天和地一样低，山泽一样平。太阳刚正中就偏斜，万物刚出生就死亡。大同与小同的差异，叫作‘小同异’；万物全同全异，这叫作‘大同异’。南方没有穷尽而又有穷尽，今天到越国去而昨天已经来到。连环是可解开的。我知道天下的中央在燕的北方，越的南方。广泛爱万物，大地是一个整体。”惠子把这些当作最大的真理，显示于天下而引导于辩者，天下的辩者都愿意和他争论：蛋有毛；鸡有三脚；楚国的郢城包容天下；大狗可以是羊；马有蛋；蛤蟆有尾巴；火是不热的；山是有嘴的；车轮碾不着地；眼睛看不见东西；概念感觉不到，即使感觉得到也不能达到穷尽；乌龟比蛇长；曲尺不能画方，圆规不能画圆；卯眼不能围住榫头；飞鸟的影子未曾移动过；箭头疾飞却有不能行进而停止的时候；狗不是犬；黄马骊牛是三个；白狗是黑的；孤马不曾有母亲；一尺长的鞭，一天截去一半，万世也截取不尽。辩者们用这些论题和惠子相辩论，终身辩论不完。

桓团、公孙龙都是善于辩论的人，蒙蔽人的思想，改变人的意见，能辩胜别人的口舌，而不能折服人心，这是善辩者的局限。惠子每天以自己的智慧与人辩论，专门与天下的善辩者创造怪论，这就是他们的概况。虽然惠子的口辩自以为是最高明的，说："天地能比我更伟大吗?"，但惠子有雄辩之才却不了解道术。南方有个奇怪的人叫黄缭，问天地为什么不陷，风雨雷霆形成的原因。惠子不谦虚地回应，不假思索地对答，并遍及万物加以解说，又说个不停，多而不止，还以为说得少，更增加一些奇谈怪论。把违反人之常理的作为实情，而要以辩胜别人取得名声，因而与众人的看法不协调。消减德的修养，并强调对外物的分析，他所走的道路是深曲的。由自然规律来看惠子的才能，他就如同一只蚊子一只牛虻的徒劳之功罢了。其对于万物有什么用处！他充当一家之言还算可以，说他尊重大道，也差不多。但惠子不能以此一家之言自安于道，分散心思追逐于万物而不厌烦，最终以善辩成名。很可惜！惠子的才能，使人舒畅却没有所得，追逐万物而不知回头。就像是用声音去制止回响，让形体同影子竞走，这是多么可悲呀！

解读

《天下》所要表达的中心思想可以看作《庄子》一书的导言，其中没有寓言，没有小故事，只有论述，这种风格在整部《庄子》中是唯一的一篇。在本篇中，庄子对先秦时期几个主要的学派作了简明扼要的追溯、回顾和批评，可以说是中国最早的一篇哲学史论文，具有极高的学术价值。

在一开篇，庄子做了一个总体的概述，提出学术有"道术"和"方术"之分。庄子指出，古代的道术是近乎完美的，它是由不离于自然之宗本、精神、纯真的"天人""神人""至人"及"圣人""君子"所体现的。而方术则是具体的各家各派的学问，这种学问都是各执一词的片面的学问。

首先，庄子阐述了对儒家学派的看法，认为儒家主要是明传《诗》《书》《礼》《易》《春秋》的。在后面的内容中，接着阐述了墨子、禽滑釐的墨家学派的学说。对墨家的非攻、节用、兼爱、节葬以及后期墨者的墨辩都作了充分的肯定和赞同。因为墨家的这些思想与庄子的轻物思想有共通之处，也算半个知音吧。在"不累于俗"一段中，介绍了宋钘、尹文的不累于俗、不饰于物、不苟于人、不忮于众的观点。在"公而不党"段中，着重介绍了彭蒙、田骈的思想。在"以本为精"段中，介绍了关尹、老聃的思想。充分肯定了他们的道的观点和谦下的处世态度，称他们是古之博大真人。在“惠子多方”段中，叙述了“历物十事”和名家的二十一事的命题，反对了名家的诡辩。庄子在书中虽然也吸收了一些诸如方生方死的对立转化观点，但总体上他与惠子的观点是相反的。

把这些内容再作进一步的解读，我们不难发现，“天下”就是庄子眼中的社会万象，也是一个大舞台，而庄子就像个冷静理智的看客，但他绝对不是那种袖手旁观说风凉话的人。在庄子看来，“天下”就是责任，怎么让芸芸众生活出人的意义，这是庄子给自己出的难题。“天下”还是一种博大的胸怀，这种胸怀足以装得下整个天下，也只有这种胸怀才能让人作冷静理智的思考和判断。如果说庄子异于常人，那么，这应该就是他最值得我们敬仰的一面。

参考文献

[1] 陈才俊．庄子全集［M］．北京：海潮出版社，2008.

[2] 张小木．庄子解说［M］．北京：华夏出版社，2008．

[3] 庄周，陈道贵．庄子解读［M］．合肥：黄山书社，2007.

[4] 庄周．庄子［M］．呼和浩特：内蒙古人民出版社，2008.

[5] 庄子，朴松花．庄子选译［M］．北京：北京理工大学出版社，2009.

[6] 傅佩荣．庄子的智慧［M］．合肥：黄山书社，2009．

[7] 鸣皋．庄子品读［M］．北京：朝华出版社，2010.

[8] 孙通海．庄子［M］．北京：中华书局，2007．